PAGE 32

SUR LA ROUTE

RÉGIONS, ÎLES, VILLES, VILLAGES

Visites, activités et bonnes adresses

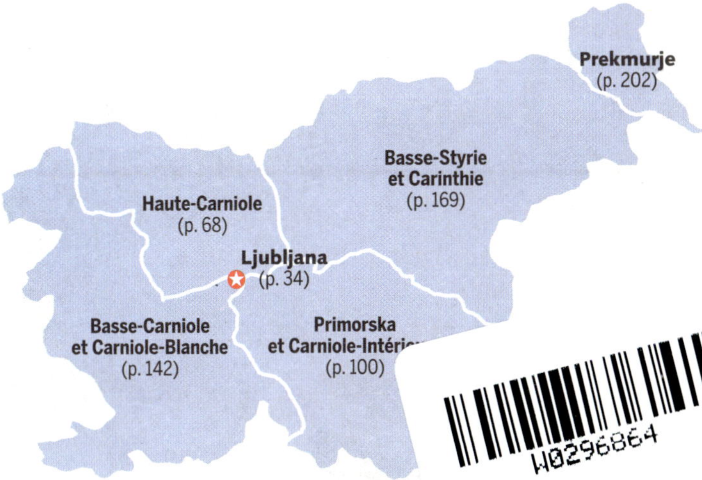

PAGE 237

SLOVÉNIE PRATIQUE

TOUT POUR S'ORGANISER

Location de voiture, réseaux de bus, traversiers, organismes à connaître

ÉDITION ÉCRITE ET ACTUALISÉE PAR

Mark Baker,
Paul Clammer, Steve Fallon

Bienvenue en Slovénie

Beauté des paysages

En plein cœur de l'Europe, la Slovénie conserve vraiment une nature intacte comme au premier jour : des cimes alpines éblouissantes, des monts et des vallons qu'on croirait tout droit sortis d'un tableau paysagiste du XIXe siècle, des lacs et des cours d'eau impétueux aux reflets d'émeraude. Attentifs à la beauté naturelle, les Slovènes sont particulièrement enclins à la protéger et à la préserver. Et ils font tout pour que la main de l'homme rompe le plus rarement possible cette harmonie. Par exemple, le lac de Bled semble né avec cette minuscule église baroque qui coiffe son île et ce solide château bâti à flanc de falaise.

Gastronomie et vin

La cuisine slovène emprunte un peu à chacun de ses voisins – Italie, Autriche, Hongrie et pays des Balkans – en synthétisant et en réinventant des plats à la fois familiers et uniques. Sa marque de fabrique pourrait bien être sa passion pour les ingrédients frais et, si possible, locaux. Comment ne pas avoir l'eau à la bouche dans ce pays de gastronomes où les spécialités sont autant de voyages gustatifs inattendus à base d'ingrédients que vous connaissez peu, comme le gruau de sarrasin ou la purée de haricots ? Le vin slovène, rouge ou blanc, est un atout méconnu et les variétés régionales se marient bien avec les spécialités locales.

Sommets enneigés, rivières sauvages et côte adriatique aux accents vénitiens... Sur cette terre authentique aux profondes racines rurales sont nées des traditions culturelles et culinaires d'une subtilité qui reste à découvrir.

Ci-contre, Piran (p. 126).
Ci-dessous, col du Vršič (p. 94), dans les Alpes juliennes.

Visages amicaux

S'il est bien un pays où le contact avec la population enrichit l'approche du voyageur, c'est bien la Slovénie. Où que vous alliez, les habitants vous accueillent avec chaleur, enthousiasme et obligeance. Par ailleurs, bien qu'ils ne soient que deux millions, les Slovènes jouent véritablement dans la cour des grands en matière de sport international, de sciences, de recherche et même de philosophie. Du temps où elle faisait partie de la Yougoslavie, la Slovénie était considérée comme la plus ouverte de ses républiques. Une réputation qui ne se dément pas aujourd'hui. Fiers de leur pays, les Slovènes éprouvent un véritable bonheur à le faire découvrir.

Sport et nature

La Slovénie est une destination de plein air. Bien sûr, son patrimoine architectural religieux et profane et la qualité de ses musées apportent mille richesses, mais pour les Slovènes les vacances sont faites pour bouger. Plus qu'un sport, la randonnée en montagne est un art de vivre. Les Slovènes découvrent aussi les joies du vélo (notamment dans la capitale, Ljubljana) et celles des descentes en eaux vives sur des cours d'eau, pleins de caractère comme la Soča. Moins classiques, l'équitation, le vol en montgolfière, la spéléologie et la plongée offrent d'autres émotions, à moins de préférer le farniente sur les plages de l'Adriatique.

› Slovénie

Le col du Vršič
Une suite incroyable de zigzags entre pics et promontoires (p. 94)
Le mont Triglav
Faites comme les Slovènes et gravissez la plus haute montagne du pays (p. 97)
La Soča
Descendez cette merveilleuse rivière en rafting au départ de Bovec (p. 102)
Le lac de Bled
Un lac émeraude et un château tout droit sorti d'un conte de fées (p. 78)
Les grottes de Postojna
Des formations cristallines à n'en plus finir (p. 135)
La vallée vinicole de la Vipava
La région idéale pour déguster de merveilleux vins slovènes (p. 115)
Piran
Un port vénitien médiéval admirablement conservé (p. 126)
Les grottes de Škocjan
Un immense réseau de grottes karstiques inscrit au patrimoine mondial de l'humanité (p. 115)
Wolfsberg
St Veit (Šent Vid)
Klagenfurt (Celovec)
Villach (Beljak)
AUTRICHE
Drave
ITALIE
CROATIE
Tarvisio (Trbiž)
Rateče
Kranjska Gora
Gozd Martuljek
Tunnel des Karavanke
Karavanke
Eisenkappel (Železna Kapla)
Prevalje
Mežica
Črna na Koroškem
Meža
Solčava
Raduha
Luče ob Savinji
Savinja
Radmirje
Gornji Grad
Mangart
Planica
Col du Vršič
Mojstrana
Jesenice
Stol
Alpes juliennes
Jalovec
Razor
Vrata
Triglav (2 864 m)
Pokljuka Plateau
Bled
Lac de Bled
Lesce
Radovljica
Tržič
Zgorjne Jezersko
Grintovec
Logarska Dolina
Alpes kamniques
Storžič
Krvavec
Kanin (2 587 m)
Rombon (2 208 m)
Bovec
Soča
Lepena
Plateau de Komna
Lac de Bohinj
Stara Fužina
Bohinjska Bistrica
Kobarid
Krn
Vogel
Železniki
Kokrica
Kranj
Cerklje na Gorenjskem
Brnik
Kamnik
Matajur
Tolmin
Porezen
Sora
Sava
Aéroport Jože Pučnik
Menges
Radomlje
Kozjak
Collines de Škofja Loka
Blegoš
Lubnik
Škofja Loka
Medvode
Domžale
Cividale (Čedad)
Idrijca
Cerkno
Montagnes de Cerkno
Šmarna Gora
Kanal
Žiri
Save
Litija
Collines d'Idrija
Spodnja Idrija
Dragomer
LJUBLJANA
Šmartno pri Litiji
Trnovski Gozd
Idrija
Marais de Ljubljana
Škofljica
Ivančna Gorica
Nova Gorica
Gorizia (Gorica)
Šempeter
Vrhnika
Ig
Grosuplje
Palmanova
Logatec
Muljava
Ajdovščina
Vallée de la Vipava
Vipavski Križ
Borovnica
Krka
Branik
Fužina
Soča
Monfalcone (Tržič)
Komen
Vipava
Château de Predjama
Zagradec
Karst
Rakek
Cerknica
Grottes de Postojna
Postojna
Sodražica
Santa Croce (Križ)
Prestranek
Nova Štifta
Lac de Cerknica
Sežana
Ribnica
Villa Opicina (Opčine)
Golfe de Trieste
Lipica
Divača
Pivka
Grottes de Škocjan
Trieste (Trst)
Kočevje
Muggia (Milje)
Ankaran
Ilirska Bistrica
Mer Adriatique (Jadransko Morje)
Izola
Piran
Bertoki
Koper
Slavnik
Portorož
Lucija
Hrastovlje
Sečovlje
Umag
Delnice
Opatija
Rijeka (Reka)
Poreč
Pazin

Ptuj
Un labyrinthe de toits de tuiles rouges et de rues médiévales (p. 178)

Ljubljana
La capitale slovène est à taille humaine et se laisse facilement découvrir. Son architecture baroque revisitée par Plečnik et son ambiance chaleureuse séduiront les visiteurs (p. 34)

Le château de Predjama
Une forteresse inexpugnable enchâssée dans une falaise (p. 138)

12 FAÇONS DE VOIR LA SLOVÉNIE

Ljubljana

1 La capitale slovène (p. 34) trouve l'équilibre parfait entre taille et qualité de vie. Elle est suffisamment grande pour receler de nombreuses curiosités et assez petite pour se parcourir tranquillement à pied, voire, mieux, à bicyclette. L'architecte et urbaniste Jože Plečnik a merveilleusement transformé la ville et l'a dotée de superbes ponts, de majestueux bâtiments et d'élégantes colonnes et pyramides.
Triple Pont (p. 37), Ljubljana.

L'ascension du mont Triglav

2 Pour prétendre véritablement à la nationalité slovène, il est à peu près certain qu'il faut avoir gravi le point culminant du pays ! En tout cas, les Slovènes en font leur fierté. Le Triglav (2 864 m, p. 96) est un sommet qui représente un défi mais dont toute personne en bonne santé peut effectuer l'ascension avec un guide expérimenté. Plusieurs approches sont possibles, avec des degrés de difficulté et des paysages différents. Mais la récompense reste la même à l'arrivée : une pure euphorie.
Parc national du Triglav (p. 96).

HAMMONDOVI / GETTY IMAGES ©

ANDREAS STRAUSS / GETTY IMAGES ©

FILIPPO MARIA BIANCHI / GETTY IMAGES ©

RUTH EASTHAM & MAX PAOLI / GETTY IMAGES ©

Piran

3 Venise en Slovénie ? Bien sûr ! La Sérénissime a marqué de son empire la côte adriatique et Piran (p. 126) est le port vénitien médiéval le mieux conservé en dehors de la lagune. Sa beauté fait vite oublier une affluence touristique assez comparable à celle de Venise. On y déguste sur le port des poissons et crustacés tout frais pêchés avant de flâner dans les ruelles, au risque de se perdre. Mais on finit toujours par se retrouver attablé à une terrasse, bercé par la douceur de vivre.

Au fil de la rivière

4 La Soča (p. 102) exerce un pouvoir d'attraction irrésistible. C'est peut-être son eau turquoise ou l'écume bouillonnante qu'elle produit dans sa course. Par une chaude journée d'été, vous aurez bien du mal à résister à l'appel de l'eau vive, le temps d'une simple balade en kayak ou d'une descente en rafting, plus sportive, avec un guide de Bovec ou de Kobarid. Le canyoning donne aussi quelques petites montées d'adrénaline aux plus intrépides, tandis que la rivière Krka (p. 148) invite à une navigation plus tranquille. Partie de kayak sur la Soča.

LONELY PLANET / GETTY IMAGES ©

JONATHAN SMITH / GETTY IMAGES ©

Le lac de Bled

5 Bled (p. 78), destination phare de Slovénie, semble sorti de la planche à dessin d'un architecte talentueux. Prenez des eaux bleues cristallines, ajoutez une petite île au milieu, posez-y une adorable église et couronnez le tout d'un spectaculaire château à flanc de falaise, sur fond de sommets alpins... Mais Bled ne se contente pas d'être splendide. C'est également un terrain d'aventures : plongée, vélo et rafting figurent parmi les activités au menu. Enfin, on y trouve d'excellents hôtels et restaurants.

Les grottes de Postojna

6 Le monde souterrain des grottes de Postojna (p. 135), les plus visitées de Slovénie, ne se révèle qu'une fois passé l'entrée. Emporté dans un train à toute allure, à 4 km sous terre, vous commencez à explorer les lieux et c'est l'éblouissement : lustres tarabiscotés, longues concrétions aux allures de spaghettis, feuilles fines comme du papier à cigarette et incroyables stalagmites. Façonnées patiemment au fil des siècles par de simples gouttes d'eau riche en minéraux, les formations cristallines se suivent à n'en plus finir. Une expérience théâtrale dans le silence de la pierre.

7

Le col du Vršič

7 Ahurissante suite de zigzags entre pics et promontoires, le passage en auto ou à vélo (vive les courageux !) de ce col alpin (p. 94) reste une épreuve. Peu comparable néanmoins au dur labeur des malheureux prisonniers de guerre russes qui ont construit la route pendant la Seconde Guerre mondiale. Désormais appelée *Ruska cesta* (Route russe) en leur souvenir, elle relie en été – uniquement – Kranjska Gora à Bovec, 50 km au sud-ouest. En chemin, plusieurs refuges offrent gîte et couvert et nombre de haltes aménagées, des panoramas photogéniques.

Les grottes de Škocjan

8 Si Postojna est baroque, les grottes de Škocjan (p. 115) sont carrément gothiques. Le décor réveille l'imaginaire, réunissant à la fois Jules Verne, Tolkien et Wagner. Oubliez l'idée de ramper dans des espaces souterrains exigus : les parois de la grotte Bruyante s'élèvent à quelque 100 m de haut, tandis que le pont de Cerkevnik enjambe un gouffre lugubre au fond duquel, à 45 m de profondeur, la rivière Reka se fraye encore un chemin dans la roche. Dès l'époque préhistorique, les hommes ont tiré profit de cette vallée aveugle.

Les stations thermales

9 Les villes d'eaux d'Europe centrale évoquent la grande époque des villégiatures, avec son lot de bâtiments délicieusement rétro mais aux installations devenues désuètes. Les sources naturelles et thermales slovènes offrent en outre une profusion de soins relaxants et esthétiques de qualité : massages, bains de boue, saunas, bains chauds d'eau de mer, etc. Situées en majorité dans la moitié est du pays, ces stations thermales complètent les joies du bain par celles de la table et de l'hôtellerie raffinée.

Architecture des villes d'eaux, Rogaška Slatina (p.175).

TONY LEUNG / GETTY IMAGES ©

RICHARD NEBESKY / GETTY IMAGES ©

Le château de Predjama

10 Châteaux et grottes se font concurrence en Slovénie, mais à Predjama les deux sont réunis. Peu de châteaux forts occupent un cadre aussi grandiose que cette forteresse creusée dans la falaise au fin fond d'une vallée (p. 138). Son histoire est tout aussi spectaculaire : le "Robin des Bois" slovène, Érasme Lueger, se serait joué de ses assaillants en les arrosant d'une pluie de cerises cueillies dans la vallée occupée via un passage secret. Humiliés, ils se seraient vengés en lui assignant une fin soudaine dans des circonstances plutôt gênantes : au petit coin !

La vallée de la Vipava

11 Les Slovènes aiment les bonnes choses, et leur pays a les moyens d'en produire certaines parmi les meilleures. La vallée de la Vipava (p. 115), dans la région du Karst, se distingue particulièrement. Elle jouit d'un climat méditerranéen rafraîchi par les vents hivernaux, ce qui en fait une destination idéale pour les amateurs de plaisirs gustatifs. On y trouve des merlots exceptionnels et le meilleur jambon du Karst. Ajoutez les produits locaux – notamment les olives – et vous aurez de quoi faire un pique-nique inoubliable.

Vignobles, Štanjel (p. 115).

JOHN WOODWORTH / GETTY IMAGES ©

Ptuj

12 Cette ville historique (p. 178) est l'une des plus riches de Slovénie. Depuis l'époque romaine, les cultures d'Europe centrale et méditerranéenne y ont laissé leur empreinte. Le cœur de Ptuj est resté un labyrinthe de toits rouges et de rues médiévales, émaillé d'églises, de tours et de musées, où chaque petite place invite à faire halte à une terrasse. Si vous y êtes en février, ne manquez pas le spectacle du carnaval des Kuranti (p. 179). De Ptuj, vous pourrez aussi facilement visiter quelques-uns des meilleurs vignobles de Slovénie.

Tour de la ville, Ptuj (p. 178).

L'essentiel

Monnaie

» Euro (€)

Langue

» Slovène

Quand partir

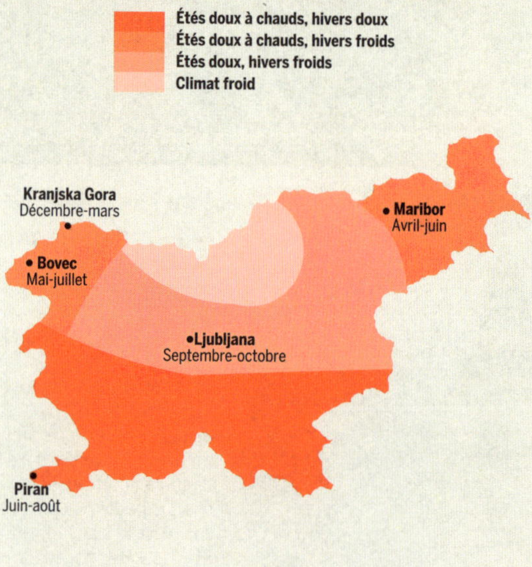

Haute saison (juin-août)

» Ensoleillé la plupart du temps, pluie occasionnelle.

» Ljubljana et la côte sont bondées.

» Musées et autres sites sont ouverts.

» C'est la meilleure période pour les randonnées.

Moyenne saison (avr-mai et sept-oct)

» Ensoleillé ; septembre est idéal pour l'ascension du Triglav.

» Réductions dans de nombreux hôtels.

» Faites du rafting : avant fin mai ; oubliez les baignades à partir d'octobre.

Basse saison (nov-mars)

» Saison des sports d'hiver : de mi-décembre à mars-avril.

» Forte affluence pendant les fêtes de fin d'année.

» Les sites des petites villes peuvent être fermés ou avoir des horaires limités.

Budget quotidien

Moins de

40 €

» Lit en auberge de jeunesse ou chambre d'hôtes à bas prix : 15 €

» Nourriture achetée dans la rue et repas faits maison : 10 €

» Train/bus : 10 €

» Musée/site : 5 €

Environ

80 €

» Chambre dans un hôtel ou une pension milieu de gamme : 30 €

» Déjeuner et dîner dans un bon restaurant : 30 €

» Train/bus : 10 €

» Musée/site : 10 €

Plus de

100 €

» Chambre dans le meilleur établissement : 50 €

» Déjeuner et dîner dans un bon restaurant : 30 €

» Train/bus/taxi : 20 €

» Musée/site : 10 €

Argent

» Il y a des DAB partout. La plupart des hôtels et restaurants acceptent les cartes de paiement.

Visas

» Les citoyens de l'UE, de Suisse et du Canada n'ont pas besoin de visa pour les séjours inférieurs à 90 jours.

Téléphones mobiles

» Les cartes SIM locales sont compatibles avec les téléphones européens et certains appareils nord-américains.

Transports

» Train pour les longues distances ; bus pour les trajets régionaux.

Sites Web

» **Centre d'information touristique de Slovénie** (www.slovenia.info, en français). Une vraie mine d'informations.

» **Slovenia Times** (www.sloveniatimes.com). Site du magazine indépendant.

» **Slovénie secrète** (http://slovenie-secrete.fr/). Blog très riche tenu par un expatrié français.

» **Lonely Planet** (www.lonelyplanet.fr). Forums, fiches pays, informations pour les voyageurs.

Taux de change

Les prix sont donnés en euros (€) sauf mention contraire. 1 € = 100 cents.

Canada	1 $CAD	0,75 €
Suisse	1 FS	0,81 €

Pour les taux de change en cours, consultez www.xe.com.

Numéros utiles

Les numéros de téléphone fixe sont composés d'un indicatif régional, suivi de sept chiffres. Les numéros de téléphone mobile commencent par un préfixe à trois chiffres, suivi de six chiffres.

Ambulance (Reševalci)	☎112
Pompiers (Gasilci)	☎112
Premiers secours (Prva Pomoč)	☎112
Police (Policija)	☎113 (urgences)
Dépannage (AMZS)	☎1987

Arriver en Slovénie

» **Ljubljana, aéroport Jože Pučnik**

Bus municipaux – 4,10 € ; 45 minutes jusqu'au centre-ville

Navettes privées – 9 € ; 30 minutes jusqu'au centre-ville

Taxis – environ 40 € ; 30 minutes jusqu'au centre-ville

» **Transports terrestres**

Les gares **routière** (p. 65) et **ferroviaire** (p. 65) de Ljubljana sont les principaux points d'arrivée par voie terrestre depuis le reste de l'Europe.

Réservez votre hébergement bien à l'avance

Même si la Slovénie offre de nombreuses possibilités d'hébergement, il vaut toujours mieux réserver le plus possible à l'avance. Il peut être très difficile de se loger à Ljubljana. Au printemps et en automne, les hôtels sont complets en semaine car ce sont les plus grosses périodes pour les voyages d'affaires. L'été, il reste généralement des chambres en semaine, mais les week-ends peuvent être bondés. Cela est d'autant plus vrai pendant les festivals. Les principaux événements figurent dans la rubrique *Mois par mois* (p. 18), afin que vous puissiez prévoir vos dates de séjour en fonction de ce qui vous intéresse (ou, au contraire, pour éviter la cohue).

En dehors de la capitale, il est moins compliqué de trouver un hébergement, même si chaque région a sa haute saison. Naturellement, les régions montagneuses près des stations de ski sont pleines de monde l'hiver, surtout le week-end. La semaine entre Noël et le Nouvel An et celle au milieu du mois de février (vacances scolaires) sont marquées par une très forte affluence. De même, les stations estivales sont particulièrement fréquentées la plupart des week-ends en juillet et août.

Envie de...

Lieux historiques

De l'époque romaine à l'ère soviétique, en passant par le Moyen Âge, les guerres napoléoniennes et les deux guerres mondiales, l'histoire a laissé une empreinte non négligeable sur le territoire slovène.

Château de Predjama Il aurait été difficile de trouver un cadre plus pittoresque pour bâtir un château que cette grotte à flanc de colline (p. 138).

Ptuj Comptant parmi les plus anciennes villes de Slovénie, cette cité du Moyen Âge séduit par ses ruelles et ses maisons aux toits de tuiles rouges (p. 178).

Škofja Loka Le "pré de l'évêque" est une ville médiévale parfaitement conservée, avec une place intacte et un château perché sur la colline (p. 69).

Kropa Cette ancienne ville sidérurgique est un musée vivant de la puissance industrielle passée du pays (p. 77).

Piran Difficile d'imaginer endroit plus romantique que ce petit port vénitien de l'Adriatique (p. 126).

Château de Ljubljana Les fans d'histoire ne manqueront pas le château de la capitale, présent depuis le XIVe siècle (p. 37).

Paysages

Pour un si petit pays, la Slovénie présente une variété de paysages et une beauté naturelle étonnante. Au programme : sommets enneigés, longues vallées verdoyantes, lacs et rivières bleus éblouissants.

Col du Vršič Cette route datant de la Première Guerre mondiale traverse les Alpes à une altitude de 1 611 m entre Kranjska Gora et Bovec (p. 94).

Velika Planina Les pâturages alpins de haute altitude permettent de prendre de magnifiques photos (p. 73).

Vallée de la Soča Les gorges étroites, les vallées verdoyantes et la couleur bleu-vert de l'eau font de cet endroit un lieu des plus inoubliables (p. 102).

Lac de Bohinj C'est le petit frère injustement méconnu du lac de Bled, un paradis montagnard vert émeraude, avec une ambiance plus calme, plus rustique et une vue sur le mont Triglav (p. 86).

Logarska Dolina La "perle de la région alpine", avec ses grottes, ses sources, ses formations rocheuses, ses cascades et sa faune extraordinaire (p. 197).

Promenades et randonnées

La Slovénie est sillonnée de milliers de kilomètres de pistes de randonnée, qui passent par des sites d'une extraordinaire beauté naturelle ou qui évoquent la riche histoire du pays.

Ascension du mont Triglav C'est le must de la randonnée slovène : le mont "trois têtes" (2 864 m) fait la fierté de tous les Slovènes (p. 98).

Chemin du Souvenir et de l'Amitié Ce sentier serpente sur 34 km autour de la capitale, là où des barbelés allemands l'encerclaient durant la Seconde Guerre mondiale (p. 51).

Sentier de la Paix Partant de Kobarid, ce joli chemin de 5 km de long est un musée à ciel ouvert des atrocités commises durant la Première Guerre mondiale (p. 105).

Route des vins de Jeruzalem-Ljutomer À pied ou à vélo, ce ravissant itinéraire qui part d'Ormož et se poursuit sur 18 km vers le nord jusqu'à Ljutomer, passant par de nombreuses caves à vin et restaurants (p. 183).

Lac de Bled En quête d'une promenade facile et reposante ? Ce circuit de 2 heures autour du lac de Bled est pour vous ! (p. 78).

MAJA HAUSMEISTER / GETTY IMAGES ©

» Velika Planina (p. 73)

Gastronomie et vin

La Slovénie est en pleine révolution Slow Food, utilisant des produits bio et locaux et mettant à l'honneur des recettes originales, concoctées à partir d'ingrédients frais et de qualité. Quant à l'excellent vin produit dans le pays, il est injustement méconnu.

Gostilna na Gradu Le restaurant installé au sommet du château de Ljubljana (cuisine locale uniquement) justifie les efforts faits pour y monter (p. 56).

Izola Si le port de Piran affirme offrir les meilleurs poissons du pays, nous préférons ceux, bien moins chers, d'Izola, à quelques kilomètres à l'est (p. 123).

Vin de Teran Ce vin rouge légèrement acide est produit avec du raisin slovène *refošk* et accompagne à merveille le *pršut* et les olives noires.

Gruau Les solides bouillies d'orge ou de sarrasin constituent l'accompagnement typique de la cuisine slovène.

Prekmurska guibanica Ce gâteau slovène mêle pâte feuilletée, graines de pavot, noix, pommes, raisins secs et fromage frais, le tout surmonté de crème.

Activités de plein air

La Slovénie est une destination de rêve pour les amateurs de tourisme "actif". Si randonnée et cyclisme restent les activités les plus prisées, ce ne sont pas les occasions qui manquent de nager, faire du bateau, du rafting ou du parachutisme.

Rafting sur la Soča Une descente à couper le souffle sur l'une des plus belles et des plus rapides rivières d'Europe (p. 103).

Adrénaline Un nombre croissant de tour opérateurs (à Bovec, Bled et Bohinj) proposent de faire de la montgolfière, du canyoning ou du parapente.

Spéléologie La Slovénie abrite des dizaines de grottes ; celles de Škocjan ont des parois de 100 m de haut. Les grottes de Postojna ne sont pas moins impressionnantes (p. 135).

Ski Les occasions de faire du ski sont légion dans les Alpes juliennes. Kranjska Gora, la principale station du pays, est loin d'être la seule (p. 92).

Mont Triglav Le parc national slovène, dans le Nord-Ouest, est un monde de rivières, de ruisseaux, de cascades et de pistes de randonnée (p. 96).

Nuits insolites

Pourquoi rester à l'hôtel lorsque vous pouvez dormir dans un ancien dortoir de prison ou qu'un berger vous offre son abri, avec vue sur le ciel étoilé ?

Glamping Le "Glam camping" (ou "'glamping") est très en vogue au lac de Bled. Oubliez les sacs de couchage et louez un lodge écologique, entièrement naturel, avec Jacuzzi. (p. 83)

Celica Hostel À Ljubljana, cette ancienne prison élégamment rénovée compte 20 cellules, dont les intérieurs ont été conçus par différents artistes (p. 53)

MCC Hostel, Celje Une auberge de jeunesse réinventée, installée dans une brasserie reconvertie, et dont chaque chambre est décorée par des artistes locaux (p. 195)

Kaki Plac Échappez à l'ambiance touristique de Portorož en dormant dans une tente, sous un abri de berger istrien (p. 134)

Séjours à la ferme L'un des meilleurs moyens de découvrir la vie rurale slovène est, sans conteste, d'être hébergé chez l'habitant dans une ferme en activité.

Mois par mois

Le top 5

1 **Kurentovanje** Février

2 **Floralies de printemps et Salon du jardinage** Avril

3 **Festival Lent** Juin

4 **Festival de Ljubljana** Juillet et août

5 **Festival de musique classique de Radovljica** Août

Février

La saison, qui est habituellement froide et neigeuse, assure l'animation des pistes de ski des environs de Kranjska Gora. Mais gare aux foules vers le milieu du mois, lors des vacances scolaires !

Kurentovanje

Le "rite du printemps" est célébré à Ptuj (p. 179), en Basse-Styrie, 10 jours avant le Mardi gras (février ou début mars). C'est la fête du Mardi gras la plus populaire du pays.

Mars

On peut encore faire du ski à haute altitude dans de nombreux endroits du pays, mais le reste de la Slovénie est assez calme.

Coupe Vitranc (ski alpin, slalom et slalom géant hommes)

Kranjska Gora accueille les championnats du monde de ski alpin depuis 1961, à la mi-mars (www.pokal-vitranc.com).

Avril

Le printemps est là, mais il est parfois encore possible de skier à haute altitude. Le col du Vršič redevient accessible aux voitures vers le milieu du mois.

Floralies de printemps et Salon du jardinage

La plus grande foire aux fleurs de Slovénie a lieu dans l'arboretum de Volčji Potok (www.arboretum-vp.si), près de Kamnik, à la mi-avril.

Mai

Soleil et températures douces sont au rendez-vous. Il fait encore trop frais pour se baigner dans l'Adriatique, mais le climat est idéal pour une promenade au port ou une balade dans les vallées alpines, à la rencontre des fleurs sauvages.

Druga Godba

Ce festival des musiques du monde (p. 52) est organisé chaque année au Križanke à Ljubljana.

Juin

Le mois de juin peut aussi bien être ensoleillé que désespérément pluvieux. C'est la meilleure période de l'année pour le rafting en eaux vives : les rivières ont profité du dégel et il fait assez chaud.

Régate internationale d'aviron

Cette régate, qui se tient sur trois jours à la mi-juin sur le lac de Bled, est l'un des principaux événements du calendrier sportif national (p. 83).

Festival de la Dentelle d'Idrija

Cette importante manifestation annuelle (p. 112) se termine par une compétition qui compte pas moins de 100 participants.

Festival Lent

Deux semaines d'événements festifs (p. 186) dans la vieille ville de Maribor.

Juillet

Chaud et ensoleillé, c'est le mois où se tiennent

la plupart des festivités. Les randonneurs se méfieront des orages en altitude.

Festival d'été de la Primorska

Des concerts, du théâtre et de la danse à Ankaran, Izola, Koper, Piran et Portorož, durant quatre semaines, de fin juillet à début août (www.portoroz.si).

Rock Otočec

Le plus grand concert de rock à ciel ouvert de Slovénie (www.rock-otocec.com) a lieu durant trois jours fin juin ou début juillet près de la rivière Krka, non loin de Novo Mesto.

Festival de Ljubljana

Le premier festival national des arts classiques (musique, théâtre et danse) a lieu de début juillet à mi-août (p. 52).

Août

Les stations comme Piran ou Portorož sont pleines à craquer. Les campings affichent complet et les eaux des lacs de Bohinj et de Bled sont assez chaudes pour que l'on puisse s'y baigner.

Trnfest

C'est sans doute le festival annuel le plus prisé de la capitale. Il a lieu durant un mois (p. 52) au centre culturel KUD France Prešeren, à Ljubljana, et propose des concerts, des pièces de théâtre ou des spectacles de danse du monde entier.

Festival de musique classique de Radovljica

L'un des plus importants festivals de musique classique et ancienne d'Europe. Il se tient 10 jours durant, début août (www.festival-radovljica.si).

Septembre

Les dernières fêtes de la saison se déroulent sur la côte Adriatique et dans les stations comme Bled ou Bohinj. C'est aussi l'ouverture de la cueillette des champignons.

Bal des vaches

À la mi-septembre, Bohinj fête pendant tout un week-end le retour vers les vallées des vaches qui paissaient jusqu'alors en altitude. Au programme : danses traditionnelles, musique et ripailles (p. 88).

Nuit du loir, Cerknica

Cette soirée est organisée durant la très courte saison de la chasse au loir, fin septembre, dans les forêts du château de Snežnik.

Festival du film slovène

Événement majeur du cinéma slovène, ce festival de 3 jours avec projections et remises de prix a lieu fin septembre ou début octobre à Portorož (www.fsf.si).

Octobre

Le calme revient sur les zones côtières et l'animation se déplace vers les grandes villes comme Ljubljana, où la saison des concerts classiques, des ballets et du théâtre bat son plein.

Mesto žensk - City of women

Ce festival international de 2 semaines organisé à Ljubljana est consacré à l'art contemporain et à la culture créés par les femmes (p. 52).

Marathon de Ljubljana

Couru pour la première fois en 1996, ce marathon (p. 52) attire de plus en plus de participants étrangers.

Novembre

À la Toussaint (1er novembre), les Slovènes portent des bougies dans les cimetières en souvenir de leurs chers disparus.

Saint-Martin

Le 11 novembre, des fêtes dans tout le pays célèbrent la transformation du *mošt* (moût) en vin.

Décembre

Noël (25 décembre) est, bien entendu, l'événement majeur de ce mois froid et sombre. Dans les montagnes, la saison de ski commence.

Concerts de Noël

Il y en a dans tout le pays, mais le plus célèbre a lieu dans les grottes de Postojna (p. 135), où vous pouvez également voir une crèche vivante (première quinzaine de décembre).

Itinéraires

Que vous partiez 6 ou 60 jours, ces itinéraires seront le point de départ d'un voyage inoubliable. Vous pouvez en outre échanger avec les autres voyageurs sur le forum de Lonely Planet : www.lonelyplanet.fr/forum.

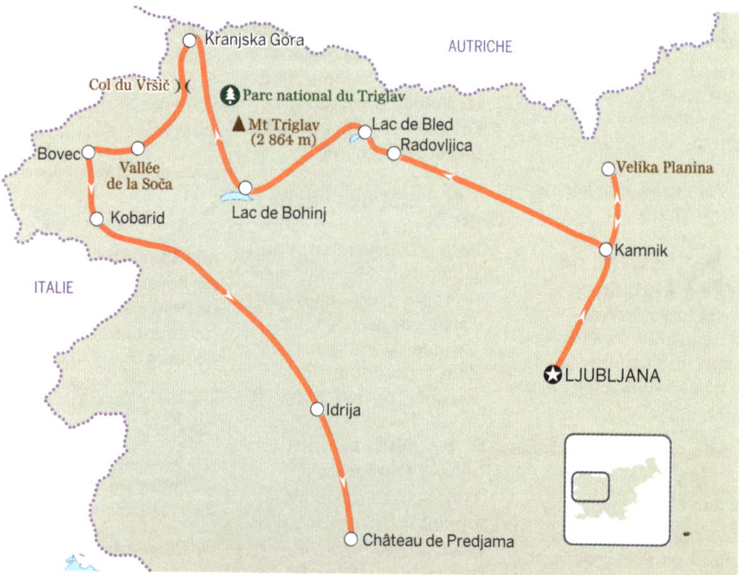

Une semaine

Dans les montagnes majestueuses

Les montagnes ne manquent pas en Slovénie. De Ljubljana au château de Predjama, cet itinéraire plaira aux voyageurs actifs souhaitant optimiser leur temps.

Commencez à **Ljubljana**, où vous pourrez acheter du matériel de randonnée et de bonnes cartes régionales. De là, allez voir **Kamnik** et le pittoresque alpage de **Velika Planina**. Revenez ensuite vers Kranj, puis continuez au nord jusqu'à l'adorable ville de **Radovljica**. Passez-y la nuit ou poussez encore quelques kilomètres jusqu'au **lac de Bled**.

Entrez dans le **parc national du Triglav** depuis Bled ou le **lac de Bohinj** voisin, points de départ prisés pour l'ascension du **mont Triglav**. Continuez au nord jusqu'à la station de ski de **Kranjska Gora** et au terrifiant **col du Vršič** (fermé en hiver). Descendez la route qui mène à la **vallée de la Soča**, dans la Primorska. Longez la Soča pour rejoindre la dynamique **Bovec** et les champs de bataille de la Première Guerre mondiale autour de **Kobarid**. De là, ralliez **Idrija** via Tolmin. Finissez par le **château de Predjama**, un peu plus au sud.

De 10 à 14 jours

L'essentiel de la Slovénie

Pour découvrir les hauts lieux des régions alpines, côtières et du Karst, commencez par la capitale slovène, **Ljubljana**. Prévoyez au moins deux nuits pour profiter de ses sites, de ses restaurants et de ses agréables quais. Allez ensuite au lac de Bled, au nord (en voiture, train ou bus). Si vous avez le temps, faites une halte dans les villes historiques de **Škofja Loka** et/ou **Radovljica**.

Restez au moins une nuit au **lac de Bled** afin d'avoir le temps de vous promener et de prendre une *pletna* (gondole) jusqu'à l'île de Bled. Prévoyez plus de temps si vous voulez faire du rafting ou du canyoning, par exemple.

Le charmant **lac de Bohinj** (accessible en bus), à 26 km au sud-ouest du lac de Bled, offre un cadre plus rustique et moins touristique ainsi qu'une vue directe sur le mont Triglav. Bled et Bohinj sont de bonnes bases pour poursuivre votre exploration du **parc national du Triglav**.

Kranjska Gora, au nord, est la capitale du ski slovène et constitue aussi un bon point de départ pour des randonnées. C'est également le terminus septentrional du spectaculaire **col du Vršič**, une route en altitude pouvant être empruntée en voiture, en bus ou en vélo en été, mais fermée aux véhicules de novembre à avril.

La piste serpente sur quelque 50 km jusqu'à **Bovec**, la capitale slovène du rafting. Vous pourrez y passer la nuit ou aller à **Kobarid**, joli bourg voisin doté d'une ambiance méditerranéenne, d'un riche passé lié à la Première Guerre mondiale et proposant des restaurants parmi les meilleurs du pays.

Continuez au sud jusqu'à **Nova Gorica** puis à la **vallée de Vipava**, le centre de la région du Karst, qui s'étend au sud-est jusqu'à la frontière croate. On y trouve des villages comme **Štanjel**, à l'ouest, où abondent olives, *teran* rouge rubis, *pršut* (jambon sec) et toits à tuiles rouges.

Plus au sud, en suivant l'autoroute E70 jusqu'à la côte, près de Divača, les impressionnantes **grottes de Škocjan** comptent parmi les nombreuses grottes en calcaire de la région.

De là, vous êtes tout proche des stations balnéaires de **Portorož** et **Piran**. Allez à Piran pour le romantisme, et à Portorož pour le soleil et l'animation. Sur le trajet du retour jusqu'à Ljubljana, vous passerez par les superbes **grottes de Postojna**.

Une semaine
Vins et stations thermales

Ce circuit vous fera découvrir ce qui fait la réputation de la Slovénie orientale : ses vignobles et ses spas.

Commencez par **Maribor**, plus grande ville et centre culturel de la région. Poursuivez au sud jusqu'à **Ptuj**, ville charmante qui fut jadis un bastion romain.

Allez à **Ormož**, à l'est, où débute le vaste terroir viticole de **Jeruzalem-Ljutomer** et où sont produits les meilleurs vins blancs du pays.

Après avoir fait la route des vins à pied, revenez à Ptuj et ralliez les collines de **Haloze**, au sud-ouest, une autre importante région viticole connue pour son pinot blanc, son sauvignon et son riesling. Elle est sillonnée par un très beau sentier de montagne.

Depuis les Haloze, partez au sud-ouest pour rejoindre l'agréable **Rogaška Slatina**, la plus ancienne et la plus grande station thermale de Slovénie. Elle offre une douzaine d'hôtels et une vaste gamme de soins.

Au sud, Bizeljsko-Sremič est une autre région viticole réputée pour ses vins rouges et blancs demi-secs et pour ses *repnice*, des caves creusées dans le sable. Une autre station thermale, les **Terme Olimia**, est tout près. Revenez à Maribor via **Celje**.

De deux jours à une semaine
Le Karst et la côte

Ce circuit allie le meilleur de deux mondes : une côte animée et une région du Karst pittoresque brûlée par le soleil. Bien qu'il soit conçu pour être visité en voiture, ses principaux sites sont desservis par le train ou le bus.

De **Ljubljana**, prenez l'autoroute A1 jusqu'à **Postojna**, puis ralliez **Divača** et les superbes grottes de **Škocjan**. Si vous êtes motorisé, allez vous reposer à **Lipica**, une oasis bucolique.

Revenez à Divača et rejoignez **Koper**, au sud-ouest, une ville côtière où il est possible de se loger à prix abordable, puis longez la côte jusqu'à **Izola**, **Piran** et **Portorož**, où vous trouverez tous types et standings d'hébergements.

Au sud, sur le littoral, **Sečovlje** est célèbre pour ses marais salants et offre un cadre apaisant après Portorož.

Juste avant la frontière croate, une route traverse la Drnica et rejoint la route n°11, qui mène à Ljubljana. À la sortie pour Rižana, faites un crochet au sud pour visiter le village de **Hrastovlje** et sa magnifique église.

Sports et activités

Les meilleurs endroits pour...

La randonnée
Les Alpes juliennes, le parc national du Triglav, les Alpes kamniques, le massif du Pohorje

Le ski
Pohorje de Maribor, Kranjska Gora, Vogel, Kanin

Le vélo
Lac de Bohinj, vallée de la Krka

Le rafting
Vallée de la Soča, rivières Krka et Kolpa

La spéléologie
Grottes de Škocjan et de Postojna

Les meilleures activités

En été
Randonnée, promenades, vélo et baignade.

Au printemps
Rafting et observation des oiseaux.

En automne
Le début de l'automne est une bonne période pour gravir le mont Triglav.

En hiver
La saison de ski va de mi-décembre à début avril.

Les Slovènes aiment les activités de plein air et le pays est doté d'un cadre naturel superbe (montagnes, lacs, rivières...) qui s'y prête particulièrement bien. La randonnée, le vélo et le ski sont les loisirs les plus pratiqués, mais il est également possible de s'adonner à toute une gamme de sports, allant du rafting à la pêche, en passant, entre autres, par l'équitation, la spéléologie ou le bateau.

L'**office du tourisme de Slovénie** (www.slovenia.info, en français) publie des brochures et des cartes très complètes sur toutes ces activités et recense aussi les meilleurs centres de thalasso et de bien-être du pays.

Randonnée

La randonnée est l'un des principaux passe-temps nationaux. Le pays est doté d'un excellent réseau de 10 000 km de pistes bien balisées. La plupart des sentiers sont signalés par un cercle rouge avec un centre blanc et des panneaux donnent en chemin des indications de distance et de temps. La plupart des offices du tourisme régionaux et des librairies proposent un bon choix de cartes de randonnée.

Les régions les plus prisées pour la randonnée sont les Alpes juliennes et les Alpes kamniques en Haute-Carniole, ainsi que le massif du Pohorje, en Basse-Styrie et en Carinthie, mais il y a de très belles randonnées à faire dans tout le pays, telles celles qui permettent de déguster les vins locaux en chemin.

ASSISTANCE AUX RANDONNEURS

» Basée à Ljubljana, l'Association alpine de Slovénie (www.pzs.si) donne tous les renseignements nécessaires sur les randonnées et treks dans le pays. C'est une excellente première étape pour obtenir les informations de base ou trouver un guide de montagne. Elle publie également des cartes de randonnée et tient à jour sur son site Internet une liste de tous les refuges de montagne et bivouacs du pays.

» L'office du tourisme de Slovénie (www.slovenia.info, en français) édite l'excellente brochure *La Randonnée pédestre en Slovénie*, avec des suggestions d'itinéraires. Elle est consultable sur le site.

» *The Julian Alps of Slovenia* (Cicerone Press, non traduit), de Justi Carey et Roy Clark, propose 50 itinéraires de randonnées plus ou moins longs. Des mêmes auteurs, *Trekking in Slovenia: The Slovene High Level Route* Cicerone Press, non traduit) couvre 500 km de sentiers dans les hauteurs.

Beaucoup de pistes sont également accessibles à vélo, à l'exception notable de celles du parc national du Triglav. Sur les cartes, les pistes cyclables sont signalées par un petit symbole en forme de vélo.

Grandes randonnées slovènes

» Le **sentier alpin slovène** s'étire sur 500 km entre Maribor et Ankaran, sur la côte, via le massif du Pohorje, les Alpes kamniques, les Alpes juliennes et les collines autour de Cerkno et Idrija. Ouvert en 1953, il fut le premier sentier de ce type en Europe.

» Long de 470 km, le **sentier préalpin** couvre la région des collines (de Cerkno et Idrija à Posavje via la Carniole-Intérieure) et s'adresse à des randonneurs moins ambitieux, mais non moins enthousiastes.

» Démarrant à Ormož et continuant sur 18 km vers le nord jusqu'à Ljutomer, via le village de Jeruzalem, la **route des vins Jeruzalem-Ljutomer**, en Basse-Styrie et en Carinthie, permet de visiter de nombreuses caves et peut également être parcourue à vélo.

» Le **sentier de montagne de Haloze** est un ravissant chemin pédestre à thématique vinicole, qui permet de découvrir le paysage de la région de Haloze. Il est accessible depuis les environs de Štatenberg.

Sentiers européens de grande randonnée

» Long de 350 km, le **sentier européen E6** va de la mer Baltique à l'Adriatique. Il entre en Slovénie à Radlje ob Dravi, en Carinthie. Il continue ensuite vers le sud de Snežnik, en Carniole-Intérieure.

» Long de 600 km, le **sentier européen E7** relie l'Atlantique à la mer Noire. Il passe en Slovénie au niveau de Robič, dans la région de Gorica (Primorska), et longe la vallée de la Soča. Il continue ensuite à travers la partie sud du pays, en allant vers l'est, en direction de Bistrica ob Sotli, en Basse-Styrie, avant d'entrer en Croatie.

» La Slovénie s'est associée à l'Autriche, l'Allemagne, le Liechtenstein, la Suisse, l'Italie, la France et Monaco pour développer la **Via Alpina** (www.via-alpina.com), un réseau de cinq itinéraires de randonnée pédestre couvrant les Alpes, de Trieste à Monaco. Deux de ces itinéraires passent en Slovénie : le rouge (220 km, 14 étapes en Slovénie) et le violet (120 km, 10 étapes en Slovénie).

Ski

Le ski rivalise avec la randonnée comme sport le plus prisé de Slovénie. S'appuyant sur des sources écrites datant du XVIIe siècle, beaucoup pensent d'ailleurs que c'est en Slovénie que fut inventé le ski, sur les pentes du plateau de Bloke, en Carniole-Intérieure. Aujourd'hui, on estime que 300 000 Slovènes (soit 15% de la population) skient régulièrement. Et, effectivement, tout le pays semble se donner rendez-vous sur les pistes et les sentiers à la saison haute. Il ne tient qu'à vous de les rejoindre sur la vingtaine de stations de ski recensées par l'office du tourisme de Slovénie.

La plupart des stations slovènes sont petites et relativement tranquilles, comparé à celles que l'on trouve en France, en Suisse et en Italie, mais les prix y sont généralement moins élevés et elles sont plus accessibles. Les dernières informations météorologiques et les conditions d'enneigement sont disponibles auprès du **téléphone "neige"** (Snežni Telefon ; ☎031 182 500, 041 182 500 ; www.snezni-telefon.si).

» (Ci-dessus) VTT dans le parc national du Triglav (p. 96)

» (À gauche) Randonnée sur le mont Triglav (p. 98)

DORMIR EN ALTITUDE

» Le bivouac est l'hébergement le plus basique dans les montagnes slovènes. Uniquement en cas d'urgence pour avoir un abri. Attention : le bivouac est interdit dans le parc national du Triglav.

» La *koča* (refuge) ou *dom* (maison) va de la simple maison à l'établissement plus ou moins prestigieux. Les refuges ne disposent généralement pas de l'eau courante et utilisent l'eau de pluie. Ils sont souvent équipés d'un groupe électrogène.

» Pour une nuit dans une *koča* de catégorie 1, les plus reculées, comptez de 18 à 27 €, le prix dépendant du nombre de lits dans chaque chambre, et de 12 à 20 € dans la catégorie 2 (à une 1 heure de marche d'un autre moyen de transport).

» On dénombre une soixantaine de ces refuges (dont 41 de catégorie 1) dans les Alpes juliennes. La plupart sont ouverts au moins de juin à septembre. D'autres, situés à des altitudes plus basses, sont ouverts toute l'année.

» Ils ne sont jamais à plus de 5 heures de marche les uns des autres. On ne vous refusera jamais l'accueil par mauvais temps, mais certains refuges du Triglav peuvent être bondés le week-end, notamment en août et septembre.

Haute-Carniole

» **Kranjska Gora** (de 810 à 1 291 m) dispose de 20 km de pistes, qui s'adressent avant tout aux débutants et aux niveaux intermédiaires. Mais pour les visiteurs étrangers, c'est sans doute la station la plus célèbre et la plus prisée de Slovénie, en raison de son accessibilité depuis l'Autriche et l'Italie.

» **Vogel** (de 570 à 1 800 m), qui donne sur le lac de Bohinj, offre une superbe vue sur le mont Triglav et est régulièrement couvert de neige.

» **Krvavec** (de 1 450 à 1 971 m), dans les collines au nord-est de Kranj, est l'une des stations les mieux équipées du pays, avec 20 km de pistes et 40 km de sentier. Vous y trouverez plusieurs écoles de ski (alpin et télémark) et de snowboard, des boutiques de location de matériel, un magasin de ski et plusieurs bons bars et restaurants. Toutefois, la station n'étant qu'à 1 heure de route de Ljubljana, mieux vaut l'éviter le week-end.

Primorska

» Pour des vues spectaculaires, difficile de battre la station la plus élevée de Slovénie, **Kanin** (de 1 600 à 2 300 m), perchée au-dessus de Bovec, où la neige peut durer jusqu'à mai. Vers le nord, la vue donne sur le Triglav et les Alpes juliennes. Depuis le point culminant, il est même possible de voir l'Adriatique.

Basse-Styrie et Carinthie

» La plus grande piste de ski alpin se trouve au **Pohorje de Maribor** (de 325 à 1 347 m), dans les collines au sud de Maribor, avec 40 km de pistes de descente et 36 km de pistes de ski de fond accessibles aux skieurs de tous niveaux. Vous y trouverez une école de ski et de snowboard, un magasin de location de matériel et des pistes éclairées pour skier de nuit. C'est aussi un bon point de départ pour visiter à ski les collines boisées du Pohorje.

Vélo et VTT

Le cyclisme est prisé en Slovénie et le pays se prête bien à sa pratique. Ljubljana est une grande ville appréciée des cyclistes avec de nombreuses pistes cyclables, des habitants qui pratiquent activement le vélo, plusieurs agences de location et un système de vélos en libre-service similaire à celui des Vélib' parisiens, Bicike(lj) (p. 67).

L'office du tourisme slovène publie une brochure baptisée *Le Cyclisme en Slovénie* (disponible sur le site), avec des renseignements sur la pratique du vélo sur route ou non. Sur son site Internet, l'office du tourisme identifie 14 régions qu'il considère comme "cyclistes", en se basant sur la présence de sentiers cyclistes, d'un bon balisage et de magasins de location ou de réparation.

Les vététistes se concentreront plutôt sur la Haute-Carniole et la Primorska, notamment les environs de Bovec, le lac de Bohinj et Kranjska Gora, où il est également possible de faire du freeride : les cyclistes gravissent la colline grâce à un remonte-pente puis la dévalent à toute vitesse. Près du lac de Bohinj, cherchez le guide *Bohinj by Mountain Bike*, disponible au centre d'information touristique, qui détaille 15 itinéraires, des plus tranquilles aux plus échevelés. La vallée de la Haute-Savinja, en Basse-Styrie, est prisée des fondus d'adrénaline.

Pour des promenades plus tranquilles et pittoresques, direction les environs du lac de Bled et la vallée de la Krka, en Basse-Carniole, qui est devenue une sorte de centre cycliste.

Autres activités

Ornithologie

La Slovénie est l'une des destinations favorites des ornithologues en Europe centrale. On y a recensé quelque 376 espèces, dont 219 nichent ici et 11 sont menacées.

Les marais de Ljubljana (Ljubljansko Barje), au sud de Ljubljana, le lac de Cerknica, en Carniole-Intérieure, et les salines de Sečovlje, dans la Primorska, sont particulièrement intéressants pour voir des oiseaux aquatiques et des échassiers, que l'on trouve aussi près de la Drave et ses lacs artificiels dans le nord-est du pays.

L'arrivée des cigognes blanches dans le Prekmurje en mars/avril est un spectacle des plus époustouflants. Les Alpes juliennes et kamniques, la région du Karst et la forêt de Krakovski au nord de Kostanjevica na Krki en Basse-Carniole sont également riches en oiseaux.

Pour plus de renseignements, contactez l'**Association d'observation et d'étude des oiseaux de Slovénie** (Društvo za Opazovanje in Proučevanje Ptic Slovenije ; www.ptice.si), basée à Ljubljana et membre de l'ONG BirdLife International.

Spéléologie

On ne s'étonnera pas que le pays qui a donné au monde le mot "karst" soit percé de grottes (on en a recensé et décrit près de 7 500). Pour des renseignements sur les expéditions ou les adresses de clubs, contactez l'**Association spéléologique de Slovénie** (Jamarska Zveza Slovenije ; ☎01-429 34 44 ; www.jamarska-zveza.si ; Lepi pot 6) à Ljubljana.

Une vingtaine de grottes aménagées sont accessibles aux visiteurs, mais les deux plus intéressantes sont celles de Škocjan et de Postojna, dans la Primorska et en Carniole-Intérieure.

Les principales régions pour faire de la spéléo en Slovénie sont le Karst de la Carniole-Intérieure, tout autour de Postojna, et les Alpes juliennes de Haute-Carniole et de la Primorska.

LE SEUL PARC NATIONAL SLOVÈNE

La Slovénie possède quelques parcs régionaux et quelques dizaines de petits paysages protégés, mais le **parc national du Triglav** (Triglavski Narodni Park ; TNP), à la pointe nord-ouest du pays, est le seul vrai parc national du pays. Couvrant près de 84 000 ha (soit 4% de la surface totale du territoire), c'est l'un des plus grands espaces naturels protégés d'Europe.

Star du parc, le **mont Triglav** (2 864 m) est à la fois le point culminant du pays et le plus haut sommet des Alpes juliennes. Mais outre le Triglav et d'autres sommets de plus de 2 500 m, le parc recèle aussi de superbes cascades, gorges, ravins, rivières et ruisseaux, ainsi que les sources de deux rivières majeures : la Save et la Soča.

Le parc national est à cheval sur deux régions : la Haute-Carniole à l'est et la région de Gorica au sud et à l'ouest. La frontière entre les deux régions se trouve immédiatement à l'ouest du col du Vršič.

Le principal centre d'information du parc national du Triglav (p. 95) se situe dans le village de Trenta, à 24 km environ au sud de Kranjska Gora, par la route du col du Vršič. Vous y trouverez des informations sur le parc, mais aussi un petit musée, un magasin de souvenirs et un petit restaurant.

Parmi les cartes de randonnée recommandées, citons la carte *Triglavski Narodni Park* (Parc national du Triglav ; 8,50 €) de PZS, au 1/50 000, et la carte *Julische Alpen* (Alpes juliennes, 9 €) de Freytag & Berndt, au 1/50 000.

THALASSO ET THERMALISME À LA SLOVÈNE

La thalasso et le thermalisme permettent de découvrir très agréablement la Slovénie, en particulier après une journée sur les pistes de ski ou sur un sentier de randonnée.

La Slovénie compte plusieurs centres de thalasso et de thermalisme : deux sur la côte, à Portorož et Strunjan et le reste dans la moitié est du pays, en Basse-Styrie, Basse-Carniole et dans le Prekmurje. Même sans y chercher un soin thérapeutique, il s'agit d'excellents endroits pour se détendre et rencontrer des gens. Beaucoup de stations préfèrent utiliser le mot italien *terme* plutôt que son équivalent slovène *toplice* (source thermale) ou *zdraviliščp*.

Seules deux stations (Dolenjske Toplice en Basse-Carniole et Rogaška Slatina en Basse-Styrie) sont de vraies villes thermales à proprement parler, avec une agréable ambiance fin XIXe siècle. Les autres, comme les Terme Ptuj en Basse-Styrie, sont des endroits modernes, consacrés à toutes les activités hédonistes imaginables, avec force piscines, toboggans, courts de tennis, saunas, massages et centres de bien-être.

Plongée

Il est possible de plonger dans tous les lacs et rivières de Slovénie, sans parler, bien entendu, de la mer, ceci excluant toutefois l'écloserie du lac de Bohinj, les zones portuaires et les voies de navigation.

La plongée est particulièrement appréciée dans le lac de Bled, dans la Kolpa en Carniole-Blanche, ainsi que sur la côte, à Ankaran, Portorož et Piran, où il est également possible de prendre des cours. Pour plus de renseignements, contactez la **Fondation slovène de plongée** (Slovenska Potapljaška Zveza ; ☎01-433 93 08 ; www.spz.si ; 25 Celovška cesta) à Ljubljana.

La plongée souterraine est très prisée en Slovénie, mais elle n'est autorisée que sous la surveillance d'un guide professionnel. Vous pourrez en faire à Postojna, à Škocjan et dans le lac Sauvage (Divje Jezero), près d'Idrija.

Pêche

Les torrents des montagnes slovènes regorgent d'ombres et de truites fario ou arc-en-ciel. Les lacs et les rivières plus calmes abritent quant à eux brochets, perches, carpes, chevesnes et autres poissons. Les meilleurs cours d'eau pour la pêche à la ligne sont la Soča, la Krka, la Kolpa, la Sava Bohinjka, près de Bohinj, et l'Unica, en Carniole-Intérieure.

La pêche n'est pas un loisir bon marché en Slovénie : un permis de pêche pour les rivières les plus populaires coûte de 50 à 100 € par jour. Les permis de pêche avec remise à l'eau sont moins chers. Il est généralement possible d'acheter des permis de courte durée auprès des offices du tourisme locaux.

Pour plus d'informations sur les permis et les saisons, contactez l'**Institut slovène de la pêche** (Zavod za Ribištvo Slovenije ; ☎01-244 34 00 ; www.zzrs.si ; Župančičeva ulica 9), à Ljubljana.

Équitation

La Slovénie est un pays de cavaliers. C'est à Lipica, dans la région de Primorska, que fut élevé pour la première fois le plus célèbre cheval du monde : le lipizzan, de l'école espagnole de Vienne.

Les cavaliers souhaitant sérieusement se perfectionner pourront aussi s'adresser au haras de Lipica et au centre de sports équestres de Novo Mesto, en Basse-Carniole.

Pour une simple excursion à cheval, le Mrcina Ranč, à Studor, près du lac de Bohinj en Haute-Carniole, propose diverses promenades équestres guidées, dont beaucoup sont accessibles aux enfants.

Alpinisme et escalade

Parmi les principales zones d'alpinisme (sur roche ou sur glace) en Slovénie, citons la magnifique face nord du mont Triglav –où les itinéraires vont du classique "itinéraire slovène" (Slovenski Pot ; grade II/III ; 750 m) au plus récent "visage de sphinx" (Obraz Sfinge ; grade IX+/X- ; 140 m), avec un toit de 6 m pour crux– ainsi que l'impressionnant éperon nord de Prisank, qui domine le col du Vršič.

Le meilleur guide d'alpinisme disponible est *Mountaineering in Slovenia* (Sidarta, non traduit), de Tine Mihelič, qui décrit près de 85 circuits dans les Alpes juliennes, dans les Alpes kamniques et dans le massif des Karavanke.

Športno plezanje (l'escalade) est aussi très appréciée en Slovénie. La nouvelle édition de *Slovenia Climbing guide* (Sidarta, non traduit) couvre 85 rochers, avec de bons topos et des descriptions en anglais, allemand, italien et slovène.

Parapente, montgolfière et aviation

Le parapente a le vent en poupe en Slovénie, notamment en Haute-Carniole, autour du lac de Bohinj et à Bovec, où vous pourrez vous inscrire pour un vol en tandem allant du terminus du téléphérique du pic de Kanin jusqu'à la vallée de Bovec, 2 000 m plus bas.

Le centre d'information touristique de Ljubljana (p. 65) organise des vols en montgolfière.

La quasi-totalité des villes slovènes dignes de ce nom semble posséder un aérodrome, avec un *aeroklub*, dont les membres les plus enthousiastes accepteront peut-être de vous faire "faire un tour" en avion. Basée à Ljubljana, l'**Association aéronautique de Slovénie** (Letalska Zveza Slovenije ; ☎01-422 33 33 ; www.lzs-zveza.si ; Tržaška cesta 2) en possède la liste.

Rafting, kayak, canoë et canyoning

Extrêmement populaires, les sports d'eaux vives sont pratiqués partout où les cours d'eau le permettent.

Le principal centre pour le rafting et le canoë est la Soča, à Bovec. La Soča est connue pour être l'une des meilleures rivières d'Europe pour la pratique du rafting et du kayak. C'est en outre l'une des six rivières des Alpes européennes dont les eaux en amont sont encore pures.

Parmi les autres endroits où se pratique le rafting, citons la Krka, la Kolpa en Carniole-Blanche, la Save à Bohinj en Haute-Carniole, la Savinja à Logarska Dolina en Basse-Styrie, et la Drave, près de Dravograd, en Carinthie.

Sport relativement récent qui n'a cessé de gagner en importance ces dernières années, le canyoning consiste à descendre dans des gorges, à sauter au-dessus de cascades ou à y glisser, à nager dans des bassins de pierre et à descendre en rappel. Les agences du lac de Bled pourront vous organiser une excursion pour la journée.

Pour des loisirs un peu plus tranquilles, vous pourrez louer des barques ou des canoës et naviguer sur les lacs de tout le pays ; une activité particulièrement agréable au lac de Bohinj et au lac de Bled, en Haute-Carniole.

Les régions en un clin d'œil

Ljubljana

Musées ✓✓✓
Spectacles ✓✓✓
Restaurants ✓✓

Musées
Ljubljana abrite les plus grands musées d'art, d'histoire et de sciences naturelles du pays. Les admirateurs du célèbre architecte et designer Jože Plečnik pourront visiter la maison où il vécut et travailla pendant près de 40 ans.

Spectacles
La scène culturelle de Ljubljana est florissante et variée. De l'automne au printemps, les possibilités sont nombreuses en termes de musique classique, de théâtre et d'opéra. En été, il y a un festival ou une manifestation presque chaque week-end, notamment le Festival de Ljubljana, pendant deux mois.

Restaurants
Ljubljana offre sans aucun doute la plus grande variété de restaurants du pays : excellents établissements slovènes, mais aussi très bonne cuisine balkanique, italienne, turque et de bien d'autres destinations.

p. 34

Haute-Carniole

Panoramas ✓✓✓
Randonnée ✓✓
Activités ✓✓

Panoramas
Entre le col du Vršič, les lacs de Bled et de Bohinj et le mont Triglav, vous n'aurez que l'embarras du choix en termes de beauté naturelle et de paysages alpins, avec des points de vue spectaculaires.

Randonnée
Le secteur autour de Kranjska Gora offre de belles possibilités de circuits d'une journée ou plus, dont l'ascension du mont Triglav.

Sensations fortes
Les rivières et les gorges du parc national de Triglav sont idéales pour pratiquer des sports d'eaux vives comme le rafting et le canyoning. En hiver, on peut faire du parapente au lac de Bohinj et du ski alpin et du saut à ski à Kranjska Gora.

p. 68

Primorska et Carniole-Intérieure

Activités ✓✓✓
Grottes ✓✓✓
Plaisirs côtiers ✓✓

Activités de plein air
Sillonnez la magnifique Soča en rafting, kayak ou canyoning, parcourez les sentiers de la vallée à pied ou à vélo, et survolez le tout en parapente.

Grottes
La région du Karst et la Carniole-Intérieure cachent nombre de leurs paysages les plus spectaculaires en sous-sol, notamment dans les superbes grottes de Postojna et de Škocjan.

Plaisirs côtiers
Le port vénitien médiéval de Piran, l'un des joyaux de l'Adriatique, est doté d'une architecture magnifique. Koper, autre ville historique, est toute proche.

p. 100

Basse-Carniole et Carniole-Blanche

Histoire ✓✓✓
Vin ✓✓
Activités ✓✓

Sites historiques

Dépoussiérez vos connaissances sur la Seconde Guerre mondiale en visitant un camp de partisans restauré sur le plateau de Kočevski Rog. Pour continuer sur votre lancée militaire, visitez les châteaux de Bogenšperk et de Kostanjevica.

Vin

La Carniole-Blanche est célèbre pour ses vins. La région viticole de Metlika est le berceau de vins rouges profonds et de blancs doux, à déguster dans les nombreux vignobles et exploitations.

Activités de plein air

Les vallées de la Krka et de la Kolpa se prêtent particulièrement bien au rafting ainsi qu'à la randonnée et au vélo. Les belles balades ne manquent pas.

p. 142

Basse-Styrie et Carinthie

Activités ✓✓
Histoire ✓✓
Thermes ✓✓

Activités de plein air

Parcourez à pied ou en VTT les paysages verdoyants de la vallée de Logarska Dolina ou des montagnes du Pohorje de Maribor, dont vous pourrez aussi dévaler les pistes enneigées en hiver.

Cités historiques

La Basse-Styrie et la Carinthie recèlent des villes historiques fascinantes, de Ptuj, superbe cité médiévale, à Celje, avec son imposant château, son vieux centre et ses musées. Sans oublier les jolis coins anciens de Maribor.

Stations thermales

L'activité de Rogaška Slatina tourne entièrement autour des bienfaits des sources thermales sur la santé et la beauté.

p. 169

Prekmurje

Gastronomie ✓✓
Thermes ✓✓✓
Églises ✓✓

Gastronomie

La cuisine du Prekmurje a subi une forte influence hongroise, alors régalez-vous de *golaž* au paprika. En dessert, essayez le *prekmurska guibanica,* pâtisserie aux noisettes, aux fruits, au fromage et à la crème.

Stations thermales

Les deux plus grands centres thermaux sont Moravske Toplice et Radenci, où l'on trouve l'eau minérale la plus connue du pays.

Architecture ecclésiastique

Le Prekmurje renferme plusieurs trésors, notamment l'église Saint-Martin de Martjanci, avec ses fresques du XIVe siècle. Non loin, Ižakovci abrite l'un des derniers moulins flottants du pays.

p. 202

Les établissements sont cités par ordre de préférence des auteurs

Les pictos pour se repérer :

- Les coups de cœur des auteurs
- Les adresses écoresponsables
- GRATUIT Entrée, accès libre

Voir aussi l'index où figurent toutes les localités couvertes dans ce guide

Sur la route

Ljubljana

☎01 / 272 554 HABITANTS / 295 M D'ALTITUDE

Dans ce chapitre »

Le top des restaurants

» Gostilna na Gradu (p. 56)
» Ribca (p. 56)
» Špajza (p. 56)
» Julija (p. 56)
» Falafel (p. 57)

Le top des hébergements

» Antiq Palace Hotel & Spa (p. 52)
» Cubo (p. 53)
» Celica Hostel (p. 53)
» H2O (p. 54)
» Allegro Hotel (p. 53)

Pourquoi y aller

La capitale de la Slovénie, qui est aussi la plus grande ville du pays, se trouve être l'une des plus vertes et agréables d'Europe. La circulation des véhicules est restreinte dans le centre, si bien que les rives luxuriantes de la Ljubljanica, la rivière vert émeraude qui court au cœur de la ville, sont à la disposition des piétons et des cyclistes. L'été, les cafés installent des terrasses le long des quais, qui donnent l'impression d'une fête de rue perpétuelle. Le grand architecte slovène Jože Plečnik (1872-1957) a transformé Ljubljana à partir des années 1920 et l'a dotée de superbes ponts, de majestueux bâtiments et d'élégantes colonnes et pyramides. Les 64 000 étudiants de la ville en assurent l'animation nocturne et culturelle, tandis que les musées, hôtels et restaurants figurent parmi les meilleurs de Slovénie.

Quand partir

Ljubljana

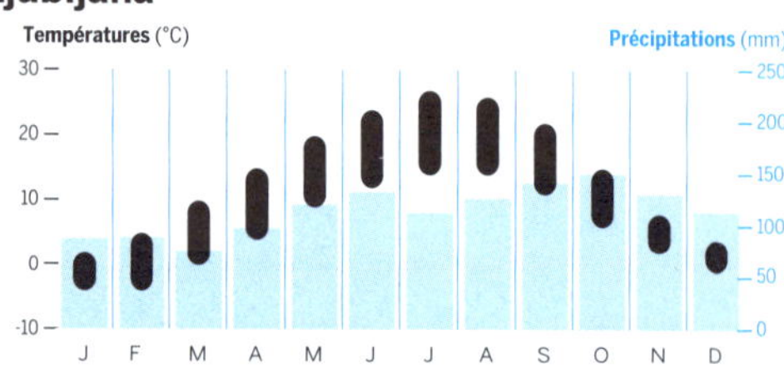

Avr-mai-juin
Soleil, fleurs et terrasses de café au bord de la Ljubljanica.

Juil-août
Théâtre de rue, animations toutes les semaines et Festival de Ljubljana.

Sept-oct
Douceur et culture.

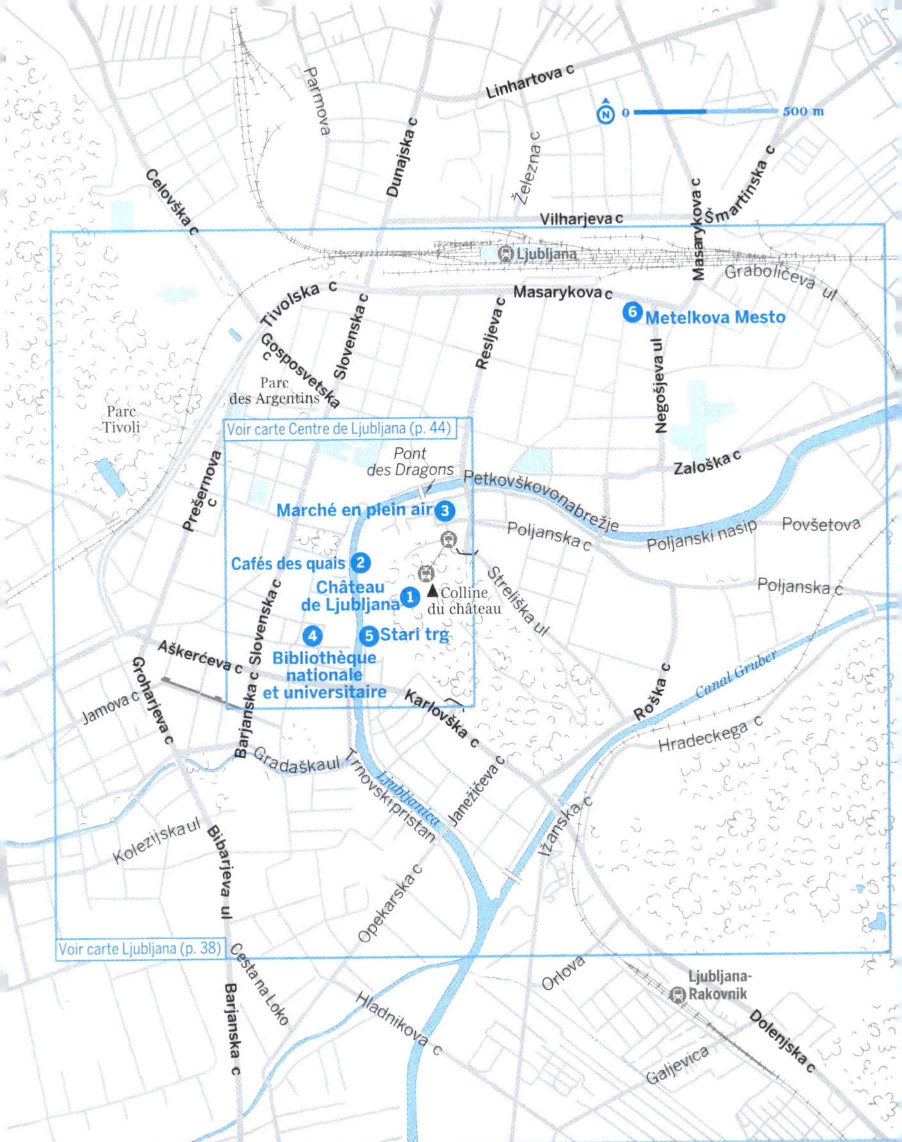

À ne pas manquer

1 Le funiculaire vers le **château de Ljubljana** (p. 37) pour un panorama sur le passé et le présent de la ville

2 Une soirée en terrasse chez **Maček** (p. 59) ou dans un autre café au bord de l'eau

3 Un festin de fruits et légumes frais et de délicieux poissons au **marché en plein air** de Ljubljana (p. 43)

4 Le génie de l'architecte, urbaniste et designer slovène Jože Plečnik à la **Bibliothèque nationale et universitaire** (p. 43)

5 La ravissante **Stari trg** (p. 41), véritable cœur de la vieille ville

6 La tournée des bars en bord de rivière dans la vieille ville, en terminant à **Metelkova Mesto** (p. 61), haut lieu de la culture alternative

Histoire

Ljubljana vit le jour au Ier siècle av. J.-C. ; c'était alors une ville romaine de 5 000 habitants nommée Emona. Elle constituait un carrefour stratégique sur les routes reliant la Pannonie supérieure, au sud, aux colonies romaines du Norique et d'Aquilée, au nord et à l'ouest. On peut encore voir des vestiges d'anciennes murailles, habitations et églises primitives romaines dans toute la ville.

Emona fut pillée et détruite par les Huns, les Ostrogoths et les Lombards à partir du milieu du Ve siècle. À la fin du siècle suivant, des tribus slaves commencèrent à s'y installer.

Mentionnée pour la première fois dans un document de 1144 sous le nom de Luvigana, Ljubljana changea fréquemment de mains et de nom au Moyen Âge. Le dernier changement, le plus important, eut lieu en 1278, lorsque les Habsbourg prirent la tête de la ville, qui devint la capitale de la Carniole en 1335. Elle s'appelait alors Laibach.

Ljubljana et son château perché en haut d'une colline parvinrent à repousser les Turcs en 1415, mais en 1511, un séisme dévastateur réduisit en ruines une grande partie de la ville médiévale. S'ensuivit une période de construction effrénée aux XVIIe et XVIIIe siècles qui donna à la ville nombre de ses églises et maisons baroques aux tons pastel – et son surnom "Bela (blanche) Ljubljana".

Quand Napoléon fonda les Provinces illyriennes en 1809 suite à la défaite de l'empire d'Autriche à la bataille de Wagram, il fit de Laibach leur capitale. Elle redevint autrichienne quatre ans plus tard et, en 1821, Ljubljana entra sur la scène mondiale lorsque les membres de la Sainte-Alliance (Empire russe, empire d'Autriche, royaume de Prusse), vainqueurs de la France napoléonienne, se réunirent au congrès de Laibach pour discuter des mesures à prendre afin de réprimer les mouvements révolutionnaires en Italie.

Le développement économique de la ville fut accéléré par l'ouverture de lignes ferroviaires la reliant à Vienne et à Trieste, respectivement en 1849 et 1857. Mais en 1895, un séisme encore plus puissant que le précédent frappa Ljubljana, la forçant à se reconstruire une nouvelle fois. Les styles Sécession viennoise et Art nouveau faisaient alors fureur en Europe centrale, et beaucoup des magnifiques édifices bâtis à cette époque existent toujours. À partir des années 1920, la capitale slovène prit peu à peu son visage actuel grâce à un enfant du pays, l'architecte Jože Plečnik.

En 1918, le royaume des Serbes, des Croates et des Slovènes fut créé et la Carniole, avec Ljubljana comme capitale, le rejoignit.

Pendant la Seconde Guerre mondiale, Ljubljana fut occupée par les Italiens puis par les Allemands, qui entourèrent la ville de barbelés lui donnant l'allure d'un camp de concentration urbain. Elle devint la capitale de la république socialiste de Slovénie au sein de la Yougoslavie en 1945 et garda ce statut après l'indépendance de la Slovénie en 1991.

LJUBLJANA EN...

Un jour

Prenez le funiculaire jusqu'au **château de Ljubljana**, puis descendez à pied et explorez le **marché central**. Après un déjeuner de fruits de mer au **Ribca**, parcourez la **vieille ville**. Empruntez le pont Saint-Jacques (Šentjakobski Most) pour traverser la Ljubljanica et longez Vegova ulica vers le nord jusqu'à **Kongresni trg** (place du Congrès) et **Prešernov trg** (place Prešeren). Le soir, découvrez l'un des nombreux clubs de la capitale : **Jazz Club Gajo** pour un cadre sobre, **Top: Eat & Party** plus sophistiqué, **Ultra**, très populaire ou **Metelkova Mesto**, alternatif.

Deux jours

Le deuxième jour, visitez certains des excellents **musées** et **galeries**, puis faites une promenade à pied ou à vélo (loué chez **Ljubljana Bike**) dans le **parc Tivoli**, en faisant halte au **Hot Horse** pour manger un hamburger de cheval 100% local. Le soir, allez voir un spectacle au **Križanke**, au **Cankarjev Dom** ou à l'**Opéra de Ljubljana**, puis rendez-vous dans l'un des **clubs** que vous avez manqués la veille.

À voir

La marche est le moyen le plus facile de découvrir Ljubljana. La vieille ville, qui abrite les plus importants bâtiments et sites historiques (notamment le château de Ljubljana) se trouve sur la rive droite (est) de la Ljubljanica. Le centre-ville, où sont réunis la plupart des musées et galeries, se situe sur la rive gauche (ouest).

COLLINE DU CHÂTEAU

Entamez votre visite de la ville par l'ascension de la **colline du château** (Grajska Planota). Le majestueux château de Ljubljana abrite deux intéressantes expositions permanentes et sa tour de guet offre une vue splendide sur la ville lorsque le temps est dégagé. On y trouve en outre l'un des meilleurs restaurants de la ville, Gostilna na Gradu (p. 56).

GRATUIT **Château de Ljubljana** CHÂTEAU

(Ljubljanski Grad ; carte p. 44 ; ☎306 42 93 ; www.ljubljanskigrad.si ; Grajska Planota 1 ; adulte/enfant funiculaire et château 8/5 €, château seul 6/3 € ; visite guidée 10/8 € ; ⏲9h-23h mai-sept, 10h-21h oct-avr). Cette zone est habitée au moins depuis la période celte, mais les plus anciennes structures qui subsistent encore remontent aux alentours du XVIe siècle, après le séisme de 1511. L'accès à l'enceinte du château est gratuit, mais il faut payer pour visiter la tour de guet, la chapelle Saint- Georges et l'exposition sur l'histoire slovène.

On peut accéder au château de plusieurs façons. Le plus simple (et le plus amusant pour les enfants) est de prendre le funiculaire de 70 m de long qui part de la vieille ville, près du marché de Vodnikov trg. Un train touristique part également toutes les heures au sud de l'office du tourisme. Si vous souhaitez faire un peu d'exercice, il faut une vingtaine de minutes pour gravir la colline. Il y a trois principaux chemins : Študentovska ulica, qui part vers le sud depuis Ciril Metodov trg ; Reber ulica, plus raide, depuis Stari trg ; et Ulica na Grad depuis Gornji trg.

Plusieurs tarifs sont proposés : avec ou sans le funiculaire ou la visite guidée. Consultez le site Internet pour plus d'informations. Le **Centre d'information du château de Ljubljana** (☎306 42 93 ; www.ljubljanskigrad.si ; Grajska Planota 1 ; ⏲9h-21h avr-sept, 9h-18h oct-mars) renseigne sur les visites et événements en cours.

Tour de guet

(Razgledni Stolp ; carte p. 44 ; ☎306 42 93 ; www.ljubljanskigrad.si ; comprise dans l'entrée du château ; ⏲9h-21h mai-sept, 10h-18h oct-avr). Cette tour du XIXe siècle se trouve au sud-ouest de la cour. Son ascension par un escalier à double révolution en fer forgé (95 marches depuis le niveau du musée) suivie d'une balade le long des remparts vaut la peine pour la vue sur la vieille ville et sur le centre-ville.

Musée virtuel

(Virtualni Muzej ; carte p. 44 ; ☎306 42 93 ; www.ljubljanskigrad.si ; compris dans l'entrée du château ; ⏲9h-21h mai-sept, 10h-18h oct-avr). Cette courte vidéo projetée en plusieurs langues dans la tour présente Ljubljana et son histoire.

Exposition permanente sur l'histoire de la Slovénie

(Carte p. 44 ; ☎306 42 93 ; www.ljubljanskigrad.si ; comprise dans l'entrée du château ; ⏲9h-21h mai-sept, 10h-18h oct-avr). Cette exposition interactive intéressante présente l'histoire du pays, depuis l'époque romaine, puis le Moyen Âge, le XIXe siècle, les deux guerres mondiales, la Yougoslavie socialiste et enfin l'indépendance.

Chapelle Saint-Georges

(Kapela Sv Jurija ; carte p. 44 ; ☎306 42 93 ; www.ljubljanskigrad.si ; comprise dans l'entrée du château). Cette chapelle de 1489, située sous la tour et accessible en descendant quelques marches, est l'un des plus vieux vestiges du château. Elle est ornée de fresques et des armoiries du duché de Carniole.

PREŠERNOV TRG

La très belle **place Prešeren** (carte p. 44) relie le centre à la vieille ville. Le **monument à Prešeren** (1905), dessiné par Maks Fabiani et Ivan Zajc, rend hommage au plus grand poète du pays, France Prešeren (1800-1949). Son piédestal est décoré de motifs évoquant ses poèmes. Au sud du monument, le **Triple Pont** (Tromostovje), dont le pont central était surnommé "pont hôpital" (Špital) lorsqu'il fut construit en 1842, mène à la vieille ville. L'architecte prolifique Jože Plečnik ajouta les deux ponts latéraux en 1931.

À l'est du monument, au n°5, se trouve la pharmacie centrale (Centralna Lekarna), de style italien, qui était un café fréquenté par les intellectuels au XIXe siècle. Au nord, le ravissant **palais Urbanc** (Palača Urbanc), bâtiment de style sécessionniste de 1903 est situé à l'angle de Trubarjeva cesta et de

Ljubljana

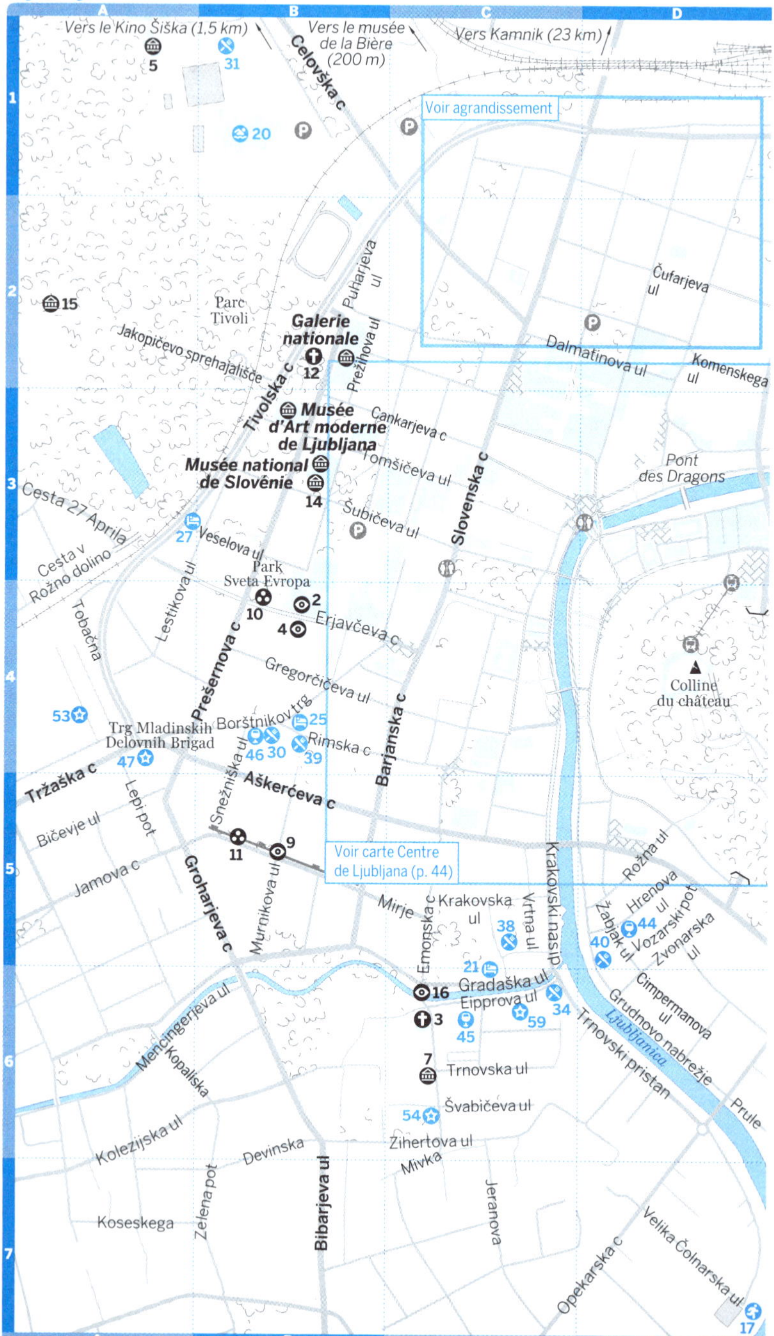

A
B
C
D
1
2
3
4
5
6
7
Vers le Kino Šiška (1,5 km)
Vers le musée de la Bière (200 m)
Vers Kamnik (23 km)
Celovška c
Voir agrandissement
Parc Tivoli
Galerie nationale
Musée d'Art moderne de Ljubljana
Musée national de Slovénie
Jakopičevo sprehajališče
Tivolska c
Puharjeva ul
Prežihova ul
Čufarjeva ul
Dalmatinova ul
Komenskega ul
Cankarjeva c
Tomšičeva ul
Šubičeva ul
Slovenska c
Pont des Dragons
Cesta 27 Aprila
Cesta v Rožno dolino
Veselova ul
Park Sveta Evropa
Lestikova ul
Tobačna
Erjavčeva c
Prešernova c
Gregorčičeva ul
Colline du château
Trg Mladinskih Delovnih Brigad
Borštnikov trg
Rimska c
Barjanska c
Tržaška c
Sneżniška ul
Aškerćeva c
Lepi pot
Bičevje ul
Jamova c
Voir carte Centre de Ljubljana (p. 44)
Krakovski nasip
Rožna ul
Groharjeva c
Murnikova ul
Mirje
Emonska c
Krakovska ul
Vrtna ul
Hrenova ul
Žabjak ul
Vozarski pot
Zvonarska ul
Gradaška ul
Eipprova ul
Cimpermanova ul
Grudnovo nabrežje
Ljubljanica
Trnovski pristan
Mencingerjeva ul
Kopališka
Trnovska ul
Švabičeva ul
Prule
Kolezijska ul
Devinska
Zihertova ul
Mivka
Zelena pot
Bibarjeva ul
Jeranova
Koseskega
Opekarska c
Velika Čolnarska ul

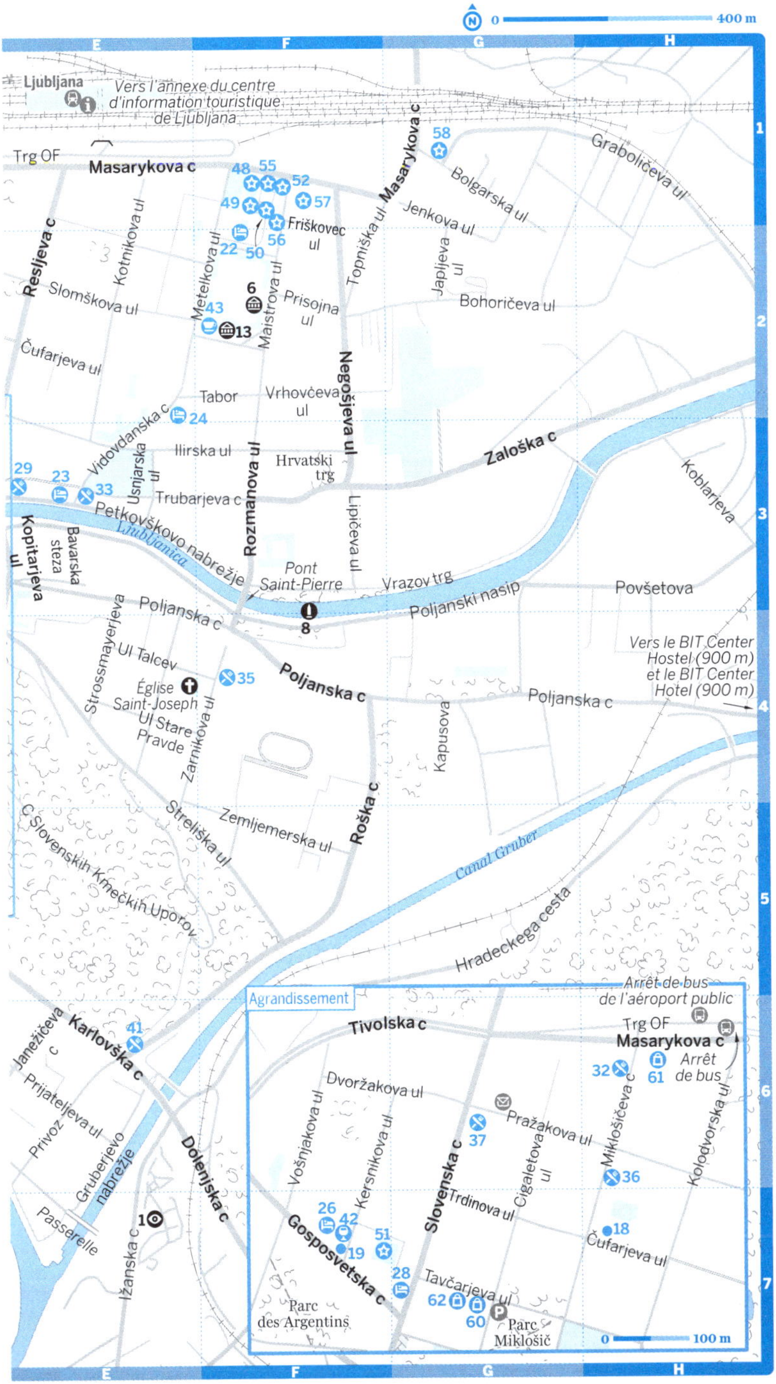
Ljubljana
Vers l'annexe du centre d'information touristique de Ljubljana
Trg OF
Masarykova c
Graboličeva ul
Bolgarska ul
Jenkova ul
Topniška ul
Friškovec ul
Japljeva ul
Bohoričeva ul
Resljeva c
Kotnikova ul
Metelkova ul
Maistrova ul
Slomškova ul
Prisojna ul
Čufarjeva ul
Tabor
Vrhovčeva ul
Negošjeva ul
Vidovdanska c
Ilirska ul
Hrvatski trg
Zaloška c
Usnjarska ul
Trubarjeva c
Rozmanova ul
Lipičeva ul
Koblarjeva
Petkovškovo nabrežje
Ljubljanica
Kopitarjeva ul
Bavarska steza
Pont Saint-Pierre
Vrazov trg
Povšetova
Poljanski nasip
Poljanska c
Strossmayerjeva
Ul Talcev
Église Saint-Joseph
Ul Stare Pravde
Zarnikova ul
Vers le BIT Center Hostel (900 m) et le BIT Center Hotel (900 m)
Kapusova
Roška c
Zemljemerska ul
Streliška ul
C Slovenskih Kmečkih Uporov
Canal Gruber
Hradeckega cesta
Agrandissement
Arrêt de bus de l'aéroport public
Tivolska c
Janežičeva c
Karlovška c
Prijateljeva ul
Privoz
Gruberjevo nabrežje
Dolenjska c
Passerelle
Ižanska c
Dvoržakova ul
Vošnjakova ul
Kersnikova ul
Slovenska c
Pražakova ul
Cigaletova ul
Miklošičeva c
Kolodvorska ul
Arrêt de bus
Trdinova ul
Čufarjeva ul
Gosposvetska c
Tavčarjeva ul
Parc des Argentins
Parc Miklošič
0 400 m
0 100 m

Ljubljana

Les incontournables

Musée d'art moderne de Ljubljana....... B3
Galerie nationale....................................B2
Musée national de Slovénie B3

À voir

1 Jardin botanique.....................................E7
2 Cankarjev Dom B4
3 Église Saint-Jean-Baptiste.................. C6
4 Jardin Jakopič B4
Centre international des Arts graphiques.................. (voir 15)
5 Musée de l'Histoire récente de Slovénie...........................A1
6 Collection du musée national de Slovénie F2
7 Collection Plečnik C6
8 Porte monumentale de Plečnik F3
9 Pyramide de Plečnik..............................B5
10 Vestiges des murs romains.................. B4
11 Murs romains B5
12 Église orthodoxe serbe B2
13 Musée ethnographique slovène F2
14 Musée d'Histoire naturelle de Slovénie.. B3
15 Château de Tivoli A2
16 Pont de Trnovo C6

Activités

17 Club d'aviron de Ljubljana.....................D7
18 Centre d'enseignement Miklošič...H7
19 Mint International House Ljubljana...F7
20 Parc des sports Tivoli........................... B1

Où se loger

21 Apartments In Ljubljana C6
22 Celica Hostel F2
23 H2O...E3
24 Hotel Park...E2
25 Penzion Pod Lipo B4
26 Slamič B&B F7
27 Vila Veselova A3
28 Zeppelin Hostel......................................G7

Où se restaurer

29 Falafel.. E3
30 Gostilna Rimska XXI B4
31 Hot Horse B1
32 JB Restavracija..H6
33 Kavalino E3
34 Manna C6
35 Mencigar Nobile F4
36 Nobel Burek H6
37 Olimpije..G6
38 Pri Škofu C5
39 Thai Inn Pub B4
40 Trta..D5
41 Yildiz Han... E6

Où prendre un verre

42 KavaČaj...F7
43 Kavarna SEM F2
44 Open Cafe...D5
45 Šank Pub C6
46 Žmavc B4

Où sortir

Cankarjev Dom .... (voir 2)
47 Cirkus A4
48 Gala Hala F1
Galerija Mizzart............................(voir 48)
49 Jalla Jalla Club F1
Klub Channel Zero ....(voir 48)
50 Klub Gromka F1
51 Klub K4 ....F7
52 Klub Monokel F1
Klub Roza .... (voir 51)
53 KMŠ..A4
54 KUD France Prešeren C6
55 Kulturni Center Q F1
56 Menza pri Koritu F1
57 Metelkova Mesto F1
58 Orto Bar G1
59 Sax Pub..C6
Tiffany ....(voir 55)

Achats

60 Almira Sadar G7
61 Annexe de Mladinska Knjiga................H6
62 Torbice Marjeta Grošelj.........................G7

Miklošičeva cesta. De l'autre côté de la place, la **maison Hauptman** au n°1 est un autre joyau de ce même style. Deux portes plus loin sur Wolfova ulica, la façade du n°4 est ornée d'un bas-relief en terre cuite représentant Julija Primič, le grand amour de France Prešeren, qui regarde le monument.

Église franciscaine Sainte-Marie-de-l'Annonciation ÉGLISE

(Frančiškanska Cerkev Marijinega Oznanjanja ; carte p. 44 ; ☎242 93 00 ; Prešernov trg 4 ; ⏰10h-18h). Cette église du XVIIe siècle de style baroque à la façade saumon se dresse au nord de la place. L'intérieur comporte six autels latéraux et un vaste chœur. L'autel principal est l'œuvre du sculpteur italien Francesco Robba (1698-1757).

Miklošičeva Cesta RUE

Cette rue de 650 m de long relie Prešernov trg à Trg Osvobodilne Fronte, ainsi qu'aux gares ferroviaire et routière. Elle se termine au sud par un splendide ensemble de bâtiments sécessionnistes. L'ancien **Crédit populaire** (1908), au n°4, est orné de carreaux bleus et de deux statues de femmes tenant les symboles de l'industrie (une ruche) et de la richesse (une bourse). L'ancienne **Banque coopérative** (carte p. 44), au n°8, a été dessinée par Ivan Vurnik, et les motifs géométriques rouges, jaunes et bleus ont été peints par sa femme Helena en 1922. Juste en face, le **Grand Hotel Union** (carte p. 44), fleuron des hôtels de Ljubljana, date de 1905. À environ 150 m au nord, le **parc Miklošič** a été dessiné par Fabiani en 1902. Beaucoup d'immeubles qui lui font face sont des chefs-d'œuvre Art nouveau.

VIEILLE VILLE

La vieille ville de Ljubljana (Staro Mesto) occupe une bande étroite de terre qui longe la rive droite de la Ljubljanica. Elle est composée de trois places contiguës : Mestni trg (place de la Ville), Stari trg (place Vieille) et Gornji trg (place Supérieure), qui s'étendent du sud à l'est. Une grande partie des bâtiments sont baroques, mais certaines maisons de Stari trg et Gornji trg ont conservé leur disposition médiévale.

MESTNI TRG

La première des trois "places" de la vieille ville (les deux autres ressemblent plus à d'étroites rues pavées) est dominée par l'hôtel de ville. Devant celui-ci se dresse la **fontaine de Robba**, qui date de 1751 (carte p. 44) ; les trois titans portant des amphores représentent les trois rivières de Carniole – la Save, la Krka et la Ljubljanica – mais sont des copies modernes. Les originaux, usés par le temps et rongés par la pollution, sont aujourd'hui exposés à la Galerie nationale (p. 49).

Hôtel de ville HÔTEL DE VILLE

(Mestna Hiša ; carte p. 44 ; 306 30 00 ; Mestni trg ; 7h30-16h lun-ven). Siège de la municipalité, parfois appelé Magistrat ou Rotovž, l'hôtel de ville a été érigé à la fin du XVe siècle et reconstruit en 1718. La cour intérieure de style gothique, entourée d'arcades sur trois niveaux, accueillait autrefois des représentations théâtrales.

Au-dessus du portail sud menant à une deuxième cour figure une carte en relief de Ljubljana telle qu'elle apparaissait dans la seconde moitié du XVIIe siècle.

STARI TRG

La place Vieille est le véritable cœur de la vieille ville. Elle est bordée de devantures en bois du XIXe siècle, de cours paisibles et de passages pavés. Depuis les maisons médiévales du côté est, des sentiers menaient jadis à la colline du château. Les bâtiments donnant sur la rivière étaient conçus pour permettre l'écoulement des eaux en cas d'inondation.

Le n°2 abritait jusqu'au XVIIIe siècle une prison baptisée **Tranča** (carte p. 44), non loin de laquelle les condamnés à mort étaient exécutés. Janez Vajkard Valvasor, noble et érudit slovène, est né au n°4, qui porte aujourd'hui le nom de **maison Valvasor** (carte p. 44), en 1641.

Une petite rue au nord appelée Pod Trančo ("sous Tranča") conduit au **pont des Cordonniers** (Čevljarski Most). Au Moyen Âge, ce lieu servait au commerce et une voie à péage menait à la ville. Les artisans (ici, il y en avait 16) travaillaient et vivaient sur les ponts pour capter le flux des passants et éviter de payer les taxes de la ville.

LES DRAGONS DE LJUBLJANA

L'hôtel de ville de Ljubljana est surmonté d'un dragon doré, symbole de la ville, que l'on retrouve sur l'un de ses ponts les plus célèbres. Juste avant le début du XXe siècle, le maire, Ivan Hribar, aurait persuadé les autorités de Vienne que Ljubljana avait besoin d'un nouveau pont pour traverser la Ljubljanica, en leur soumettant les plans d'un "pont du Jubilé" pour célébrer les 50 ans de règne de François-Joseph. Le résultat est le **pont des Dragons** (Zmajski Most), le premier pont en béton armé de Slovénie, au nord de Mestni trg, juste après Vodnikov trg. Les habitants, aussi bien les hommes que les femmes, plaisantent en disant que les dragons de bronze agiteraient leur queue quand une vierge traverse le pont, avant de sourire et de préciser qu'ils n'ont jamais assisté à ce phénomène.

JOŽE PLEČNIK, UN ARCHITECTE HORS DU COMMUN

Peu d'architectes dans le monde ont eu un impact aussi grand sur leur ville natale que Jože Plečnik. Son œuvre est éclectique, inspirée, unique – et omniprésente dans la capitale slovène.

Né à Ljubljana en 1872, Plečnik étudia au lycée technique de Graz, puis sous la direction de l'architecte Otto Wagner à Vienne. De 1911 à 1921, il enseigna à Prague avant de contribuer à la rénovation du château.

Le travail de Plečnik dans sa ville natale débuta en 1921. Il la transforma presque à lui tout seul, en ajoutant des éléments d'architecture antique gréco-romaine, des motifs byzantins, islamiques, égyptiens et folkloriques à ses façades baroques et de style sécessionniste. La liste de ses créations et rénovations est sans fin, de la Bibliothèque nationale et universitaire au marché central (p. 43) en passant par le magnifique cimetière de Žale (p. 50).

Plečnik était également urbaniste et designer. Il a non seulement réaménagé les berges de la Ljubljanica (avec notamment le Triple Pont et la monumentale écluse en aval), des rues entières (Zoisova ulica) et le parc Tivoli, mais il a également laissé sa patte sur des escaliers monumentaux (Kranj), des bâtiments publics (Kamnik), des chapelles (Kamnik) et des sanctuaires (Bled). Fervent catholique, Plečnik a dessiné de nombreux mobilier et objets liturgiques – calices, chandeliers, lanternes – pour des églises dans tout le pays (comme l'église paroissiale Saint-Jacques à Škofja Loka, p. 71). L'un de ses projets inachevés était un Parlement somptueux, orné d'une énorme structure conique, qui devait être construit sur la colline du château après la Seconde Guerre mondiale.

L'éclectisme et l'individualité de Plečnik l'ont tenu à l'écart du courant dominant de l'architecture moderne de son vivant, et il était relativement peu connu (encore moins apprécié) en dehors de l'Europe centrale et orientale à sa mort en 1957. Il est aujourd'hui considéré comme l'un des architectes les plus importants et les plus avant-gardistes du XXe siècle.

Au n°11 de Stari trg, se trouve la **maison Schweiger** (carte p. 44). Le balcon de ce ravissant bâtiment rococo est soutenu par une imposante statue qui tient un doigt devant sa bouche, comme pour demander aux passants de se taire (le nom du propriétaire signifie "silencieux" en allemand).

GORNJI TRG

La "place Supérieure" prolonge Stari trg au sud-est. Les cinq **maisons médiévales** (carte p. 44) aux n°s 7 à 15 sont dotées de passages étroits (certains fermés par une porte), où les ordures étaient déposées afin d'être emportées par la rivière. L'**église Saint-Florian** (Cerkev Sv Florijana), l'un des édifices notables de cette place, fut bâtie en 1672. Elle fut consacrée au saint patron des pompiers après qu'un grave incendie eut détruit une grande partie de la vieille ville, rénovée par Plečnik en 1934.

Le sentier public **Ulica na Grad**, qui conduit à l'église, permet de rejoindre facilement le château.

GRATUIT Jardin botanique — JARDIN PUBLIC

(Botanični Vrt ; carte p. 38 ; ☎427 12 80 ; www.botanicni-vrt.si ; Ižanska cesta 15 ; ⏲7h-20h juil-août, 7h-19h avr-juin et sept-oct, 7h-17h nov-mars). Ce jardin botanique de 2,5 ha est à environ 800 m au sud-est de la vieille ville, en suivant Karlovška cesta, de l'autre côté de la Ljubljanica. Fondé en 1810, il contient 4 500 espèces de plantes et d'arbres, dont environ un tiers sont indigènes.

Palais Gruber — PALAIS

(Gruberjeva Palača ; carte p. 44 ; Zvezdarska ulica 1). De l'autre côté de Karlovška cesta se trouve le palais Gruber. Gabriel Gruber, jésuite ayant construit le canal Gruber (Gruberjev Prekop), qui régule la Ljubljanica, a vécu ici jusqu'en 1784. Cet édifice, mélange de baroque tardif et de néoclassicisme, abrite désormais les **Archives nationales** (Arhiv Republike Slovenije ; ☎241 42 00 ; www.arhiv.gov.si ; Gruberjeva Palača, Zvezdarska ulica 1 ; ⏲8h-14h lun-ven).

Église Saint Jacques — ÉGLISE

(Cerkev Sv Jakoba ; carte p. 44 ; ☎252 17 27 ; Gornji trg 18 ; ⏲7h-20h). À l'intérieur de cette église datant de 1615, bien plus intéressante que l'autel principal dessiné par Robba (1732), la chapelle Saint-François-Xavier, sur la gauche, contient les statues d'une "reine blanche" et d'un "roi noir".

QUARTIER DU MARCHÉ CENTRAL

Le marché central est au nord-est du Triple Pont, le long de la rive est de la Ljubljanica, en suivant le quai Adamič-Lundrovo (Adamič-Lundrovo nabrežje). On y voit peu d'édifices traditionnels, mais des colonnes construites par Plečnik. Il est agréable de s'y promener et, bien sûr, de visiter le marché couvert, le marché au poisson et l'immense marché en plein air de Vodnikov trg (p. 55).

Cathédrale Saint-Nicolas ÉGLISE

(Stolna Cerkev Sv Nikolaja ; carte p. 44 ; ☎234 26 90 ; http://lj-stolnica.rkc.si ; Dolničarjeva ulica 1 ; ⏲10h-12h et 15h-18h). Une église occupe les lieux depuis le XIIIe siècle, mais l'édifice actuel doté de deux tours date du début de XVIIIe siècle. L'intérieur est décoré de marbre rose, de stuc blanc et de dorures et contient plusieurs fresques baroques. Jetez un œil aux superbes stalles gravées, à l'orgue et aux anges sur l'autel principal.

Deux magnifiques portails en bronze ont été ajoutés en 1996 pour commémorer la visite du pape Jean-Paul II. Le portail ouest (principal) faisant face au palais de l'évêché symbolise 1 250 ans de christianisme en Slovénie, tandis que les six évêques du portail sud donnant sur Ciril Metodov trg décrivent l'histoire du diocèse de Ljubljana.

CENTRE-VILLE

Ce vaste quartier de la rive gauche de la Ljubljanica est le centre névralgique de la Ljubljana moderne. Il abrite de très nombreux magasins, bureaux, services gouvernementaux et ambassades. Il est divisé en plusieurs secteurs concentrés autour de places.

NOVI TRG

La "place Neuve", au sud du pont des Cordonniers, était un village de pêcheurs fortifié indépendant au Moyen Âge, qui s'est embourgeoisé à partir du XVIe siècle. Elle a été gravement endommagée par le séisme de 1895 mais il reste des vestiges médiévaux, notamment la rue très étroite au nord appelée **Židovska ulica** et la voie attenante Židovska steza ("ruelle juive"), qui abritait une synagogue et était le centre de la vie juive au Moyen Âge. **Breg**, la voie qui part de la place au sud, était le port de la ville à l'époque où la Ljubljanica était encore navigable aussi loin dans les terres ; elle est aujourd'hui presque entièrement piétonne.

♥ **Bibliothèque nationale et universitaire** ÉDIFICE HISTORIQUE

(Carte p. 44 ; ☎200 11 09 ; Turjaška ulica 1 ; ⏲9h-18h lun-ven, 9h-14h sam). Cette bibliothèque est le chef-d'œuvre de Plečnik, achevé en 1941. Entrez par la porte principale (notez les poignées en forme de tête de cheval) sur Turjaška ulica – vous vous retrouverez dans la pénombre, presque enseveli sous le marbre noir. En montant les marches, vous arriverez dans une colonnade baignée de lumière, symbolisant la lumière du savoir, comme le souhaitait l'architecte.

La **salle de lecture principale** (Velika Čitalnica), désormais ouverte aux non-étudiants, uniquement dans le cadre de visites de groupe l'été, est dotée d'immenses baies vitrées et de superbes lampes, également dessinées par Plečnik.

Académie slovène des sciences et des arts ÉDIFICE HISTORIQUE

(Slovenska Akademija Znanosti in Umetnosti ; carte p. 44 ; Novi trg 3). À l'extrémité ouest de Novi trg se trouve l'Académie slovène des sciences et des arts (XVIe siècle), autrefois le siège de la Diète (Parlement) provinciale sous les Habsbourg.

KONGRESSNI TRG

Cette jolie place du Congrès, dont le centre est occupé par les arbres du **parc Zvezda** ("parc de l'Étoile"), fut baptisée en l'honneur du congrès de la Sainte-Alliance (Autriche, Prusse et Russie) qui eut lieu en 1821 à Ljubljana. Elle est aujourd'hui un lieu apprécié pour les concerts en plein air. Elle comporte plusieurs édifices importants, notamment au sud, au n°12, le bâtiment central de l'université de Ljubljana, construit en 1902 comme palais ducal.

Église ursuline de la Sainte-Trinité ÉGLISE

(Uršulinska Cerkev Sv Trojice ; carte p. 44 ; ☎252 48 64 ; Slovenska cesta 21 ; ⏲6h-7h30, 9h-11h et 16h-19h). Cette église (1726) qui donne sur la place de l'autre côté de Slovenska cesta, est le plus bel édifice baroque de la ville. Il contient un autel en marbre d'Afrique réalisé par Robba.

La petite statue dorée qui couronne une colonne tout près est une copie (l'original est au Musée national) du **citoyen d'Emona** (carte p. 44), œuvre romaine du IVe siècle découverte non loin d'ici en 1836.

Philarmonie ÉDIFICE HISTORIQUE

(Filharmonija ; carte p. 44 ; ☎241 08 00 ; www.filharmonija.si ; Kongresni trg 10). Situé à l'angle sud-est de la place, ce bâtiment abrite l'un

Centre de Ljubljana

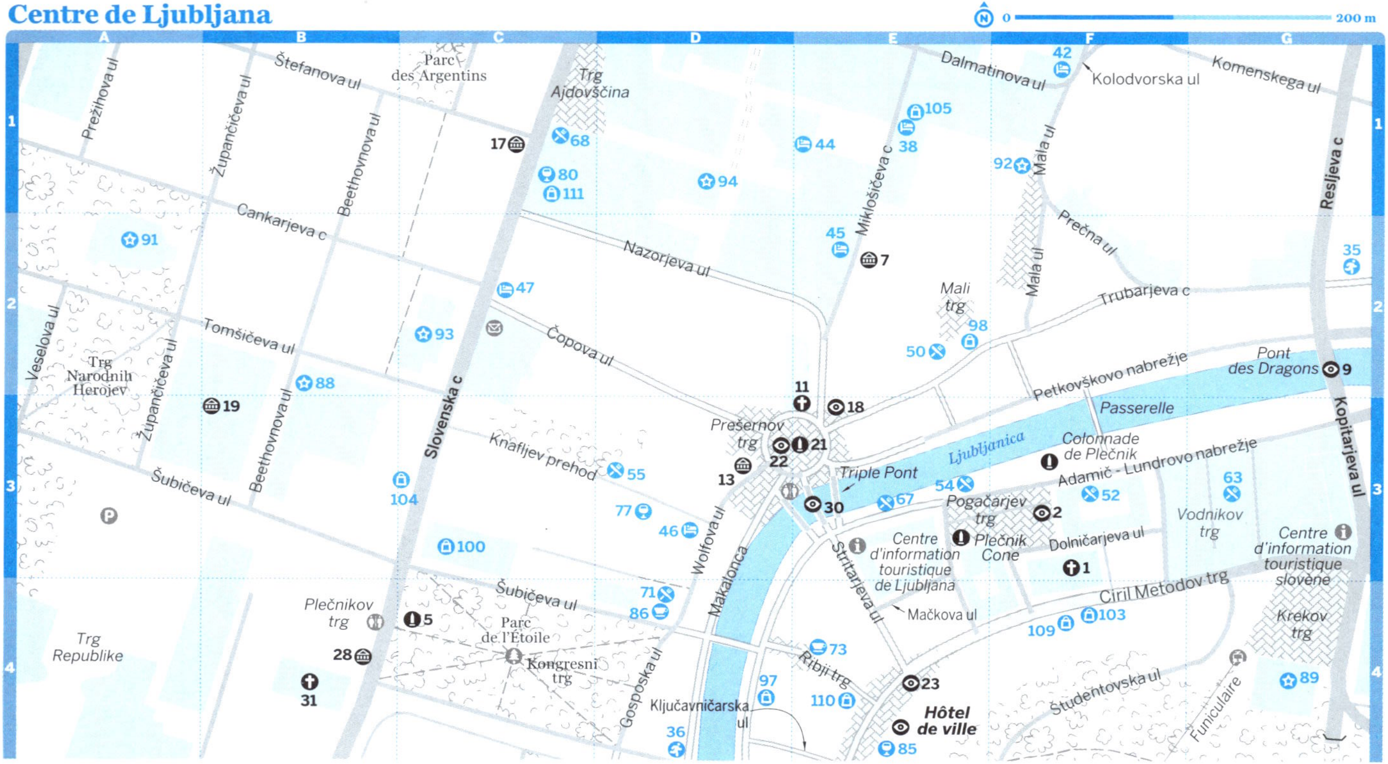

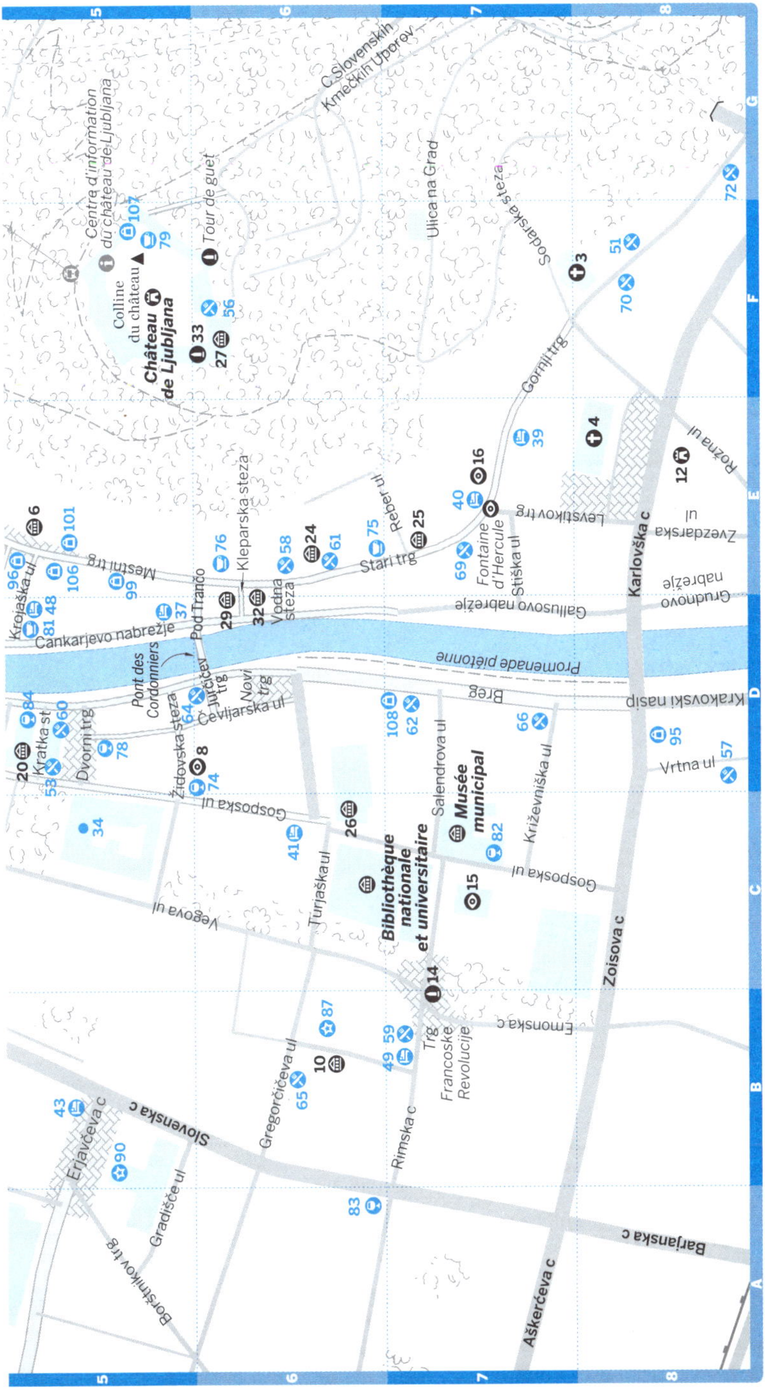
Château de Ljubljana
Colline du château
Centre d'information du château de Ljubljana
Tour de guet
C Slovenskih Kmečkih Uporov
Ulica na Grad
Sodarska steza
Gornji trg
Reber ul
Stari trg
Levstikov trg
Fontaine d'Hercule
Stiška ul
Zvezdarska ul
Gruднovo nabrežje
Gallusovo nabrežje
Karlovška c
Rožna ul
Mestni trg
Kleparska steza
Vodna steza
Pod Trančo
Cankarjevo nabrežje
Krojaška ul
Pont des Cordonniers
Jurčičev trg
Novi trg
Čevljarska ul
Promenade piétonne
Breg
Krakovski nasip
Kratka st
Dvorni trg
Židovska steza
Gosposka ul
Vrtna ul
Salendrova ul
Musée municipal
Križevniška ul
Turjaška ul
Bibliothèque nationale et universitaire
Vegova ul
Zoisova c
Emonska c
Trg Francoske Revolucije
Gregorčičeva ul
Rimska c
Slovenska c
Erjavčeva c
Gradišče ul
Borštnikov trg
Barjanska c
Aškerčeva c

Centre de Ljubljana

Les incontournables

Musée municipal C7
Château de Ljubljana F5
Bibliothèque national et universitaire .. C6
Hôtel de ville E4

À voir

1 Cathédrale Saint-Nicolas F3
2 Marché central F3
Chapelle Saint-Georges .... (voir 33)
3 Église Saint-Florian F8
4 Église Saint-Jacques E8
5 Citoyen d'Emona C4
6 Galerie municipale E5
7 Banque coopérative E2
8 Galerie d'architecture DESSA D6
9 Pont des Dragons G2
10 Galerie Equrna B6
11 Église franciscaine de l'Annonciation E3
Grand Hotel Union .... (voir 45)
12 Palais Gruber E8
13 Maison Hauptman D3
14 Colonne d'Illiyrie B7
15 Križanke C7
16 Maisons médiévales E7
17 Nebotičnik C1
18 Palais Urbanc E3
19 Parlement B3
20 Philharmonie D5
21 Monument à Prešeren E3
22 Prešernov Trg D3
23 Fontaine de Robba E4
24 Maison Schweiger E6
25 Galerie Škuc E7
26 Académie slovène des Sciences et des Arts C6
27 Exposition sur l'histoire slovène F6
28 Musée slovène de l'École B4
29 Tranča D6
30 Triple Pont E3
31 Église ursuline de la Sainte-Trinité B4
32 Maison Valvasor D6
Musée virtuel .... (voir 33)
33 Tour de guet F6

Activités

34 Centre pour le slovène comme deuxième langue/langue étrangère .. C5
35 Maison des expériences G2
36 Label D4

Où se loger

37 Alibi Hostel D5
38 Alibi M14 Hostel E1
39 Allegro Hotel E7
40 Antiq Hotel E7
41 Antiq Palace Hotel & Spa C6
42 City Hotel Ljubljana F1
43 Cubo B5
44 Grand Hotel Union Business E1
45 Grand Hotel Union Executive E2
46 Hotel Emonec D3
47 Hotel Slon Best Western Premier C2
48 Maček Rooms D5
49 Pri Mraku B7

Où se restaurer

50 Ajdovo Zrno E2
51 Castello F8
52 Marché couvert F3

des plus anciens orchestres philharmoniques du monde, fondé en 1701. Haydn, Beethoven et Brahms en étaient membres d'honneur, et Gustav Mahler fut son chef d'orchestre pendant une saison, de 1881 à 1882.

Musée slovène de l'école MUSÉE

(Slovenski Šolski Muzej ; carte p. 44 ; ☎251 30 24 ; www.ssolski-muzej.si ; Plečnikov trg 1 ; adulte/enfant 2/1 € ; ⏲9h-13h lun-ven). Ce musée explore la façon dont les petits Slovènes apprenaient à lire, à écrire et à compter au XIXe siècle.

TRG FRANCOSKE REVOLUCIJE

La place de la Révolution française fut pendant des siècles le quartier général de l'ordre des Chevaliers teutoniques slovènes (Križniki). Ils y construisirent une commanderie au début du XIIIe siècle, qui fut convertie pour devenir le monastère **Križanke** (carte p. 44 ; ☎241 60 00 ; Trg Francoske Revolucije 1-2) au début du XVIIIe siècle. Cet ensemble accueille désormais le Festival de Ljubljana (p. 52) dans son théâtre en plein air de 1 400 places et des concerts le reste de l'année. Au centre de la place, la **colonne d'Illyrie** commémore les Provinces illyriennes de Napoléon (1809-1813), lorsque le slovène fut enseigné pour la première fois dans les écoles.

Musée municipal MUSÉE

(Mestni Muzej ; carte p. 44 ; ☎241 25 00 ; www.mestnimuzej.si ; Gosposka ulica 15 ; adulte/enfant 4/2,50 € ; ⏲10h-18h mar-mer et ven-dim, 10h-21h

53	Delikatesa Ljubljanski Dvor	D5
54	Marché au poisson	E3
55	Gostilna As	D3
56	Gostilna na Gradu	F6
57	Harambaša	D8
58	Julija	E6
59	Le Petit Café	B7
60	Ljubljanski Dvor	D5
61	Lunch Café Marley & Me	E6
62	Namasté	D7
63	Marché en plein air	G3
64	Paninoteka	D6
65	Pizzeria Foculus	B6
66	Pri Vitezu	D7
67	Ribca	E3
68	Šestica	C1
69	Slaščičarna Pri Vodnjaku	E7
70	Špajza	F8
71	Sushimama	D4
72	Taverna Tatjana	G8

Où prendre un verre

73	Abecedarium Cafe	E4
74	BiKoFe	D6
75	Café Antico	E6
76	Čajna Hiša	E6
77	Cutty Sark Pub	D3
78	Dvorni Bar	D5
79	Grajska Kavarna	F5
80	Juice Box	C1
	Le Petit Café	(voir 59)
81	Maček	D5
	Nebotičnik	(voir 17)
82	Pod Skalco	C7
83	Pr' Semaforju	A6
84	Solist	D5
85	Vinoteka Movia	E4
86	Zvezda	D4

Où sortir

	As Lounge	(voir 55)
87	Glej Theatre	B6
88	Jazz Club Gajo	B2
	Križanke	(voir 15)
89	Théâtre de marionnettes de Ljubljana	G4
90	Théâtre national slovène	B5
91	Opéra de Ljubljana	A2
	Philharmonie	(voir 20)
92	Roxly Cafe Bar	F1
93	Top: Eat & Party	C2
94	Ultra	D1

Achats

95	Annapurna	D8
96	Antika Ferjan	E5
97	Marché aux puces	D4
98	Carniola Antiqua	E2
	Galerija Fortuna	(voir 25)
99	Galerija Idrijske Čipke	E5
100	Geonavtik	C3
101	Honey House	E5
	Katarina Silk	(voir 16)
103	Kraševka	F4
104	Mladinska Knjiga	C3
105	Peko	E1
106	Piranske Soline	E5
107	Rustika	F5
108	Skrina	D7
109	Trgovina Ika	F4
110	Trubarjev Antikvariat	E4
111	Vino Boutique	C1

jeu). Cet excellent musée aborde l'histoire, la culture et la politique de Ljubljana au travers d'expositions multimédias et interactives très inventives. La reconstitution d'une rue romaine qui reliait les portes est d'Emona à la Ljubljanica et une collection archéologique bien conservée au sous-sol valent à elles seules le détour.

L'exposition permanente "Visages de Ljubljana", qui présente des *Žabarji* ("peuple des grenouilles", le surnom des habitants de Ljubljana, ville bâtie sur un marais peuplé de ces batraciens que l'on retrouve également au menu de plusieurs restaurants de la capitale) célèbres ou non, est passionnante. Le musée accueille aussi de très bonnes expositions temporaires.

TRG REPUBLIKE

La place de la République est la place principale du centre-ville. Malheureusement, elle se résume à un parking dominé par deux tours grises sinistres – TR3, qui abritent des bureaux et des ambassades, et le siège de la Nova Ljubljanska Banka – et quelques monuments révolutionnaires criards. Sur cette place se trouve néanmoins Maxi (www.maxi.si), un centre commercial de luxe doté d'un supermarché "gourmet" au sous-sol où vous pourrez vous procurer des spécialités slovénes de très bonne qualité.

GRATUIT **Parlement** ÉDIFICE HISTORIQUE

(Carte p. 44 ; pour organiser une visite 478 97 88 ; www.dz-rs.si ; Šubičeva ulica 4 ; sur rdv).

VAUT LE DÉTOUR

AUTRES MUSÉES DE LJUBLJANA

Ljubljana contient bien d'autres musées intéressants, dont certains sont un peu plus loin du centre.

Musée de la Bière (Pivovarski Muzej ; ☎pour organiser des visites de groupe 471 73 40 ; www.pivo-union.si ; brasserie Union, Pivovarniška ulica 2 ; gratuit ; ⏲8h-13h le 1er mar du mois ; 🚌1, 3 ou 5 jusqu'à Tivoli). Ce musée installé dans la brasserie Union propose une exposition d'objets liés au brassage, un film, une visite de la brasserie et une dégustation. Notez les horaires d'ouverture limités.

Musée de l'Architecture et du Design (Muzej za arhitekturo in oblikovanje ; www.mao.si ; château de Fužine, Pot na Fužine 2 ; adulte/enfant 3/1,50 € ; ⏲9h-15h lun-ven, 10h-18h sam, 10h-15h dim ; 🚌20 ou 22 jusqu'à Fužine). Largement consacré au travail de Plečnik en Slovénie et à l'étranger, ce musée présente également de superbes projets non réalisés. Expositions temporaires et riche collection permanente dédiée à l'architecture et à la photographie.

Musée du Chemin de fer (Železniški Muzej ; www.slo-zeleznice.si ; Parmova ulica 35 ; tarif plein/senior, étudiant et enfant 3,50/2,50 € ; ⏲10h-18h mar-dim ; 🚌14 Parmova). Collection de locomotives (dont l'une date de 1861), de wagons, d'uniformes et de matériel de signalisation, située au nord du centre-ville.

Ce bâtiment rénové, construit entre 1954 et 1959 à l'angle nord-est de la place, n'est pas très beau de l'extérieur mais son portail colossal orné de sculptures en bronze est remarquable. Cela vaut la peine de réserver une visite guidée pour voir l'intérieur, notamment la peinture murale de Slavko Pengov.

Cankarjev Dom CENTRE CULTUREL

(Carte p. 38 ; ☎241 71 00 ; www.cd-cc.si ; Prešernova cesta 10). Le premier centre culturel et de conférence de la ville est derrière la tour TR3, au sud-ouest. Il propose une programmation pointue et un environnement moderne et chaleureux. Les tickets pour les spectacles sont en vente dans la galerie située au sous-sol de la Trg Republike.

Jardin Jakopič VESTIGES HISTORIQUES

(Carte p. 38 ; ☎241 25 06 ; Erjavčeva cesta 8 ; ⏲sur rdv avr-oct). Derrière Cankarjev Dom, ce jardin contient les ruines du porche et du baptistère d'une église chrétienne primitive, décorées de mosaïques du IVe siècle et visibles depuis la grille fermée. Pour le visiter, contactez le musée Municipal. En face et à l'ouest de Cankarjev Dom se trouvent les vestiges d'un **mur romain** (carte p. 38) datant de l'an 14 ou 15.

QUARTIER DES MUSÉES

Quatre des plus importants musées de Ljubljana se trouvent dans ce quartier, qui n'est pas loin au nord-ouest de Trg Republike.

Musée national de Slovénie MUSÉE

(Narodni Muzej Slovenije ; carte p. 38 ; ☎241 44 00 ; www.nms.si ; Prešernova cesta 20 ; adulte/enfant 3/2,50 €, gratuit le 1er dim du mois ; ⏲10h-18h ven-mer, 10h-20h jeu). Parmi les pièces maîtresses figurent la situle de Vače aux reliefs marqués, différentes pièces celtiques de la fin du VIe siècle av. J.-C. mises au jour à l'est de Ljubljana, et une flûte en os datant de l'âge de pierre découverte près de Cerkno (ouest de la Slovénie) en 1995. Il y a également des objets en verre et des bijoux romains trouvés dans des tombes slaves du VIe siècle, ainsi que de nombreuses autres trouvailles archéologiques.

Ne manquez pas la fresque du plafond du hall d'entrée, qui représente une allégorie de la Carniole entourée d'importants Slovènes du passé, et les statues des Muses et des Parques sur les rampes de l'escalier.

Musée d'Histoire naturelle de Slovénie MUSÉE

(Prirodoslovni Muzej Slovenije ; carte p. 38 ; ☎241 09 40 ; www2.pms-lj.si ; Prešernova cesta 20 ; tarif plein/étudiant 3/2,50 €, avec Musée national 5/4 € ; ⏲10h-18h ven-mer, 10h-20h jeu). Installé dans les mêmes bâtiments imposants que le Musée national slovène, ce musée abrite un mammouth reconstitué, des squelettes de baleines et des animaux empaillés qui n'ont rien d'extraordinaire. Mais la collection de minéraux amassés par le baron philan-thrope Žiga Zois au début du XIXe siècle et la présentation de la salamandre slovène *Proteus anguinus* (p. 136) justifient la visite.

Galerie nationale MUSÉE

(Carte p. 38 ; ☎241 54 18 ; www.ng-slo.si ; Prešernova cesta 24 ; adulte/enfant 7/5 €, gratuit le 1er dim du mois ; ⏲10h-18h mar-dim). La plus grande collection slovène d'œuvres d'art est exposée sur deux étages dans un bâtiment de 1896 et une impressionnante aile moderne.

Musée d'Art moderne MUSÉE

(Moderna Galerija ; carte p. 38 ; ☎241 68 00 ; www.mg-lj.si ; Tomšičeva ulica 14 ; tarif plein/étudiant 5/2,50 € ; ⏲10h-18h mar-dim). Ce musée contient le meilleur de l'art moderne slovène, notamment des œuvres du peintre Tone Kralj (*Mariage paysan*), de l'expressionniste France Mihelič (*Le Quintet*) et du surréaliste Štefan Planinc (série *Monde primitif*), ainsi que de sculpteurs comme Jakob Savinšek (*Protestation*).

Il possède également des œuvres des collectifs d'artistes Neue Slowenische Kunst (NSK, très influent dans les années 1980 et 1990 ; *Valise à usage spirituel : baptême sous le Triglav*) et Irwin (*Kapital*).

Nebotičnik ÉDIFICE HISTORIQUE

(Gratte-ciel ; carte p. 44 ; www.neboticnik.si ; Štefanova ulica 1 ; ⏲9h-2h dim-mer, 9h-3h jeu-sam). L'imposant Nebotičnik, immeuble Art déco dessiné par Vladimir Šubič en 1933, se trouve sur la très passante Slovenska cesta. Avec ses 13 étages (70,35 m), il est resté le plus haut bâtiment de Ljubljana pendant des décennies. Après avoir été longtemps négligé, il a maintenant été rénové et abrite un restaurant et café (p. 59) dont la terrasse sur le toit offre une vue splendide de tous côtés.

Église orthodoxe serbe ÉGLISE

(Srbska Pravoslavna Cerkev ; carte p. 38 ; Prešernova cesta ; ⏲9h-12h et 14h-18h mar-dim). L'intérieur de cette église, construite en 1936 et dédiée aux saints Cyrille et Méthode, est recouvert du sol ou plafond par des fresques modernes aux couleurs vives. Une iconostase richement sculptée sépare la nef du sanctuaire.

PARC TIVOLI

Cet immense parc de 510 ha datant de 1813, le préféré des habitants de Ljubljana, est idéal pour se promener ou faire du vélo. Ne manquez pas **Jakopičevo sprehajališče**, la monumentale “promenade de Jakopič”, dessinée par Plečnik dans les années 1920 et 1930.

Centre international d'Art graphique MUSÉE

(Mednarodni Grafični Likovni Center ; carte p. 38 ; www.mglc-lj.si ; Pod Turnom 3 ; tarif plein/senior et étudiant 3,40/1,70 €, pendant la biennale 6/3 € ; ⏲11h-18h mar-dim). Ce lieu, à la fois musée et galerie, consacré aux arts graphiques accueille régulièrement des expositions temporaires ainsi que la Biennale internationale d'art graphique les années impaires. Il est installé dans le **château de Tivoli** (Grad Tivoli), un édifice du XVIIe siècle, et dispose d'un ravissant café avec terrasse (ouvert de 10h à 17h) donnant sur le parc.

Musée de l'histoire récente de Slovénie MUSÉE

(Muzej Novejše Zgodovine Slovenije ; carte p. 38 ; www.muzej-nz.si ; Celovška cesta 23 ; tarif plein/étudiant 3,50/2,50 € ; ⏲10h-18h mar-sam). Ce musée installé dans le château Cekin (Grad Cekinov) du XVIIIe siècle, retrace l'histoire de la Slovénie du XXe siècle à travers des supports multimédias et des objets. Le contraste entre la gravité sobre des salles de l'ère communiste et le mercantilisme exubérant des autres expositions est saisissant. Les sections consacrées à Ljubljana sous l'Occupation pendant la Seconde Guerre mondiale sont très réussies.

Jardin zoologique de Ljubljana ZOO

(Živalski Vrt Ljubljana ; www.zoo-ljubljana.si ; Večna pot 70 ; adulte/enfant 7/5 € ; ⏲9h-19h mai-août, 9h-18h avr et sept, 9h-17h mars et oct, 9h-16h nov-fév). Ce zoo de 20 ha, situé sur le versant méridional de la **colline de Rožnik** (394 m), compte quelque 500 animaux représentant presque 120 espèces. Cette ménagerie bien conçue comporte une ferme pédagogique et propose beaucoup d'autres activités pour les enfants et de belles aires de jeux ; consultez le site Internet pour connaître les horaires de repas des animaux.

KRAKOVO ET TRNOVO

Ces deux beaux quartiers situés au sud du centre-ville sont les plus anciens faubourgs de Ljubljana. On y trouve un certain nombre d'édifices intéressants et de sites historiques. La zone autour de Krakovska ulica, avec ses petites maisons, était autrefois surnommée le Montmartre de Ljubljana à cause de tous les artistes qui y vivaient.

Le **mur romain** (carte p. 38) qui suit Mirje à partir de Barjanska cesta date de l'an 15 environ ; la voûte surmontée d'une **pyramide** est un ajout de Plečnik. Le canal pittoresque au sud, appelé Gradaščica, est enjambé par

UNE GALERIE DE GALERIES

Ljubljana regorge de galeries d'art. Parmi les meilleures :

» **Galerie municipale** (Mestna Galerija ; carte p. 44 ; ☎241 17 70 ; www.mestna-galerija.si ; Mestni trg 5 ; entrée libre ; ⏲11h-19h mar-sam, 11h-15h dim). Expositions modernes et contemporaines de peinture, de sculpture, d'arts graphiques et de photographie.

» **Galerie d'architecture DESSA** (carte p. 44 ; ☎251 40 74 ; www2.arnes.si/~ljdessa1 ; Židovska steza 4 ; entrée libre ; ⏲10h-15h lun-ven). Petite galerie consacrée à l'architecture et aux architectes slovènes et internationaux contemporains.

» **Galerie Equrna** (Galerija Equrna ; carte p. 44 ; ☎252 71 23 ; www.equrna.si ; Gregorčičeva ulica 3 ; entrée libre ; ⏲10h-19h lun-ven, 10h-13h sam). L'une des galeries modernes les plus novatrices de la ville.

» **Galerie Škuc** (Galerija Škuc ; carte p. 44 ; ☎421 31 40 ; www.galerija.skuc-drustvo.si ; Stari trg 21 ; entrée libre ; ⏲12h-20h mar-dim). Galerie pointue à l'ambiance étudiante au cœur de la vieille ville.

le petit **pont de Trnovo** (carte p. 38), conçu en 1932 par Plečnik, qui l'a décoré de cinq de ses colonnes caractéristiques.

Collection Plečnik — MUSÉE

(Carte p. 38 ; ☎280 16 00 ; www.aml.si ; Karunova ulica 4-6 ; adulte/enfant 4/2 € ; ⏲10h-18h mar-jeu, 9h-15h sam, sur rdv lun et ven). Jože Plečnik vécut et travailla ici pendant près de 40 ans. La visite guidée est une excellente introduction à la vie, aux sources d'inspiration et au travail de cet homme dévot, quasi ascétique.

Église Saint-Jean-Baptiste — ÉGLISE

(Cerkev Sv Janeza Krstnika ; carte p. 38 ; Kolezijska ulica 1 ; ⏲8h-18h). C'est dans cette église que fréquentait Plečnik que le poète Prešeren rencontra l'amour de sa vie, Julija Primic.

TABOR

Situé au nord de la colline du château, de l'autre côté de la Ljubljanica, ce quartier arboré et résidentiel abrite Metelkova Mesto, haut lieu de la culture alternative. Il est également en train de devenir un important centre culturel, articulé autour de deux musées principaux.

Musée ethnographique slovène — MUSÉE

(Slovenski Etnografski Muzej ; carte p. 38 ; ☎300 87 45 ; www.etno-muzej.si, en français ; Metelkova ulica 2 ; tarif plein/étudiant et senior 4,50/2,50 €, gratuit le dernier dim du mois ; ⏲10h-18h mar-dim). Installé dans une caserne belge (1886) au sud de Metelkova, ce musée expose sa collection permanente au 3e niveau. L'artisanat et les métiers traditionnels slovènes sont présentés – de l'apiculture au maréchal-ferrant en passant par la peinture sur verre et la poterie – et d'excellentes expositions destinées aux enfants sont proposées. Son café est également agréable et se transforme en bal latino tous les vendredi soirs.

Collection du Musée national slovène — MUSÉE

(Zbirka Narodnega Muzeja Slovenije ; carte p. 38 ; ☎230 70 30 ; www.nms.si ; Maistrova ulica 1 ; tarif plein/étudiant et senior/famille 3/2,50/6 €, gratuit le 1er dim du mois ; ⏲10h-18h mar-dim). Le bâtiment moderne de l'autre côté de la cour, au nord-est du Musée ethnographique slovène, rassemble une collection éclectique ayant surtout trait aux arts appliqués (meubles, articles liturgiques, peintures, etc.), plus ou moins classée par thèmes.

ŽALE

Cimetière de Žale — CIMETIÈRE

(Pokopališče Žale ; ☎420 17 00 ; www.zale.si ; Med Hmeljniki 2 ; ⏲6h-20h avr-sept, 7h-18h oct-mars ; 🚌2, 7 ou 22 jusqu'à Žale). Ce faubourg situé à environ 2 km au nord-est de Tabor est l'équivalent slovène du Père-Lachaise. Il est surtout connu pour son arc de triomphe qui marque symboliquement l'entrée dans la "ville des morts", ses portes ornementales, ses chapelles mortuaires et ses colonnades dessinées par Plečnik en 1940. Les bâtiments qu'il a conçus sont utilisés pour les cérémonies précédant les inhumations.

Activités

Bateau et rafting

Club d'aviron de Ljubljana — CANOTAGE

(Veslaški Klub Ljubljana ; carte p. 38 ; ☎283 87 12 ; www.vesl-klub-ljubljanica.si ; Velika Čolnarska ulica 20 ; à partir de 4 €/heure ; ⏲11h-22h mi-mai à sept). Ce club situé à Trnovo loue des barques et des canots plus grands pour se promener sur la Ljubljanica.

Skok Sport AGENCE DE VOYAGES
(☎512 44 02 ; www.skok-sport.si ; Marinovševa cesta 8 ; ⏲8h-13h, 15h-20h mai-oct). À Šentvid, à 8 km au nord-ouest du centre-ville, cette agence organise des excursions en rafting sur la Save, de Medvode à Brod (1 heure 30, environ 25 €) et de Boka à Trnovo (2 heures, environ 45 €). Elle propose également des parcours en kayak et en canoë sur la Ljubljanica et dirige une école de kayak. Bus n°8 jusqu'à Brod.

Montgolfière

Le Centre d'information touristique de Ljubljana organise toute l'année des **ascensions en montgolfière** (☎306 12 15 ; www.visitljubljana.si, en français ; adulte/enfant 80/40 € ; ⏲6h et 20h avr-août, 8h et 17h sept-mars) de 3 à 4 heures (dont 1 heure à 1 heure 30 dans le ciel) partant du Centre d'information touristique de Slovénie (p. 246).

Natation et sauna

Atlantis NATATION
(☎585 21 00 ; www.atlantis-vodnomesto.si ; BTC City, Šmartinska cesta 152 ; forfait journée adulte/enfant lun-ven 14,60/12,30 €, sam-dim 16,70/14,50 € ; ⏲9h-21h lun-jeu, 9h-22h ven-dim). Le plus grand et le plus complet des parcs aquatiques de Ljubljana est divisé en trois parties thématiques : le "Monde des aventures", avec une demi-douzaine de piscines et de toboggans ; le "Temple thermal", équipé de piscines thermales couvertes et extérieures ; et "Au pays des saunas", comprenant une douzaine de saunas différents. Bus n°27 jusqu'à BTC Emporium.

Parc des sports Tivoli NATATION
(Carte p. 38 ; ☎431 51 55 ; Celovška cesta 25). Au sein du parc Tivoli, ce centre comporte une piscine couverte (ouverte de mi-septembre à juin), un sauna, un centre de fitness, des courts de tennis en terre battue et une piste pour patin à roulettes qui devient une patinoire l'hiver.

Promenades et randonnées

Apprécié des promeneurs et joggeurs, le **chemin du Souvenir** (Pot Spominov) suit sur 34 km le tracé des fils de fer barbelés posés par les Allemands tout autour de Ljubljana pendant la Seconde Guerre mondiale. On le rejoint facilement depuis le siège de l'AMZS (Fédération slovène de l'automobile et du motocyclisme ; bus n°6, 8 ou 11 jusqu'à AMZS) ou depuis Trg Komandanta Staneta, juste au nord-ouest du bureau central de la société de transports publics LPP (bus n°1 jusqu'à Remiza). Vous pouvez également y accéder depuis le côté nord-ouest du cimetière de Žale (bus n°19 jusqu'à Nove Žale). Mieux vaut opter pour le sud de Trnovo (bus n°9 jusqu'à Veliki Štradon), à l'ouest, qui vous fera traverser des petits quartiers puis vous fera longer des champs de maïs pour vous amener au petit lac de Ribnik en passant par la forêt.

La colline de **Šmarna Gora** (669 m) qui surplombe la Save et dont l'ascension se fait facilement, est à 12 km au nord-ouest de Ljubljana. Prenez le bus n°25 depuis Slovenska cesta ou Gosposvetska cesta jusqu'à Medno, ou le bus n°8 jusqu'à Brod. Vous pouvez aussi prendre le bus pour Smlednik depuis la gare principale, puis suivre le sentier balisé depuis le château de Smlednik (XIIe siècle).

L'hiver il est tout à fait possible de pratiquer du ski de fond à Ljubljana, renseignez-vous à l'office du tourisme.

Sports d'aventure

Des agences comme **Label** (carte p. 44 ; ☎051-200 743 ; www.label.si ; Hribarjevo nabrežje 13) et Trek Trek (p. 64) proposent une vaste gamme d'activités de plein air aux alentours de Ljubljana et dans le reste de la Slovénie de mai à octobre : trekking, alpinisme, escalade, randonnée à ski, ski de fond, VTT, rafting, kayak, canyoning, spéléologie et parapente.

☞ Circuits organisés

Le Centre d'information touristique de Ljubljana (p. 65) organise des visites guidées de la ville et propose même un **guide numérique** (10 €) présentant 17 sites et durant environ 2 heures.

Des **promenades en bateau** d'une heure sur la Ljubljanica avec commentaires en anglais sont proposées (adulte/enfant 10/5 € ; ⏲départs 10h, 11h et 13h, ttes les heures 17h-20h). Les bateaux partent près de la jetée de Ribji trg, le long de Cankarjevo nabrežje.

Segway Tours Ljubljana (☎041 683 184 ; www.segway-slovenia.com), filiale d'une entreprise basée à Bled, 3glav Adventures (p. 82), permet de voir la capitale sous un angle totalement différent – depuis un véhicule électrique à deux roues auto-équilibré. Des circuits de 2 heures (65 €) pour huit personnes partent à 10h et 14h tous les jours ; voir le site Internet pour connaître les points de départ.

Cours

Centre pour le slovène comme deuxième langue/langue étrangère COURS DE LANGUE
(Center za Slovenščino kot Drugi/Tuji Jezik ; carte p. 44 ; 241 86 47 ; www.centerslo.net ; Kongresni trg 12). Ce centre propose toute une palette de cours de slovène pour tous publics : visiteurs de passage, étudiants ou personnes à la recherche d'un apprentissage linguistique plus poussé. Il offre un cours gratuit de 90 minutes pour apprendre les bases du slovène tous les mercredis de 17h à 18h30 au Centre d'information touristique de Slovénie (p. 65).

Fêtes et festivals

C'est en juillet et en août que Ljubljana est le plus animée, pendant la saison de **l'été de la vieille ville de Ljubljana**. Quatre ou cinq manifestations culturelles gratuites ont alors lieu chaque semaine dans divers lieux historiques.

Druga Godba MUSIQUES DU MONDE
(http://festival.drugagodba.si ; mai-juin). Ce festival de musiques du monde se déroule au Križanke de fin mai à début juin.

Ljubljanska Vinska Pot ŒNOLOGIE
(Route des vins de Ljubljana ; www.ljubljanskavinskapot.si ; juin). Organisée un samedi en juin, cette manifestation amène des vignerons de tout le pays dans le centre de Ljubljana, où les visiteurs passent la journée en dégustation d'un stand à l'autre. Les Slovènes sont producteurs, connaisseurs et gros consommateurs de vins. Vous pourrez vous laisser surprendre par des vins biologiques par exemple.

Festival international de théâtre de rue Ana Desetnica THÉÂTRE
(www.anadesetnica.org ; juin-juil). Ne manquez pas ce festival organisé par le théâtre Ana Monro fin juin/début juillet.

Festival de Ljubljana MUSIQUE ET THÉÂTRE
(www.ljubljanafestival.si ; juil-août). L'événement n°1 du calendrier socioculturel de la capitale est le Festival de Ljubljana : de début juillet à fin août, des spectacles (concerts, opéra, théâtre et danse) ont lieu dans toute la ville, principalement dans le théâtre en plein air du Križanke.

Trnfest CULTURE ALTERNATIVE
(www.kud.si ; juil-août). Le festival international d'art et de culture alternatifs, le préféré de nombreux habitants de Ljubljana, a lieu au KUD France Prešeren (à Trnovo, voir p. 60) et dans d'autres lieux de fin juillet à fin août.

Mesto žensk - City of women ARTS DU SPECTACLE
(www.cityofwomen.org ; oct). Ce festival organisé la première quinzaine d'octobre dans divers lieux de Ljubljana présente toutes les formes d'expression artistique créées par des femmes.

Marathon international de Ljubljana MARATHON
(www.ljubljanskimaraton.si ; oct). Le dernier samedi d'octobre. Il y a aussi un semi-marathon, couru en même temps que le marathon (deux boucles pour le marathon). Si vous êtes tentés, optez pour le semi : il y a beaucoup plus de participants et d'animations le long du parcours. Des courses pour les enfants, de longueurs différentes selon leur âge, sont également organisées (jusqu'à un mythique 200 m pour les moins de 3 ans avec médaille à la clef !). C'est un événement important pour les habitants de la ville et tous les âges participent.

Où se loger

Les prix des hébergements à Ljubljana étant les plus élevés du pays, attendez-vous à débourser ici un peu plus qu'ailleurs. Pour les budgets serrés, on trouve de plus en plus d'auberges de jeunesse modernes de qualité supérieure, dont certaines dotées de chambres individuelles. Pour les séjours de plus de deux ou trois nuits, on peut louer un appartement privé (voir p. 53). Le site Web de l'office du tourisme tient à jour une liste exhaustive d'hôtels et autres offres d'hébergement (chambre simple/double à partir de 30/50 €). Malheureusement, seule une poignée est dans le centre ; la plupart nécessitent un trajet en bus vers le nord, jusqu'à Bežigrad voire plus loin.

Antiq Palace Hotel & Spa HÔTEL DE CHARME €€€
(Carte p. 44 ; 051-364 124 ; www.antiqpalace.com, en français ; Gosposka ulica 10 et Vegova ulica 5a ; s/d 180/210 € ;). Ce palace, sans aucun doute le plus luxueux de la ville, occupe un hôtel particulier du XVIe siècle non loin de la rivière. Il comprend 13 suites personnalisées, dotées chacune de plusieurs pièces et mesurant jusqu'à 250 m². La liste des services offerts est interminable. Parfait pour une lune de miel ou un voyage d'affaires haut de gamme.

Cubo HÔTEL DE CHARME €€€
(Carte p. 44 ; ☎425 60 00 ; www.hotelcubo.com ; Slovenska cesta 15 ; s/d 120/140 € ; ❄📶). Cet élégant hôtel du centre-ville, au décor à la fois luxueux et minimaliste, semble tout droit sorti d'un magazine de design. Ses propriétaires ont sélectionné des matériaux de construction et une literie haut de gamme. Très bon restaurant.

♥ **Celica Hostel** AUBERGE DE JEUNESSE €€
(Carte p. 38 ; ☎230 97 00 ; www.hostelcelica.com ; Metelkova ulica 8 ; dort 19-25 €, s/d/tr 53/60/70 € ; P@📶). Cette ancienne prison (1882) de Metelkova rénovée avec élégance est composée de 20 “cellules” aménagées par différents artistes et architectes, qui ont conservé les barreaux d'origine. Elle comporte neuf chambres et appartements de trois à sept lits et un dortoir de 12 lits qui a beaucoup de succès. Au rez-de-chaussée se trouvent un café-restaurant (formule déj de 5 à 7 €, ouvert de 7h30 à 0h) et une galerie où tout le monde peut exposer ses œuvres.

Slamič B&B PENSION €€
(Carte p. 38 ; ☎433 82 33 ; www.slamic.si ; Kersnikova ulica 1 ; s 65-75 €, d 95-100 €, ste à partir de 135 € ; P❄@📶). Un peu à l'écart du centre-ville, cette pension située au-dessus d'un célèbre café-salon de thé propose 11 chambres lumineuses parquetées et dotées de meubles anciens. Les meilleures sont celles donnant sur le jardin et celle à côté de la vaste terrasse du café.

Penzion Pod Lipo PENSION €€
(Carte p. 38 ; ☎031-809 893 ; www.penzion-podlipo.com, en français ; Borštnikov trg 3 ; d/tr/qua/ste 65/75/100/125 € ; @). À l'étage de l'une des plus anciennes *gostilna* (restaurant d'auberge) de Ljubljana et arborant un tilleul de 400 ans, cette pension possède 10 chambres très simples d'un excellent rapport qualité/prix dans un quartier où abondent les bars et les restaurants. Nous adorons la cuisine commune, les parquets d'origine en bois massif et la terrasse orientée à l'est, équipée de chaises longues qui permettent de prendre le soleil le matin.

Antiq Hotel HÔTEL DE CHARME €€€
(Carte p. 44 ; ☎421 35 60 ; www.antiqhotel.si ; Gornji trg 3 ; s 75-120 €, d 85-150 € ; ❄@📶). Ce très bel hôtel a été aménagé en regroupant plusieurs hôtels particuliers de la vieille ville. Il comprend 16 chambres spacieuses et un jardin sur plusieurs niveaux. Le décor volontairement kitsch comporte une multitude de détails fabuleux. Parmi nos chambres préférées : la n°8, qui donne sur la fontaine d'Hercule, et la n°13, d'où on aperçoit le château de Ljubljana.

LOUER UN APPARTEMENT

Si vous comptez séjourner plus de trois nuits sur place, il peut être plus économique et plus confortable de louer un appartement que de dormir à l'hôtel. Vous n'aurez pas de réception ouverte 24h/24, ni quelqu'un pour vous préparer le petit-déjeuner, mais vous gagnerez en intimité et disposerez d'un lave-linge et d'une cuisine tout équipée. **Apartments In Ljubljana** (carte p. 38 ; ☎051-666 400 ; www.apartmentsinljubljana.com ; Gradaska 8a ; 70-145 €/nuit) propose plusieurs appartements, du studio au quatre pièces de 150 m², à environ 10 minutes de marche au sud du centre-ville. Ceux-ci sont entièrement rénovés et meublés avec goût dans un style moderne minimaliste. Les prix varient en fonction de la taille de l'appartement et de la période de l'année.

Allegro Hotel HÔTEL DE CHARME €€€
(Carte p. 44 ; ☎059-119 620 ; www.allegrohotel.si ; Gornji trg 6 ; s 95-115 €, d 130-150 €, tr 185 € ; P❄@📶). Autre hôtel historique de la vieille ville, l'Allegro ne manque pas de style. Ses 17 chambres donnent sur Gornji trg et son arrière-cour est ravissante. La chambre n°3 est dotée d'un balcon et la n°12, tout en haut, peut loger quatre personnes. Le salon de la réception est sur deux niveaux et l'escalier en bois est d'origine.

Ljubljana Resort CAMPING €
(☎568 39 13 ; www.ljubljanaresort.si ; Dunajska cesta 270 ; adulte 8-17 €, enfant 6-13 € ; P❄@🏊). Le nom est éloquent, mais attendez de voir les équipements de ce beau camping de 6 ha avec complexe hôtelier situé à 4 km du centre-ville. Outre un hôtel de 62 chambres (s/d 67/104 €) et cinq mobil-homes (84 à 108 €), il y a le parc aquatique Laguna juste à côté, dont l'accès est gratuit pour les clients. Bus n°6, 8 ou 11 jusqu'à Ježica.

Zeppelin Hostel AUBERGE DE JEUNESSE €
(Carte p. 38 ; ☎059-191 427 ; www.zeppelinhostel.com ; 2e étage, Slovenska cesta 47 ; dort 18-24 €,

d 49-60 € ; @). Située dans l'immeuble Evropa à l'angle de Gosposvetska cesta, cette auberge de jeunesse propose des dortoirs propres et lumineux (quatre à huit lits) et des chambres doubles. Elle est dirigée par une équipe jeune et cosmopolite qui vous dira tout sur les fêtes et les événements de la ville.

Pri Mraku HÔTEL €€€

(Carte p. 44 ; 421 96 00 ; www.daj-dam.si ; Rimska cesta 4 ; s 70-86 €, d 105-120 € ; P@). Bien que ses propriétaires le qualifient de *gostilna,* cet établissement dont le nom signifie "À la tombée du jour" est simplement un petit hôtel de 36 chambres dans un vieil immeuble sans ascenseur et avec un jardin. Les chambres des 1er et 4e étages sont climatisées. Presque en face du Križanke sur Trg Francoske Revolucije, il est idéalement situé pour les amateurs de culture.

Maček Rooms CHAMBRES CHEZ L'HABITANT €€

(Carte p. 44 ; 425 37 91 ; www.sobe-macek.si ; Krojaška ulica 5 ; s/d/app 61/96/126 € ; @). Située dans un bâtiment qui accueillait les clients qui ne trouvaient pas de place à l'Alibi Hostel (auberge de jeunesse voisine), cette résidence composée de quatre superbes chambres et d'un appartement qui donnent presque tous sur la rivière appartient au café-bar en bord de Ljubljanica le plus prisé de la ville. Elle a énormément de succès, réservez donc bien à l'avance. Attention au bruit qui sort des enceintes énormes du bar l'été.

H2O AUBERGE DE JEUNESSE €

(Carte p. 38 ; 041-662 266 ; www.h2ohostel.com ; Petkovškovo nabrežje 47 ; dort 17-22 €, d 36-52 €, q 68-88 € ; @). L'une de nos auberges de jeunesse préférées à Ljubljana. Cet établissement de six chambres s'articule autour d'une minuscule cour au bord de la Ljubljanica et l'une des chambres donne sur le château. Des doubles sont disponibles et les clients ont accès à une cuisine commune.

Hotel Park HÔTEL €€

(Carte p. 38 ; 300 25 00 ; www.hotelpark.si ; Tabor 9 ; s 55-90 €, d 70-130 € ; P@). Un ravalement extérieur et une rénovation intérieure ont transformé cet hôtel de 243 chambres installé dans une tour en un établissement milieu de gamme offrant un bon rapport qualité/prix dans le centre-ville. Les 200 chambres "standard" et "confort" (climatisées) sont agréables, lumineuses et bien équipées. Des chambres de type "auberge", moins chères, sont disponibles aux 7e et 12e étages, dont certaines ont des sanitaires communs et d'autres une douche attenante (dort 20 € à 23 €).

City Hotel Ljubljana HÔTEL €€€

(Carte p. 44 ; 239 00 00 ; www.cityhotel.si ; Dalmatinova ulica 15 ; s 65-85 €, d 96-128 € ; P@). Un séduisant hôtel central installé dans une tour proposant des chambres propres et simples. Plusieurs catégories, de "basique" à "supérieure", la principale différence étant que les plus chères sont plus grandes et climatisées. Certaines chambres "supérieures" ont du parquet et de la literie hypoallergénique.

Hotel Slon Best Western Premier HÔTEL €€€

(Carte p. 44 ; 470 11 31 ; www.hotelslon.com ; Slovenska cesta 34 ; s 90-115 €, d 130-150 € ; P@). Un élégant hôtel d'affaires de 168 chambres décorées avec goût et bien aménagées, qui comporte un centre de fitness et un très bon restaurant. Jacuzzi dans certaines chambres.

Grand Hotel Union Executive HÔTEL €€€

(Carte p. 44 ; 308 12 70 ; www.gh-union.si ; Miklošičeva cesta 1 ; s 99-194 €, d 109-224 €, ste 150-455 € ; P@). Cet hôtel Art nouveau de 187 chambres, qui occupe l'aile sud d'un établissement en deux parties, a été construit en 1905 et reste l'une des plus belles adresses de la ville. Ses espaces publics sont splendides et les clients peuvent utiliser la piscine intérieure et le centre de fitness du **Grand Hotel Union Business** (carte p. 44 ; 308 12 70 ; www.gh-union.si ; Miklošičeva cesta 3 ; s 85-178 €, d 99-208 €, ste 150-372 € ; P@), son aile moderne rénovée comptant 133 chambres.

Vila Veselova PENSION €€

(Carte p. 38 ; 059-926 721 ; www.v-v.si ; Veselova ulica 14 ; dort/d/qua 21/68/100 € ; P@). Cette belle maison de couleur jaune dotée d'un jardin et de 42 lits, située au cœur du quartier des musées, offre principalement un hébergement de type auberge dans cinq chambres aux couleurs vives équipées de quatre à huit lits. Elle compte aussi une double et deux appartements avec salle de bains attenante et accès à une cuisine, ce qui en fait une option milieu de gamme intéressante. Certaines chambres donnent sur le parc Tivoli, de l'autre côté de la rue animée Tivolska cesta.

LJUBLJANA POUR LES ENFANTS

Vous trouverez sur le site Web du Centre d'information touristique de Ljubljana (www.visitljubljana.si, en français) des informations sur les activités adaptées aux enfants.

Le parc Tivoli, qui comporte deux aires de jeux, des piscines (p. 51) et un zoo (p. 49), est un lieu idéal pour les bambins, tout comme les deux parcs aquatique **Laguna** (☎568 39 13 ; www.laguna.si ; Dunajska cesta 270 ; adulte/enfant à partir de 16/7,50 € ; ⏲9h-20h mai-oct) et Atlantis (p. 51).

Aux beaux jours, le **festival international de la marionnette "Mini poletje"** (☎434 36 20 ; www.mini-teater.si ; Grajska planota 1 ; ⏲11h et 18h30 dim fin juin-août) propose au jeune public des spectacles de marionnettes du monde entier au château de Ljubljana. Le reste de l'année, consultez le programme du théâtre de marionnettes de Ljubljana (p. 60).

La **Maison des expériences** (Hiša Eksperimentov ; carte p. 44 ; ☎300 68 88 ; www.h-e.si ; Trubarjeva cesta 39 ; 5 € ; ⏲11h-19h sam-dim) plaît aussi beaucoup aux enfants. Ce centre scientifique interactif présente une cinquantaine d'expositions inventives et passionnantes mêlant avec succès pédagogie et humour. Un spectacle d'aventures scientifiques est proposé à 17h.

Hotel Emonec HÔTEL €€
(Carte p. 44 ; ☎200 15 20 ; www.hotel-emonec.com ; Wolfova ulica 12 ; d 69-77 €, s/tr/qua 64/96/111 € ; P@). La décoration de cet hôtel de 41 chambres est simple, moderne et fonctionnelle. Tout est impeccable et l'emplacement est on ne peut plus central. Connexion Internet dans les chambres par réseau local/câble Ethernet.

BIT Center Hotel HÔTEL €€
(☎548 00 55 ; www.bit-center.net ; Litijska cesta 57 ; s/d 35/55 € ; P@ᯤ). Le BIT Center propose l'un des meilleurs rapports qualité/prix à Ljubljana, même s'il est un peu excentré, à 3 km à l'est du centre (bus n°5, 9 ou 13 jusqu'à Emona). Complètement rénové en 2012, l'hôtel est propre, lumineux et moderne. Les clients bénéficient d'une réduction de 50% au centre sportif voisin.

Bit Center Hostel AUBERGE DE JEUNESSE €
(☎548 00 55 ; www.bit-center.net ; Litijska cesta 57 ; dort 16 € ; P@ᯤ). Dans le même bâtiment que le Bit Center Hotel, cette auberge de jeunesse de 35 lits est propre et bien tenue, avec des dortoirs dans six chambres.

Alibi Hostel AUBERGE DE JEUNESSE €
(Carte p. 44 ; ☎251 12 44 ; www.alibi.si ; Cankarjevo nabrežje 27 ; dort 15-18 €, d 40-50 € ; ❄@). Une auberge de 106 lits très bien située, donnant sur la Ljubljanica. Les dortoirs peints de couleurs vives sont clairs et spacieux, équipés de quatre à huit lits superposés en bois. Également une douzaine de doubles et, au dernier étage, une suite privée pour six personnes.

Alibi M14 Hostel AUBERGE DE JEUNESSE €
(Carte p. 44 ; ☎232 27 70 ; www.alibi.si ; 3e étage, Miklošičeva cesta 14 ; dort 15-18 €, d 40-50 € ; ❄@). En plein centre-ville, juste au sud du parc Miklošičev, ce minuscule établissement possède six chambres, dont un dortoir de 10 lits.

Où se restaurer

Ljubljana offre les meilleurs restaurants du pays. Outre l'excellente cuisine slovène, vous trouverez plusieurs bons restaurants servant de la cuisine des Balkans (principalement des grillades). Bien que les prix tendent à être plus élevés à Ljubljana qu'ailleurs, il est toujours possible d'y manger pour un coût modique ; même les restaurants les plus chers proposent souvent une formule soupe-salade-plat-dessert (*dnevno kosilo*) d'un excellent rapport qualité/prix qui oscille entre 6 et 12 €.

Si vous préparez vos repas ou avez un petit budget, ne manquez pas le vaste **marché en plein air** (carte p. 44 ; Vodnikov trg ; ⏲6h-18h lun-ven et 6h-16h sam l'été, 6h-16h lun-sam l'hiver), juste après le Triple Pont, au sud-est de Prešernov trg. Vous y trouverez de tout, champignons, fruits des bois, miel et fromages artisanaux. Le **marché couvert** (carte p. 44 ; Pogačarjev trg 1 ; ⏲7h-14h lun-mer et sam, 7h-16h jeu-ven) voisin vend de la viande et du fromage, et il y a aussi un **marché au poisson** (carte p. 44 ; Adamič-Lundrovo nabrežje 1 ; ⏲7h-16h lun-ven, 7h-14h sam). Des étals de poisson en plein air vendent aussi des assiettes de calmars frits pour 6 €. Autre option économique : le *burek,* feuilleté au fromage, à la viande ou aux pommes. Les adresses les plus réputées sont **Olimpije** (carte p. 38 ; Pražakova ulica 2 ; burek 2 € ; 24h/24), au sud-ouest des gares routière et ferroviaire, et **Nobel Burek** (carte p. 38 ; 232 33 92 ; Miklošičeva cesta 30 ; burek 2 €, part de pizza 1,40 € ; 24h/24).

Gostilna na Gradu SLOVÈNE €
(Carte p. 44 ; 031-523 760 ; www.nagradu.si ; Grajska planota 1 ; plats 8-14 € ; 10h-0h lun-sam, 12h-18h dim). Prévoyez absolument un repas dans ce merveilleux restaurant slovène traditionnel quand vous irez visiter le château. Les chefs n'utilisent que des pains, fromages et viandes slovènes et des recettes ancestrales pour préparer un repas mémorable. Le cadre est idéal. Réservez pour éviter une déception.

Julija MÉDITERRANÉEN €€
(Carte p. 44 ; 425 64 63 ; http://julijarestaurant.com ; Stari trg 9 ; plats 10,90-18,90 € ; 12h-22h). Sans doute le meilleur des trois restaurants situés côte à côte dans la touristique Stari trg. Les formules déjeuner sont servies en terrasse pour 9 €. On y mange surtout des risottos et des pâtes, mais l'escalope de poulet servie dans une sauce épicée aux cacahuètes figure parmi les meilleurs repas de notre voyage.

Ribca POISSON ET FRUITS DE MER €
(Carte p. 44 ; 425 15 44 ; www.ribca.si ; Adamič-Lundrovo nabrežje 1 ; plats 5-8 € ; 8h-16h lun-ven, 8h-14h sam). Un séjour à Ljubljana donne l'occasion de déguster des plats de poisson peu onéreux et bien préparés. Ce bar à fruits de mer situé sous les colonnades de Plečnik dans Pogačarjev trg sert de délicieux calmars, sardines et harengs frits. Le cadre est décontracté mais la cuisine est excellente. Formule déjeuner à 7,50 € en semaine.

Pri Škofu SLOVÈNE €€
(Carte p. 38 ; 426 45 08 ; Rečna ulica 8 ; plats 8-22 € ; 7h-23h ;). Ce merveilleux petit restaurant du paisible quartier de Krakovo, au sud du centre, sert certains des plats et salades locaux les mieux préparés de Ljubljana, avec un menu qui change en permanence. Formule déjeuner à 8 € en semaine.

Špajza SLOVÈNE €€
(Carte p. 44 ; 425 30 94 ; www.spajza-restaurant.si ; Gornji trg 28 ; plats 15-25 € ; 12h-23h). Ce restaurant populaire de la vieille ville est parfait pour un repas d'exception ou un dîner romantique. Tables et chaises en bois brut, parquet, plafonds peints et détails rétro composent le décor. La terrasse est un délice en été. Cuisine slovène traditionnelle, avec des plats de lapin et de veau.

Trta ITALIEN €
(Carte p. 38 ; 426 50 66 ; www.trta.si ; Grudnovo nabrežje 21 ; pizza 8-10 € ; 11h-22h lun-ven, 12h-22h30 sam ;). Cette pizzeria primée servant de grandes pizzas cuites au feu de bois est légèrement au sud du centre, de l'autre côté de la rivière par rapport à Trnovo.

Le Petit Café FRANÇAIS €€
(Carte p. 44 ; 426 14 88 ; Trg Francoske Revolucije 4 ; plats 12-20 € ; 7h30-1h ;). En face du Križanke, ce café à la française qui a toujours eu beaucoup de succès a ouvert au 1er étage un merveilleux restaurant au décor et au menu régionaux. L'agréable bistrot à l'ambiance bohème sert toujours un excellent café, ainsi que des douceurs pour le petit-déjeuner (2,20 à 6,50 €) et des déjeuners (sandwichs 2,90 € à 4,50 €).

Harambaša BALKANIQUE €
(Carte p. 44 ; 041-843 106 ; www.harambasa.si ; Vrtna ulica 8 ; plats 5-7 € ; 10h-22h lun-ven, 12h-22h sam, 12h-18h dim). Ce restaurant de Krakovo sert des plats bosniaques – de Sarajevo pour être précis – comme les *ćevapčiči* (boulettes de bœuf et de porc épicées) et les *pljeskavici* (galettes de viande épicées) sur des tables basses, dans une ravissante petite maison avec cheminée.

Sushimama JAPONAIS €€
(Carte p. 44 ; 040-702 070 ; www.sushimama.si ; Wolfova ulica 12 ; plats 15-25 € ; 11h-23h lun-sam ;). Le premier et sans doute le meilleur restaurant japonais de Ljubljana, au décor simple et reposant, sert toutes sortes de plats japonais – des soupes misos aux plats de riz et de nouilles – mais son poisson est si frais qu'il serait dommage de faire l'impasse sur les sushis et sashimis.

Kavalino ITALIEN €€
(Carte p. 38 ; 232 09 90 ; http://kaval-group.si ; Trubarjeva cesta 52 ; plats 10-15 € ; 8h-22h lun-jeu, 8h-23h ven-sam). Ce restaurant italien est notre préféré. Ses pizzas n'ont rien d'exceptionnel, mais ses pâtes sont excellentes, notamment les quatre types de raviolis. Les meilleures tables sont dans la cour et dans la galerie à l'étage.

Gostilna Rimska XXI SLOVÈNE €€
(Carte p. 38 ; 256 56 54 ; Rimska cesta 21 ; plats 8-20 € ; 11h-23h lun-ven, 12h-17h sam). Cette auberge populaire est spécialisée dans la cuisine slovène traditionnelle à base

d'ingrédients locaux. Ne manquez pas la très bonne bière maison. Il n'y a pas de menu en anglais, demandez au serveur ce qui a l'air bon. Le steak servi avec une purée de pommes de terre est excellent.

Namasté INDIEN €€
(Carte p. 44 ; ☎425 01 59 ; www.restavracija-namaste.si ; Breg 8 ; plats 8-18 € ; 11h-0h lun-sam, 11h-22h dim ;). Pour les amateurs de cuisine indienne, ce restaurant situé sur la rive gauche de la Ljubljanica ne sert pas des curries exceptionnels, mais les *thalis* et les tandooris y sont très bons. Le choix de plats végétariens est supérieur à la moyenne et les formules déjeuner vont de 6,50 à 8,50 €. S'il fait beau, prenez une table donnant sur la rivière.

Yildiz Han TURC €
(Carte p. 38 ; ☎426 57 17 ; http://yildiz-han.com ; Karlovška cesta 19 ; plats 8,50-15 € ; 11h-0h lun-sam). Ce restaurant turc authentique propose un spectacle de danse du ventre le vendredi soir. Une petite terrasse permet de dîner dehors lorsqu'il fait doux. Un peu difficile à trouver, caché dans une petite maison en contrebas.

Lunch Café Marley & Me INTERNATIONAL €€
(Carte p. 44 ; ☎040-564 188 ; Stari trg 9 ; plats à partir de 7-20 € ; 11h-23h ;). Une adresse très prisée – et pas uniquement pour déjeuner, comme pourrait le laisser croire son nom – qui propose des salades, des pâtes et un choix de viandes et de fruits de mer. Tables en terrasse par beau temps.

Taverna Tatjana POISSON ET FRUITS DE MER €€
(Carte p. 44 ; ☎421 00 87 ; Gornji trg 38 ; plats 8,50-25 € ; 17h-0h lun-sam). Ce pub aux poutres apparentes décoré sur le thème de la mer est en fait un restaurant de poisson assez chic. Jolie arrière-cour couverte pour les beaux jours.

Ljubljanski Dvor ITALIEN €
(Carte p. 44 ; ☎251 65 55 ; Dvorni trg 1 ; pizza 7-10 € ; 10h-0h lun-sam, 12h-22h dim). La concurrence est rude pour le titre de la meilleure pizza à Ljubljana, et ce restaurant doté d'une terrasse donnant sur la Ljubljanica n'est pas en reste. Son menu est composé d'une centaine de pizzas, mais le service pâtit souvent de sa popularité. On peut acheter des pizzas à emporter juste à côté, au **Delikatesa Ljubljanski Dvor** (carte p. 44 ; ☎426 93 27 ; Kongresni trg 11 ; part de pizza 1,70-3 € ; 10h-0h lun-sam).

Pizzeria Foculus ITALIEN €
(Carte p. 44 ; ☎421 92 95 ; www.picerija.net/foculus.htm ; Gregorčičeva ulica 3 ; pizza 6-8,50 € ; 11h-0h). Cette pizzeria qui a beaucoup de succès est dotée d'un four à bois, de tables confortables en terrasse et d'un plafond voûté décoré de feuilles.

Falafel ORIENTAL €
(Carte p. 38 ; ☎041-640 166 ; Trubarjeva cesta 40 ; sandwichs 4-6 € ; 11h-0h lun-ven, 12h-0h sam, 13h-22h dim). Spécialités orientales authentiques (notamment falafels et houmous) à emporter ou à manger sur place à l'une des quelques tables. Idéal pour un déjeuner sur le pouce ou un en-cas en fin de soirée.

Šestica SLOVÈNE €€
(Carte p. 44 ; ☎242 08 55 ; www.sestica.si ; Slovenska cesta 40 ; plats 13-19 € ; 10h-23h lun-ven, 12h-23h sam, 12h-17h dim). Šestica existe depuis 1776 et sert des assiettes de *goveji golaž s pečeno polento* (goulasch de bœuf accompagné de gratin de polenta) et de *svinjska pečenka* (rôti de porc) à ses fidèles clients. L'arrière-cour est agréable en été, et le personnel est aux petits soins. Une soirée slovène avec musique folklorique a lieu chaque semaine (37 €, de 20h à 23h le vendredi).

Mencigar Nobile SLOVÈNE €€
(Carte p. 38 ; ☎051-482 808 ; www.prekmurska-gostilna.si ; Zarnikova ulica 3 ; plats 9,50-23 € ; 10h-17h lun-mer, 10h-22h jeu-ven). Ce restaurant slovène régional est assez rare en son genre ; il sert des plats originaires du Prekmurje, province de l'extrême nord-est du pays. Ne manquez pas les mets d'inspiration hongroise tels que le *bograč* (goulasch de bœuf), les côtelettes à la tzigane (*kotlet po ciganjsko*) ou tout autre plat à base de *kaša* (gruau) en terminant en beauté par les *orehoje palačinke* (crêpes aux noix).

Gostilna Čad BALKANIQUE €€
(Pod Rožnikom ; ☎251 34 46 ; www.gostilna-cad.si ; Cesta na Rožnik 18 ; plats 5-17 € ; 10h-23h lun-ven, 11h-23h sam-dim). Ce restaurant surplombé par la colline de Rožnik, juste en contrebas du zoo dans le parc Tivoli et surnommé "Čad" par les habitués, sert des grillades, telles que les *pljeskavice* (galettes de viande épicées) accompagnées d'*ajvar* (purée de poivrons rouges grillés, de tomates et d'aubergines), ou de *prebranac* (gratin de haricots blancs).

Sofra BALKANIQUE €
(☎565 68 00 ; Dunajska cesta 145 ; plats 8-15 € ; 11h-23h lun-ven, 12h-23h sam). Ce restaurant

bosniaque qui propose un bon choix de grillades est réputé le plus authentique de la ville. Des concerts ont lieu de septembre à juin, au cours desquels les clients mettent souvent autant l'ambiance que les musiciens. Service parfois un peu lent.

Manna SLOVÈNE €€€
(Carte p. 38 ; 051-315 220 ; www.kulinarika-manna.si ; Eipprova ulica 1a ; plats 14-35 € ; 7h-0h lun-mer, 7h-1h jeu-sam, 8h-16h dim). La devanture de ce restaurant affilié à la confrérie de la Chaîne des Rôtisseurs situé en bord de canal à Trnovo affiche le slogan *"Manna – Božanske Jedi na Zemlji"* (Manna - Une cuisine divine sur Terre). Décoration chic, cour intérieure couverte parfaite pour dîner en semi-extérieur et cadre très agréable.

Gostilna As INTERNATIONAL €€€
(Carte p. 44 ; 425 88 22 ; www.gostilnaas.si ; Čopova ulica 5a ; plats 16,70-32 € ; 12h-0h). Située dans le passage reliant Wolfova ulica et Slovenska cesta, l'"Auberge de glace" est un lieu pour les grandes occasions : caviar et truffes, bonne carte des vins et quelques spécialités slovènes classiques. Le bar lounge au sous-sol, doté d'un jardin, est bien plus décontracté et propose des sandwichs et salades moins chers.

Pri Vitezu SLOVÈNE €€
(Carte p. 44 ; 426 60 58 ; www.privitezu.si ; Breg 18-20 ; plats 17-25 € ; 12h-23h lun-sam). Situé sur la rive gauche de la Ljubljanica, ce restaurant est idéal pour une occasion spéciale (grillades à la méditerranéenne et plats de poisson de l'Adriatique), que ce soit dans sa brasserie, son salon ou sa très confortable "salle du chevalier".

JB Restavracija INTERNATIONAL €€€
(Carte p. 38 ; 433 13 58 ; www.jb-slo.com ; Miklošičeva cesta 17 ; plats 20-30 € ; 11h-23h lun-ven, 18h-23h sam). Charme désuet, menu hybride international, excellente carte des vins et décoration très chic font de ce grand restaurant l'un des plus prisés en ville.

Castello ITALIEN €
(Carte p. 44 ; 051-383 902 ; Gornji trg 33 ; plats 5-9 € ; 12h-0h lun-sam). Très bonnes pizzas et pâtes dans le cadre ravissant d'un quartier calme bordant la partie extérieure de Gornji trg.

Thai Inn Pub ASIATIQUE €
(Carte p. 38 ; 421 03 77 ; http://thaipub.si ; Rimska cesta 17 ; plats 6-8 € ; 11h-22h lun-ven, 12h-22h sam ;). Ce restaurant thaï a du succès auprès des étudiants, qui viennent pour l'excellente cuisine et pour l'atmosphère festive qui y règne. Beau jardin à côté d'un parc.

Ajdovo Zrno VÉGÉTARIEN €
(Carte p. 44 ; 040-832 446 ; www.ajdovo-zrno.si ; Trubarjeva cesta 7 ; soupes et sandwichs 2-4 €, formule déj 6 € ; 10h-19h lun-ven ;). Soupes, sandwichs, beignets de légumes et nombreuses salades variées. Les jus fraîchement pressés sont à tomber, notamment le surprenant jus de pétales de rose et citron. Entrée sur Mali trg.

Paninoteka SANDWICHS €
(Carte p. 44 ; 040-349 329 ; Jurčičev trg 3 ; soupes et sandwichs grillés 4-7 € ; 8h-23h lun-jeu, 8h-0h ven, 9h-0h sam, 9h-22h dim ;). Des sandwichs originaux et équilibrés ainsi que des salades, sur une jolie petite place au bord de la rivière.

Hot Horse HAMBURGERS €
(Carte p. 38 ; 521 14 27 ; www.hot-horse.si ; parc Tivoli, Celovška cesta 25 ; en-cas et hamburgers 3-6 € ; 9h-18h mar-dim, 10h-18h lun). Ce petit endroit situé dans le plus grand parc de la ville, juste en contrebas du musée d'Histoire contemporaine, sert aux habitants de Ljubljana leur gourmandise préférée : des hamburgers de cheval (4 €).

Slaščičarna Pri Vodnjaku GLACIER €
(Carte p. 44 ; 425 07 12 ; Stari trg 30 ; 8h-0h). Ce glacier très populaire propose plus d'une trentaine de parfums différents, ainsi que du café, du chocolat chaud, du thé et des jus de fruits frais.

Où prendre un verre

Ljubljana offre un large éventail d'options pour boire un verre. L'été, les berges de la Ljubljanica se transforment en une seule longue terrasse et constituent un endroit parfait pour se poser et regarder les gens. Dans la pratique, la distinction est souvent ténue entre les "pubs et bars" et les "cafés et salons de thé" : la plupart des cafés servent également de la bière et du vin, et de nombreux pubs et bars commencent la journée comme cafés avant de se transformer en lieux d'animation nocturne à la tombée du jour.

Pubs et bars

Žmavc BAR
(Carte p. 38 ; 251 03 24 ; Rimska cesta 21 ; 7h-0-1h lun-ven, 10h-1h sam, 18h-1h dim ;). Un bar

pour étudiants très prisé, situé à l'ouest de Slovenska cesta. Mangas et figurines recouvrent les murs jusqu'à mi-hauteur. La terrasse du jardin est parfaite pour les soirs d'été, mais il vaut mieux arriver tôt pour avoir une table. Également parfait pour prendre son café du matin.

BiKoFe BAR

(Carte p. 44 ; ☎425 93 93 ; Židovska steza 2 ; ⏰7h-1h lun-ven, 10h-1h sam-dim ; wifi). L'un des lieux favoris des branchés. Dans ce minuscule bar, on trouve des tables décorées de mosaïques, des œuvres d'art d'étudiants aux murs, de la soul et du jazz en fond sonore, et un narguilé géant. Le patio ombragé est idéal pour apprécier un bon livre.

Vinoteka Movia BAR À VINS

(Carte p. 44 ; ☎452 54 48 ; www.movia.si ; Mestni trg 2 ; ⏰12h-23h lun-sam). Les amateurs de vin trouveront sans aucun doute leur bonheur dans cet excellent bar où, avec ce qu'il faut de cérémonie et de rituels, ils pourront déguster des crus slovènes primés. On peut également y acheter des bouteilles.

Dvorni Bar BAR À VINS

(Carte p. 44 ; ☎251 12 57 ; www.dvornibar.net ; Dvorni trg 2 ; ⏰8h-1h lun-sam, 9h-0h dim ; wifi). Un excellent lieu pour goûter des vins slovènes ; plus de 100 variétés en stock, dégustations une fois par mois (généralement le deuxiè-me mercredi).

Šank Pub PUB

(Carte p. 38 ; Eipprova ulica 19 ; ⏰7h-1h ; wifi). Au cœur du quartier étudiant de Trnovo, ce petit pub au plafond en briques et au sol parqueté est très décontracté. Il fait partie des nombreux bars et cafés accueillants qui bordent cette partie d'Eipprova ulica.

Pr' Semaforju BAR

(Carte p. 44 ; Slovenska cesta 5 ; ⏰7h-0h lun-ven ; wifi). Repaire étudiant par excellence, "Au feu rouge" (le nom est traduit dans une douzaine de langues à l'extérieur) est un café-bar qui ne paie pas de mine, sur deux niveaux.

Cutty Sark Pub PUB

(Carte p. 44 ; ☎051-286 609 ; www.cuttysarkpub.si ; Knafljev prehod 1 ; ⏰9h-1h lun-sam, 12h-1h dim ; wifi). Un pub agréable aux fenêtres colorées, dans la cour derrière Wolfova ulica 6, idéal pour une *pivo* (bière) ou un verre de *vino* (vin). *Happy hour* de 17h à 19h.

Solist BAR

(Carte p. 44 ; ☎040-206 400 ; Kongresni trg 10 ; ⏰8h30-1h ; wifi). Loin d'être aussi prétentieux que son nom pourrait le laisser croire, ce bar chic attenant à l'arrière de la Philharmonie et donnant sur la Ljubljanica ne passe que de la musique classique – cela change un peu et ce n'est pas désagréable.

Pod Skalco BAR

(Carte p. 44 ; ☎426 58 20 ; www.podskalco.si ; Gosposka ulica 19 ; ⏰6h30-3h lun-jeu, 17h-3h ven-dim). Ce bar peu avenant situé au sud du Musée municipal a pour seul atout ses heures d'ouverture tardives, ce qui peut parfois s'avérer être un aspect non négligeable.

Cafés et salons de thé

♥ **Neboticnik** CAFÉ

(Carte p. 44 ; ☎040-601 787 ; www.neboticnik.si ; 12e étage, Štefanova ulica 1 ; ⏰9h-1h dim-mer, 9h-3h jeu-sam ; wifi). Après 10 ans d'hibernation, ce café doté d'une terrasse à couper le souffle tout en haut du célèbre gratte-ciel Art déco (1933) a rouvert, et la vue à 360 degrés est spectaculaire.

Le Petit Café CAFÉ

(Carte p. 44 ; ☎251 25 75 ; www.lepetit.si ; Trg Francoske Revolucije 4 ; ⏰7h30-1h ; wifi). Juste en face du Križanke, cet agréable lieu bohème sert un excellent café et propose un vaste choix pour le petit-déjeuner, le déjeuner et les repas légers. Bon restaurant au 1er étage.

Čajna Hiša SALON DE THÉ

(Carte p. 44 ; ☎421 24 40 ; Stari trg 3 ; ⏰9h-22h30 lun-ven, 9h-15h et 18h-22h sam ; wifi). Cet établissement élégant et central prend le thé très au sérieux. Il sert également des repas légers et jouxte une boutique de thés.

Maček CAFÉ

(Carte p. 44 ; ☎425 37 91 ; http://sobe-macek.si ; Krojaška ulica 5 ; ⏰9h-0h30 lun-sam, 9h-23h dim ; wifi). L'endroit où il faut être vu. Situé sur la rive droite de la Ljubljanica, il est parfait pour se relaxer en buvant un café ou un verre. L'ambiance commence à vraiment monter une fois la nuit tombée, quand le café se transforme doucement en bar à cocktails.

Kavarna SEM CAFÉ

(Carte p. 38 ; ☎041-729 619 ; www.etno-muzej.si, en français ; Metelkova ulica 2 ; ⏰7h-1h dim-mer, 7h-2h jeu-sam ; wifi). Le merveilleux café du Musée ethnographique slovène donne sur l'atelier de poterie attenant et accueille des concerts les mardis et vendredis.

Café Antico CAFÉ
(Carte p. 44 ; Stari trg 17 ; 9h-0h lun-jeu, 9h-1h ven, 10h-22h sam, 11h-22h dim ;). Avec ses murs et plafonds peints et ses meubles rétro, ce lieu charmant est parfait pour un tête-à-tête autour d'un café ou d'un verre de vin. Il sert aussi à manger, notamment des soupes et des ragoûts, en petites portions.

Open Cafe GAY ET LESBIEN
(Carte p. 38 ; 041-391 371 ; www.open.si ; Hrenova ulica 19 ; 16h-0h ;). Ce café très chic du sud de la vieille ville est devenu le point de ralliement de la culture gay en plein essor de Ljubljana. Lors de la Marche des fiertés de 2009, il a été la cible d'une attaque et d'une tentative d'incendie menées par un groupe homophobe.

Zvezda CAFÉ
(Carte p. 44 ; 421 90 90 ; Kongresni trg 4 et Wolfova ulica 14 ; 7h-23h lun-sam, 10h-20h dim ;). On trouve ici toutes les variétés habituelles de café et de thé, mais ce lieu est réputé pour ses gâteaux maison, notamment la *skutina pečena torta* (3 €), une sorte de cheese-cake.

KavaČaj CAFÉ
(Carte p. 38 ; 433 82 33 ; Kersnikova ulica 1 ; 7h30-22h lun-jeu, 7h30-21h ven, 9h-14h sam ;). Ce véritable bijou un peu hors des sentiers battus sert et vend d'excellents thés et cafés. Espace fumeurs sur la terrasse à l'étage.

Grajska Kavarna CAFÉ
(Carte p. 44 ; 439 41 40 ; www.ljubljanskigrad.si ; château de Ljubljana, Grajska planota 1 ; 9h-0h mai-sept, 9h-23h oct-avr). Ce café du château de Ljubljana est une véritable oasis lorsqu'il fait chaud. Idéal pour se détendre en prenant un café, une bière ou un repas léger après avoir gravi la colline. Bonnes pâtisseries.

Abecedarium Cafe CAFÉ
(Carte p. 44 ; 426 95 14 ; Ribji trg 2 ; 8h-23h ;). Installé dans la plus vieille maison (1528) de Ljubljana, où vécut l'écrivain Primož Trubar (auteur de l'*Abécédaire*, premier livre en langue slovène), cet établissement – qui est autant un café qu'un restaurant – est très pittoresque.

Juice Box BAR À JUS
(Carte p. 44 ; 051-614 545 ; www.juicebox.si ; Slovenska cesta 38 ; jus et smoothies 3,60-5 € ; 7h-20h lun-ven, 8h-15h sam ;). Parmi les nombreux bars à jus qui fleurissent à Ljubljana, celui-ci est le plus central et le meilleur. Très bons mélanges de fruits et de légumes.

☆ Où sortir

Le bimestriel en anglais **Ljubljana in Your Pocket** (www.inyourpocket.com) est une bonne source d'informations sur l'actualité culturelle de la capitale. Achetez vos billets pour les spectacles et événements soit dans les salles, soit en ligne par le biais d'**Eventim** (430 24 05 ; www.eventim.si), soit au centre d'informations touristiques de Ljubljana (p. 65). Attendez-vous à payer de 10 à 20 € pour les spectacles, et moins pour les entrées en discothèque et les soirées avec DJ.

Théâtre

Il existe une demi-douzaine de théâtres à Ljubljana. Vous trouverez donc forcément un spectacle à votre goût. Le théâtre slovène est généralement assez visuel, faisant appel à divers supports : il n'est donc pas toujours nécessaire de connaître la langue pour apprécier un spectacle. Outre les concerts et autres événements musicaux, le Cankarjev Dom accueille régulièrement des représentations théâtrales.

Théâtre national slovène THÉÂTRE
(Narodno Gledališče Drama ; carte p. 44 ; 252 14 62, réservations 252 15 11 ; www.drama.si ; Erjavčeva cesta 1 ; billetterie 14h-17h et 18h-20h lun-ven, 18h-début des représentations sam). Ce superbe bâtiment Art nouveau construit en 1911 était à l'origine un théâtre en langue allemande. Il abrite aujourd'hui la compagnie de théâtre nationale. Représentations en slovène.

KUD France Prešeren SALLE DE SPECTACLES
(Carte p. 38 ; 283 22 88 ; www.kud-fp.si ; Karunova ulica 14 ; 10h-22h lun-sam, 13h-22h dim). Cette "société non-institutionnelle culturelle et artistique" installée à Trnovo organise des concerts, ainsi que des spectacles, soirées littéraires, spectacles de marionnettes pour enfants, expositions, ateliers, etc. presque tous les soirs.

Théâtre Glej THÉÂTRE
(Gledališče Glej ; carte p. 44 ; 251 66 79, 421 92 40 ; www.glej.si ; Gregorčičeva ulica 3 ; spectacles 10-15 €). Le Glej (Regard) est le plus grand théâtre expérimental de Ljubljana depuis les années 1970. Il collabore avec des compagnies telles que Betontanc (danse) et Grejpfrut (théâtre). Il accueille environ cinq spectacles – théâtre, mime, marionnettes, multimédias – par an.

Théâtre de marionnettes de Ljubljana THÉÂTRE
(Lutkovno Gledališče Ljubljana ; carte p. 44 ; réservations 300 09 82 ; www.lgl.si ; Krekov

UN LIEU UNIQUE : METELKOVO MESTO

Pour une alternative anticonformiste aux clubs branchés, rendez-vous à **Metelkova Mesto** (Ville de Metelkova ; carte p. 38 ; www.metelkova.org ; Masarykova cesta 24), une ancienne garnison de l'armée convertie en squat dans les années 1990 avant de devenir une communauté autonome (une version miniature du Christiania de Copenhague). Dans cette résidence dotée de deux cours, une douzaine d'espaces uniques en leur genre se cachent derrière des portes taguées de couleurs vives. Ils s'animent généralement après minuit tous les jours l'été et les vendredis et samedis le reste de l'année. L'atmosphère n'est pas très raffinée et la qualité des numéros et spectacles varie selon les soirs, mais on repart rarement déçu.

En entrant par la porte principale "de la ville" sur Masarykova cesta, le bâtiment situé à votre droite abrite **Gala Hala**, qui organise des concerts et des soirées discothèques, ainsi que **Klub Channel Zero** (www.ch0.org), axé sur la musique punk et hardcore. Au-dessus, au 1er étage, la **Galerija Mizzart** (www.mizzart.net) est un excellent espace d'expositions. Le premier bâtiment est le **Kulturni Center Q**, qui comprend deux clubs gays : Tiffany (p. 62) pour les hommes et Klub Monokel (p. 63) pour les femmes. Donnant sur le sud, le très populaire **Jalla Jalla Club**, un pub sympathique, propose des concerts. Au bout de la première cour au sud-ouest, le **Klub Gromka** (www.klubgromka.org) accueille des concerts folk, des pièces de théâtre et des conférences. À côté, sous les créatures bizarres aux airs de E.T, se trouve la **Menza pri Koritu** (☎434 03 45 ; www.menzaprikoritu.org), une salle de spectacles et de concerts. Si vous séjournez au Celica Hostel (p. 53), vous serez à deux pas de l'animation.

trg 2 ; ⏲billetterie 16h-18h lun-ven, 10h-12h sam et 1 heure avant les représentations). Ce théâtre présente ses propres spectacles toute l'année et accueille Lutke, festival international de marionnettes (Mednarodni Lutkovni Festival), les années paires en septembre.

Concerts

JAZZ ET ROCK

Gala Hala INDÉ ET ROCK
(Carte p. 38 ; ☎431 70 63 ; www.galahala.com ; Metelkova Mesto, Masarykova cesta 24). La plus grande salle de Metelkova et la meilleure pour voir des concerts de musique alternative, indé et rock plusieurs soirs par semaine. Scène en plein air de mai à septembre.

Kino Šiška INDÉ ET ROCK
(☎réservations 030-310 110 ; www.kinosiska.si ; Trg Prekomorskih brigad 3 ; ⏲17h-20h lun-ven, 10h-13h sam). Cet ancien cinéma rénové est devenu un centre culturel où se produisent surtout des groupes indé, rock et alternatifs venant de Slovénie et du reste de l'Europe.

Jazz Club Gajo JAZZ
(Carte p. 44 ; ☎425 32 06 ; www.jazzclubgajo.com ; Beethovnova ulica 8 ; ⏲19h-2h lun-sam). Aujourd'hui dans sa 18e année, le Gajo est le meilleur endroit de la ville pour les concerts de jazz et attire des talents locaux et internationaux. Jam-sessions à 20h30 le lundi.

Sax Pub JAZZ
(Carte p. 38 ; ☎283 90 09 ; Eipprova ulica 7 ; ⏲12h-1h lun, 10h-1h mar-sam, 16h-22h dim). Installé depuis deux décennies à Trnovo et décoré de peintures murales et de graffitis aux couleurs vives à l'intérieur comme à l'extérieur, ce minuscule pub propose des concerts de jazz à 21h ou 21h30 le jeudi de fin août à décembre et de février à juin. Musique enregistrée le reste du temps.

Roxly Cafe Bar BLUES ET ROCK
(Carte p. 44 ; ☎430 10 21 ; www.roxly.si ; Mala ulica 5 ; ⏲8h-2h lun-mer, 8h-3h jeu-ven, 10h-3h sam). Ce café-bar-restaurant situé au nord de la Ljubljanica propose certains soirs des concerts (surtout blues et rock) à partir de 22h.

Orto Bar ROCK
(Carte p. 38 ; ☎232 16 74 ; www.orto-bar.com ; Grabolčeva ulica 1 ; ⏲21h-4h mar et ven, 21h-5h jeu-sam). Ce bar-club situé à cinq minutes de marche de Metelkova attire les foules en fin de soirée. On vient pour boire un verre et danser, parfois avec de la musique live. Programmation interrompue en juillet et août.

OPÉRA ET CLASSIQUE

Cankarjev Dom CLASSIQUE, OPÉRA, BALLET
(Carte p. 38 ; ☎241 71 00, réservations 241 72 99 ; www.cd-cc.si ; Prešernova cesta 10 ; ⏲billetterie 11h30-13h et 15h-20h lun-ven, 11h-13h sam et 1 heure avant les représentations). Le plus grand centre

culturel et de conférences de Ljubljana possède deux grands auditoriums (le Gallus Hall est réputé pour son acoustique parfaite) et une douzaine de salles plus petites proposant une palette remarquable d'arts du spectacle.

Opéra de Ljubljana OPÉRA ET BALLET
(Carte p. 44 ; ☎réservations 241 59 59 ; www.opera.si ; Župančičeva ulica 1 ; ⏱billetterie 10h-17h lun-ven et 1 heure avant les représentations). Siège des compagnies nationales d'opéra et de ballet, ce théâtre néo-Renaissance entièrement rénové en 2011 a retrouvé son lustre d'antan.

Philharmonie CLASSIQUE
(Slovenska Filharmonija ; carte p. 44 ; ☎241 08 00 ; www.filharmonija.si ; Kongresni trg 10 ; ⏱7h-22h). Siège de l'Orchestre philharmonique slovène, ce lieu plus petit mais plus évocateur propose également des concerts et accueille des représentations du Chœur de chambre slovène (Slovenski Komorni Zbor), fondé en 1991.

Križanke CLASSIQUE, BALLET, THÉÂTRE
(Carte p. 44 ; ☎241 60 00, réservations 241 60 26 ; www.ljubljanafestival.si ; Trg Francoske Revolucije 1-2 ; ⏱billetterie 10h-20h lun-ven, 10h-13h sam avr-sept). Le théâtre en plein air de cet immense monastère du XVIIIe siècle accueille le Festival de Ljubljana en juillet et août. Dans la salle des Chevaliers (Viteška Dvorana), plus petite, sont joués des concerts de musique de chambre.

Discothèques

Cirkus DISCOTHÈQUE
(Kinoklub Vič ; carte p. 38 ; ☎051-631 631 ; www.cirkusklub.si ; Trg Mladinskih Delovnih Brigad 7 ; entrée 5 € ; ⏱20h-5h mar-sam). Cette discothèque très fréquentée, où se produisent des DJ le week-end, occupe les anciens locaux du Kinoklub Vič.

Klub K4 DISCOTHÈQUE
(Carte p. 38 ; ☎040-212 292 ; www.klubk4.org ; Kersnikova ulica 4 ; ⏱22h-2h mar, 23h-4h mer-jeu, 23h-6h ven-sam, 22h-4h dim). Ce lieu qui ne vieillit pas, installé au sous-sol du siège de l'Organisation étudiante de l'université de Ljubljana (ŠOU), propose de la musique électro-rave les vendredis et samedis, d'autres styles musicaux les soirs de semaine et une soirée gay et lesbienne (qui a beaucoup de succès) le dimanche.

KMŠ DISCOTHÈQUE
(Carte p. 38 ; ☎425 74 80 ; www.klubkms.si ; Tržaška ulica 2 ; ⏱8h-22h lun-ven, 21h-5h sam). Situé au fin fond d'une ancienne fabrique de tabac, le Club étudiant de Maribor reste très calme jusqu'au samedi, où il devient alors un lieu bruyant saturé par la musique et les danseurs.

Top: Eat & Party DISCOTHÈQUE
(Carte p. 44 ; ☎040-667 722 ; www.klubtop.si ; Tomšičeva ulica 2 ; ⏱23h-5h). Ce restaurant et bar à cocktails rétro, installé au 6e étage du grand magasin Nama et offrant une très belle vue, devient le soir venu une discothèque fréquentée par une clientèle très apprêtée. Prenez l'ascenseur en verre sur Slovenska cesta ou celui qui est dans le passage reliant Cankarjeva ulica et Tomšičeva ulica.

Ultra DISCOTHÈQUE
(Carte p. 44 ; www.ultra-club.si ; Nazorjeva ulica 6 ; ⏱22h-6h mer-sam). Cette discothèque fréquentée par une foule branchée et bruyante organise quatre soirées à thème différentes.

Gostilna As DISCOTHÈQUE
(Carte p. 44 ; ☎425 88 22 ; www.gostilnaas.si ; Čopova ulica 5a ; ⏱23h-3h mer-sam ; 📶). Des DJ transforment ce bar en sous-sol éclairé à la bougie en une discothèque animée qui attire les foules quatre soirs par semaine. Entrée sur Knafljev prehod.

Gays et lesbiennes

Ljubljana n'est peut-être pas la ville la plus *gay-friendly* d'Europe centrale, mais on y trouve tout de même quelques lieux corrects. Pour obtenir des informations générales et des conseils, contactez le Klub Roza, qui regroupe les sections gays et lesbiennes du Škuc (Študentski Kulturni Center, Centre culturel étudiant), ou le **Centre d'informations du Škuc** (☎251 65 40 ; www.skuc.org ; Stari trg 21 ; ⏱12h-20h). L'Open Cafe (p. 60) est un bar gay situé au sud de la vieille ville.

Klub Roza CLUB GAY ET LESBIEN
(Klub K4 ; carte p. 38 ; ☎438 02 61 ; www.klubk4.org ; Kersnikova ulica 4 ; ⏱22h-6h dim sept-juin). Cette discothèque ouverte le dimanche soir (et parfois le samedi), qui fait partie du Klub K4, plaît autant aux gays qu'aux lesbiennes. Pas d'audace musicale, mais l'ambiance est bonne. Consultez le site pour les dates et les infos pratiques.

Tiffany CLUB GAY
(Carte p. 38 ; www.kulturnicenterq.org/tiffany/klub ; Metelkovo Mesto, Masarykova cesta 24 ; ⏱horaires variables). Un club qui ne cesse d'ouvrir et de fermer, situé dans le complexe de Metelkova Mesto.

Klub Monokel CLUB GAY ET LESBIEN
(Carte p. 38 ; www.klubmonokel.com ; Metelkovo Mesto, Masarykova cesta 24 ; horaires variables). Club pour lesbiennes installé dans le complexe de Metelkova Mesto.

Achats

Ljubljana est une mine pour l'art populaire, les antiquités, la musique, le vin et l'alimentation. On y trouve aussi de plus en plus de boutiques de mode. **BTC City** (585 22 22 ; www.btc-city.com ; Šmartinska cesta 152 ; 9h-20h lun-sam) et **City Park** (587 30 50 ; www.citypark.si ; Šmartinska cesta 152g ; 9h-21h lun-sam, 9h-15h dim) sont deux gigantesques centres commerciaux voisins à Moste, au nord-est du centre-ville. Ils sont desservis par les bus n^{os}2, 7 et 27.

Art et antiquités

Carniola Antiqua ART ET ANTIQUITÉS
(Carte p. 44 ; 231 63 97 ; Trubarjeva cesta 9 ; 19h-19h lun, 10h-13h et 16h-19h mar-ven, 10h-13h sam). Récemment agrandie, cette galerie d'antiquités proposant un large choix d'articles des années 1950 et 1960 fait partie des meilleures et des plus accueillantes de la ville.

Antika Ferjan ART ET ANTIQUITÉS
(Carte p. 44 ; 426 18 15 ; 1er étage, Mestni trg 21 ; 9h-19h lun-ven, 10h-14h sam). Vaste magasin d'art slovène et européen et de verrerie, meubles et horloges d'époque.

Trubarjev Antikvariat ART ET ANTIQUITÉS
(Carte p. 44 ; 244 26 83 ; www.mladinska.com ; Mestni trg 25 ; 8h30-13h30 et 15h30-19h30 lun-ven, 8h30-13h30 sam). Livres anciens et d'occasion. Bon choix de cartes anciennes à l'étage.

Galerija Fortuna ART ET ANTIQUITÉS
(Carte p. 44 ; 425 01 87 ; Gornji trg 1 ; 10h-13h et 16h-20h lun-ven, 10h-13h sam). De belles pièces anciennes sont entassées dans cette boutique de la vieille ville, notamment des objets en verre des années 1920 et d'autres trésors Art nouveau.

Marché aux puces ART ET ANTIQUITÉS
(Cankarjevo nabrežje ; carte p. 44 ; 8h-14h dim). Ce marché installé tous les dimanches sur le quai entre le Triple Pont et le pont des Cordonniers vaut la peine d'y faire un saut.

Librairies

Mladinska Knjiga LIVRES
(Carte p. 44 ; 241 46 84 ; www.mladinska.com ; 1er étage, Slovenska cesta 29 ; 9h-19h30 lun-ven, 9h-14h sam). "MK" est la plus grande librairie de la ville et la mieux fournie, avec de nombreux guides, cartes, illustrés, œuvres de fiction, et journaux et revues. Elle possède une **annexe** (carte p. 38 ; 234 27 80 ; Miklošičeva cesta 40 ; 8h30-19h lun-ven, 9h-12h sam) sur Miklošičeva cesta.

Geonavtik LIVRES
(Carte p. 44 ; 252 70 27 ; www.geonavtik.com ; Kongresni trg 1 ; 8h30-20h30 lun-ven, 8h30-16h sam). Superbe boutique vendant des guides de voyage et guides nautiques, des cartes et des livres, dont beaucoup en anglais, sur la Slovénie et dotée d'un café-bar très populaire.

Vêtements et accessoires

Almira Sadar MODE
(Carte p. 38 ; 430 13 29 ; www.almirasadar.com ; Tavčarjeva ulica 6 ; 10h-19h lun-ven, 10h-14h sam). Vêtements basiques et accessoires aux motifs uniques fabriqués dans des matériaux naturels par l'une des plus influentes créatrices slovènes.

Torbice Marjeta Grošelj MAROQUINERIE
(Sacs Marjeta Grošelj ; carte p. 38 ; 231 89 84 ; Tavčarjeva ulica 4 ; 8h30-12h30 et 15h30-19h lun-ven, 8h30-12h sam). Sacs à main de luxe de la créatrice Marjeta Grošelj.

Peko CHAUSSURES ET MAROQUINERIE
(Carte p. 44 ; 059-089 068 ; www.peko.si ; Miklošičeva cesta 14 ; 9h-20h lun-sam). Ancien chausseur officiel du régime socialiste et originaire de la ville de Tržič (nord-ouest de Ljubljana), Peko est devenu branché et la qualité de ses chaussures n'a d'égale que celle de sa nouvelle ligne de sacs à main.

Katarina Silk ACCESSOIRES
(Carte p. 44 ; 425 00 10 ; Gornji trg 5 ; 10h-19h lun-ven et 10h-14h sam mai-sept, 12h-19h lun-ven et 10h-14h sam oct-avr). Des foulards en soie ultra-fins et des bijoux fantaisie uniques.

Artisanat et cadeaux

Trgovina Ika ART POPULAIRE, CADEAUX
(Carte p. 44 ; 232 17 43 ; www.trgovina-ika.si ; Ciril-Metodov trg 13 ; 10h-19h30 lun-ven, 9h-18h sam, 10h-14h dim). Cette charmante boutique située en face de la cathédrale et du marché propose des articles faits main qui modernisent les formes et motifs traditionnels. Plus de 100 créateurs vendent ici des vêtements, des bijoux, de la porcelaine, etc.

Skrina ART POPULAIRE
(Carte p. 44 ; 425 51 61 ; www.skrina.si ; Breg 8 ; 9h-19h lun-ven, 9h-13h sam). Une bonne

boutique pour acheter de l'artisanat typiquement slovène (et abordable) : poterie noire du Prekmurje, dentelle d'Idrija, frontons de ruches décorés, gâteaux au miel en forme de cœur, œufs de Pâques peints, cristal de Rogaška, coffres de mariage aux couleurs vives, tabourets avec marche, etc.

Piranske Soline CADEAUX
(Salines de Piran ; carte p. 44 ; ☎425 01 90 ; www.soline.si ; Mestni trg 19 ; 9h-20h lun-ven, 10h-15h sam-dim). Cette boutique de la vieille ville vend des sels de bain marins et d'autres produits originaires de Sečovlje.

Rustika ART POPULAIRE
(Carte p. 44 ; ☎031 383 247 ; Ljubljanski grad ; 10h-19h). Cette belle galerie et boutique aux sols parquetés et à l'ambiance rustique installée dans le château de Ljubljana est intéressante pour l'art populaire.

Galerija Idrijske Čipke CADEAUX
(Idrija Lace Gallery ; carte p. 44 ; ☎425 00 51 ; www.idrija-lace.com ; Mestni trg 17 ; 10h-13h et 15h-19h lun-ven, 10h-14h sam). Si vous ne comptez pas vous rendre à Idrija (région de Primorska), mais que vous vous intéressez à la dentelle qui fait la renommée de cette ville, visitez ce magasin : il en vend d'excellente qualité.

Alimentation et vin

Kraševka ALIMENTATION, VIN
(Carte p. 44 ; ☎232 14 45 ; www.krasevka.si ; Ciril Metodov trg 10 ; 9h-19h lun-ven, 8h-14h sam). Cette épicerie fine vend des produits provenant principalement de fermes du Karst : toutes les variétés de *pršut* (jambon séché), ainsi que du fromage, du vin et des spiritueux, de l'huile et du vinaigre, du miel et de la confiture.

Honey House ALIMENTATION
(Carte p. 44 ; Mestni trg 7 ; 9h-19h). La Slovénie est l'un des plus gros producteurs de miel et de ses produits dérivés en Europe. Cet endroit en vend assez de variétés pour satisfaire tous les goûts. Hydromel, propolis et gelée royale sont également en rayon.

Vinske Kleti Slovenije VIN
(Caves à vin de Slovénie ; ☎431 50 15 ; pavillon Jurček, Dunajska cesta 18 ; 10h-19h lun-ven, 9h-13h sam, restaurant 10h-23h lun-sam). Si le vin est pour vous une affaire sérieuse, cette immense cave à vin et restaurant située au nord du centre-ville est faite pour vous. Plus de 800 vins, slovènes pour la plupart.

Vino Boutique VIN
(Carte p. 44 ; ☎425 26 80 ; Slovenska cesta 38 ; 10h-19h lun-ven, 10h-13h sam). Cette petite boutique de vins est située dans un étroit passage. Les propriétaires sont bien renseignés et obligeants.

Articles de sport

Annapurna ÉQUIPEMENT DE PLEIN AIR
(Carte p. 44 ; ☎031 740 838 ; www.annapurna.si ; Krakovski nasip 4 ; 9h-19h lun-ven, 9h-13h sam). Si vous avez oublié votre sac de couchage, vos bâtons de ski, vos chaussures de randonnée, votre matériel d'escalade ou votre sac à dos, ce magasin de Krakovo peut vous fournir tout cela et bien plus encore.

Lovec ÉQUIPEMENT DE PLEIN AIR
(☎585 17 99 ; www.koptex.com ; BTC City – Hall A, Šmartinska cesta 152 ; 9h-20h lun-sam). Pour ceux qui aiment l'équitation, la pêche et le tir, cette boutique a tout ce qu'il faut en rayon.

Renseignements

Accès Internet

De nombreux cafés et restaurants offrent le Wi-Fi gratuitement à leurs clients. La plupart des auberges de jeunesse et certains hôtels mettent à disposition de leur clientèle un ordinateur permettant de surfer sur la Toile. Le Centre d'information touristique de Slovénie est équipé de postes publics connectés à Internet (1 € pour 30 minutes).

Cyber Cafe Xplorer (☎430 19 91 ; Petkovškovo nabrežje 23 ; pour 30 minutes/1 heure 2,50/4 € ; 10h-22h lun-ven, 14h-22h sam-dim ; Wi-Fi). Le meilleur cybercafé de Ljubljana. Wi-Fi disponible et appels internationaux à prix réduit.

Agences de voyages

STA Ljubljana (☎041 612 711, 439 16 90 ; www.sta-lj.com ; 1er étage, Trg Ajdovščina 1 ; 10h-17h lun-ven). Billets d'avion à tarifs réduits pour les étudiants. Son café a un accès Internet.

Trek Trek (☎425 13 92 ; www.trektrek.si ; Bičevje ulica 5 ; 10h-17h lun-ven). Spécialisée dans le voyage d'aventure en Slovénie, en particulier les circuits de trekking et à vélo.

Argent

On trouve des DAB partout, dont toute une série devant le principal bureau du Centre d'information touristique de Ljubljana. La gare ferroviaire comporte un **bureau de change** (7h-20h) échangeant les espèces sans commission mais pas les chèques de voyage.

Abanka (☎300 15 00 ; www.abanka.si ; Slovenska cesta 50 ; 9h-13h et 15h-17h lun-ven)

Nova Ljubljanska Banka (☎476 39 00 ; www.nlb.si ; Trg Republike 2 ; ⏲8h-18h lun-ven)

Cartes de réduction

La **carte touristique Urbana** (www.visitljubljana.com/fr/ljubljana-et-region/carte-touristique/carte-urbana/) s'achète dans les centres d'information touristique pour 24/48/72 heures (23/30/35 €) et permet d'accéder gratuitement à la plupart des musées et galeries, aux visites guidées à pied et en bateau. On peut aussi voyager de manière illimitée dans les bus de la ville.

Consigne

Gare routière (Trg OF 4 ; 2 €/j ; ⏲5h30-22h30 dim-ven, 5h-22h sam). Guichet n°3.

Gare ferroviaire (Trg OF 6 ; 2-3 €/j ; ⏲24h/24). Consigne à pièces sur le quai 1.

Offices du tourisme

Centre d'information touristique de Ljubljana (☎306 12 15 ; www.visitljubljana.si, en français ; Adamič-Lundrovo nabrežje 2 ; ⏲8h-21h juin-sept, 8h-19h oct-mai). Un personnel enthousiaste et compétent donne des informations, des plans et de la documentation et aide à la recherche d'hébergement. Excellent site Internet. Une **annexe** (☎433 94 75 ; www.visitljubljana.si, en français ; Trg OF 6 ; ⏲8h-22h juin-sept, 10h-19h lun-ven, 8h-15h sam oct-mai) dans la gare ferroviaire.

Centre d'information touristique de Slovénie (☎306 45 76 ; www.slovenia.info, en français ; Krekov trg 10 ; ⏲8h-21h juin-sept, 8h-19h oct-mai). Bonne source d'information pour le reste du pays ; accès Internet et service de location de vélos.

Poste

Poste principale (Slovenska cesta 32 ; ⏲8h-19h lun-ven, 8h-13h sam). Poste restante pendant 30 jours et bureau de change.

Bureau de poste (Pražakova ulica 3 ; ⏲8h-19h lun-ven, 8h-12h sam). Juste au sud-ouest des gares routière et ferroviaire.

Ressources Internet

Outre les sites Web du Centre d'information touristique de Slovénie (www.slovenia.info, en français) et du Centre d'information touristique de Ljubljana (www.visitljubljana.si, en français), les sites suivants peuvent être utiles :

Ville de Ljubljana (www.ljubljana.si). Portail d'information complet abordant tous les aspects de la vie et du tourisme alimenté directement par la municipalité.

In Your Pocket (www.inyourpocket.com). Informations sur la capitale mises à jour régulièrement.

Services médicaux

Centre médical universitaire de Ljubljana (Univerzitetni Klinični Center Ljubljana ; ☎522 50 50, urgences 522 84 08 ; www4.kclj.si ; Zaloška cesta 2 ; ⏲24h/24). Service des urgences ouvert 24h/24.

Centre de santé de Ljubljana (Zdravstveni Dom Ljubljana ; ☎472 37 00 ; www.zd-lj.si ; Metelkova ulica 9 ; ⏲7h30-19h). Pour les problèmes de santé non urgents.

Barsos-MC (☎242 07 00 ; www.barsos.net ; Gregorčičeva ulica 11 ; ⏲8h-15h lun, mer et ven, 8h-14h mar et jeu). Centre médical privé ; consultation à partir de 40 € environ.

Pharmacie centrale (Centralna Lekarna ; ☎230 61 00 ; Prešernov trg 5 ; ⏲8h-19h30 lun-ven, 8h-15h sam)

ℹ Depuis/vers Ljubljana

Avion

Il n'existe pas de vols intérieurs réguliers en Slovénie. Pour les vols depuis/vers Ljubljana au départ de l'étranger, voir p. 248.

Bus

Des bus à destination de villes slovènes et étrangères partent de la **gare routière** (Avtobusna Postaja Ljubljana ; ☎234 46 00 ; www.ap-ljubljana.si ; Trg Osvobodilne Fronte 4 ; ⏲5h30-22h30 dim-ven, 5h-22h sam), tout près de la gare ferroviaire. À côté des guichets se trouvent

BUS AU DÉPART DE LJUBLJANA

DESTINATION	PRIX (ALLER SIMPLE)	DURÉE	DISTANCE	FRÉQUENCE
Bled	6,50 €	1 heure 30	57 km	1/heure
Bohinj	9 €	2 heures	91 km	1/heure
Koper	12 €	2 heures 30	122 km	5/jour plus l'été
Maribor	14 €	3 heures	141 km	2-4/jour
Novo Mesto	8 €	1 heure	72 km	jusqu'à 7/jour
Piran	14 €	3 heures	140 km	jusqu'à 7/jour
Postojna	7 €	1 heure	53 km	jusqu'à 24/jour

TRAINS AU DÉPART DE LJUBLJANA

DESTINATION	PRIX (ALLER SIMPLE, 2e CLASSE)	DURÉE	DISTANCE	FRÉQUENCE
Bled	6,22 €	55 minutes	51 km	jusqu'à 21/jour
Koper	9 €	2 heures 30	153 km	jusqu'à 4/jour, plus l'été
Maribor	15 €	1 heure 45	156 km	jusqu'à 25/jour
Murska Sobota	14 €	3 heures 15	216 km	jusqu'à 5/jour
Novo Mesto	6 €	1 heure 30	75 km	jusqu'à 14/jour

des téléphones d'information multilingues et un ordinateur à écran tactile. Un autre poste de ce type se trouve à l'extérieur.

Il n'est généralement pas nécessaire d'acheter votre billet à l'avance ; vous pourrez payer en montant dans le bus. Cependant, pour les longs trajets les vendredis et les veilles de vacances scolaires et de jours fériés, vous prendrez le risque de ne pas avoir de place assise – achetez votre billet la veille de votre départ en prenant une réservation (1,20/3,70 € trajet intérieur/international).

On peut se rendre presque partout dans le pays en bus – de Kamnik (3,30 €, 50 minutes, 25 km, toutes les demi-heures) à Murska Sobota (18 €, 4 heures 15, 199 km, une ou deux fois par jour).

Voiture et moto

La plupart des grandes enseignes internationales de location de voitures sont présentes à Ljubljana. Vous pouvez louer directement sur place ou, souvent à meilleur prix, à l'avance sur le site Internet du loueur.

Avis (☎430 80 10 ; www.avis.si ; Čufarjeva ulica 2 ; ⏲8h-19h lun-ven, 6h-13h sam, 8h-12h dim)

Budget (☎421 73 40 ; www.budget.si, en français ; Grand Hotel Union Business, Miklošičeva cesta 3 ; ⏲8h-16h lun-ven, 9h-12h sam-dim)

Atet Rent a Car (☎513 70 17 ; www.atet.si ; Devova ulica 6a ; ⏲8h-18h lun-ven, 8h-13h sam-dim)

Train

Des trains nationaux et internationaux desservent la **gare ferroviaire** (Železniška Postaja ; ☎291 33 32 ; www.slo-zeleznice.si ; Trg Osvobodilne Fronte 6 ; ⏲6h-22h) de Ljubljana, située en centre-ville, où vous trouverez un centre d'information (Info Center) à côté de l'annexe du Centre d'information touristique de Ljubljana. Les billets nationaux s'achètent aux guichets 1 à 8 et les internationaux au guichet 9 ou au centre d'information. Voir p. 66 pour les principaux trains au départ de Ljubljana.

Une surtaxe de 1,55 € s'applique sur les billets des trains InterCity (IC) et EuroCity (EC).

Sachez quand même que les trains sont beaucoup plus lents que les bus, et pas moins chers.

Comment circuler

Depuis/vers l'aéroport

Le moyen le plus économique pour rejoindre l'aéroport Jože Pučnik de Ljubljana est de prendre le **bus public** (4,10 €, 45 minutes, 27 km) sur le quai n°28 de la gare routière. Le premier part à 5h20, puis toutes les heures de 6h10 à 20h10 du lundi au vendredi ; le week-end, un bus part à 6h10 puis un toutes les deux heures de 9h10 à 19h10. Les tickets s'achètent auprès du chauffeur.

Une **navette privée** (☎051 321 414) relie également Trg OF, près de la gare routière, avec l'aéroport (9 €) jusqu'à 11 fois par jour entre 5h20 et 22h30, en 30 minutes. Elle va de l'aéroport à Ljubljana 10 fois par jour entre 5h45 et 23h.

Pour vous rendre en taxi de l'aéroport à Ljubljana, comptez de 40 € à 45 €.

Taxis

Des taxis avec compteur peuvent être hélés dans la rue ou réservés aux stations près de la gare ferroviaire, au Centre d'information touristique de Ljubljana sur Stritarjeva ulica, devant le Grand Hotel Union, ou sur Mestni trg. Le tarif de base est de 0,83 à 1,50 € et le prix au kilomètre varie de 1 € à 1,50 €, selon la compagnie. Il est moins cher si vous réservez.

Laguna Taxi (☎511 23 14 ; www.taxi-laguna.com ; Celovška cesta 228). Compagnie fiable de radio-taxi ; opérateurs parlant anglais.

Transports publics

Les bus de Ljubljana passent toutes les 5 à 15 minutes de 5h (6h le dimanche) à environ 22h30, même si certaines lignes fonctionnent dès 3h30 et jusqu'à 0h voire plus tard. Un tarif unique de 1,20 € (valable 90 minutes pour des trajets illimités, correspondances comprises) est débité sur une carte magnétique rechargeable **Urbana** (☎430 51 74 ; www.jh-lj.si/urbana), qui s'achète dans les kiosques à journaux, les offices du tourisme et au **Centre LPP** (☎430 51 75 ; www.jhl.si ; Slovenska cesta 56 ; ⏲7h-19h lun-ven) pour 2 € ; on peut ensuite la recharger de 1 à 50 €. Le centre-ville se parcourt toutefois facilement à pied. Les bus ne sont donc vraiment nécessaires que pour se rendre à l'extérieur.

Vélo

Ljubljana est un régal pour les cyclistes ; il y a des pistes cyclables et des feux spéciaux partout.

Ljubljana Bike (☎306 45 76 ; www.visitljubljana.si, en français ; Krekov trg 10 ; pour 2 heures/jour 2/8 € ; ⏲8h-19h ou 21h avr-oct) loue des vélos pour deux heures ou à la journée d'avril à octobre au départ du Centre d'information touristique de Slovénie (p. 65).

Pour les trajets courts, vous pouvez louer des vélos aux bornes **Bicike(lj)** (www.bicikelj.si ; abonnement à la semaine/à l'année 1 €/3 € plus tarif à l'heure ; ⏲24h/24) installées partout dans la ville. Il faut pour cela s'inscrire au préalable sur le site Internet et avoir une carte de paiement en cours de validité. Une fois abonné, il vous suffit de présenter votre carte ou une carte Urbana et de taper un code secret. La première heure est gratuite, la deuxième coûte 1 €, la troisième 2 € et chaque heure supplémentaire 4 €. Les vélos doivent être rapportés sous 24 heures.

Voiture et moto

On peut parcourir le centre-ville à pied et de nombreuses rues sont piétonnes ; il vaut mieux garer votre voiture à l'arrivée et vous déplacer à pied ou en transports. Il est difficile de se garer dans Ljubljana, notamment les jours ouvrables. Le stationnement est payant dans la majeure partie du centre-ville (0,80 à 1 €/heure, de 8h à 18h du lundi au vendredi, de 8h à 13h le samedi). Il y a des parkings publics dans toute la ville, indiqués sur la plupart des plans. Leurs tarifs démarrent de 1 à 2 €/heure ; comptez 30 € pour la journée.

Haute-Carniole

Dans ce chapitre »

Le top des restaurants

- » Gostilna Mihovc (p. 91)
- » Zeleni Rob (p. 73)
- » Gostilna Rupa (p. 90)
- » Gostilna Lectar (p. 76)
- » Gostilna Pr' Kovač (p. 77)

Le top des hébergements

- » Penzion Gasperin (p. 89)
- » Camping Bled (p. 83)
- » Gostilna Lectar (p. 75)
- » Eko Camp (p. 95)
- » Traveller's Haven (p. 83)

Pourquoi y aller

Montagnes et lacs constituent le plus beau trésor de la Haute-Carniole (Gorenjska), destination clé pour les fondus de sports d'aventure et d'immersion en pleine nature. Le parc national du Triglav, avec son dense réseau de sentiers et de pistes de VTT, et la partie slovène des Alpes juliennes offrent autant d'occasions informelles de sympathiser, sur les sentiers comme dans les refuges, avec la population locale. Les Slovènes adorent en effet marcher ou grimper. Ceints par les lignes de crête, les lacs alpins de Bled et de Bohinj invitent à sillonner leurs eaux à la nage, à la rame... en admirant l'horizon enneigé. Nature et culture se complètent sur ces terres car l'histoire a laissé en Haute-Carniole une des plus fortes empreintes architecturales de Slovénie. Concentré de gothique, de Renaissance et de baroque, les bourgades de Škofja Loka et de Radovljica en sont les plus beaux exemples.

Quand partir

Bled

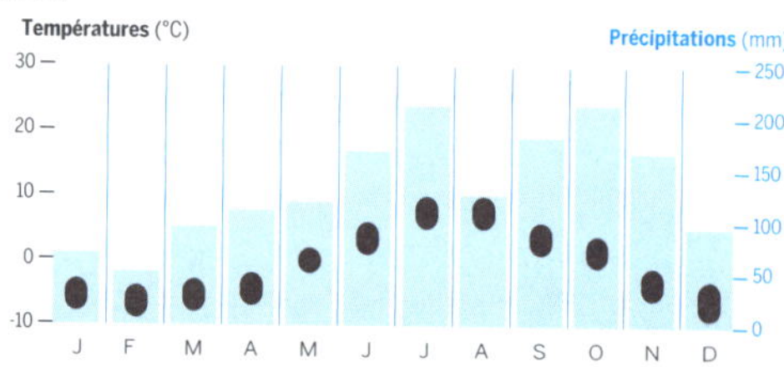

Mai-juin La pleine saison pour une descente en eaux vives sur la Soča, toute gonflée après la fonte des neiges.

Juil-août Deux mois à saisir pour s'immerger avec délice dans les eaux lacustres de Bled et de Bohinj.

Déc-avr La saison de ski court jusqu'au printemps.

Škofja Loka

☎04 / 11 970 HABITANTS / 354 M D'ALTITUDE

L'une des plus remarquables bourgades médiévales slovènes, Škofja Loka (qui signifie "la prairie des évêques" – ceux de Freising, en Allemagne qui la fondèrent), se visite aisément dans la journée au départ de Ljubljana, distante de 26 km. Son centre historique est classé depuis 1987. Le week-end, la mise en lumière du château entre autres édifices anciens vous plonge dans un véritable conte de fées. Si vous souhaitez y faire de beaux rêves, il ne suffira pas d'un coup de baguette magique car les hébergements sont rares. Réservez. C'est aussi un excellent tremplin pour partir en randonnée dans les collines de Škofja Loka, à l'ouest.

À ne pas manquer

1. Les eaux cristallines du **lac de Bled** (p. 78), où se laisser voguer en *pletna* (la gondole locale)
2. L'ascension du **mont Triglav** (p. 98), plus haut sommet du pays, à l'instar de tout Slovène digne de ce nom
3. Le passage décoiffant, à vélo ou en auto, du vertigineux **col du Vršič** (p. 94), dans les Alpes juliennes
4. Un bain de nature en tenue d'Ève (ou d'Adam) sur les plages naturistes de la rive nord du **lac de Bohinj** (p. 86)
5. Une inoubliable journée de **canyoning**, **rafting** ou **montgolfière** au départ du **lac de Bled** (p. 78)
6. Un repas mémorable dans l'un des excellents restaurants de **Radovljica** (p. 76)

Škofja Loka

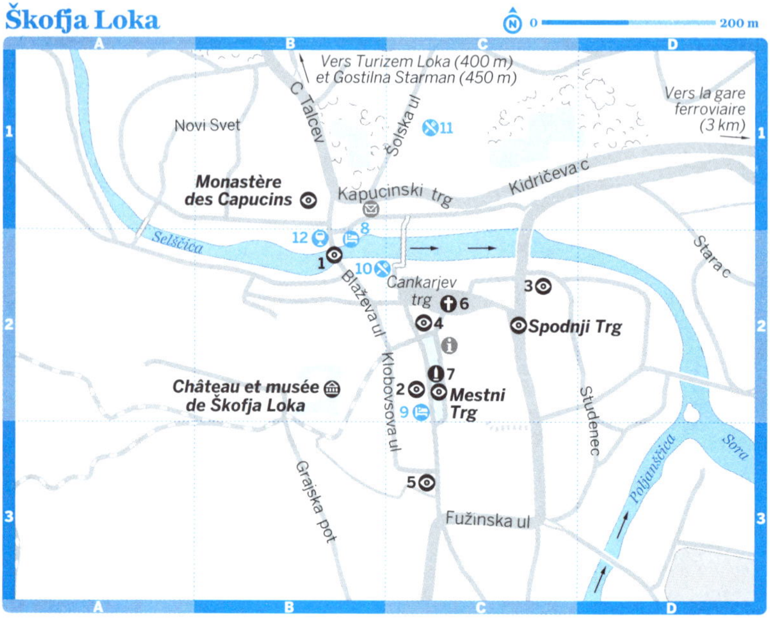

Škofja Loka

Les incontournables
- Monastère des Capucins ... B1
- Musée et château de Škofja Loka ... B2
- Mestni Trg ... C2
- Spodnji Trg ... C2

À voir
1. Pont des Capucins (ou de Pierre) ... B2
2. Ancien hôtel de ville ... C2
   Galerie France Mihelič ... (voir 3)
3. Grange ... C2
4. Maison Homan ... C2
5. Maison Martin ... C3
6. Église paroissiale Saint-Jacques ... C2
7. Colonne de la Peste ... C2

Où se loger
8. Hotel Garni Paleta ... B2
9. Kavarna Vahtnca ... C2

Où se restaurer
10. Jesharna ... B2
    Kašča ... (voir 3)
11. Marché ... C1

Où prendre un verre
12. Bar pri Ziherlu ... B2
    Kavarna Homan ... (voir 4)
    Kavarna Vahtnca ... (voir 9)

À voir

Château et musée de Škofja Loka MUSÉE
(Loški Grad & Muzej ; www.loski-muzej.si ; Grajska pot 13 ; adulte/enfant 5/3 € ; 10h-18h mar-dim). Dominant du haut de sa roche toute la cité, cet imposant château du XIIIe siècle veille à l'ouest sur Mestni trg et son hôtel de ville. Entièrement remodelés après le tremblement de terre en 1511, ses bâtiments accueillent depuis un demi-siècle le riche **musée de Škofja Loka** et sa vingtaine de galeries réparties sur deux niveaux. Entre multiples témoins archéologiques, historiques et artistiques, il possède l'une des plus belles collections ethnographiques de Slovénie.

Le décor des coffres de guildes montre l'intense activité des métiers de la forge ou de la dentelle dès le milieu du XVe siècle. Le musée fut aussi l'un des premiers musées de plein air de Slovénie, comme en témoigne cette maison de paysans traditionnelle

(XVIe siècle), déplacée dans la cour du village voisin de Puštal. La **chapelle** du château préserve quatre exceptionnels autels du XVIIe siècle qui ont échappé à la destruction de la première chapelle votive Sainte-Lucie de Dražgoše (au nord-ouest de Škofja Loka) détruite pendant la Seconde Guerre mondiale. Des deux sentiers qui grimpent au château, le plus pratique part en face du Kavarna Homan (p. 74).

Mestni trg PLACE DE L'HÔTEL DE VILLE

La place de "Loka la multicolore" a pris au XVIe siècle cette allure incomparable avec la construction de **maisons bourgeoises** aux façades colorées, chacune déclinant son propre ton. Avec son décor de sgraffites et de fresques en partie conservées (saint Christophe et le soldat), la **maison Homan** (Homanova Hiša, Mestni 2 trg), de 1511, est le fleuron de cet ensemble aussi important sur le plan historique qu'architectural.

L'ancien **hôtel de ville** (Stari Rotovž ; Mestni 35 trg) se distingue par sa remarquable cour gothique sur trois niveaux et les fresques XVIIe de sa façade. Plus au sud, reconnaissable à son rez-de-chaussée quasiment aveugle, à son porche gothique et à sa galerie haute en bois, la **maison Martin** (Martinova Hiša, Mestni 26 trg) est adossée à l'enceinte de la vieille ville. Au centre de Mestni trg, la **colonne de la Peste** érigée en 1751 rappelle que la cité fut épargnée.

Église paroissiale Saint-Jacques ÉGLISE

(Župnijska Cerkev Sv Jakoba ; http://zupnije.rkc.si ; Cankarjev trg ; 7h-18h). Cette église du XIIIe siècle a pris sa forme actuelle en 1471. L'édifice à trois **nefs** a été doté après le tremblement de terre d'un nouveau chœur surmonté d'une voûte en étoile et d'un **clocher** élancé (1532). Les autels, les lustres et les **fonts baptismaux** sont signés Jože Plečnik.

Les portraits des évêques de Freising, fondateurs de la ville, de saints, d'hommes maniant de larges ciseaux pour tondre la laine ou d'un forgeron évoquent la vie de la cité, tout comme les deux croissants de lune du presbytère rappellent la présence turque. Au sud de l'église, le **presbytère** est logé entre les murs d'un manoir fortifié de la fin du XVIe siècle.

Spodnji trg PLACE PUBLIQUE

Au Moyen Âge, les plus pauvres vivaient autour de la place principale à l'est de Mestni trg. Aujourd'hui, c'est une artère animée avec, il faut le dire, pas grand-chose à voir. Au nord de la place, la **grange** (kašča ; Spodnji trg 1) du XVIe siècle servait à stocker l'impôt collecté en nature.

Désormais vouée à l'art, elle accueille sur deux étages la **galerie France Mihelič** (Galerija Franceta Miheliča ; 517 04 00 ; www.loski-muzej.si ; Spodnji trg 1 ; adulte/enfant 2/1,50 € ; sur rdv) consacrée au peintre natif de Virmaše (1907-1998).

Monastère des Capucins MONASTÈRE

(Kapucinski Samostan ; 512 09 70 ; Kapucinski trg 2 ; sur rdv). Sis à l'ouest de la gare routière, ce monastère du XVIIIe siècle cache une **bibliothèque** d'une valeur inestimable par ses manuscrits médiévaux et la présence de *La Passion de Škofja Loka,* une procession dramaturgique (à l'image des Passions du Moyen Âge) qui fut écrite et jouée pour la première fois en 1721.

Pont des Capucins (ou de Pierre) ÉDIFICE HISTORIQUE

(Kapucinski Most). De cet ouvrage du XIVe siècle menant au monastère des Capucins, le promeneur jouit d'un point de vue privilégié sur la vieille ville et le château, comme sur la gorge où s'écoule la rivière, le long des barrages, des moulins abandonnés et des casernes du XVIIIe siècle.

Église de l'Annonciation ÉGLISE

(Cerkev Marijinega Oznanenja ; Crngrob ; sur rdv). Cette petite église du village de Crngrob, à 4 km au nord de Škofja Loka, cache une fresque de 1460 qui est un petit trésor. Ce "Dimanche saint" (*Sveta Nedelja*) explique en images ce que font les bons chrétiens le dimanche – prier, aller à la messe, aider les malades – et ce qu'ils ne font pas – jouer, boire ou se battre.

Activités

À l'ouest, la variété de dénivelés qu'offrent les **collines de Škofja Loka** creusées de ravins et de profondes vallées en fait un terrain d'autant plus idéal pour randonner qu'il existe des refuges où dormir. Pr ocurez-vous la carte de randonnée au 1/50 000 *Škofjeloško in Cerkljansko Hribovje* (Collines de Cerkno et Škofja Loka ; 9 €) et demandez à l'office du tourisme la brochure *Škofja Loka Walk around the Town and Surroundings,* qui vous aidera à rejoindre Crngrob à pied. Le site de l'office du tourisme de Slovénie propose aussi au téléchargement une brochure en français intitulée *La Randonnée pédestre en Slovénie* dans laquelle vous trouverez divers itinéraires (www.slovenia.info, rubrique Expériences – Vacances actives).

L'un des itinéraires les plus faciles mène en 2 heures au **Lubnik,** sommet de 1 025 m au nord-ouest de la vieille ville, via Vincarje ou les ruines du château près de Gabrovo. Partez de Klobovsova ulica sur Mestni trg. À proximité du sommet, les 7 chambres triples du refuge de catégorie II **Dom na Lubniku** (031 727 046, 512 05 01 ; info@pd-skofjaloka.com ; Lubnik ; tlj mars-déc, sam-dim jan-fév) permettent de dormir en altitude.

Plus à l'ouest, la randonnée jusqu'au **Blegoš** (1 562 m), beaucoup plus ardue, nécessite environ 3 heures de marche au départ de Hotavlje, village situé à 2 km de Gorenja Vas et relié par bus à Škofja Loka. Situé à 1 391 m, le refuge de catégorie II **Koča na Blegošu** (051 614 587, 512 06 67 ; info@pd-skofjaloka.com ; Blegoš ; tlj fin avr-fin oct, sam-dim fin oct-fin avr) a une capacité de 61 lits.

Il suffit d'aller 12 km à l'ouest de Škofja Loka pour se lancer sur les 12 km de pistes de fond ou de ski alpin de la **station de Stari Vrh** (518 81 36, 041 650 849 ; www.stari-vrh.si ; Stari Vrh ; forfait journée tarif plein/enfant/étudiant 26/15/21 €). Entre 580 m et 1 216 m d'altitude, vous trouverez cinq remonte-pente et un télésiège.

Fêtes et festivals

Passion de Škofja Loka FÊTE RELIGIEUSE
(http://pasijon.skofjaloka.si ; fin mars-avr). Quelque 800 acteurs et 80 chevaux entrent en scène tout le long du parcours de *La Passion de Škofja Loka* à travers la vieille ville pendant les trois semaines qui précèdent Pâques. Tombés dans l'oubli pendant trois siècles, ces "jeux de la Passion", qui remontent au XVIIIe siècle, ont été repris en 1999. La prochaine Passion est programmée pour 2015.

Venerina Pot FÊTE MÉDIÉVALE
(Chemin de Vénus ; www.historial-skofjaloka.si/home.aspx ; fin juin). Cette fête d'inspiration médiévale a lieu le dernier week-end de juin.

Pod Homanovo Lipo FESTIVAL MUSICAL
(juil-août). Concerts certains soirs d'été sous le grand tilleul, devant la maison Homan sur Mestni trg.

Où se loger

Hotel Garni Paleta HÔTEL €€
(512 64 00 ; www.hotel-skofjaloka.si ; Kapucinski trg 17 ; s/d 41/62 € ; P ✻). Il suffit de passer le pont des Capucins pour gagner ce vivant et pittoresque établissement voisin d'un magasin de dessin et peinture (d'où le nom). Il ne compte pas plus de 6 chambres, simples, nettes et dotées de superbes salles de bains. Les chambres 1, 3, 5 et 6 donnent sur la rivière et le château. L'été, attention à la touffeur sous les combles, réservez bien à l'avance !

Kavarna Vahtnca PENSION €
(512 14 79 ; www.vahtnca.si ; Mestni trg 31 ; s/d 30/48 € ; P). En pleine animation, dans le cœur historique, ce café séduisant et moderne a installé 2 chambres haut de gamme à l'étage.

Turizem Loka PENSION €€
(515 09 86 ; www.loka.si ; Stara Loka 8a, Stara Loka ; s/d 40/60 € ; P @). Relookée, cette confortable pension à la ferme se trouve en fait au beau milieu du village de Stara Loka. On apprécie les chambres impeccables, le petit centre de bien-être, le cadre plus calme qu'à Škofja Loka et la proximité avec Gostilna Starman (à quelques minutes à pied). Revers de la médaille : 20 minutes de marche pour gagner le centre.

Camp Smlednik CAMPING €
(01-362 70 02 ; www.dm-campsmlednik.si ; Dragočajna 14a, Drago čajna ; 7-8 €/adulte, 3,50-4 €/enfant, bungalow 2/3/4 personnes 40/50/60 € ; mai à mi-oct ; P). Le plus proche camping de Škofja Loka se trouve à 11 km à l'est, à Drago čajna, sur la rive gauche de la Save et à côté du lac de Zbilje. Il réunit 400 emplacements sur 4 ha. Plage naturiste séparée.

Où se restaurer

Gostilna Starman SLOVÈNE €
(Stara Loka 22, Stara Loka ; plats 7-12 € ; 9h-23h lun, mar, jeu-sam, 9h-18h dim). Le charmant village de Stara Loka, à 3 km du centre (soit un quart d'heure de marche), abrite cette *gostilna* (auberge-restaurant) réputée pour son authentique cuisine slovène. Glissez-vous dans l'ambiance de taverne décontractée, à moins d'opter pour la terrasse pour dîner dehors par beau temps.

Kašča SLOVÈNE €€
(512 43 00 ; www.kasca-plevna.com ; Spodnji trg 1 ; plats 8-15 € ; 12h-0h ;). Le restaurant le plus haut de gamme de Škofja Loka a élu domicile dans la cave de la grange du XVIe siècle. Ce joli (et immense) pub-bar à vins affiche une carte de plats slovènes

VAUT LE DÉTOUR

KAMNIK ET VELIKA PLANINA

En vous accordant une petite journée de plus, vous aurez le bonheur de découvrir, loin des foules, la ville de Kamnik et le vaste alpage de Velika Planina.

Première étape : Kamnik et son beau centre médiéval. De la centrale Glavni trg, grimpez jusqu'aux ruines du **petit château** (Mali Grad), édifié au XIe siècle, et à son étonnante **chapelle double** (adulte/enfant 5/3 € ; 9h-19h mi-juin à mi-sept). Passé le portail roman, vous découvrirez sa crypte, ses fresques du XVe siècle et ses voûtes gothiques. Ne manquez pas non plus l'**église Saint-Jacques** (Cerkev Sv Jakoba ; Frančiškanski trg ; gratuit ; 8h-18h), dont la **chapelle du Saint-Sépulcre** (Kapela Božjega Groba ; Frančiškanski trg ; gratuit ; 8h-18h), proche du grand autel, a été dessinée en 1952 par Jože Plečnik en hommage aux victimes de la guerre.

Seconde étape : le haut plateau de Velika Planina, à 11 km au nord-est de Kamnik. Une demi-journée est nécessaire pour profiter pleinement de ce site d'alpage. L'ascension au sommet se déroule en deux temps : un impressionnant **trajet en téléphérique** (žičnica ; 01-839 71 77 ; www.velikaplanina.si ; adulte/enfant aller-retour 16/14 €, téléphérique seul 11/10 €, télésiège seul 5/4,50 € ; 1 par heure 8h-18h lun-jeu, 8h-20h ven-dim mi-juin à mi-sept, horaires réduits le reste de l'année), puis un parcours en télésiège d'un quart d'heure. Rythmés par une économie d'élevage et de production laitière quasiment inchangée depuis des siècles, ces pâturages donnent un sentiment de plénitude. Disposées par groupe, une cinquantaine de cabanes de bergers traditionnelles aux hauts toits coniques couverts d'ancelles (bardeaux en bois de mélèze ou d'épicéa) se répartissent sur cet immense alpage. Devenue musée, la **hutte Preskar** (Preskarjeva Bajta ; www.velikaplanina.si ; Velika Planina ; 2,50 € ; 10h-17h sam-dim fin juin-début sept), l'une des plus petites, est la seule d'origine, toutes celles du début du XXe siècle ayant été réduites à un tas de cendres pendant la Seconde Guerre mondiale.

Il est aussi sur ces hauteurs un petit restaurant renommé pour la finesse de ses *štruklji* (chaussons sucrés fourrés au fromage frais), les meilleurs du pays, dit-on. Quelques minutes de marche séparent le **Zeleni Rob** (www.velikaplanina.si ; Velika Planina ; plats 6-8 € ; 8h-20h juin-sept, 8h-20h ven-dim oct-mai) du premier arrêt (le plus bas) du télésiège.

De Kamnik partent quelques bus qui vous déposeront à la station du téléphérique (renseignez-vous auprès de l'office du tourisme de Kamnik). Sinon voyez avec votre hôtel.

À Kamnik même, si vous y faites halte, vous pouvez opter pour l'élégance d'une des 21 chambres trois-étoiles de l'**Hotel Malograjski Dvor** (01-830 31 00 ; www.hotelkamnik.si ; Maistrova ulica 13 ; s/d 68/92 € ; P@), tenu en famille, ou pour la simplicité plus économique de la douzaine de doubles et triples avec salle de bains attenante de l'**Hostel Pod Skalo** (01-839 12 33 ; www.hi-kamnik.com ; Maistrova ulica 32 ; s/d/tr à partir de 30,50/45/67,50 € ; P@), voisin d'un pub animé. À quelques kilomètres de la ville, les recettes traditionnelles de la **Gostilna Repnik** (01-839 12 93 ; www.gostilna-repnik.si ; Vrhpolje 186 ; plats 10-15 € ; 10h-22h mar-ven, 12h-22h sam, 12h-15h dim ; P) mettent en œuvre des produits locaux. Un régal mais il faut être motorisé pour y parvenir.

L'**office du tourisme** (TIC ; 01-831 82 50 ; www.kamnik-tourism.si ; Glavni 2 trg ; visites de la ville adulte/enfant 5/3 € ; 9h-20h juil-août, 10h-18h lun-sam, 10h-14h dim juin et sept, 8h-16h lun-ven, 8h-12h sam oct-mai ;) de Kamnik diffuse différentes brochures en plusieurs langues téléchargeables sur son site, offre une connexion Internet gratuite et peut vous aider à organiser votre transport pour Velika Planina.

Au départ de Ljubljana, vous trouverez en semaine des bus (3 €, 50 minutes, 25 km) presque toutes les 20 minutes, deux fois par heure le samedi et un par heure le dimanche. Des trains directs (2,50 €, 45 minutes, 23 km, jusqu'à 15 trains/jour) relient également Kamnik à Ljubljana.

traditionnels, complété d'un appétissant choix de pizzas. Petite terrasse.

Jesharna ITALIEN €
(512 25 61 ; Blaževa ulica 10 ; pizzas et pâtes 6-9 € ; 9h-23h lun-ven, 10h-23h sam, 11h30-22h dim ;). Outre la meilleure pizza de la ville, cette table chaleureuse propose de bonnes salades et à manger pour deux si l'on a opté pour les pâtes ! Pour profiter de la vue sur la Selščica, réservez tôt. Après le pont quand on vient du bureau de poste.

Marché MARCHÉ ALIMENTAIRE €
(Šolska ulica ; 7h-13h jeu et sam). Au nord-est du grand magasin Nama.

Où prendre un verre

Kavarna Vahtnca CAFÉ
(www.vahtnca.si ; Mestni trg 31 ; 11h-0h lun-ven, 8h-23h sam-dim ;). Entre une terrasse étagée à l'arrière donnant sur le château et ses tables réparties sur la place principale, ce beau café moderne au cœur de la vieille ville constitue une escale incontournable. Location de chambres à l'étage.

Kavarna Homan CAFÉ
(Mestni trg 2 ; 8h-23h lun-jeu, 8h-0h ven-sam, 8h-22h dim). Sis au rez-de-chaussée de la maison Homan, cet établissement fait toujours le plein. Encore plus par beau temps, lorsqu'on s'attable sur Mestni, à l'ombre de l'immense tilleul.

Bar pri Ziherlu BAR
(Kapucinski trg 22 ; 6h30-0h lun-ven ; 9h-0h sam-dim ;). Voisin du pont des Capucins, ce petit café-bar sert un bon expresso et des boissons plus enivrantes en soirée, ce qui est l'exception en ville. Plus en été : la terrasse sur l'eau à l'arrière.

Renseignements

La plupart des infrastructures utiles aux visiteurs se trouvent à quelques pas de la gare routière sur Kapucinski trg, notamment **Gorenjska Banka** (Kapucinski trg 7), diamétralement opposée à la gare routière, **SKB Banka** (Kapucinski trg 4) et la **poste** (Kapucinski trg 14). Sis dans le centre de la vieille ville, l'**office du tourisme** (512 02 68 ; www.skofjaloka.info ; Mestni 7 trg ; 8h30-19h lun-ven, 8h30-14h sam-dim mi-juin à mi-sept, 8h30-19h lun-ven, 8h30-12h30 et 17h-19h sam-dim mi-sept à mi-juin) constitue une bonne source d'informations générales et dispose de livres et de cartes sur la région.

Depuis/vers Škofja Loka

BUS Škofja Loka est bien desservie par les bus régionaux. Pour Ljubljana (3,10 €, 40 minutes, 25 km), comptez au moins un départ par heure en semaine entre 4h35 et 21h10. La fréquence est moindre le week-end.

TRAIN Jusqu'à 15 trains assurent chaque jour la liaison entre Škofja Loka et Ljubljana (1,60 €, 25 minutes, 20 km) via Medvode. Il existe 20 liaisons ferroviaires quotidiennes pour Jesenice (3,60-5,20 €, 50 minutes, 44 km) via Radovljica et Lesce-Bled, dont 8 franchissent la frontière autrichienne et rallient Villach, à 87 km au nord.

Radovljica

04 / 18 164 HABITANTS / 491 M D'ALTITUDE

De par sa situation naturelle, Radovljica bénéficie d'une vue magnifique sur les Alpes, notamment sur le mont Triglav. Née de l'arrivée du premier courant d'invasion slave dans la région, Radovljica était devenue au XIVe siècle un carrefour commercial animé autour de sa vaste place rectangulaire, Linhartov trg, et protégé par de hautes murailles et des douves. Un patrimoine architectural de cité marchande qui semble ne pas avoir subi la moindre injure du temps. Si vous souhaitez y séjourner, programmez bien à l'avance votre venue car l'offre hôtelière reste limitée. Seuls 7 km la séparant de Bled, on y vient aisément pour la journée.

À voir

Baptisée en mémoire du premier dramaturge et historiographe slovène, Anton Linhart (1756-1795), natif de la ville, la petite **place centrale** (Linhartov trg) bordée de maisons du XVIe siècle retient l'attention. Vous noterez, entre autres, le **manoir Thurn** (Linhartov 1), la **maison Koman** (Komanova Hiša ; Linhartov trg 23), la **maison Mali** (Mali-jeva Hiša ; Linhartov trg 24) et la **maison Vidič** (Vidičeva Hiša ; Linhartov trg 3).

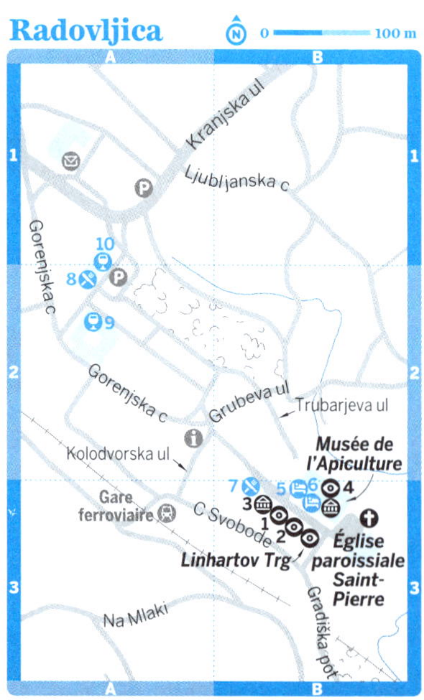

Musée de l'Apiculture MUSÉE

(Čebelarski Muzej ; www.muzeji-radovljica.si ; Linhartov trg 1 ; adulte/enfant 3/2 € ; ⏲10h-18h mar-dim mai-oct, 8h-15h mar, jeu-ven, 10h-12h et 15h-17h mer, sam-dim mars-avr et nov-déc, 8h-15h mar-ven jan-fév). Unique en son genre dans le pays, ce musée apicole fort didactique présente une collection assez inédite d'un art populaire propre à la Slovénie et remontant aux XVIIIe et XIXe siècles, des frontons de ruche peints. Très résistante, l'abeille carniolienne ou *carnica* est réputée et exportée de par le monde depuis le XIXe siècle grâce à nombre d'éleveurs et apiculteurs slovènes de renom, dont une section du musée décrit les avancées.

En Slovénie, bien plus que le miel et la cire, ce sont le pollen, la propolis et la gelée royale qui, utilisés en remèdes (apithérapie), rapportent le plus aux apiculteurs. Si vous voulez en savoir plus sur l'apiculture slovène, un secteur florissant, allez sur le site en français de l'Association des apiculteurs slovènes, www.czs.si/turizem_fr/index.php. Vous y trouverez énormément d'informations.

Maison Šivec MUSÉE

(Šivčeva Hiša ; Linhartov trg 22 ; adulte/enfant 2/1,50 € ; ⏲10h-13h et 17h-20h mar-dim juil-août, 10h-13h et 16h-19h mar-dim mai-juin et sept-oct, 10h-12h et 16h-18h mar-dim nov-avr). Passé l'étonnement de voir l'une des plus célèbres façades peintes de la place (Le Bon Samaritain, XVIIe siècle), on découvre le plan typique d'une maison bourgeoise de la seconde moitié du XVIe siècle. Au rez-de-chaussée, un long porche voûté gothique (tardif) dessert boutique, atelier et entrepôt, aujourd'hui dévolus à des expositions et à la présentation permanente de livres illustrés pour enfants dus à des artistes célèbres du pays. L'étage accueille les appartements privés : cuisine, office, salle de réception toute revêtue de ses lambris et poutres d'époque gothique flamboyant, loggia à colonnes.

Musée du Pain d'épices MUSÉE

(Lectarski Museum ; Linhartov trg 2 ; 1 € ; ⏲12h-22h mer-lun). Face à la maison Šivec, la cave de Gostilna Lectar (p. 76) donne un aperçu pittoresque de l'art slovène du *lectarstvo* dans son atelier-musée. Cœurs, saint Nicolas, étoiles… hument le bon miel. Leur décor n'aura plus aucun secret pour vous dans ce temple du pain d'épices depuis deux siècles.

Église paroissiale Saint-Pierre ÉGLISE

(Župnijska Cerkev Sv Petra ; Linhartov trg ; ⏲7h-20h). Construite sur le modèle de celle de Kranj, cette église-halle s'ouvre par trois portails de style gothique flamboyant sur l'extrémité de la place Linhartov. Angelo Pozzo a réalisé le décor sculpté intérieur (1713). La cour à arcades au sud du sanctuaire accueille le **presbytère** (*župnišče*), site d'expositions temporaires.

Festival

Festival de Radovljica MUSIQUE CLASSIQUE

(www.festival-radovljica.si ; ⏲août). Plus grande manifestation de l'année depuis 30 ans, ce festival de musique ancienne, l'un des plus importants d'Europe, se déroule sur trois semaines.

Où se loger

♥ **Gostilna Lectar** PENSION €€

(☎537 48 00 ; www.lectar.com ; Linhartov trg 2 ; s/d 50/80 € ; ❄📶). Ce superbe B&B est la meilleure adresse de Radovljica. En plein cœur de la vieille ville, ses 9 chambres reflètent les traditions chères à la Carniole : têtes de lit peintes et nom des chambres en *lect* (pain d'épices). Cet établissement ancestral conserve avec bonheur son atmosphère d'auberge du XIXe siècle.

Radovljica

Les incontournables

- Musée de l'Apiculture B3
- Linhartov Trg B3
- Église paroissiale Saint-Pierre B3

À voir

- Musée du Pain d'épices .... (voir 5)
- 1 Maison Koman B3
- 2 Maison Mali B3
- 3 Maison Šivec B3
- 4 Manoir Thurn B3
- Maison Vidic .... (voir 6)

Où se loger

- 5 Gostilna Lectar B3
- 6 Vidic House B3

Où se restaurer

- 7 Gostilna Augustin B3
- Gostilna Lectar .... (voir 5)
- 8 Grajska Gostilnica A2

Où prendre un verre

- 9 Caffeteria A2
- 10 Grajski Pub A1
- Maison Vidic .... (voir 6)

Maison Vidic AUBERGE €

(Vidičevi Hiši ; ☎031 810 767 ; www.vidichouse.com ; Linhartov trg 3 ; 17-22 €/pers ; Wi-Fi). Dans ces murs quadricentenaires ont été aménagés trois appartements clairs et spacieux ouvrant sur Linhartov trg. Deux des trois unités se dédoublent en chambres d'hôtes doubles ou simples. Oubliez le petit-déjeuner à 4 € et préférez un café à l'extérieur.

Sport Penzion Manca PENSION €€

(☎531 40 51 ; www.manca-sp.si ; Gradnikova cesta 2 ; s 45-60 €, d 68-76 €, tr 88-96 € ; P @ Wi-Fi piscine). Priorité à la nature et au sport. Les 2,5 km à parcourir au nord de Linhartov pour rejoindre l'une de ses 17 chambres modernes et impeccables valent l'effort, tant pour la vue sur le massif des Karavanke ou sur le mont Triglav (selon les chambres) que pour le bien-être. Piscine, sauna et vélos à disposition.

Camping Šobec CAMPING €

(☎535 37 00 ; www.sobec.si ; Šobčeva cesta 25 ; camping adulte/enfant 10,60-13,30/ 8-9,90 €, bungalows 2 pers 75-120 €, 3-6 pers 94-150 € ; ⏲fin avr-sept ; P). Avec une capacité maximale de 1 500 personnes en tentes et en bungalows, le terrain de Lesce, à 2,5 km au nord-ouest de Radovljica, est sans doute le plus grand et le mieux équipé de Slovénie. Ses 500 emplacements répartis sur 15 ha bordent les rives d'un petit lac près d'un méandre de la Sava Dolinka.

Où se restaurer

Gostilna Lectar SLOVÈNE €€

(☎537 48 00 ; www.lectar.com ; Linhartov trg 2 ; plats 9-15 € ; ⏲12h-23h ; Wi-Fi). C'est sans doute dans cette pension engageante de la place principale que l'on mange le mieux en Haute-Carniole. Chaque plat est empreint d'une touche gastronomique, qu'il s'agisse de spécialités relativement courantes, comme le goulasch de veau ou de mets plus rares comme la langue de bœuf et le chou-rave. Réservez le week-end ou si vous souhaitez une table en terrasse.

Grajska Gostilnica SLOVÈNE €€

(☎531 44 45 ; www.grajska-gostilnica.si ; Kranjska cesta 2 ; plats 9-15 € ; ⏲11h-23h). Cette cave à vin traditionnelle avec petite terrasse manque peut-être du cadre pittoresque des autres bons restaurants de la ville, mais la qualité de ses préparations goûteuses, viandes grillées, poissons, pâtes et pizzas

LA RUCHE, IMAGIER POPULAIRE

Depuis le XVIe siècle, l'apiculture fait partie intégrante de l'agriculture slovène, et Radovljica occupe dans ce domaine une place de tout premier plan. Avant même d'exporter dans le monde entier leur solide et pacifique petite abeille carniolienne grise, les Slovènes ont été des pionniers en apiculture. L'assemblage des ruches plates rectangulaires en *kranjič* (ou ruche carniolienne), une sorte de commode à tiroirs, a facilité le travail, ces ruches divisibles permettant à l'apiculteur de retirer sans dommage le rayon de miel. Et les planchettes de fermeture ont inspiré les paysans, qui appréciaient déjà beaucoup les meubles peints. Ainsi est né l'un des arts populaires clés de Slovénie.

Au milieu du XVIIIe siècle apparurent sur ces ruches *kranjič* toute une série de motifs religieux, puis profanes, champêtres (chasse, pêche, travaux agricoles...) ou quotidiens. Reconstituant ces galeries d'art en pleine nature, la collection époustouflante du musée de l'Apiculture de Radovljica (p. 75) montre le rôle social et éducatif de cet art populaire.

Le "baroque populaire" inspira les premières représentations avec des scènes de l'Ancien et du Nouveau Testament (Adam et Ève, la vierge Marie, et un Job, saint patron des apiculteurs slovènes, particulièrement patient), la Contre-Réforme dicta aussi des scènes plus contemporaines, comme celle de Luther mené en enfer par le diable, ou historiques (les invasions turques, la conquête napoléonienne...).

Les scènes de la comédie humaine soulignent travers, rivalités et ridicules. Un diable aiguise la langue d'une commère sur une meule. Deux femmes rivales se disputent le pantalon d'un homme. L'une des illustrations les plus courantes met en scène un subterfuge du diable, substituant de jeunes vierges aux vieilles épouses, pour le plus grand bonheur des maris.

Cette forme d'art slovène connut son apogée entre 1820 et 1880 environ, après quoi elle déclina. En effet, l'invention d'une ruche plus grande par Anton Žnidaršič, à la fin du XIXe siècle, rendit inutiles les petites illustrations, et la pratique dévia vers le kitsch.

VAUT LE DÉTOUR

LES FORGES DE KROPA

Bourgs et villages autour de Radovljica ont dû leur prospérité passée au travail du fer grâce aux forges du début de la révolution industrielle. Disparue depuis plusieurs décennies, la tradition sidérurgique est restée vivante à Kropa, joli village à flanc de coteau, à 13 km au sud-est de Radovljica.

De l'extraction du minerai de fer au façonnage des clous et à la ferronnerie décorative présente un peu partout en Slovénie, Kropa fut une ville sidérurgique intensément laborieuse. Désormais tournés vers la visserie – l'usine allemande Novi Plamen est installée ici –, les artisans poursuivent leur travail dans l'atelier de l'unique rue du village, baptisé sans surprise "Kropa". Girouettes, volets et lampadaires en forme d'oiseaux et de dragons gardent vivant le travail de leurs ancêtres. C'est ce qui fait tout le charme de cette bourgade isolée au bord du bondissant Kroparica, qui déboule de la montagne au milieu des maisons ouvrières.

Le **musée du Fer** (Kovaški Muzej ; www.muzeji-radovljica.si ; Kropa 10 ; adulte/enfant 3/2 € ; ⏲10h-18h mar-dim mai-oct, jours et horaires réduits le reste de l'année) retrace tout ce passé du travail du fer à Kropa et dans le village voisin de Kamna Gorica, du XIVe au début du XXe siècle. Clous et pointes constituaient le gros de la production, des modèles géants pour assembler les pieux qui soutiennent Venise aux petits clous crampons pour les souliers d'hiver. Outre les témoins de cette gigantesque production d'une centaine de types de pointes différentes, l'établissement expose des forges en état de marche et consacre deux salles aux conditions sociales des ouvriers (entassés jusqu'à 45 personnes dans une même maison). Les œuvres du ferronnier d'art Jože Bertoncelj (1901-1976), grilles, bougeoirs, lustres et autres masques, sont également exposées. Deux films décrivent la fabrication de clous et les traditions locales.

Face au musée, l'**atelier des forgerons UKO Kropa** (www.uko.si ; Kropa 7a ; ⏲7h-18h lun-ven, 9h-12h sam juil-août, 7h-15h lun-ven, 9h-12h sam sept-juin) propose un vaste choix de ferronnerie, de la lampe ou la poignée de porte au portail, y compris des objets en métal brossé très tendance.

L'offre hôtelière et culinaire reste limitée, mais la cuisine slovène traditionnelle de la **Gostilna Pr' Kovač** (Chez le Forgeron ; ☎04-533 63 20 ; Kropa 30 ; plats 7,50-12 € ; ⏲10h-23h mar-dim), servie en terrasse ou entre des murs multicentenaires, réjouit les papilles. Lors de notre visite, le ragoût de veau à la coriandre accompagné de gruau de sarrasin et de couenne rôtie était fabuleux. Il existe à l'étage une seule chambre à louer (30 €/pers), à réserver de longue date.

Début juillet, la **fête des Forgerons** (Kovaški Dan ; www.uko.si ; ⏲2 juil) met un peu d'animation, avec événements sportifs et culturels.

Faute de voiture, on prendra un bus (2,20 €, 20 minutes, 7 à 12 trajets/jour) à Radovljica, lequel vous dépose en bas du village, devant le supermarché **Mercator** (Kropa 3a ; ⏲8h-18h lun-ven, 7h-13h sam).

compense largement. Les calmars grillés farcis au prosciutto et à la mozzarella font partie des meilleurs plats que nous ayons mangés en Slovénie.

Gostilna Augustin SLOVÈNE €€
(☎531 41 63 ; Linhartov trg 15 ; plats 10-17 € ; ⏲10h-22h). Totalement fidèle à la tradition gastronomique slovène (pour rien au monde on ne vous servira une pizza), la plus accueillante des adresses de Haute-Carniole dresse le couvert dans la cave d'une ancienne prison, ou en terrasse à l'arrière, face au mont Triglav. Succulent dans tous les cas.

Où prendre un verre

Caffeteria CAFÉ
(Kranjska cesta 4 ; café 1-1,20 € ; ⏲7h-22h ; Wi-Fi). Dans ce lieu moderne et central, on se délecte d'excellents cafés et de petites bouchées (toasts, etc.). Terrasse pratique et Wi-Fi gratuit et fiable. Que demander de plus ?

Maison Vidic CAFÉ
(Vidičevi Hiši ; www.vidichouse.com ; Linhartov trg 3 ; café 1 € ; ⏲9h-21h ; Wi-Fi). Le plus charmant des cafés installés autour de l'historique Linhartov trg excelle dans les cafés, les gâteaux et les glaces à déguster au milieu d'une collection d'objets de récupération.

Grajski Pub PUB
(Kranjska cesta 2 ; 12h-2h ;). La seule petite ruche en dehors du musée apicole, c'est bien ce pub adjacent au Grajska Gostilnica. Concerts et sets de DJ sont parfois organisés sur la terrasse, où l'on reste jusqu'au petit jour.

Renseignements

Central, l'**office du tourisme de Radovljica** (531 51 12 ; www.radolca.si ; Linhartov trg 9 ; 9h-19h mai-sept, 9h-16h lun-ven, 9h-13h sam oct-avr ;) aide à réserver des hébergements et permet de courtes consultations Internet gratuites. Entre autres souvenirs locaux, y est proposé un des meilleurs miels qui soient. Le centre abrite aussi la **Gorenjska Banka** (Gorenjska cesta 16), **SKB Banka** (Gorenjska cesta 10) et la **poste** (Kranjska cesta 1).

Depuis/vers Radovljica

BUS Des bus partent quasiment deux fois l'heure pour Bled (1,80 €, 15 minutes, 7 km) d'un peu avant 5h30 jusqu'à 22h40, et pour Ljubljana (6 €, 70 minutes, 50 km) de 5h14 à 21h14. Des liaisons routières desservent aussi Kranjska Gora (5,50 €, 50 minutes, 41 km, jusqu'à 8 bus/jour) et Kropa (2,10 €, 20 minutes, 13 km, 7 à 12 bus/jour). La gare routière est à 400 m au nord-ouest de Linhartov sur Kranjska cesta.

TRAIN Radovljica se trouve sur une ligne de chemin de fer majeure reliant Ljubljana (4 €, 1 heure, 48 km) à Jesenice (1,75 €, 20 minutes, 16 km) via Škofja Loka, Kranj et Lesce-Bled. Comptez environ 8 trains par jour dans chaque sens. La gare ferroviaire est à 100 m au pied de la vieille ville, sur Cesta Svobode. Les trains internationaux arrivent dans la gare voisine de Lesce-Bled.

Bled

04 / 10 900 HABITANTS / 501 M D'ALTITUDE

Le lac vert émeraude ponctué d'une église érigée sur un îlot, le château médiéval accroché à la falaise et l'ample panorama des Alpes juliennes et des Karavanke aux pointes enneigées dressent un authentique décor de carte postale. Des jeunes mariés en lune de miel aux globe-trotteurs venus faire de la randonnée, du vélo, du bateau ou du canyoning, Bled est la destination vedette de Slovénie. On ne s'étonnera donc pas des prix excessifs et de la surpopulation en plein été.

Histoire

Occupée dès le premier âge du fer, Bled inscrit ses débuts dans l'histoire avec la civilisation de Hallstatt. Sa situation à l'écart des routes d'échanges commerciaux l'écarta de tout rôle clé à l'époque romaine mais à partir du VIIe siècle, le premier courant d'invasion slave, suivi d'autres, marque le début d'une véritable installation à Pristava en dessous du château, sur la minuscule île et sur une douzaine d'autres sites autour du lac.

Vers l'an mille, l'empereur romain germanique Henri II concède le château de Bled et ses terres aux évêques de Brixen (Tyrol du Sud), qui conserveront une autorité séculière sur la région jusqu'à ce que les Habsbourg la récupèrent au début du XIXe siècle.

La beauté et les eaux chaudes de Bled étaient bien connues des pèlerins du Moyen Âge venus prier Notre-Dame à l'église de l'île. L'endroit passa à la postérité en 1689 lorsque Janez Vajkard Valvasor décrivit les sources thermales du lac dans *La Gloire du duché de Carniole*. Mais les atouts de Bled ne furent pas toujours pleinement appréciés, et à la fin du XVIIIe siècle le gardien du château se demanda sérieusement s'il ne valait pas mieux vider le lac et utiliser son argile pour faire des briques...

Heureusement un médecin suisse, Arnold Rikli, devina tout le potentiel touristique du lieu pour toute une riche classe sociale avide d'air pur, de voyage et de cimes enneigées. En 1855, il ouvrit des thermes à l'emplacement actuel du casino. L'ouverture de la ligne de chemin de fer reliant Ljubljana à Tarvisio (Trbiž), en 1870, fit affluer curistes et voyageurs à Bled, qui devint un lieu de prédilection pour les riches Européens du début du XXe siècle jusqu'à la Seconde Guerre mondiale. Le royaume des Serbes, des Croates et des Slovènes y installa la résidence d'été de la famille royale yougoslave, récupérée ensuite par Tito.

À voir

Lac de Bled LAC
(Blejsko jezero). Les eaux cristallines bleu-vert de ce miroir alpin de 2 km sur 1,4 km dessinent un cadre fabuleux, qui fait tout le prestige du site. La promenade de 6 km qui le ceint offre en tous points un décor magnifique. De juin à août, vous pourrez vous baigner dans son eau réchauffée à 26°C par les sources qui l'alimentent. Sinon, louez un bateau, faites de la plongée ou profitez simplement du paysage.

Château de Bled CHÂTEAU-MUSÉE
(Blejski Grad ; www.blejski-grad.si ; Grajska cesta 25 ; adulte/enfant 8/3,50 € ; 8h-20h avr-oct, 8h-18h

nov-mars). Perché sur une falaise abrupte à plus de 100 m au-dessus du lac, ce château correspond à l'idée que l'on se fait généralement de la forteresse médiévale. Construit sur deux niveaux au début du XIe siècle et siège de l'évêché de Brixen pendant huit siècles, l'édifice visible aujourd'hui est celui du XVIe siècle.

Un musée à l'abri de ses puissants murs retrace l'histoire du lac, des temps les plus reculés jusqu'à la création de la station thermale au XIXe siècle. On y découvre une importante collection d'armures, épées, hallebardes et armes à feu du XVIe au XVIIIe siècle, des bijoux faisant partie du mobilier funéraire des premiers Slaves de Pristava, et quelques gravures intéressantes, dont une du XVIe siècle représentant saint Florian en train d'éteindre un énième incendie. De part et d'autre de l'autel de la chapelle gothique du XVIe siècle apparaissent les portraits des donateurs, l'empereur Henri II et son épouse Cunégonde.

Vous pouvez rejoindre le château à pied par l'un des trois sentiers indiqués "Grad". Le premier part du parking derrière la Bledec Hostel, le deuxième est un chemin tortueux qui monte depuis la baignade du château, et le troisième démarre juste au nord de l'église paroissiale néogothique Saint-Martin (Farna Cerkev Sv Martina ; Riklijeva cesta) dessinée en 1905 par Friedrich von Schmidt.

Île de Bled ÎLE

(Blejski Otok ; www.blejskiotok.si). Cette minuscule île en forme de larme, coiffée d'une église attire comme un aimant et la traversée en *pletna* (gondole maniée à deux rames) fait partie du sortilège. On vous déposera côté sud, au niveau du monumental escalier sud (Južno Stopnišče) construit en 1655. En montant, vous passerez devant la **maison de l'Aumônier** et la prévôté.

Église de l'Assomption ÉGLISE

(Cerkev Marijinega Vnebovzetja ; www.blejskiotok.si ; île de Bled ; entrée combinée avec la Prévôté 3 € ; ⏲9h-19h mai-sept, 9h-18h avr et oct, 9h-16h nov-mars). La fondation remonte au IXe siècle mais l'édifice baroque date du XVIIe. Néanmoins le clocher est du XVe et l'intérieur conserve des traces du premier sanctuaire : une partie d'abside d'une chapelle préromane et des fresques du XIVe siècle, qui voisinent avec un maître-autel doré à la feuille. Au moment où sonne la cloche tout là-haut, il est d'usage de faire un vœu.

Musée de la Prévôté MUSÉE

(Stavba Proštije ; www.blejskiotok.si ; île de Bled ; entrée combinée avec l'église de l'Assomption 3 € ; ⏲9h-19h mai-sept, 9h-18h avr et oct, 9h-16h nov-mars). Une intéressante collection de costumes traditionnels de tout le pays y est exposée.

Activités

Aviation

Centre aéronautique alpin de Lesce VOLS PANORAMIQUES

(Alpski Letalski Center Lesce ; ☎532 01 00 ; www.alc-lesce.si ; Begunjska cesta 10). Ce centre situé à 4 km au sud-est vous fait découvrir, à bord d'un Cessna 172, Bled vue du ciel (75 € trois pers) ou Bohinj (135 €), à moins de survoler le mont Triglav (195 €) ou de filer où l'on veut (240 €/heure).

Baignade

Les eaux chaudes (23°C à la source) et cristallines de Bled – label Pavillon Bleu (écolabel volontaire et indépendant décerné aux plages du monde pour leur propreté et la qualité de leur eau) – sont un régal tout l'été. Le lac possède quelques plages correctes, dont une grande en gravier à proximité du camping et une belle étendue d'herbe au nord.

Baignade du château BAIGNADE

(Grajsko Kopališče ; ☎578 05 28 ; Veslaška promenada 11 ; forfait journée adulte/enfant/étudiant 7/4/5 € ; ⏲7h-20h juil-août, 7h-19h juin et sept). Ce club de natation fort apprécié organise des sorties à la nage au-delà des espaces de baignade surveillée, toboggans aquatiques et autres réjouissances. Location de transats, chaises longues et parasols (3 €).

Bateau

Toute navigation à moteur est interdite sur le lac. Place aux **bateaux à rames**. Pour canoter, adressez-vous à la **baignade du château** qui loue ses barques environ 15 € l'heure ou bien à l'établissement voisin du Garni Penzion Pletna à **Mlino** pour voguer jusqu'à l'île de Bled ou simplement flâner sur les eaux.

Gondole typique BATEAU

(Pletna ; ☎041 427 155 ; aller-retour 12 €/pers). Aller à l'île de Bled en *pletna* pilotée est l'expérience touristique par excellence. L'embarcadère juste en dessous de l'**office du tourisme** est pratique et il en existe un autre sur la rive sud, à **Mlino**. Traversée aller-retour

Bled

0
400 m
Rečica
Rečiška c
Pristava
Grajska c
Château de Bled
Kidričev c
Kolodvorska c
Bled Jezero
Plage d'herbe
Lac de Bled
Kidričeva c
Promenade
Mlino
Mlinska c
C Svobode
Pod Stražo
Straža (646 m)
Mala Osojnica (685m)
Mladinska c
Seliška c
Prešernova c
Spa Park
Vers le Triglav Rose (300 m), la gare ferroviaire de Lesce-Bled (4 km) et Radovljica (8 km)
Ljubljanska c
Centre commercial
Železe
Železka c
Cankarjeva c

comprise, la sortie dure environ 1 heure 15, ce qui laisse une demi-heure sur l'île.

Golf

Bled Golf & Country Club GOLF
(☎537 77 11 ; www.golfbled.com ; lun-ven 60 €, sam-dim 70 € ; ⏲8h-19h avr-oct). À 3 km à l'est du lac près de Lesce, le King's Course (18 trous, Par 73) du Bled Golf & Country Club est le meilleur parcours du pays et l'un des plus beaux d'Europe sur toile de fond alpine. Location de clubs et de voiturettes et conseils de pro sur demande.

Pêche

Un permis est requis pour pêcher sur le lac. Toutes sortes de poissons de rivière fraient dans ces eaux cristallines comme dans les lacs et rivières voisins. L'office du tourisme (p. 86) et Fauna pourront vous renseigner à ce sujet.

Fauna PÊCHE
(☎574 26 31 ; www.faunabled.com ; Cesta Svobode 12 ; ⏲8h-12h et 15h-19h lun-ven, 8h-12h sam, 8h-10h dim). Ce spécialiste de la pêche propose à la fois des circuits organisés, des conseils, des cartes et de la location de matériel. Un permis de pêche à la journée vous reviendra à 25 € sur le lac, à 50 € pour la Radovna et à 59-69 € sur les rives de la Sava Bohinjka.

Randonnée

Autour de Bled, les itinéraires courts et faciles sont nombreux et fléchés (les numéros sur les panneaux correspondent à ceux des sentiers indiqués sur les cartes de randonnée locales, comme la carte GZS 1/30 000 *Bled* vendue 8,50 €). L'un des meilleurs sentiers est le n°6, qui mène de l'extrémité sud-ouest du lac au sommet de Velika Osojnica (756 m). D'en haut, la vue sur le lac, l'île et le château qui se découpent sur fond de massif des Karavanke est impressionnante, surtout au coucher du soleil. L'ascension du premier sommet est ardue, mais le circuit total, via Ojstrica (610 m) au retour, ne dure que 3 heures environ.

Bled

Les incontournables
Château de Bled E1
Île de Bled C3

À voir
1 Église de l'Assomption C3
2 Salle des fêtes F1
3 Lac de Bled D3
4 Église paroissiale Saint-Martin F1
5 Musée de la Prévôté C3

Activités
6 3glav Adventures G2
7 Adventure Rafting Bled E1
8 Location de bateaux (Baignade du château) E2
9 Location de bateaux Mlino E4
10 Baignade du château E2
11 Fauna F2
12 Gondoles Mlino E4
13 Gondoles de l'office du tourisme F2
14 Promenades en calèche F1
15 Life Trek F1
16 Station de ski Straža-Bled F4
17 Train touristique F2

Où se loger
18 Bledec Hostel E1
19 Camping Bled A3
20 Garni Hotel Berc F3
21 Garni Hotel Vila Bojana G2
22 Garni Penzion Berc F3
23 Garni Penzion Pletna E4
24 Grand Hotel Toplice F2
25 Hotel Jelovica Bled F1
26 Hotel Krim Bled G2
27 Hotel Lovec G2
28 Hotel Triglav Bled B2
29 Penzion Mayer F3
30 Penzion Mlino E4
31 Traveller's Haven F1
32 Vila Gorenka F3

Où se restaurer
33 Restaurant du château E1
34 Gostila Murka F1
35 Gostilna Pri Planincu F1
36 Okarina G2
37 Ostarija Peglez'n F2
38 Peking G2
Penzion Mayer .... (voir 29)
Penzion Mlino .... (voir 30)
39 Pizzeria Rustika F1
40 Vila Ajda F3

Où prendre un verre
41 Caffe Peglez'n F1
42 Kavarna Park F2
43 Pub Bled F2
44 Slaščičarna Šmon F1

Ski

Station de ski de Straža-Bled SKI
(☎578 05 30 ; www.bled.si ; Rečiška cesta 2 ; forfait journée tarif plein/enfant/étudiant ou senior 15/8/12 € ; ⏲mi-déc à mi-mars). Les débutants seront aux anges dans ce minuscule domaine de 6 ha, au sud-ouest du Grand Hotel Toplice. Le télésiège monte à 634 m en 3 minutes, et vous serez en bas de la piste en un éclair. Location de skis et de bâtons chez Life Trek (ci-contre) et Kompas (p. 85).

Sports d'aventure

Des entreprises locales proposent tout un éventail d'activités de plein air à Bled et alentour : trekking, alpinisme, escalade, randonnée à ski, ski de fond, VTT, rafting, kayak, canyoning, spéléologie, équitation et parapente.

3glav Adventures SPORTS D'AVENTURE
(☎041 683 184 ; www.3glav-adventures.com ; Ljubljanska cesta 1 ; ⏲9h-19h avr-oct). Ce numéro un des sensations fortes à Bled pour les sports d'aventure estivaux, du 15 avril au 15 octobre, remporte un franc succès avec un circuit de 11 heures combinant nage et marche dans le parc national du Triglav et le long de la Soča, l'Emerald River Adventure (65 €). Comptez à peu près 200 € pour une ascension guidée de deux jours du mont Triglav depuis Pokljuka, la vallée de Vrata ou la vallée de Kot. Sinon, une randonnée d'une journée à travers les prairies alpines de la vallée des lacs du Triglav coûte environ 80 €.

Il vous faudra débourser 35 € pour 2 heures 30 de rafting sur la Sava Bohinjka/Soča, 55 € pour une descente en canyoning de 3 heures et 49 € pour une exploration de 3 heures en kayak. Le parapente est à 95 € et le saut en parachute à 190 €. Et comptez un minimum de 50 € pour une sortie à cheval de 2 heures.

À moins de préférer parcourir le plancher des vaches à vélo (demi-journée/journée 8/15 €) ou bien de gagner les hauteurs en montgolfière (150 €), voire d'explorer les fonds lacustres du lac (70 € la plongée).

Adventure Rafting Bled SPORTS D'AVENTURE
(☎051 676 008 ; www.adventure-rafting.si ; Grajska cesta 21 ; ⏲avr-oct). Un spécialiste du rafting et du canyoning.

Life Trek SPORTS D'AVENTURE
(☎201 48 75 ; www.lifetrek-slovenia.com ; Grajska cesta 4 ; ⏲8h-20h juin à mi-sept, 9h-16h mi-sept à mai). Entre autres multiples sorties aventure, on vous accompagne deux jours à l'assaut du mont Triglav pour 185 €.

Circuits organisés

Train touristique PARCOURS DÉCOUVERTE
(adulte/enfant 3,50/2,50 € ; ⏲9h-21h juin-oct, 9h-19h nov-mai). Ce tour de 45 minutes autour

VAUT LE DÉTOUR

LES GORGES DE VINTGAR

Excursion de la journée parmi les plus gratifiantes au départ de Bled, les **gorges de Vintgar** (Soteska Vintgar ; tarif plein/enfant/étudiant 4/2/3 € ; ⏲8h-19h fin avr-oct) se situent à 4 km au nord-ouest.

Depuis 1893, une passerelle en bois de 1,6 km enjambe à quatre reprises la rivière Radovna. Cet impressionnant parcours, constamment entretenu, depuis sa création saute par-dessus rapides, cascades et bassins avant de rejoindre la cascade de Šum, qui dégringole puissamment sur une quinzaine de mètres.

Bien qu'humide, la promenade est spectaculaire du début à la fin. Il y a des petites buvettes au départ et à l'arrivée, ainsi que des tables de pique-nique en plusieurs points du trajet. Prévoyez un pull, même l'été, car les gorges sont presque toujours à l'ombre.

Venir à pied de Bled ne pose aucun problème, il suffit de partir en direction du nord-ouest le long de Prešernova cesta, puis au nord dans Partizanska cesta jusqu'à Cesta Vintgar. Vous arriverez ainsi à Podhom, où l'entrée des gorges est fléchée. Au retour, prenez le chemin inverse ou bien filez à l'est au départ de la cascade de Šum, en passant par Hom (834 m) pour rallier l'ancienne église de pèlerinage Sainte-Catherine, dotée de fortifications du XVe siècle. De là, rejoignez Bled par le sud, via Zasip. Comptez environ trois heures au total.

De mai à septembre, un **bus touristique** (☎578 04 20 ; www.alpetour.si ; aller simple 3,50 €) quitte la gare routière de Bled tous les jours à 10h et dessert les hôtels Krim et Grand Toplice, Mlino, l'extrémité du lac et le château de Bled, pour atteindre Vintgar à 10h30. Au retour, départ de Vintgar à 12h30.

du lac est idéal pour les familles. À raison d'une vingtaine de départs quotidiens en haute saison, juste au sud de l'office du tourisme.

Promenades en calèche VISITE DE CHARME

(Fijaker ; ☎041 710 970 ; www.fijaker-bled.si). Le kiosque voisin de la salle des fêtes (ci-dessous) invite à une découverte de Bled au pas du cheval. Comptez 40 € pour faire le tour du lac ou du château, plus 50 € par demi-heure supplémentaire. L'aller-retour en calèche à **Vintgar** (adulte/enfant 4/2 € ; 8h-19h mi-mai à oct) se fait en 2 heures, moyennant la somme globale de 90 € pour quatre.

Fêtes et festivals

L'été se déroulent plusieurs manifestations sportives et culturelles. À la **régate internationale d'aviron** (www.veslaska-zveza.si) de mi-juin succède le **Festival international de musique** (www.festivalbled.com) de violonistes début juillet. La fin du mois est marquée par un événement multimédia qui illumine le lac de feux d'artifice et d'une myriade de bougies : c'est la **fête de Bled** (www.bled.si) suivie de l'**Etno Festival de l'Okarina** (www.okarina.com), deux jours de musiques folkloriques et du monde fin juillet/début août. Pour en savoir plus, consultez le site www.bled.si.

L'été, les concerts se succèdent à la **salle des fêtes** (Festivalna Dvorana ; Cesta Svobode 11) et à l'**église paroissiale Saint-Martin** (Farna Cerkev Sv Martina ; Riklijeva cesta), riche d'un des plus beaux orgues de Slovénie. En décembre, le plateau de Pokljuka, à l'ouest de Bled, accueille les épreuves de ski de fond et de tir à la carabine de la **Coupe du monde de biathlon** (www.biathlon-pokljuka.com).

Où se loger

De l'auberge slovène traditionnelle au cinq-étoiles de l'ancienne villégiature occupée par Tito, Bled décline toute une variété d'hébergements, y compris des chambres chez l'habitant par dizaines. Pour en connaître la liste, adressez-vous à Kompas (p. 85) ou à l'office du tourisme. Pour une chambre simple, comptez entre 16 et 33 € ; pour une double, entre 24 et 50 €. La location journalière d'un appartement pour deux coûte 40 à 65 €, et 60 à 110 € pour quatre.

Hotel Triglav Bled HÔTEL DE CHARME €€€

(☎575 26 10 ; www.hoteltriglavbled.si ; Kolodvorska cesta 33 ; s 89-159 €, d 119-179 €, ste 139-209 € ; P❄@📶≋). Cet établissement de 22 chambres, installé depuis 1906 dans un caravansérail minutieusement restauré, place la barre plus haut que les autres hôtels de Bled. Les chambres parquetées sont habillées de tapis orientaux et de mobilier ancien. Dans l'immense jardin en pente sont cultivés les légumes servis ensuite en terrasse. Face à la gare ferroviaire de Bled Jezero.

Garni Penzion Berc PENSION €€

(☎574 18 38 ; www.berc-sp.si ; Želeška cesta 15 ; s 35-45 €, d 60-70 € ; P@📶). La réservation s'impose pour obtenir une chambre dans cette superbe ferme du XIXe siècle transformée en paisible pension haut de gamme. Simplicité, confort et proximité (à quelques minutes du centre).

Penzion Mayer PENSION €€

(☎576 57 40 ; www.mayer-sp.si ; Želeška cesta 7 ; s 57 €, d 77-82 €, app 120-150 € ; P@📶). À l'abri d'une maison XIXe toute fleurie et agréablement rénovée, cette pension de 12 chambres surplombe le lac. L'appartement occupe un charmant chalet en bois, et le restaurant sur place est excellent.

Hotel Lovec HÔTEL €€€

(☎620 41 00 ; www.lovechotel.com ; Ljubljanska cesta 6 ; s 100-120 €, d 120-180 €, ste à partir de 180 € ; P❄📶≋). Siglées Best Western, voici les 60 plus belles chambres de Bled, tapissées de bois blond aux murs et de tapis rouge au sol, offrant pour certaines (notamment les 402 et 403) le luxe d'une baignoire Jacuzzi adossée à une vaste baie donnant sur le lac. L'une de nos adresses préférées.

Camping Bled CAMPING €

(☎575 20 00 ; www.camping-bled.com ; Kidričeva cesta 10c ; adulte 10,90-12,90 €, enfant 7,60-9 €, cabane glamping 60-80 € ; avr à mi-oct, cabanes glamping accessibles en hiver ; P@📶). Au creux d'une mignonne vallée rurale à l'extrémité ouest du lac, ce camping haut de gamme est l'un des plus beaux du pays et l'un des rares endroits de la région où il est possible de tester le "glamping" (le camping glamour) dans d'écologiques cabanes de bois en forme de tentes, équipées pour certaines d'un bain nordique (Jacuzzi extérieur en bois). À 2,5 km de la gare routière.

Traveller's Haven AUBERGE €

(☎041 396 545 ; www.travellers-haven.si ; Riklijeva cesta 1 ; dort/d 19/48 € ; P@📶). À quelque 500 m au nord du centre, la rive est du lac abrite à flanc de coteau plusieurs auberges, parmi lesquelles se détache nettement ce havre de 6 chambres (dont une double privée). La villa rénovée met à votre disposition une grande cuisine, une laverie gratuite et 2 places de stationnement également gratuites (une aubaine à Bled, où il est quasi impossible de se garer). Attention ! il fait chaud dans les chambres du haut en plein été.

Garni Penzion Pletna PENSION €€
(☎574 37 02 ; www.sloveniaholidays.com/sobe-pletna ; Cesta Svobode 37, Mlino ; s 40-45 €, d 50-65 €, tr 70-85 € ; P). Les 5 agréables chambres de cette chaleureuse adresse donnent sur le lac. Elle se trouve dans le petit village de Mlino, sur la berge sud du lac, à environ 2 km du centre de Bled. Petit magasin attenant.

Vila Gorenka PENSION €
(☎040 958 624, 574 47 22 ; http://freeweb.siol.net/mz2 ; Železka cesta 9 ; 20-28 €/pers ; P@). Cette jolie villa ancienne de deux étages propose un logement économique en chambres doubles (10 en tout) avec lavabo, dotées de balcons avec vue sur le lac pour celles du 2e étage. Toilettes et douches sont communes. Accès Internet gratuit.

Bledec Hostel AUBERGE €
(☎574 52 50 ; www.youth-hostel-bledec.si ; Grajska cesta 17 ; 22 €/pers ; P@). Affiliée HI, cette auberge à l'ombre du château loue 12 chambres de 3 à 8 lits avec salle de bains attenante. L'organisation est parfaite, avec un bar, un restaurant bon marché et une laverie (8,50 €/machine). Accès Internet et prêt de vélos gratuit.

Grand Hotel Toplice HÔTEL €€€
(☎579 10 00 ; www.hotel-toplice.com ; Cesta Svobode 12 ; s 120-140 €, d 140-200 €, ste 220-300 € ; P@). Témoin de la grande époque du tourisme thermal au XIXe siècle, cet établissement de 87 chambres assume clairement son rôle de témoin du "vieux monde" en villégiature, dont on devinerait presque les ombres élégantes glissant au milieu des vastes salons ouvrant sur le lac. Ses deux annexes, l'Hotel Trst (29 chambres, Cesta Svobode 19) et le Jadran Hotel (45 chambres, Cesta Svobode 23) juché sur la colline sous son manteau de lierre, pratiquent des tarifs moitié moins chers.

Penzion Mlino PENSION €€
(☎574 14 04 ; www.mlino.si ; Cesta Svobode 45, Mlino ; 30-35 €/pers ; P). Aussi connue pour son restaurant que pour son hébergement, cette pension de 13 chambres se trouve on ne peut plus près du lac pour ce prix.

Garni Hotel Berc HÔTEL €€
(☎576 56 58 ; www.berc-sp.si ; Pod Stražo 13 ; s 45-50 €, d 70-80 € ; P@). Perché au calme au-dessus du lac, cet édifice aux airs de chalet suisse a pourtant toujours été un hôtel de 15 chambres réparties sur 2 niveaux.

Garni Hotel Vila Bojana HÔTEL €€
(☎576 81 70 ; www.bled-hotel.com ; Ljubljanska cesta 12 ; s 45-70 €, d 59-109 € ; P@). Construit dans les années 1930, cet accueillant hôtel de 11 chambres n'est certes pas riverain du lac mais néanmoins bien situé.

Hotel Jelovica Bled HÔTEL €€
(☎579 60 00 ; www.hotel-jelovica.si ; Cesta Svobode 8 ; s 47-65 €, d 60-122 € ; P@). Proche de la gare routière et d'une capacité de 100 chambres, le Jelovica fait face au Spa Park, au-dessus du lac, et dispose d'un spa entièrement équipé. C'est l'un des meilleurs rapports qualité/prix dans cette catégorie à Bled.

Hotel Krim Bled HÔTEL €€
(☎579 70 00 ; www.hotel-krim.si ; Ljubljanska cesta 7 ; s 49-69 €, d 76-104 € ; P@). Les tarifs pratiqués dans ce vaste hôtel de 115 chambres sont bien moins élevés que la moyenne, mais l'emplacement laisse à désirer : il faut remonter la très encombrée Ljubljanska cesta en revenant du lac. On apprécie néanmoins le centre de bien-être avec ses trois saunas et son bain à remous. Les chambres donnant sur le château sont plus chères.

Où se restaurer

Vila Ajda SLOVÈNE €€
(☎576 83 20 ; www.vila-ajda.si ; Cesta Svobode 27 ; plats 9-20 € ; 11h-23h ; P). Avec une vue en direct sur le lac, on prend place dans l'élégante salle à manger ou dans le jardin pour savourer une cuisine slovène traditionnelle à base de produits locaux. Excellente carte des vins. Réservez lors des chaudes soirées d'été.

Oštarija Peglez'n POISSON €€
(☎574 42 18 ; Cesta Svobode 19a ; plats 8-18 € ; 11h-23h). Face à l'incontournable Grand Hotel Toplice, les gourmets viennent déguster d'authentiques plats de poisson dans un décor qui rappelle les cuisines de nos grands-mères. Une des meilleures tables à Bled pour les amateurs de saveurs lacustres.

Gostila Murka SLOVÈNE €€

(☎574 33 40 ; www.gostilna-murka.com ; Riklijeva cesta 9 ; plats 9-18 € ; ⊙10h-22h lun-ven, 12h-23h sam-dim). Cette pittoresque auberge installée dans un vaste jardin arboré donne dans une tradition bon enfant. La nourriture n'y est pas moins authentique et l'accueil des plus chaleureux. Bonnes formules déjeuner autour de 5 €.

Penzion Mlino SLOVÈNE €€

(www.mlino.si ; Cesta Svobode 45 ; plats 8-15 € ; ⊙12h-23h ; P). Une adresse fabuleuse où aller déjeuner, dans un secteur plus calme du lac, à 3 km du centre. Pas moins de 4 plats composent le menu du déjeuner (10 € environ), servi chaque jour avec une option poisson la plupart du temps (une succulente truite grillée, pour notre part).

Pizzeria Rustika PIZZERIA €

(☎576 89 00 ; www.pizzeria-rustika.com ; Riklijeva cesta 13 ; pizza 6-10 € ; ⊙12h-23h ;). Proche des nombreux hôtels sis sur la colline, cet établissement prépare les meilleures pizzas qui soient à Bled et dans la région. La terrasse est aussi l'une des plus belles du quartier.

Restaurant du château SLOVÈNE €€

(☎579 44 24 ; www.blejski-grad.si/restavracija ; Grajska cesta 61 ; plats 12-21 € ; ⊙11h-22h). La terrasse offre un panorama fabuleux, et gratuit ! Profitez-en si vous n'avez pas réservé suffisamment à l'avance pour bénéficier d'une table avec vue. C'est l'école de tourisme et de restauration de Bled qui gère ce restaurant et ses élèves qui assurent le service à tour de rôle.

Penzion Mayer SLOVÈNE €€

(www.mayer-sp.si ; Železka cesta 7 ; plats 10-20 € ; ⊙18h-0h mar-dim ;). Les savoureux plats slovènes de cette délicieuse auberge déclinent saucisse, truite, rôti de porc et *skutini štruklji* (pâtes roulées au fromage frais). Choix de vins locaux un cran au-dessus de la moyenne.

Okarina INTERNATIONAL €€€

(☎574 14 58 ; www.okarina.com ; Ljubljanska cesta 8 ; plats 10-24 € ; ⊙18h-23h lun-ven, 12h-0h sam-dim ;). Dans ce restaurant haut de gamme, on mange des spécialités internationales, dont des plats indiens, comme le poulet masala et le *rogan josh*. Bon choix de plats végétariens et petite annexe à l'arrière servant des grillades.

Gostilna Pri Planincu SLOVÈNE €€

(☎574 16 13 ; Grajska cesta 8 ; plats 8-16 € ; ⊙10h-22h). Revigorante, la carte de cette auberge traditionnelle affiche une bonne cuisine de brasserie, comme *schnitzels* et *čevapčiči* (boulettes de viande épicée). Ça dépanne, mais la cuisine n'est que légèrement meilleure qu'ailleurs, et il n'y a ni formules déjeuner ni accès Wi-Fi. La petite terrasse sur le côté apporte de la fraîcheur en été.

Peking CHINOIS €€

(☎574 17 16 ; Ulica Narodnih Herojev 3 ; plats 7-16 € ; ⊙12h-23h). Entre autres spécialités, il y a le *hui guo rou* (porc cuit deux fois) et le *mapo doufu* (tofu épicé). Ce n'est pas aussi bon qu'à Chengdu, mais vous êtes en Slovénie, après tout.

Où prendre un verre

Pub Bled PUB

(Cesta Svobode 19a ; ⊙9h-2h dim-jeu, 9h-3h ven-sam). À l'étage de Oštarija Peglez'n, ce pub concocte d'excellents cocktails et accueille parfois des DJ.

Caffe Peglez'n CAFÉ

(Cesta Svobode 8a ; ⊙7h-0h lun-ven, 9h-0h sam-dim). Adresse faisant à la fois boulangerie à la française et café avec croissants et strudel la journée, puis bar sympathique avec bières le soir. Formules petit-déjeuner légères (5 €), à partir de 7h.

Slaščičarna Šmon CAFÉ

(www.smon.si ; Grajska cesta 3 ; ⊙7h30-22h ;). La spécialité de Bled est la *kremna rezina* (2,40 €), fameuse tranche à la crème de Bled (une couche de crème pâtissière vanillée surmontée d'une seconde de chantilly, le tout entre deux fines pâtes feuilletées). La meilleure qui soit.

Kavarna Park CAFÉ

(www.sava-hotels-resorts.com ; Cesta Svobode 10 ; ⊙9h-23h ;). En face de l'Hotel Park, ce café domine l'extrémité est du lac. C'est ici que serait née la célèbre *kremna rezina* (2,80 €).

Renseignements

ACCÈS INTERNET La plupart des hôtels de Bled offrent un accès gratuit à Internet. À l'office du tourisme, passé les 15 premières minutes gratuites, il vous sera facturé 2,50/4 € pour 30/60 minutes. On peut se connecter en Wi-Fi chez **A Propos Bar** (☎574 40 44 ; centre commercial de Bled, Ljubljanska cesta 4 ; 15/30/60 min 1,25/2,10/4,20 € ; ⊙8h-0h dim-jeu, 8h-1h ven-sam ;).

AGENCE DE VOYAGES **Kompas** (☎572 75 01 ; www.kompas-bled.si ; centre commercial de Bled, Ljubljanska cesta 4 ; ⊙8h-19h lun-sam, 8h-12h et

16h-19h dim) propose des prestations complètes sur des excursions à Bohinj, Radovljica et Kropa, tout en assurant transports et transferts depuis l'aéroport et location de vélos ou de skis. On peut également s'y procurer des permis de pêche et trouver à louer un appartement ou une chambre d'hôtes.

ARGENT La **Gorenjska Banka** (Cesta Svobode 15) se trouve au nord de l'Hotel Park, la **SKB Banka** (Ljubljanska cesta 4) dans le centre commercial de Bled.

OFFICES DU TOURISME Logé dans un petit bureau derrière le casino, l'**office du tourisme de Bled** (574 11 22 ; www.bled.si ; Cesta Svobode 10 ; 8h-19h lun-sam, 11h-17h dim) vend cartes et souvenirs, loue des vélos (demi-journée/journée 8/11 €) et met un ordinateur à disposition pour consulter sa messagerie. Centre d'informations du TNP (le parc national de Triglav) à Bled, le **Triglav Rose** (578 02 00 ; www.tnp.si ; Ljubljanska cesta 27 ; 10h-18h mar-dim mai-sept, 12h-16h mar-ven oct et déc-avr) vous aidera à préparer votre exploration du parc.

POSTE Bureau de poste (Ljubljanska cesta 10)

Depuis/vers Bled

BUS Bled est bien desservie par bus. Il en part environ 2 par heure pour Radovljica (1,80 €, 15 minutes, 7 km) via Lesce et Begunje. Pour rejoindre le lac de Bohinj (3,60 €, 45 minutes), il en existe une vingtaine par jour dans le créneau de 5h à 21h et ils passent par Bohinjska Bistrica. Pour Ljubljana (6,50 €, 1 heure 15, 57 km), il en part au moins un toutes les heures.

TRAIN Des deux gares ferroviaires de Bled, aucune n'est centrale. La ligne principale pour Ljubljana (6,50 €, 55 minutes, 51 km, jusqu'à 21 trains/jour) qui dessert Škofja Loka, Kranj et Radovljica, s'arrête à la gare de Lesce-Bled, située à 4 km à l'est de la ville. Les trains pour Bohinjska Bistrica (1,60 €, 20 minutes, 18 km, 8 trains/jour), d'où vous pourrez prendre un bus pour le lac de Bohinj, utilisent la plus modeste gare de Bled Jezero, située à 2 km à l'ouest du centre-ville.

Bohinj

04 / 5 225 HABITANTS / 525 M D'ALTITUDE

Nombre de voyageurs croient ne jamais voir plus beau lac que celui de Bled... Et pourtant, dès le premier regard, celui de Bohinj, à 26 km au sud-ouest, les ensorcelle. Plus nature, plus authentique, il n'a pas le côté pittoresque de Bled et ne reflète aucun art de vivre particulier. Ses eaux bleu-vert cristallines invitent simplement au bain de nature, loin des obligations de la vie sociale. Kayak, vélo, escalade ou encore équitation se pratiquent en toute liberté. Au nord-est du lac, les villages pleins de charme ont su préserver leurs métiers traditionnels, l'élevage de troupeaux laitiers et l'agriculture.

À voir

Église Saint-Jean-Baptiste ÉGLISE
(Cerkev Sv Janeza Krstnika ; Ribčev Laz ; 10h-12h et 16h-19h été, sur rdv le reste de l'année). Toute proche de la source de la Sava Bohinjka, sur sa rive nord, le sanctuaire gothique se reflète sur l'eau le long du pont de pierre. Sa nef d'origine romane a été décorée de fresques successives dès le XIVe siècle, surtout aux XVe et XVIe siècles.

Face au chœur, depuis la nef, admirez les fresques de part et d'autre, représentant des épisodes de la vie du saint patron de l'église. Derrière vous, sur les murs inférieurs, remarquez les rangées d'anges, certains avec des dents de vampires, et les trois hommes qui chantent au-dessus, atteints d'un goitre, fréquente maladie dans ces régions montagneuses où le sel était denrée rare. Le bois représentant la tête de saint Jean-Baptiste sur l'autel de droite date de 1380.

Musée des Laiteries d'alpage MUSÉE
(Planšarski Muzej ; www.bohinj.si ; Stara Fužina 181 ; adulte/enfant 3/2 € ; 11h-19h mar-dim juil-août, 10h-12h et 16h-18h mar-dim début jan-juin, sept-fin oct). La collection réunie dans cette ancienne fromagerie de Stara Fužina, à 1,5 km au nord de Ribčev Laz, témoigne de la vie d'alpage passée à travers quatre pièces : maquette d'une maison de gardien de troupeau du milieu du XIXe siècle, photographies anciennes, presses à fromage, moules à beurre en bois, cuves en cuivre, énormes raquettes et traîneaux, houlettes sculptées de main de berger...

Jusqu'à la fin des années 1950, pas moins de 28 alpages assuraient une importante production de fromages. Aujourd'hui, tout se fait dans une laiterie moderne de Srednja Vas.

Maison Oplen MUSÉE
(Oplenova Hiša ; www.bohinj.si ; Studor 16 ; adulte/enfant 3/2 € ; 11h-19h mar-dim juil-août, 10h-12h et 16h-18h mar-dim début jan-juin, sept-fin oct). Tant que vous êtes à Stara Fužina, poussez jusqu'au village de Studor, à 2 km à l'est. La maison paysanne Oplen est typique avec sa "cuisine noire", pièce cheminée aux murs couverts de suie, d'où son nom. C'est aujourd'hui un musée consacré à la vie domestique des agriculteurs de la région de Bohinj.

Mais Studor est surtout connu pour ses nombreux *toplarji*, séchoirs à foin surmontés d'un grenier. Ceux situés à l'entrée du village datent des XVIIIe et XIXe siècles.

Cascade de la Savica CASCADE
(Slap Savica ; Ukanc ; adulte/enfant 2,50/1,25 € ; ⏲9h-18h juil-août, 9h-17h avr-juin, sept-oct ; P). La superbe cascade de la Savica se jette dans les profondeurs d'une gorge, 60 m plus bas. On peut s'y rendre par le sentier de 4 km qui part de l'Hotel Zlatorog, à Ukanc. Sinon une route goudronnée mène jusqu'au parking voisin du restaurant Savica, d'où il vous faudra grimper environ 500 marches et enjamber quelques rapides et ruisseaux (une vingtaine de minutes de marche) pour arriver à la cascade.

C'est l'un des sites les plus impressionnants des Alpes juliennes, en particulier après de fortes pluies (prévoyez un vêtement imperméable pour ne pas finir trempé !).

Activités

Baignade

Aussi cristallines et attirantes soient-elles, les eaux du lac ne dépassent guère les 22°C en juillet-août. Les rives nord et sud ont de belles petites plages, dont certaines naturistes au nord, mais on peut se jeter à l'eau depuis n'importe où.

Bohinj Vodni Park PARC AQUATIQUE
(www.vodni-park-bohinj.si ; Triglavska cesta 17, Bohinjska Bistrica ; adulte/enfant 3 heures 11,50/7,50 €, journée 13,50/9,90 € ; ⏲9h-21h). Ouvert toute l'année, cet Aquapark possède 380 m² de bassins intérieurs et extérieurs à toboggans, plus des saunas, des hammams, un club de gym et un centre de bien-être. Un vrai don du ciel si vous voyagez avec des enfants en hiver ou par une journée d'été pluvieuse. Voisin du Bohinj Park Hotel (p. 90) de Bohinjska Bistrica.

Bateau

De juin à septembre, le canotage a la cote sur le lac de Bohinj. Adressez-vous à Alpinsport ou PAC Sports pour louer un kayak (1 heure/3 heures/journée 5/11/19 €) ou un canoë (1 heure/3 heures/journée 7/17/29 €).

Ces deux agences organisent aussi différents circuits de rafting et de canoë sur le lac de Bohinj et sur la Sava Bohinjka. La fourchette des prix par personne : de 27 € environ le circuit de 7 km jusqu'à Bitnje à 37 € l'excursion de 3 heures 30 et de 17 km, équipement, guide et navettes compris. Les rapides sont relativement doux en juin et leur débit réduit en août.

Bateau touristique EXCURSION SUR L'EAU
(Turistična Ladja ; ☎574 75 90 ; aller simple adulte/enfant 9/6,50 €, aller-retour 10,50/7,50 € ; ⏲toutes les demi-heures 9h30-17h30 juin à mi-sept, 10h, 11h30, 13h, 14h30, 16h et 17h30 début avr-mai, 11h30, 13h, 14h30 et 16h mi-sept à oct). Une croisière au rythme très tranquille de Ribčev Laz à Ukanc, et dans l'autre sens. Idéal pour les familles.

Équitation

Mrcina Ranč ÉQUITATION
(☎041 790 297 ; www.ranc-mrcina.com ; Studor ; 20 €/heure). Installé à Studor, à 5 km de Ribčev Laz, ce centre d'équitation vous emmène en promenade sur de robustes chevaux islandais pour 1 heure comme pour 3 jours.

Pêche

Le lac de Bohinj est peuplé de truites et d'ombles chevaliers. Quant à la Sava Bohinjka couleur de jade, c'est l'un des royaumes européens de la pêche à la mouche. Elle commence au pont de pierre devant l'église de Ribčev Laz et regorge de truites farios (saumonées) et d'ombres. Offices du tourisme (p. 91) et hôtels vendent des permis de pêche à la journée (lac 25 €, rivière jusqu'à Bitnje capture/capture-remise à l'eau 55/38 €). La saison dure de mars à fin octobre.

Randonnée

Il suffit de 3 à 4 heures pour parcourir l'itinéraire, facile, qui fait le tour du lac (12 km) en partant de Ribčev Laz. Vous pouvez aussi n'en faire qu'un tour partiel, soit en suivant la piste de chasseurs à travers la forêt en surplomb de la rive sud du lac jusqu'à l'Hotel Zlatorog (retour en bus), soit en longeant la rive nord, plus calme, sous les falaises de Pršivec (1 761 m).

Excellent également, l'itinéraire de 2 heures au nord de Stara Fužina via les gorges de la Mostnica mène jusqu'aux cascades du même nom (Mostniški Slapovci), qui rivalisent avec la cascade de la Savica après de fortes pluies.

Le **téléphérique de Bohinj** (adulte/enfant aller simple 9/7 €, aller-retour 13/9 € ; ⏲toutes les 30 minutes 8h-18h) fonctionne toute l'année, transportant skieurs en hiver et marcheurs en été. Plusieurs randonnées d'une journée et treks plus longs partent de Vogel. Les expérimentés pourront tenter l'ascension du Vogel (1 922 m) depuis la station supérieure du téléphérique (environ 4 heures de marche au total). Prévoyez carte et boussole.

La carte 1/25 000 intitulée *Bohinjsko Jezero z Okolico* (*Lac de Bohinj et environs*, 7 €), en vente dans les offices du tourisme (p. 91), répertorie une douzaine de très bons itinéraires.

Sports d'aventure

Certes la plupart des gens viennent à Bohinj pour se reposer, mais le site se prête à bien plus d'expériences excitantes au fil de l'eau, sous terre, dans les gorges ou dans les airs. Canyoning, spéléologie et parapente depuis le sommet du Vogel (ci-dessous) ne sont que quelques-unes des possibilités offertes. Spécialisées dans ces activités, les agences Alpinsport (ci-dessous) et Perfect Adventure Choice (PAC) Sports (ci-dessous) proposent des programmes et des tarifs similaires.

Quelques fourchettes de prix : **canyoning** (45-70 €, selon la distance et la difficulté), vol en **parapente** en tandem (90-120 €) et **spéléologie** (60-100 €). Voir sites Internet.

Alpinsport SPORTS D'AVENTURE

(☎572 34 86 ; www.alpinsport.si ; Ribčev Laz 53 ; ⌚9h-20h juil-sept, 9h-19h oct-juin). Outre la location d'équipements, de canoës, de kayaks et de vélos, Alpinsport planifie différentes sorties de rafting, canyoning et spéléologie. Rendez-vous au kiosque voisin du pont de pierre sur la Sava Bohinjka, à Ribčev Laz.

PAC Sports SPORTS D'AVENTURE

(Perfect Adventure Choice ; ☎572 34 61 ; www.pac-sports.com ; Hostel Pod Voglom, Ribčev Laz ; ⌚7h-23h juil-août, 10h-18h sept-juin). Cette agence axée sur les sports extrêmes appréciés des jeunes a son bureau à l'Hostel Pod Voglom (p. 90), soit 3 km à l'ouest de Ribčev Laz, sur la route pour Ukanc. Au programme : canyoning, rafting, parapente et spéléologie. Location de vélos, canoës et kayaks, ou de luges en hiver, saison à laquelle sont également organisées des sorties en rafting près de Vogel (15 €/pers). Autre **enseigne** (☎041 365 521 ; Ribčev Laz 42 ; ⌚15h-20h lun-ven, 9h-20h sam-dim) à la Penzion Rožič, à Ribčev Laz.

Ski

Station de ski de Vogel SKI

(☎041 774 468 ; www.vogel.si ; Ukanc ; forfait journée adulte/enfant 27/17 € ; ⌚mi-déc à avr). On rejoint par téléphérique la principale station de Bohinj, perchée à 1 540 m d'altitude au-dessus de l'extrémité sud-ouest du lac. Les pistes dégringolant de 1 800 m, on peut skier tard en saison, soit de fin novembre à fin avril, voire début mai. Desservie par quatre télésièges et quatre remonte-pentes, la station réunit 22 km de pistes de ski alpin et 2,5 km de pistes de fond.

Station de ski de Kobla SKI

(☎574 71 00 ; www.bohinj.si/kobla ; Cesta na Ravne 7, Bohinjska Bistrica ; forfait journée adulte/enfant 22/16 €). Ne dépassant pas 1 480 m, cette seconde station se trouve à 1 km à l'est de Bohinjska Bistrica. Ses installations couvrent 23 km de pistes de descente et 13 km de pistes de fond, desservis par 3 télésièges et 3 remonte-pentes.

Vélo

Quel que soit leur niveau, les cyclistes trouveront leur bonheur autour du lac alpin. La route longeant la rive sud entre Ribčev Laz et Ukanc est relativement plate, tout comme les chemins partant vers Stara Fužina et Studor, au nord et à l'est de Ribčev Laz. Par beau temps, c'est à la force du mollet qu'on explore le mieux la région et ses différents villages.

Dans son livre *Bohinj by Mountain Bike* (non traduit, 8,50 € dans les offices du tourisme, p. 91), Matjaž Žmitek décrit 15 circuits, du très facile au totalement fou. L'itinéraire n°1 est un parcours reposant à travers vallées et villages entre Ribčev Laz et Bohinjska Bistrica. Pour louer des vélos, adressez-vous à Alpinsport ou à PAC Sports (demi-journée/journée 10/14 €).

Fêtes et festivals

Festival international des fleurs sauvages ARTISANAT

(Mednarodni Festival Alpskega Cvetja ; www.bohinj.si ; ⌚fin mai-début juin). Cette manifestation relativement récente attire de plus en plus de monde. Pendant deux semaines sont organisés promenades et visites guidées, marchés d'artisanat et concerts.

Nuit du milieu de l'été ÉVÉNEMENT

(Kresna Noč ; www.bohinj.si ; ⌚août). Elle est célébrée le week-end le plus proche de la fête de l'Assomption (le 15 août). Le lac est illuminé de mille feux, autant de bougies allumées sur ses rives et de feux d'artifice tirés sur l'eau.

Bal des vaches TRADITIONS POPULAIRES

(Kravji Bal ; www.bohinj.si ; ⌚mi-sept). Lors de ce week-end délirant, on boit et on mange au rythme des danses et musiques folkloriques

LES CORNES D'OR DE ZLATOROG

Sur le mont Triglav vivait un chamois (*gams* en slovène) aux cornes d'or (*zlato* veut dire "doré" et *rog*, "corne") gardien d'un trésor, Zlatorog...

Ce type de légende suppose presque toujours un destin surhumain, plus précisément "suranimal" en ce cas, qui changea radicalement le visage de la montagne. Mais ne croyez pas les Slovènes lorsqu'ils affirment que ce conte remonte à la plus haute Antiquité. C'est en 1868 qu'est contée pour la première fois cette histoire merveilleuse dans le *Laibacher Zeitung* (*Gazette de Ljubljana*), en pleine période de romantisme et de réveil national. Or elle raconte précisément la création de la vallée des lacs du Triglav, paysage sauvage composé d'un amas de roches pratiquement au centre du parc national de Triglav.

Zlatorog gambadait dans le beau jardin de cette vallée en compagnie des Dames blanches, de bonnes fées soucieuses de préserver de verts pâturages et de secourir les humains dans le besoin, tandis qu'un complot s'ourdissait dans la vallée de la Soča, près de Irenta.

La fille de l'aubergiste ayant été courtisée par un riche marchand vénitien de passage dans l'auberge familiale, sa mère mit au défi l'amoureux attitré de la demoiselle, un garçon du pays bon chasseur mais pauvre, d'aller soutirer l'or de Zlatorog, caché sous le mont Bogatin et gardé par un serpent à plusieurs têtes. Faute d'y parvenir, il devrait au moins prouver son amour en rapportant un bouquet de roses du Triglav. Or c'était le plein hiver...

Poussé par la jalousie, le jeune chasseur escalada la montagne en quête du chamois, décidé à s'emparer ne serait-ce que d'un morceau des cornes d'or pour accéder au trésor du Bogatin et regagner le cœur de sa bien-aimée. Zlatorog enfin repéré, le jeune chasseur le mit en joue et le toucha du premier coup.

Le sang qui s'écoulait de la blessure fit fondre la neige, donnant naissance à une rose magique du Triglav. Le chamois en mordilla quelques pétales et hop ! remis sur pattes il s'éloigna à grands sauts, des roses poussant de dessous ses sabots, entraînant le chasseur de plus en plus haut. Aveuglé par les cornes d'or de Zlatorog qui brillaient au soleil, le jeune intrépide perdit l'équilibre et tomba dans une gorge.

Furieux de voir la confiance qu'il accordait aux mortels trahie, Zlatorog dévasta tout sur son passage dans la vallée des lacs du Triglav, laissant l'endroit tel qu'on le connaît aujourd'hui. Accompagné des Dames blanches, il quitta l'endroit à jamais.

La fille de l'aubergiste attendit en vain le retour du jeune chasseur. À la fonte des neiges, la Soča lui apporta un triste présent : le corps de son amoureux, tenant une rose du Triglav dans sa main sans vie.

Les voyageurs observateurs (et assoiffés) verront partout le visage de Zlatorog en Slovénie, notamment sur les étiquettes de la bière la plus connue du pays.

pour fêter la fin de l'estive et le retour des vaches dans la vallée.

Où se loger

Les offices du tourisme (p. 91) peuvent vous trouver une chambre chez l'habitant pour environ 12 à 18 € par personne ou bien un appartement en location pour 40 à 80 €, en fonction de la qualité et de l'emplacement, à Ribčev Laz, Stara Fužina et dans les villages voisins.

Penzion Gasperin PENSION €€

(☎041 540 805 ; www.bohinj.si/gasperin ; Ribčev Laz 36a ; ch 48-60 € ; P ❄ @ ☜). Un fort sympathique couple britanno-slovène tient cette impeccable pension de style chalet, située à 350 m au sud-est de l'office du tourisme de Ribčev Laz. La plupart des chambres (23 en tout) disposent d'un balcon. L'été, celles en étage sont un peu chaudes mais toutes sont climatisées. Le buffet du petit-déjeuner tout frais propose un assortiment de viandes et fromages locaux.

Hotel Stare PENSION €€

(☎040 558 669 ; www.bohinj-hotel.com ; Ukanc 128 ; demi-pension 42-50 €/pers ; P @ ☜). Au cœur d'un joli jardin de 3,5 ha, voici tout juste 10 chambres, au nord de l'Hotel Zlatorog sur la Sava Bohinjka, à Ukanc. Si vous avez envie de vous évader sans avoir à escalader les montagnes, cet endroit est fait pour vous. La demi-pension comprend petit-déjeuner et dîner.

Hotel Kristal HÔTEL €€
(☎577 82 00 ; www.hotel-kristal-slovenia.com ; Ribčev Laz 4a ; demi-pension 48-60 €/pers ; P@). Cet hôtel de 30 chambres tenu par une famille des plus accueillantes propose de multiples activités, outre un restaurant très prisé. Petit sauna à disposition des clients. La demi-pension comprend petit-déjeuner et dîner.

Hotel Jezero HÔTEL €€€
(☎572 91 00 ; www.bohinj.si/alpinum/jezero ; Ribčev Laz 51 ; s 65-75 €, d 120-140 € ; P@). Un établissement de 76 chambres, de l'autre côté du lac, doté d'une belle piscine intérieure, de deux saunas et d'un club de gym.

Bohinj Park Hotel HÔTEL €€€
(☎577 02 11 ; www.bohinj-park-hotel.si ; Triglavska cesta 17, Bohinjska Bistrica ; s 80-90 €, d 160-180 € ; P@). À première vue, cette tour moderne de 109 chambres située à Bohinjska Bistrica, soit à 6 km du lac, n'entrait pas dans nos critères, mais son cadre verdoyant et revigorant, son excellent restaurant au cadre intime et son bowling en font une option plus que sympathique. Autre avantage : le voisinage immédiat de l'Aquapark Bohinj Vodni Park (p. 87) gratuit pour les clients de l'hôtel.

Pension Planšar PENSION €
(☎041 767 254, 572 30 95 ; www.plansar.com ; Stara Fužina 179 ; ch 16-20 €/pers, app pour deux 40-45 €, app pour quatre 75-80 € ; P). Cette adresse fameuse pour la dégustation des fromages d'alpage (p. 91) loue deux chambres douillettes et un appartement à Stara Fužina.

Hotel Center HÔTEL €€
(☎572 31 70 ; www.hotelcenterbohinj.si ; Ribčev Laz 50 ; s 30-49 €, d 60-98 € ; P@). À l'étage d'une pizzeria appréciée, les 15 chambres de style pension sont meublées sans la moindre originalité. Mais tout est dit dans le nom : vous ne trouverez pas plus central à Ribčev Laz.

Hotel Zlatorog HÔTEL €€
(☎572 33 81 ; www.hoteli-bohinj.si ; Ukanc 65 ; ch 55-75 € ; P@). Très années 1970, cet établissement d'Ukanc, à 5 km à l'ouest de Ribčev Laz, a le petit côté *Ostalgie* d'un communisme révolu. Cela dit, son cadre est calme et agréable et c'est l'un des seuls hôtels à service complet proches du lac. Il y a une piscine et des courts de tennis, et certaines chambres ont été réaménagées pour les personnes handicapées.

Autokamp Zlatorog CAMPING €
(☎577 80 00 ; www.hoteli-bohinj.si ; Ukanc 2 ; 6-9 €/pers ; mai-sept). D'une capacité de 500 personnes, ce camping de 2,5 ha est délicieusement ombragé par les pins à l'extrémité ouest du lac, à 4,5 km de Ribčev Laz. Les prix varient en fonction des emplacements, les plus chers (et les meilleurs) se trouvant sur la rive.

Hostel Pod Voglom AUBERGE DE JEUNESSE €
(☎572 34 61 ; www.hostel-podvoglom.com ; Ribčev Laz 60 ; dort 18 €, ch par pers avec sdb 23-26 €, sans sdb 20-22 € ; P@). Sise à 3 km à l'ouest du centre de Ribčev Laz sur la route d'Ukanc, l'auberge de jeunesse de Bohinj compte 119 lits répartis dans 46 chambres sur 2 bâtiments. Le principal comprend aussi bien des dortoirs (jusqu'à 4 lits) que des chambres doubles et triples, avec sanitaires communs. D'une capacité de 1 à 4 personnes, les chambres de l'annexe Rodica ont des salles de bains attenantes.

Camp Danica Bohinj CAMPING €
(☎572 17 02 ; www.camp-danica.si ; Triglavska cesta 60, Bohinjska Bistrica ; adulte 10-12 €, enfant 7,30-9 € ; fin avr-sept ; P). À 200 m à l'ouest de l'arrêt de bus de Bohinjska Bistrica (pratique pour rejoindre la gare ferroviaire), un petit bois ombrage ce camping de 4,5 ha pouvant accueillir 700 personnes et 6 km le séparent du lac de Bohinj.

Où se restaurer

Nombre des meilleurs restaurants sont au nord et à l'est de Ribčev Laz, ce qui implique de marcher un peu ou de prendre une voiture ou un vélo. Il y a un supermarché **Mercator** (Ribčev Laz 49 ; 7h-20h lun-sam, 7h-17h dim) à côté de l'office du tourisme de Ribčev Laz.

Gostilna Rupa SLOVÈNE €€
(☎572 34 01 ; www.apartmajikatrnjek.com/rupa ; Srednja Vas 87 ; plats 8-16 € ; 10h-0h juil-août, 10h-0h mar-dim sept-juin). Si vous disposez de votre propre moyen de transport, faites un crochet par ce restaurant campagnard de Srednja Vas, village juste après Studor, à 5 km de Ribčev Laz. Entre autres savoureuses spécialités de la maison, notons les

ajdova krapi (les "carpes" au sarrasin, des chaussons à la farine de sarrasin fourrés au fromage), les multiples sortes de *klobasa* (saucisses) locales et la truite de Bohinj.

Gostilna Mihovc SLOVÈNE €
(☎572 33 90 ; www.gostilna-mihovc.si ; Stara Fužina 118 ; plats 7-10 € ; ⏰10h-0h). Cette adresse de Stara Fužina est très prisée, notamment pour son eau-de-vie maison. Goûtez au *pasulj* (soupe de haricots) à la saucisse (6 €) ou au *golač* au bœuf (goulasch, 5,20 €). Concerts les vendredis et samedis soir. Pour dîner l'été au jardin, veillez à réserver.

Strud'l SLOVÈNE €
(☎041 710 951 ; www.strudl.si ; Triglavska cesta 23, Bohinjska Bistrica ; plats 6-9 € ; ⏰10h-21h ; 📶). Les gourmets du coin se délectent de cette cuisine paysanne traditionnelle agrémentée d'une touche de modernité. Oubliez l'emplacement inadéquat dans le centre de Bohinska Bistrica et régalez-vous de mets locaux comme le *ričet s klobaso* (pot-au-feu à base de bouillie d'orge, de saucisse et de haricots). L'*hišni krožnik* (assiette de la maison) est un assortiment de jambon, saucisse, purée de haricots et de choucroute, purée de pommes de terre, sarrasin cuit...

Planšar SLOVÈNE €
(☎572 30 95 ; Stara Fužina 179 ; ⏰12h-20h été, sur rdv le reste de l'année). Le "Gardien de troupeaux", en face du musée des Laiteries d'alpage (p. 86) de Stara Fužina, est spécialisé dans les produits laitiers maison : fromage à pâte dure de Bohinj, fromage *móhant* à pâte semi-dure, tarte au lait caillé, et lait fermenté. Optez pour un assortiment à 8 € ou pour un repas complet à base de fromages et de plats aux céréales, notamment au sarrasin (*žganci,* 8 €) et à l'orge (*ješprenj,* 9 €).

Rožič INTERNATIONAL €
(☎572 33 93 ; www.pensionrozic-bohinj.com ; Ribčev Laz 42 ; plats 6-10 € ; ⏰7h-0h). Une adresse correcte pour une première soirée si vous arrivez tard et n'avez pas la force d'aller plus loin. Il y a en fait deux restaurants : une pizzeria au rez-de-chaussée et un restaurant à l'étage pour les hôtes de la pension. La carte comprend pizzas, pâtes, salades et viandes grillées, et bien sûr des *štruklji* maison (ravioli au fromage frais, 4 €).

Hotel Center Restaurant INTERNATIONAL €
(☎041 710 952 ; www.hotelcenterbohinj.si ; Ribčev Laz 50 ; 8-12 € ; ⏰9h-22h déc-oct). Situé en dessous de l'Hotel Center (p. 90) et voisin de l'office du tourisme, c'est le seul restaurant en plein centre de Ribčev Laz. Pratique.

Achats

L'objet traditionnel de Bohinj est la *gorjuška čedra,* une petite pipe en bois faite main et à couvercle en argent. Vous en trouverez des modèles authentiques à l'office du tourisme de Ribčev Laz, où l'on vous indiquera qui en fabrique encore alentour.

Renseignements

ARGENT Il y a un distributeur à Ribčev Laz, près de l'office du tourisme. À Bohinjska Bistrica, la **Gorenjska Banka** (trg Svobode 2b, Bohinjska Bistrica ; ⏰9h-11h30 et 14h-17h lun-ven, 8h-11h sam) se trouve près du bureau de poste.

OFFICES DU TOURISME Deux principaux centres d'informations dans la région de Bohinj : l'**office du tourisme de Ribčev Laz** (☎574 60 10 ; www.bohinj-info.com ; Ribčev Laz 48 ; stationnement 30 premières minutes gratuit puis 1 €/heure ; ⏰8h-19h lun-sam, 8h-18h dim juil-août, 8h-18h lun-sam, 9h-15h dim sept-juin) et l'**office du tourisme de Bohinjska Bistrica** (☎574 75 90 ; www.bohinj.si ; Triglavska cesta 30, Bohinjska Bistrica ; ⏰7h-15h lun-ven, 9h-13h sam sept-nov, fév-mai). Plus proche du lac, le premier est souvent plus commode. Outre une documentation gratuite, tous deux proposent souvenirs, produits locaux, réservation de chambres privées et 15 minutes d'accès gratuit à Internet. Vous pourrez aussi y acquérir la **carte d'hôte de Bohinj** (Kartica Gost Bohinja ; www.bohinj.si ; adulte/famille 10/13 €), qui donne droit au stationnement gratuit autour du lac et à des réductions pour certains musées, activités, hébergements et restaurants.

POSTE **Bureau de Ribčev Laz** (Ribčev Laz 47 ; ⏰8h-9h30, 10h-15h30 et 16h-18h lun-ven, 8h-12h sam) ; **bureau de Bohinjska Bistrica** (trg Svobode 2, Bohinjska Bistrica).

Comment s'y rendre et circuler

BUS C'est le meilleur moyen d'aller à Bohinj en partant de Bled ou de Ljubljana. Réguliers, les bus au départ de Ljubljana (9 €, 2 heures, 90 km, 1 bus/heure) à destination de Bohinj Jezero et d'Ukanc (indiqué "Bohinj Zlatorog") desservent Bled et Bohinjska Bistrica. Tous les jours, entre 5h environ et 21h, une vingtaine de bus font l'aller-retour entre Bled (3,60 €, 45 minutes) et Bohinj Jezero (via Bohinjska Bistrica). De fin juin à août, **Alpetour** (☎532 04 45 ; www.alpetour.si) affrète des bus touristiques spéciaux pour Bohinjska Bistrica dans un sens et pour le téléphérique du

Vogel (15 minutes) et la cascade de la Savica (23 minutes) dans l'autre. Départ à côté du bureau de poste de Ribčev Laz et horaires au petit arrêt de bus ou aux offices du tourisme.

TRAIN Plusieurs trains desservent quotidiennement Bohinjska Bistrica depuis Ljubljana (6,70 €, 2 heures) avec une correspondance à Jesenice. Il y a aussi de fréquentes liaisons entre la petite gare de Bled Jezero (1,60 €, 20 minutes, 18 km, 8 trains/jour) et Bohinjska Bistrica. Au départ de Bohinjska Bistrica, le trajet des trains de voyageurs pour Novo Gorica (5,50 €, 1 heure 30, 61 km, jusqu'à 9 trains/jour) passe par un tunnel centenaire de 6,3 km sous la montagne, unique voie directe permettant de rejoindre la vallée de la Soča. Enfin, il existe un minimum de 6 auto-trains par jour pour Podbrdo (8 €, 10 minutes, 7 km) et 3 pour Most na Soči (11,80 €, 35 minutes, 28 km).

Kranjska Gora

☎04 / 5 500 HABITANTS / 803 M D'ALTITUDE

Nichée dans la vallée de la Sava Dolinka à 40 km au nord-ouest de Bled, Kranjska Gora (montagne de la Carniole) est la plus grande et la mieux équipée des stations de ski de Slovénie. Si elle offre son plus beau visage lorsqu'elle est couverte de neige, elle est aussi magnifique à d'autres moments. La proximité du parc national de Triglav, à deux pas au sud, multiplie les opportunités : randonnée, cyclotourisme, alpinisme, et peu de voyageurs restent insensibles lorsqu'ils franchissent le col du Vršič (1 611 m), porte d'entrée de la vallée de la Soča.

À voir

Maison de Liznjek MUSÉE

(Liznjekova Domačija ; www.gornjesavskimuzej.si ; Borovška 63 ; adulte/enfant 2,50/1,70 € ; ⏲10h-18h mar-sam, 10h-17h dim). Cette grande ferme à balcon typique de la fin du XVIIIe siècle témoigne d'un habitat rural aisé dont on retrouve la distribution intérieure jusqu'à nos jours. Elle préserve une belle collection de meubles et d'objets domestiques traditionnels caractéristiques de cette partie de la Haute-Carniole. Entre autres éléments : de magnifiques coffres à trousseau peints de motifs populaires, des icônes sur verre du XIXe siècle, des nappes de lin tissées dans cette vallée aux tisserands réputés.

Dans la vaste grange à l'arrière, où l'on stockait les aliments ou abritait cochons et moutons, sont exposés des calèches anciennes et un traîneau. L'ancienne étable au sous-sol du bâtiment principal abrite aujourd'hui une salle dédiée à l'écrivain Josip Vandot (1884-1944) originaire de Kranjska Gora. C'est l'un des auteurs fétiches de la littérature enfantine slovène. Ses aventures de Kekec, vaillant et charitable berger des Karavanke qui, avec son compagnon Mojca et son fidèle chien Volkec, combattit le terrible braconnier et ravisseur Bedanec, restent très appréciées des petits Slovènes et ont été adaptées au cinéma.

Activités

Randonnée

Les hauteurs autour de Kranjska Gora et le parc national de Triglav ouvrent une large gamme d'itinéraires allant du très facile au difficile. L'un des meilleurs ouvrages disponibles est *The Julian Alps of Slovenia* (Cicerone, non traduit), de Justi Carey et Roy Clark, en vente dans certaines librairies et sur Internet, et comprenant 50 randonnées et treks courts. Munissez-vous impérativement de la carte de randonnée 1/30 000 *Kranjska Gora*, publiée par LTO Kranjska Gora et en vente à l'office du tourisme (9 €).

Entre les villages de Podkoren et Planica, soit quelques kilomètres à l'ouest de Kranjska Gora, la réserve naturelle de **Zelenci** (837 m) couvre un espace idyllique de 15 ha. C'est là, dans un lac turquoise, que la Save prend sa source. Le sentier facile qui mène en 2 heures de Kranjska Gora à Rateče passe par Podkoren. Autant de villages pleins d'intérêt par leur architecture rurale et religieuse : églises médiévales, maisons en bois rustiques, greniers à foin traditionnels. Si vous voulez continuer, il existe un sentier bien balisé via Planica menant au refuge de catégorie II **Dom v Tamarju** (☎587 60 55 ; http://en.pzs.si/ ; vallée de Tamar ; 15 €/pers). D'une capacité de 128 couchages, il se trouve à 1 108 m d'altitude dans la vallée de Tamar, à 6 km au sud. Le trajet est spectaculaire au pied du **Mojstrovka** (2 366 m) à l'est et de **Jalovec** (2 645 m) au sud. De là, on peut rejoindre le **col du Vršič** en moins de 3 heures.

Ski

Kranjska Gora vit principalement du ski et la station est souvent bondée en janvier et février. La saison dure généralement de mi-décembre à début mars.

Station de ski de Kranjska Gora SKI

(RTC Žičnice ; ☎580 94 00 ; www.kr-gora.si ; Borovška cesta 103a ; forfait tarif plein/enfant/

étudiant ou senior demi-journée 25/16/21 €, journée 29/19/25 € ; ⌚9h-16h déc-mars). Les pistes majeures sont à 5 minutes à pied du centre-ville. Les pentes de la vallée de la Sava Dolinka dévalent sur plusieurs kilomètres jusqu'à Rateče et Planica, formant en fait une seule grande piste. Le village voisin de Podkoren, à 2 km à l'ouest, est aussi équipé de tire-fesses. Tout confondu, il y a 5 télésièges et 15 remonte-pentes.

Centre de saut à ski de Planica SAUT À SKI
(www.planica.si ; Planica). Haut lieu du saut à ski depuis la fin des années 1960, Planica, village situé à 6 km à l'ouest de Kranjska Gora, de l'autre côté de l'autoroute depuis Rateče, accueille nombre de compétitions ouvertes au public, dont les Championnats du monde de saut à ski, tous les ans à la mi-mars. Voyez le calendrier auprès de l'office du tourisme de Kranjska Gora.

COURS ET LOCATION DE MATÉRIEL

École de ski ASK de Kranjska Gora ÉCOLE DE SKI
(☎588 53 02 ; www.ask-kg.com ; Borovška cesta 99a ; ⌚9h-16h lun-sam, 10h-18h dim mi-déc à mi-mars, 9h-15h lun-ven mi-mars à mi-déc). L'école de ski n°1 en ville propose un grand choix de cours de snowboard et de ski alpin. Plusieurs formules, certaines incluant le forfait de remontées.

Intersport ÉCOLE DE SKI, LOCATION DE MATÉRIEL
(www.intersport-bernik.com ; Borovška cesta 88a ; ⌚8h-20h mi-déc à mi-mars, 8h-20h lun-sam, 8h-13h dim mi-mars à mi-déc). Cette enseigne réputée propose aussi bien des cours de ski et de snowboard que de la location, allant des skis et bâtons basiques à du matériel de pointe.

Skipass Travel ÉCOLE DE SKI, LOCATION DE MATÉRIEL
(www.skipasstravel.si ; Borovška cesta 95 ; ⌚8h-16h mi-déc à mi-mars, 9h-15h lun-ven mi-mars à mi-déc). Une agence de voyages proposant des prestations comprenant cours de ski, matériel, navettes pour l'aéroport et excursions à ski en Italie et en Autriche.

Vélo

Ces dernières années, Kranjska Gora est devenu l'un des hauts lieux slovènes du VTT et du VTT de descente, sport de l'extrême où l'on embarque son vélo sur les télésièges pour descendre à toute allure. Ainsi la station réserve l'été un télésiège aux vététistes (7 € la descente, 21 € la journée) et loue des freerides et des VTT (demi-journée/journée 23/33 €).

Il existe également nombre de pistes plus faciles et familiales. La carte de randonnée 1/30 000 *Kranjska Gora* (9 €, à l'office du tourisme) recense 15 circuits de difficultés variables. La plupart des loueurs de skis passent aux vélos en été, notamment Intersport (ci-contre). Comptez environ 10 € pour une journée de location avec casque.

Où se loger

La saison de ski (décembre-mars) et le plein été font grimper les prix.

L'office du tourisme de Kranjska Gora (p. 96) assure la réservation de chambres chez l'habitant (15-25 €/personne) et d'appartements (45-70 € pour deux personnes, 70-100 € pour quatre personnes, des tarifs qui varient en fonction de la catégorie et de la période.

Hotel Kotnik HÔTEL €€
(☎588 15 64 ; www.hotel-kotnik.si ; Borovška cesta 75 ; s 50-60 €, d 72-80 € ; P@📶). Si les grandes tours hôtelières ne vous font pas rêver, optez pour cette charmante propriété jaune vif, dont on apprécie les 15 chambres douillettes, l'excellent restaurant-pizzeria et l'emplacement on ne peut plus central.

Hotel Miklič HÔTEL €€€
(☎588 16 35 ; www.hotelmiklic.com ; Vitranška ulica 13 ; s 60-80 €, d 80-130 € ; P@📶). Entouré de magnifiques pelouses et de parterres de fleurs, cet hébergement de 15 chambres immaculées contraste avec l'offre générale de Kranjska Gora. Il est nettement un cran au-dessus avec son superbe restaurant et sa petite salle de gym équipée d'un sauna (12 €/heure).

Hotel Kompas HÔTEL €€€
(☎589 21 00 ; www.hitholidays-kg.si ; Borovška cesta 100 ; ch 80-140 € ; P@📶🏊). Principal de la ville par le rang et la capacité, un 4-étoiles de 149 chambres aux espaces communs récemment rénovés. Bien en retrait de l'agitation sur ses terres, il possède une piscine intérieure et offre un accès gratuit au centre de bien-être Aqua Larix. Les télésièges pour les pistes sont à deux pas.

Hotel Larix HÔTEL €€€
(☎588 41 00 ; www.hitholidays-kg.si ; Borovška cesta 99 ; ch 80-140 € ; P@📶🏊). Dans la même catégorie que le Kompas, cet établissement de 118 chambres, tout proche des remontées, abrite le superbe **centre de**

ROUTE ALPINE : LE COL DU VRŠIČ

Pour aller de Kranjska Gora à Bovec, à 50 km au sud-ouest, par la montagne, comptez pas moins de 50 virages en épingle à cheveux (tous numérotés). Cette route vertigineuse, prodige d'ingénierie routière, culmine à 1 611 m, au col du Vršic, véritable belvédère d'où contempler les vallées et hauteurs alentour.

Sa construction remonte à la Première Guerre mondiale, les Allemands et les Austro-Hongrois souhaitant améliorer leur logistique sur le front slovène tout au long des batailles de l'Isonzo (nom italien de la Soča) avec l'Italie. Ce sont principalement des prisonniers de guerre russes qui la réalisèrent, ce qui explique qu'on l'ait rebaptisée récemment Ruska cesta (route russe).

Elle est ouverte de mai à octobre aux voitures, bus (c'est l'itinéraire estival des liaisons routières entre Kranjska Goraet Bovec) et vélos (oui, ce n'est pas impossible !). Les haltes proposées ne correspondant pas à des arrêts fixes des bus, indiquez au chauffeur avant le départ où vous souhaitez descendre.

En quittant Kranjska Gora, on s'arrêtera d'abord au **lac Jasna** (Jezero Jasna), beau lac glaciaire bleu ourlé de sable blanc à côté duquel coule une petite rivière. Une statue de bronze représente l'irascible Zlatorog, et il y a une *gostišče* correcte (auberge avec restaurant).

Négociez les premiers virages jusqu'à un peu plus de 1 100 m, là où fut érigée une **chapelle russe** en souvenir de plus de 400 prisonniers de guerre russes ensevelis par une avalanche en mars 1916.

Au niveau d'un petit groupe de cabanes, les virages se renforcent et l'on grimpe en colimaçon jusqu'au **col du Vršič** (1 611 m), à 13 km de Kranjska Gora. À l'ouest se trouve Mojstrovka (2 366 m), à l'est Prisojnik/Prisank (2 547 m), et au sud la vallée de la **Soča**, en direction de la région de la Primorska. Au bout d'une folle descente de 10 km, vous arriverez près d'un monument dédié au **Dr. Julius Kugy** (1858-1944), alpiniste pionnier et écrivain admiratif des Alpes juliennes.

De là, vous pouvez bifurquer en suivant la première partie du **sentier de la Soča** (Soška Pot) jusqu'à la source de la rivière (Izvir Soče), à 2,5 km au nord-ouest. Alimenté par un lac souterrain, le cours d'eau naissant jaillit d'une grotte sombre avant de se jeter 15 m plus bas dans le lit rocheux où il commence son long voyage vers l'Adriatique.

Peu après avoir retrouvé la route principale, vous passerez devant l'**Alpinum Juliana** (www2.pms-lj.si ; Trenta ; adulte/enfant 3/2 € ; ⌚8h30-18h30 mai-sept), jardin botanique créé en 1926 et consacré à la flore des Alpes slovènes (juliennes, kamniques et Karavanke) et du Karst.

bien-être Aqua Larix (☎588 45 00 ; www.hitholidays-kg.si ; Borovška cesta 99 ; non-hôtes piscine 8-9 €, piscine et sauna 13-16 €), avec sauna, hammam et piscine.

Penzion Lipa PENSION €€
(☎582 00 00 ; www.penzion-lipa.si ; Koroška cesta 14 ; s 35-50 €, d 70-100 € ; P ᯤ). Cette pension au restaurant familial fort apprécié loue 10 agréables chambres et appartements d'un excellent rapport qualité/prix. Voisin de l'arrêt de bus.

Natura Eco Camp Kranjska Gora CAMPING €
(☎064 121 966 ; Borovška cesta 62 ; adulte 8-10 €, enfant 5-7 €, chalet ou tente dans les arbres 25-30 €). Ce site fabuleux – à 300 m de la route principale dans une ferme équestre dans une clairière – est tout bonnement paradisiaque. Plantez votre tente ou dormez dans l'un des petits chalets ou l'une des tentes (grands sacs avec matelas gonflables) suspendues dans les arbres.

Hostel Pr' Tatko AUBERGE €
(☎031 479 087 ; www.prtatko.com ; Podkoren 72 ; dort 15 €, quadr 68 € ; P @ ᯤ). Cette auberge de Podkoren, à 3 km à l'ouest de Kranjska Gora, est l'une des plus insolites du pays. Dans une ferme traditionnelle se répartissent 3 chambres, une cuisine de taille correcte et une salle commune. Idéal pour les skieurs souhaitant être proches des remontées de Podkoren ou pour les randonneurs appréciant un emplacement relativement isolé.

Hostel Nika AUBERGE €
(☎588 10 00 ; www.porentov-dom.si ; Bezje 16, Čičare ; dort 15 €, s 20 €, d 34-40 € ; P @). Dans une ambiance plutôt à l'ancienne, cette auberge de 66 lits se trouve sur les rives de la

Et voici au sud le village de **Trenta** (620 m d'altitude) qui s'étire jusqu'à **Spodnja Trenta**. C'est dans cette partie basse du village montagnard que se trouve l'**office du tourisme du parc national de Triglav** (Dom Trenta ; ☎05-388 93 30 ; www.tnp.si ; Trenta 31 ; ⌚10h-18h fin avr-oct, 10h-14h mi-jan à fin avr ; 📶) ainsi que les collections d'histoire naturelle et géologiques du **musée de Trenta** (Trentarski Muzej ; ☎05-388 93 30 ; www.tnp.si ; Trenta 31 ; adulte/enfant 5/3,50 € ; ⌚10h-18h fin avr-oct, 10h-14h mi-jan à fin avr). Une institution qui ne manque pas de rendre hommage aux guides de montagne de Trenta et aux pionniers de l'alpinisme slovènes.

Quelque 8 km plus en aval, vous parvenez à **Soča**, puis, à 12 km à l'ouest de ce village, au gros bourg de **Bovec**, cœur des activités de plein air dans la vallée supérieure de la Soča (Gornje Posočje).

Ouverts en majorité de mai à septembre, plusieurs refuges de montagne offrent en chemin gîte et couvert. Comptez 15 à 20 € par personne en lit superposé, en fonction des disponibilités. En voici une petite liste : **Koča na Gozdu** (☎051 626 641 ; info@prczlc.si ; 1 226 m, Vršiška cesta 86 ; ⌚tlj fin avr-sept, jeu-dim oct-fin avr), **Erjačeva Koča na Vršiču** (☎051 399 226 ; plan.drustvo@siol.net ; 1 525 m, Vršiška cesta 90 ; ⌚sam-dim mai-déc), **Tičarjev Dom na Vršiču** (☎051 634 571 ; plan.drustvo@siol.net ; 1 600 m, Trenta 85 ; ⌚mai à mi-oct).

Option moins rustique côté confort, la **ferme touristique Kekec** (Kekčeva Domačija ; ☎05-381 10 88 ; www.kekceva-domacija.si ; Trenta 76 ; 59 €/pers ; 🏊), qui se niche à 2,5 km de la route principale en allant vers la source de la Soča, loue 8 chambres soignées et possède une petite piscine.

Les campeurs ont le choix des terrains : deux à Trenta, le **Camping Trenta** (☎041 615 966 ; www.sloveniaholidays.com/camping-trenta ; Trenta 60a ; 10 €/pers ; ⌚avr-oct) et le plus petit **Kamp Triglav** (☎05-388 93 11 ; www.sloveniaholidays.com/kamp-triglav-soca ; Trenta 18a ; 9 €/pers ; ⌚avr-oct) ; deux côte à côte à Soča, **Kamp Korita** (☎051 645 677 ; www.camp-korita.com ; Soča 38 ; 10 €/pers ; ⌚mai-oct) et **Eko Camp** (☎051 266 812 ; www.camp-korita.com ; Soča 38 ; 9 €/pers ; ⌚mai-oct), plus axé sur les activités aventure.

De juin à septembre, plusieurs bus au départ de Kranjska Gora passent chaque jour par le col. **Alpetour** (☎04-201 31 30 ; www.alpetour.si) assure 3 à 4 liaisons quotidiennes entre Kranjska Gora, Trenta (4,70 €, 1 heure 10, 30 km) et Bovec (6,70 €, 2 heures, 46 km). Horaires sur le site Internet.

Sava Dolinka à Čičare. Vous êtes à 800 m du centre-ville mais vous êtes en face du centre commercial TGC.

Camping Kamne CAMPING €

(☎589 11 05 ; http://campingkamne.com ; Dovje 9 ; 6-7 €/pers, bungalows pour deux 22-26 €, bungalows pour quatre 44-50 € ; ⌚toute l'année ; P🏊). Ce camping traditionnel de 1,2 ha et de 120 places se trouve à Dovje, près de Mojstrana, à 14 km à l'est de Kranjska Gora. Petite piscine extérieure.

Où se restaurer

Hotel Kotnik SLOVÈNE €€

(☎588 15 64 ; www.hotel-kotnik.si ; Borovška cesta 75 ; plats 8-18 € ; 📶). Au milieu d'un décor très arts et traditions populaires de coffres à trousseau peints, vous vous régalerez de copieux plats de viandes grillées. Une des meilleures tables de Kranjska Gora. Voisine de l'auberge, la **pizzeria** (pizza 6-9 € ; ⌚12h-22h30) chauffée au poêle à bois permet un repas plus rapide.

Gostilna Pri Martinu SLOVÈNE €€

(☎582 03 00 ; Borovška cesta 61 ; plats 7-14 € ; ⌚10h-23h ; 📶). Face à la caserne de pompiers, cette chaleureuse taverne-restaurant réjouit vos papilles de spécialités locales comme le *ješprenj* (soupe d'orge), le *telečja obara* (mijoté de veau) et le *ričet* (soupe d'orge avec des côtes de porc fumées). L'un des rares restaurants à proposer une formule 3 plats au déjeuner (7 €). Une adresse incontournable pour ses spécialités.

Penzion Lipa SLOVÈNE €€€

(www.penzion-lipa.si ; Koroška cesta 14 ; plats 8-20 € ; ⌚11h-23h). Sous la pension à l'étage, une table parfaite en famille, d'autant plus qu'elle prépare aussi de bonnes pâtes et pizzas. Terrasse clôturée agréable aux beaux jours.

Šang Hai CHINOIS €

(www.sanghai-restavracija.com ; Naselje Slavka Černeta 34 ; plats 8-12 € ; 12h-0h). Installé au rez-de-chaussée du sinistre centre commercial TGC, voici le seul établissement proposant autre chose que de la cuisine slovène ou des pizzas. La carte met l'accent sur le poisson. Lorsque vous êtes face au parking, c'est au nord du centre commercial.

Où prendre un verre

Sport Point Café CAFÉ

(www.sport-point.si ; Borovška cesta 93/a ; 7h30-21h lun-ven, 7h30h-22h sam-dim ;). Voisin de l'office du tourisme, le lieu idéal pour planifier sa journée ou se relaxer en sirotant un café.

Vopa Pub PUB

(041 840 806 ; Borovška cesta 92 ; 7h-1h dim-jeu, 7h-5h sam-dim ;). Ce bar proche du bureau de poste est pratiquement le seul établissement animé après 22h. Le pub en rez-de-chaussée est ouvert toute l'année alors que le club du même nom en bas fait son chiffre pendant la saison de ski avec des DJ et une scène nocturne assez vivante le week-end.

Renseignements

L'**office du tourisme de Kranjska Gora** (TIC ; 580 94 40 ; www.kranjska-gora.si ; Tičarjeva cesta 2 ; 8h-19h lun-sam, 9h-18h dim juin-sept et mi-déc à mars, 8h-15h lun-sam avr, mai et oct à mi-déc) est dans le centre. La plupart des autres infrastructures utiles aux visiteurs sont à quelques minutes à pied, notamment la **Gorenjska Banka** (Borovška cesta 95), la **SKB Banka** (Borovška cesta 99a) et la **poste** (Borovška cesta 92).

Depuis/vers Kranjska Gora

Un bus part toutes les heures pour Ljubljana (8,70 €, 2 heures, 91 km), desservant au passage Jesenice (3,10 €, 30 minutes, 24 km), d'où un autre bus permet de rallier Bled (2,70 €, 20 minutes, 19 km). En effet, il existe un seul trajet direct par jour entre Kranjska Gora et Bled (4,80 €, 1 heure, 40 km), partant à 9h15 en semaine et à 9h50 le week-end.

Des bus **Alpetour** (201 31 30 ; www.alpetour.si) desservent régulièrement Trenta (4,70 €, 70 minutes, 30 km) et Bovec (6,70 €, 2 heures, 46 km) de juin à septembre via le col du Vršič. Horaires sur le site Internet. Comptez en moyenne quatre départs quotidiens (davantage le week-end). Achat des billets auprès du chauffeur.

Parc national du Triglav

04 ET 05 / 2 864 M D'ALTITUDE

Partout abrégé en TNP, le Triglavski Narodni Park couvre 83 800 ha (soit un peu plus de 4% du pays), ce qui en fait l'une des plus grandes réserves nationales d'Europe. Il offre un paysage vierge et spectaculaire de montagnes rocheuses – dont le fameux mont Triglav (2 864 m), le plus haut du pays –, de gorges, de ravins, de canyons, de grottes, de rivières, de ruisseaux, de forêt primaire et de prairies alpines. L'eau y a créé un des plus grands réseaux karstiques des Alpes avec de nombreuses gorges, grottes et dolines.

Bien que le pays compte trois grands parcs régionaux et 45 paysages protégés, c'est le seul parc national du pays répertorié, et il englobe presque toutes les Alpes slovènes. L'idée de créer un parc naturel remonte à 1908, mais le projet n'aboutit qu'en 1924, avec la mise sous protection de quelque 1 600 ha dans la vallée des lacs du Triglav.

Baptisé "parc national du Triglav" en 1961, le parc initial incorporait une vingtaine d'années plus tard la quasi-totalité des Alpes juliennes orientales. Aujourd'hui, il s'étend de Kranjska Gora au nord à Tolmin au sud, et de la frontière italienne à l'ouest presque jusqu'à Bled, à l'est. Ainsi sa majeure partie se trouve en Haute-Carniole. Mais une fois franchi le magnifique col du Vršič – le plus haut du pays, à 1 611 m –, on pénètre dans la région de la Primorska dès qu'on amorce la descente vers la vallée de la Soča.

C'est l'une des destinations favorites des Slovènes le week-end pour randonner, parcourir la montagne à VTT, pêcher ou se lancer sur les rapides en eaux vives. Les principaux points d'accès sont : Bohinj, Kranjska Gora et, dans la région voisine, Trenta.

Bien sûr, l'ascension du mont Triglav est mythique, mais quelques sommets comparables constituent des classiques : le Mangart (2 679 m), à la frontière italienne (la route de 12 km menant au col de Predel est la plus haute du pays), le Jalovec (2 645 m) au nord, et la crête escarpée du Razor (2 601 m), au sud-est du Vršič.

Mais l'alpinisme n'est pas la seule activité possible. Vous pourrez aussi faire des randonnées faciles dans de belles vallées, forêts et prairies. Il existe deux excellentes cartes : la PZS 1/50 000 *Triglavski Narodni Park* (Parc national du Triglav, 8,50 €) et la carte 1/50 000 *Julische Alpen*, de Freytag et Berndt (9 €).

ITINÉRAIRE 1
DEPUIS LE LAC DE BLED
ITINÉRAIRE 2
DEPUIS LE LAC DE BOHINJ

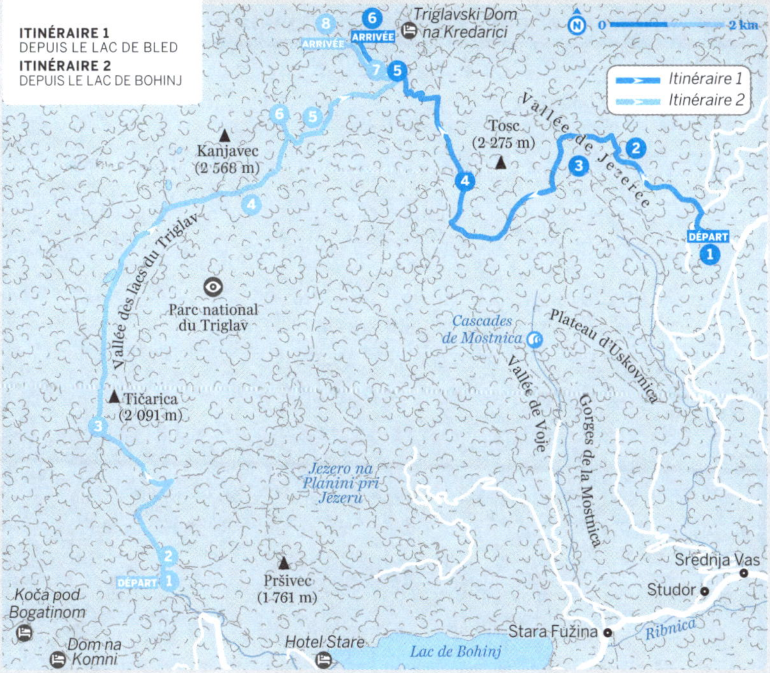

Promenade à pied

Au sommet du mont Triglav

Il existe au moins 20 trajets différents pour parvenir au sommet du mont Triglav, à 2 864 m. Voici deux itinéraires appréciés des marcheurs, l'un partant du lac de Bled, l'autre du lac de Bohinj.

Itinéraire 1 : au départ du lac de Bled

Ce trajet, le plus court, part de 1 **Rudno Polje** (1 347 m), sur le plateau de Pokljuka, à 18 km au sud-ouest de Bled. Les chevronnés pourront faire l'aller-retour en moins de 12 heures, les autres feront halte pour la nuit. Bien balisé, l'itinéraire fait cheminer sous le 2 **Viševnik** (2 050 m) pour passer le 3 **col du Studor** (1 892 m) puis contourner les contreforts du Tosc (2 275 m). Après 3 heures de marche, vous arriverez au refuge 4 **Vodnikov Dom na Velem Polju** (1 817 m). Reposez-vous jusqu'au matin suivant ou bien poursuivez votre chemin pour atteindre 2 heures plus tard le 5 **Dom Planika pod Triglavom** (2 401 m). De là, progressez pendant une heure le long de la crête en vous aidant des pitons et câbles en place jusqu'au 6 **sommet du mont Triglav**.

Itinéraire 2 : au départ du lac de Bohinj

Plus long (prévoir 3 jours), ce parcours démarre à proximité de la 1 **cascade de la Savica**, à l'ouest du lac de Bohinj. Le sentier zigzague le long de l'escarpé 2 **pic de Komarča** (1 340 m), découvrant une superbe vue sur le lac. Après 4 heures de marche au nord des cascades, vous atteindrez le 3 **Koča pri Triglavskih Jezerih** (1 685 m), où vous passerez votre première nuit. Le 2e jour, longez la vallée vers le nord, puis obliquez au nord-est en direction du désertique 4 **plateau de Hribarice** (2 358 m). Descendez ensuite vers le 5 **col de Dolič** (2 164 m) et le refuge de 6 **Tržaška Koča na Doliču** (2 151 m). À 1 heure 30 au nord-est se trouve un refuge souvent bondé, le 7 **Dom Planika pod Triglavom**, qui nécessite de réserver. Depuis ce dernier refuge, une bonne heure vous sépare du 8 **sommet du Triglav**.

Alpes juliennes et parc national du Triglav

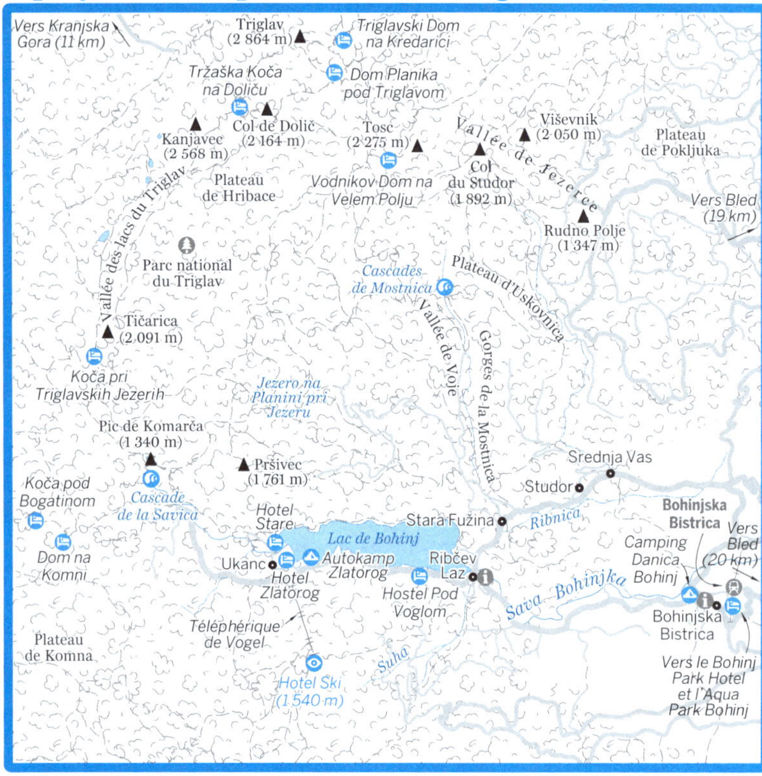

ASCENSION DU MONT TRIGLAV

Le sommet de 2 864 m en roche calcaire nommé Triglav ("trois têtes") est une source d'inspiration et de dévotion pour les Slovènes depuis plus d'un millénaire. Les premiers Slaves croyaient que la montagne abritait une divinité à trois têtes qui régnait sur le ciel, la terre et les enfers. C'est en 1778 qu'un alpiniste autrichien et ses trois guides slovènes réussirent à en vaincre le sommet en partant de Bohinj. Sous le règne des Habsbourg, tout Slovène qui se respectait considérait le "pèlerinage" au Triglav comme la confirmation de son identité ethnique. Une tradition toujours d'actualité, puisqu'un Slovène se doit d'effectuer l'ascension au moins une fois dans sa vie.

Vous aussi, vous pouvez faire l'ascension du plus haut sommet du pays, en étant bien conscient que le Triglav n'est pas une promenade de santé ! Outre la difficulté du parcours, l'une des principales sources de danger tient à l'intense fréquentation par beau temps. À l'approche du sommet, des dizaines de personnes sont amenées à se croiser, et à jouer des coudes, le long de l'étroite crête rocheuse.

N'envisagez cette ascension que bien entraîné, sûr de vous, pas sujet au vertige et accompagné d'un guide, même si vous avez de l'expérience en alpinisme. Outre le fait qu'il connaît les voies et leur état, un guide saura trouver une place en refuge et organiser les transports. Adressez-vous à 3glav Adventures (p. 82) à Bled, ou à Alpinsport (p. 88) à Bohinj, ou réservez un guide auprès de l'**Association alpine de Slovénie** (Planinka Zveza Slovenije ou PZS ; www.pzs.si).

Si la liste du matériel indispensable peut sembler évidente, il est bon de la rappeler : bonnes chaussures de marche, vêtements chauds (même en été), chapeau, gants, vêtement de pluie, carte, boussole, sifflet, lampe frontale, trousse de premiers secours et provisions d'urgence.

Le mont Triglav est inaccessible de mi-ou fin octobre à début juin. En été, c'est en juin et pendant la première quinzaine de juillet qu'il pleut le plus ; les créneaux préférables sont fin juillet, août et surtout septembre ou début octobre. Plaques de neige et névés subsistent en altitude dans les ravins jusqu'à fin juillet, et la météo peut être imprévisible à partir de 1 500 m, avec des amplitudes thermiques pouvant atteindre 20°C et des orages violents sortant de nulle part.

Il existe plusieurs itinéraires pour rejoindre le sommet, les plus courants étant ceux par le sud, soit au départ de Pokljuka, près de Bled, soit depuis la cascade de la Savica, à proximité du lac de Bohinj. L'encadré p. 97 décrit deux d'entre eux. On peut aussi rejoindre le sommet par le nord et l'est (Mojstrana et vallée de Vrata). Chaque itinéraire a ses avantages et ses inconvénients et le niveau de difficulté varie de l'un à l'autre. Pour les treks, vous devrez généralement prévoir de passer une à deux nuits en montagne.

Vous trouverez de bonnes cartes de randonnée dans les offices du tourisme. Kartografija (www.kartografija.si) publie l'excellente carte 1/50 000 *Tourist Map of the Triglav National Park* (9,50 €), facilement disponible. L'Association alpine de Slovénie dispose également de très bonnes cartes.

Primorska et Carniole-Intérieure

Dans ce chapitre »

Le top des restaurants

- Hiša Franko (p. 106)
- Restaurant Neptune (p. 131)
- Pri Mari (p. 131)
- Topli Val (p. 106)
- Gostilna Istria (p. 125)

Le top des hébergements

- Kaki Plac (p. 134)
- Old Schoolhouse Korte (p. 125)
- Dobra Vila (p. 103)
- Miracolo di Mare (p. 130)
- Hotel Rakov Škocjan (p. 139)

Pourquoi y aller

Alpinisme et rafting dans la vallée de la Soča, dégustations de vin près de Nova Gorica, grottes de Škocjan et lipizzans de Lipica, la Primorska est une région éclectique. Sur la côte, les anciens ports vénitiens de Piran et de Koper offrent de quoi occuper les visiteurs les plus infatigables.

Jusqu'à ses contreforts alpins, la Primorska possède un climat et une flore typiquement méditerranéens. Elle se compose de quatre régions distinctes : la vallée de la Soča ; les collines vallonnées du centre ; le Karst, avec ses merveilleux *pršut* (jambon sec), ses olives et son vin ; la côte, enfin, parfois appelé l'Istrie slovène.

La Carniole-Intérieure (Notranjska), très boisée, est prisée pour les activités de plein air. Elle compte nombre de châteaux – celui de Predjama est niché dans une cavité – et de grottes, comme celles de Postojna, site touristique très visité. Enfin, ne manquez pas le château de Snežnik et la grotte de Križna, à explorer en bateau.

Quand partir

Postojna

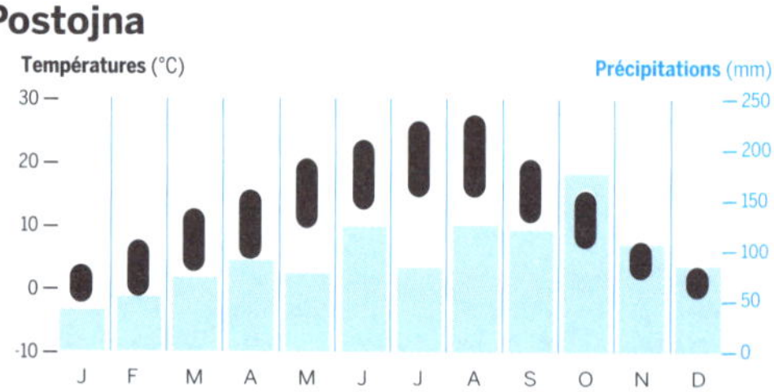

Carême Profitez du Laufarija, le tapageur Mardi gras de Cerkno, avant le carême.

Mai et juin Gonflée par la fonte des neiges, la Soča est idéale pour le rafting.

Sept La foule estivale repartie, c'est un bonheur de nager dans l'Adriatique.

À ne pas manquer

1 Quelques sauts diaboliques sur la Soča en sortie **canyoning** ou **rafting** au départ de Bovec (p. 102)

2 Une descente au royaume des ténèbres en explorant les **grottes de Škocjan** (p. 115)

3 Un festin de pêche du jour sur fond vénitien à **Piran** (p. 126)

4 Le paradis des oiseaux (270 espèces) nichant dans les anciennes salines du **parc naturel de Sečovlje Salina** (p. 133)

5 Une méditation sur la vanité humaine dans l'**église de la Sainte-Trinité** (p. 118) de Hrastovlje

6 Le **château de Predjama** (p. 138), d'où le facétieux seigneur Lueger, défenseur des opprimés, repoussait l'assaillant par des pluies de cerises

PRIMORSKA

Vallée de la Soča

La région qui s'étend du parc national du Triglav jusqu'à Nova Gorica porte le nom de Posočje, ou vallée de la Soča. Paradis des sports de plein air, Bovec et Kobarid jalonnent le cours de cette rivière à la couleur turquoise incroyable. La majorité des visiteurs viennent ici pour le rafting, la randonnée et le ski. Il n'empêche que l'histoire a marqué cruellement ce sol, notamment lors des sanglantes batailles de la Première Guerre Mondiale. Durant l'entre-deux-guerres, la Primorska et la vallée de la Soča passèrent sous juridiction italienne.

BOVEC

☎05 / 1631 HABITANTS / 470 M D'ALTITUDE

Capitale de fait de la vallée de la Soča, Bovec enthousiasme les amateurs de sports extrêmes. Avec les Alpes juliennes en toile de fond, la Soča en contrebas et le parc national du Triglav tout autour, on peut passer ici une semaine à alterner randonnée, kayak, VTT, voire ski à Kanin, station la plus haut perchée de Slovénie.

Peu de rues portent un nom à Bovec, qui s'organise autour de la Trg Golobarskih Žrtev, principal axe est-ouest menant au nord vers l'église néoromane Saint-Ulrich. Les bus font halte dans une rue secondaire voisine du supermarché Mercator, dans le quartier de Mala Vas.

Histoire

Citée dans des documents dès le XIe siècle, la région de Bovec a terriblement souffert au cours des deux derniers siècles. Elle a servi de base arrière à l'armée napoléonienne pour attaquer l'Autriche avant de se trouver en grande partie détruite lors des batailles de la Soča (l'Isonzo) durant la Grande Guerre. Rebâtie dans les années 1920, Bovec a essuyé deux importants tremblements de terre en 1976 et 1998.

À voir

Forteresse de Kluže CHÂTEAU

(Trdnjava Kluže ; ☎384 19 00 ; www.kluze.net ; tarif plein/enfant/étudiant 3/1/2 € ; 9h-20h juil-août, 10h-17h dim-ven juin et oct, 10h-18h sam-dim mai et sept). Les Autrichiens ont bâti en 1882 la forteresse que nous voyons aujourd'hui pour remplacer le fort du XVIIe siècle. Veillant à 4 km au nord-est de Bovec, elle domine un ravin de 70 m sur la rivière Koritnica. Devenue obsolète, elle a été renforcée en 1900 par la forteresse supérieure (**fort Herman**), construite à l'ouest, à mi-flanc du mont Rombon. Une exposition permanente présente l'environnement naturel et l'histoire de l'ouvrage défensif.

Laiterie-fromagerie Ostan EXPLOITATION LAITIÈRE

(☎041 589 877, 389 61 77 ; Trg Golobarskih Žrtev 54). Le bassin de Bovec abonde en exploitations laitières familiales, telle celle-ci en centre-ville, qui produit un fromage de brebis traditionnel. Demandez un exemplaire de la brochure *Along the Bovška Ovca Sheep Trail* (non traduite) à l'office du tourisme et sélectionnez votre exploitation préférée.

Activités

MARCHE ET RANDONNÉE

La carte *Bovec z Okolico* (Bovec et ses environs, 1/25 000, 7,60 €) répertorie toute une série de randonnées, de la balade de 2 heures à l'ascension du **mont Rombon** (2 208 m), qui requiert 5 bonnes heures.

La promenade jusqu'à la **cascade de Boka** (106 m de haut), à 5,5 km au sud-ouest de Bovec, est la plus courue. Le spectacle à la fonte des neiges au printemps est impressionnant. Pour y parvenir à pied, empruntez le sentier B2, balisé et relativement facile, ou le S1, plus difficile, tous deux indiqués sur la carte *Bovec z Okolico* ; en VTT, prenez le circuit n°1 détaillé sur la brochure *Biking Trails* (non traduite). L'excursion jusqu'aux cascades (850 m) nécessite environ 1 heure 30 aller-retour, mais le sentier peut se révéler abrupt et très glissant.

En partant de la plus haute station du téléphérique (station D), on compte 3 heures pour effectuer la plus ambitieuse ascension du **Kanin** (2 587 m) ou 1 heure environ pour rallier la **fenêtre de Prestreljenik** (2 498 m).

PARAPENTE

Survoler la Soča en parapente biplace (environ 125 €) ouvre les plus beaux horizons sur la vallée quand on s'envole de l'altitude de 2 000 m, à savoir de la station supérieure du téléphérique de Bovec Kanin ou depuis le col du Mangart. Contactez l'agence Avantura pour plus de détails.

SKI

Station de ski de Bovec Kanin SKI

(☎389 60 03 ; www.boveckanin.si ; forfait journée tarif plein/enfant/ étudiant ou senior 28/18/23 €). Culminant à 2 300 m, les pistes du domaine skiable de Bovec Kanin, au nord-ouest de Bovec, se prêtent parfaitement au ski jusqu'en avril, voire en mai. C'est, en Slovénie, la seule station de ski véritablement d'altitude. Ses 17 km de ski alpin et 15 km de pistes de fond disposent de 3 télésièges et 3 téléskis, domaine auquel on accède par un téléphérique divisé en trois tronçons. La station inférieure est située sur la route principale, à 600 m au sud-ouest du centre de Bovec. Le domaine skiable est désormais relié à la station de Sella Nevea, sur le versant italien du Kanin, ce qui porte la longueur cumulée des pistes à 30 km. Le **centre d'information** (☎389 60 03 ; www.bovec-kanin.si ; Trg Golobarskih Žrtev 47 ; ⌚7h30-21h juil-août, 8h-12h et 13h-16h30 sept-juin) du centre de Bovec vous aiguillera.

Téléphérique du Kanin TÉLÉPHÉRIQUE
(adulte/enfant aller 14/9 €, aller-retour 17/12 €). En saison hivernale, la cabine fonctionne sans interruption. En juillet et août, il y a un départ par heure entre 7h et 16h (dernière descente à 17h). Sinon le téléphérique assure l'aller-retour les jours de week-end en juin et septembre de 8h à 15h (dernière descente à 16h). Plusieurs sentiers de randonnée partent de la station supérieure.

SPORTS D'AVENTURE

Bovec réunit une bonne dizaine de prestataires spécialisés dans les sports extrêmes.

Avantura SPORTS D'AVENTURE
(☎041 718 317 ; www.avantura.org ; Trg Golobarskih Žrtev 19 ; ⌚9h-19h juin-août).

Aktivni Planet SPORTS D'AVENTURE
(☎031 653 417 ; www.aktivniplanet.si ; Mala Vas 106).

Soča Rafting SPORTS D'AVENTURE
(☎041 724 472, 389 62 00 ; www.socarafting.si ; Trg Golobarskih Žrtev 14 ; ⌚9h-19h toute l'année).

Top Extreme SPORTS D'AVENTURE
(☎041 620 636 ; www.top.si ; Trg Golobarskih Žrtev 19 ; ⌚9h-19h mai-sept).

SPORTS NAUTIQUES

Les eaux de la Soča sont un haut lieu du rafting, du kayak et du canoë (dénivelé de 10 à 40%, classes I à VI). La saison court d'avril à octobre et la majorité des prestataires proposent des excursions.

Les équipées de **rafting**, fortes de 2 à 8 compagnons d'aventure, devront régler 36 à 46 € pour un parcours de 8 à 10 km (1 heure 30). Pour une descente de 21 km (2 heures 30), combinaison en Néoprène, coupe-vent, gilet de sauvetage, casque et pagaie compris, il vous en coûtera de 48 à 55 €. Prévoyez un maillot de bain, un T-shirt et une serviette. La location d'un canoë biplace se monte à 45 € la journée contre 30 € pour un kayak monoplace. Pour débuter en kayak, prévoyez une formation d'une/deux journées à partir de 55/100 €) ; il existe également des formules excursion (jusqu'à 10 km).

Si vous préférez le **canyoning**, comptez environ 42 € pour un circuit de 3 km le long de la Soča, durant lequel vous descendrez dans des gorges et franchirez des cascades en rappel.

VÉLO

Demandez la brochure *Biking Trails* à l'office du tourisme. Elle recense 16 parcours de niveaux de difficulté différents. La majorité des prestataires loue des vélos et des VTT (7,50/18/39/85 € pour 1 heure/1 jour/3 jours/1 semaine).

MTB Park Kanin VTT
Ouvert toute l'année, ce parc situé à 2 km de la station intermédiaire du téléphérique de Bovec Kanin (aller 5 €) offre aux vététistes un entraînement différencié selon les parcours.

Où se loger

L'office du tourisme recense des centaines de chambres à louer (de 15 à 30 €/personne).

♥ **Dobra Vila** HÔTEL DE CHARME €€€
(☎389 64 00 ; www.dobra-vila-bovec.si ; Mala Vas 112 ; d 120-145 €, tr 160-180 € ; P ❄ wifi). Fantastique adresse de charme nichée dans un ancien central téléphonique de 1932, le Dobra Vila ne compte guère que 10 chambres. Semé d'objets d'art et de créations uniques, il réunit une bibliothèque, une cave à vins et un fabuleux restaurant, doté d'un jardin d'hiver et d'une terrasse.

Martinov Hram PENSION €€
(☎388 62 14 ; www.martinov-hram.si ; Trg Golobarskih Žrtev 27 ; s/d 33/54 € ; P wifi). Charmante et accueillante, cette maison de 14 chambres superbement meublées n'est qu'à 100 m à l'est du centre. Son restaurant concocte de fameux plats emblématiques de la région.

Hotel Mangart HÔTEL €€
(☎388 42 50 ; www.hotel-mangart.com ; Mala vas 107 ; s/d 55/90 €). En lisière de Bovec, cet hôtel moderne et impeccable a la

forme d'une portion de fromage (allusion aux talents laitiers de Bovec). Une bonne adresse.

Kamp Palovnik CAMPING €
(☎388 60 07 ; www.kamp-polovnik.com ; Ledina 8 ; adulte 6,50-7,50 €, enfant 5-5,75 € ; ⏲avr-mi-oct ; P). La beauté de l'emplacement compense la superficie (1 ha, et la capacité modeste (70 emplacements) de ce terrain, le plus proche de Bovec.

Alp Hotel HÔTEL €€
(☎388 40 00 ; www.alp-hotel.si ; Trg Golobarskih Žrtev 48 ; s 58-65 €, d 76-90 € ; P@). Central comme aucun autre, cet établissement de 103 chambres au cœur d'un modeste jardin paysager dispose de trois saunas et vous permet d'avoir accès à la piscine de l'Hotel Kanin voisin. Un rapport qualité/prix très correct.

Hotel Kanin HÔTEL €€
(☎389 68 82 ; www.hotel-kanin.com ; Ledina 6 ; s 58-74 €, d 86-118 € ; P@). Au calme, cet établissement doté d'une grande piscine intérieure et d'un centre de bien-être récent dispose de 124 chambres. Leur qualité oscille entre le moyen et le satisfaisant. Certaines, rénovées, ouvrent par un balcon sur un petit jardin tranquille.

Où se restaurer et prendre un verre

Martinov Hram SLOVÈNE €
(entrées 5,90-9 €, plats 7,90-13,50 €, pizzas 6,50-8,90 € ; ⏲10h-22h mar-ven, 10h-0h sam-dim). Spécialisée dans le gibier, la truite de la Soča et les plats à base de champignons, cette auberge typique en bord de route propose un menu à 13 €. L'hiver, la pizza reprend ses droits. Adorable terrasse en façade.

Gostišče Stari Kovač PIZZERIA €
(☎388 66 99 ; Rupa 3 ; entrées 6,50-7 €, plats 8-11 €, pizzas 5-7,50 € ; ⏲12h-22h mar-dim). Le "vieux forgeron", à l'ouest de l'Alp Hotel, cuit ses pizzas au feu de bois.

Letni Vrt SLOVÈNE €€
(☎041 775 127, 389 63 83 ; Trg Golobarskih Žrtev 1 ; repas à partir de 15 € ; ⏲11h-22h mer-lun). Face à l'Alp Hotel, le "jardin estival" réjouit sa clientèle de pizzas, grillades et truites servies bien sûr au vert en été. Prix très honnêtes.

Plec Caffe CAFÉ
(☎041 775 127 ; Trg Golobarskih Žrtev 18 ; ⏲8h-1h juil-août, 17h-1h sept-juin). Toute l'année, cet agréable café au cœur de la ville fait le plein jusqu'à une heure avancée (selon les critères de Bovec).

Renseignements

Bar Kavarna (☎388 63 35 ; Trg Golobarskih Žrtev 25 ; accès Internet 1,50 €/30 minutes ; ⏲7h-23h lun-jeu, 7h-0h ven-sam, 8h-20h dim)

Nova KBM Banka (Trg Golobarskih Žrtev 47)

Office du tourisme de Bovec (☎388 19 19 ; www.bovec.si, en français ; Trg Golobarskih Žrtev 8 ; ⏲8h30-20h30 été, 9h-18h hiver). DAB une porte plus loin.

Poste (Trg Golobarskih Žrtev 8 ; ⏲8h-9h30, 10h-15h30 et 16h-18h lun-ven, 8h-12h sam)

Depuis/vers Bovec

Des bus desservent Kobarid (3,10 €, 30 minutes, 6 bus/jour), Ljubljana (13,60 €, 3 heures 30), via Kobarid et Idrija, et Nova Gorica (7,50 €, 2 heures). Entre fin juin et août, des bus à destination de Ljubljana rallient Kranjska Gora (6,70 €, 2 heures, 4 bus/jour) via le col du Vršič.

KOBARID

☎05 / 1 250 HABITANTS / 234 M D'ALTITUDE

Le bourg de Kobarid est plus pittoresque que Bovec. En dépit des hauteurs alpines alentour, on respire un air méditerranéen, presque italien. Il est vrai que, 9 km plus à l'ouest, on passe la frontière à Robič.

Le Caporetto (son nom italien) décrit par Hemingway dans *L'Adieu aux armes* (1929) n'a guère changé d'apparence. C'est toujours une "petite ville blanche avec un campanile, dans une vallée...", mais si la cloche sonne encore toutes les heures, la fontaine a hélas disparu.

Base militaire à l'époque romaine, objet d'âpres disputes au Moyen Âge, traversée par l'armée napoléonienne et victime d'un terrible tremblement de terre en 1976, Kobarid reste avant tout dans les mémoires comme le site de la bataille décisive de 1917, où les armées allemande et austro-hongroise réunies défirent l'armée italienne.

Kobarid se situe dans une vaste vallée, sur la rive ouest de la Soča. Le centre s'organise autour de la place Trg Svobode, sur laquelle veillent le sanctuaire gothique de l'Assomption et son campanile. Les bus s'arrêtent au n°10, devant le café-bar Cinca Marinca, à l'est de la place.

À voir et à faire

Musée de Kobarid MUSÉE
(☎389 00 00 ; www.kobariski-muzej.si ; Gregorčičeva ulica 10 ; adulte/enfant 5/2,50 € ; ⏲9h-18h lun-ven et 9h-19h sam-dim été, 10h-17h lun-ven et 9h-18h sam-dim hiver). Ce musée est presque entièrement consacré aux batailles de la Soča

LE FRONT DE L'ISONZO (OU SOČA)

La percée réalisée par les forces austro-hongroises et allemandes sur le front de la Soča (plus couramment appelé front de l'Isonzo – nom italien de la rivière Soča) près de Kobarid (Caporetto pour les Italiens) est l'une des plus sanglantes campagnes militaires jamais livrées en terrain montagneux. Les 17 jours de combat firent des centaines de milliers de morts et de blessés, rendus méconnaissables par les gaz et les mutilations.

En mai 1915, l'Italie déclara la guerre aux Empires centraux (Allemagne et Autriche-Hongrie) et à leurs alliés. Les forces italiennes investirent la vallée clé de la Soča, d'une importance stratégique cruciale pour pénétrer au cœur de l'Autriche-Hongrie. Elles allaient se heurter à des lignes autrichiennes amplement renforcées de tranchées et bunkers sur quelque 80 km, de l'Adriatique aux pics montagneux qui surplombent la vallée supérieure de la Soča. Si la première offensive italienne fut couronnée de succès avec la prise de Kobarid, l'avancée se trouva arrêtée au bout d'un mois.

En l'espace de deux ans et demi, 11 offensives transalpines suivirent, tournant vite à la guerre d'usure en raison du terrain. Si la bataille fit rage dans les montagnes et sur le plateau calcaire au sud, les gains territoriaux furent minimes. Une grande partie des combats se déplacèrent alors vers Gorizia, à la lisière du Karst.

Le 24 octobre 1917, le statu quo s'interrompit lorsque les Austro-Hongrois et les Allemands positionnèrent des centaines de milliers de soldats, ainsi que des armes et du matériel (notamment 7 divisions allemandes) entre Bovec et Tolmin, avec Kobarid pour objectif principal. Attaque surprise, la 12e offensive transalpine, qui était la première côté autrichien, débuta par de lourds bombardements.

Le "miracle de Kobarid" mit l'armée italienne en déroute et repoussa les combats jusqu'en territoire transalpin. Si les croquis du lieutenant Rommel (futur "renard du désert" outre Méditerranée durant la Seconde Guerre) sont d'une valeur inestimable pour la compréhension de la bataille, aucun récit ne surpasse la description de la retraite italienne livrée par Hemingway dans *L'Adieu aux armes*. Le romancier fut lui-même blessé sur le champ de bataille de Gorizia au printemps 1917, alors qu'il conduisait une ambulance italienne.

La 12e offensive, la plus grande percée de la Grande Guerre, inaugura en partie certaines tactiques de la future "guerre éclair" (*Blitzkrieg*). L'armée italienne perdit 500 000 hommes et concéda 300 000 prisonniers. Les pertes humaines sur le front de la Soča au cours de la période 1915-1917, soldats et civils confondus, avoisinèrent le million.

et à la "guerre qui devait signer la fin de toutes les guerres". Des salles thématiques proposent une puissante illustration des 29 mois de combat. La **salle Krn** s'intéresse aux premiers assauts le long de la rivière Soča, après l'entrée en guerre de l'Italie en mai 1915. La **salle blanche** décrit les rudes conditions de combat dans les montagnes enneigées. La **salle de l'arrière-pays** illustre les moments d'accalmie entre les assauts – un contraste saisissant avec les terribles clichés des soldats morts ou agonisants dans la **salle noire**. Enfin, la **salle de la bataille de Kobarid** détaille l'offensive finale des forces autrichiennes et allemandes, qui précipita la défaite italienne.

Le musée renferme de nombreuses photographies illustrant les horreurs du front, des cartes militaires, des journaux de bord, et deux grands affichages en relief qui décrivent les lignes de front et les offensives dans le massif de Krn, ainsi que les positions des armées dans la vallée supérieure de la Soča. Ne manquez pas la présentation multimédia (20 minutes, en 8 langues dont le français).

PROMENADES GUIDÉES

Fondation du sentier de la Paix dans la région de la Soča MUSÉE EN PLEIN AIR

(☎389 01 67 ; www.potimiru.si ; Gregorčičeva ulica 8). Installée face au musée, cette fondation vous accueille dans son centre d'information très instructif. Plusieurs visites guidées mènent le long des quelque 100 km du sentier de la Paix (Pot Miru), un circuit qui suit le front de la Soča (ou d'Isonzo), de Tolmin au sud jusqu'à Log pod Mangrtom au nord. Si la majorité de ces marches guidées sont réservées aux groupes, une promenade de 2 heures 30 à 3 heures jusqu'au **musée en plein air de Kolovrat** (Kolovrat Muzej na Prostem) a lieu le mercredi et le dimanche matin (10 €).

Chemin historique de Kobarid PROMENADE GUIDÉE
(Kobariška Zgodovinska Pot). L'office du tourisme propose une brochure gratuite détaillant, carte à l'appui, le chemin historique de Kobarid, long de 5 km. En partant du musée de Kobarid, prenez au nord le long de la Trg Svobode, une route sinueuse ponctuée des stations du chemin de croix, pour atteindre l'**ossuaire italien** (Italijanska Kostnica), où se trouvent les restes de plus de 7 000 soldats italiens tombés sur le front de la Soča, et l'**église Saint-Antoine** (XVIIe siècle) qu'il entoure.

De là, le chemin continue au nord (sur la gauche) sur un peu plus de 1 km en direction de la colline du fort **Tonočov Grad**, puis il redescend au cœur des vestiges de la **ligne de défense italienne** (Italijanska Obrambna Črta), entre tranchées, installations d'artillerie et postes d'observation, avant d'emprunter une **passerelle** de 52 m au-dessus de la Soča. Un sentier remonte alors une vallée secondaire pour rejoindre différents itinéraires menant au pied de la spectaculaire **chute d'eau de Kozjak** (Slapovi Potoka Kozjak). Le chemin du retour débouche sur le **pont de Napoléon** (Napoleonov Most), réplique du pont bâti par les Français au début du XIXe siècle et détruit en 1915.

SPORTS D'AVENTURE

Kobarid n'a rien à envier à Bovec en matière de sports extrêmes. Plusieurs prestataires, sur la place principale et dans le reste de la ville, proposent du rafting (à partir de 34 €), du canyoning (à partir de 45 €), du kayak (40 €) et du parapente (110 €) entre avril et octobre.

X Point SPORTS D'AVENTURE
(041 692 290, 388 53 08 ; www.xpoint.si ; Trg Svobode 6).

Positive Sport SPORTS D'AVENTURE
(040 654 475 ; www.positive-sport.com ; Markova ulica 2).

Où se loger

Hiša Franko PENSION €€€
(389 41 20 ; www.hisafranko.com ; Staro Selo 1 ; ch 80-135 € ; P). Une vieille ferme située à Staro Selo, soit à 3 km à l'ouest de Kobarid et à mi-chemin de la frontière italienne, réunit 10 chambres à thèmes exotiques, pour certaines dotées d'une terrasse et d'un Jacuzzi. Excellent restaurant.

Hotel Hvala HÔTEL €€€
(389 93 00 ; wwww.hotelhvala.si ; Trg Svobode 1 ; s 72-76 €, d 104-112 € ; P). Le délicieux hôtel "Merci" (il s'agit du nom de la famille) abrite 31 chambres, un bar, un café de style méditerranéen dans le jardin et un formidable restaurant. L'élégant ascenseur vous invite à une visite verticale de Kobarid.

Apartma-Ra APPARTEMENTS €
(041 641 899 ; apartma-ra@siol.net ; Gregorčičeva ulica 6c ; ch 40-45 € ; P). Un accueillant petit établissement de 5 chambres et appartements, en partie avec terrasse. Situé entre le musée et la Trg Svobode (entrée par une allée qui part de Volaričeva ulica).

Kamp Koren CAMPING €
(389 13 11 ; www.kamp-koren.si ; Drežniške Ravne 33 ; emplacement 11,50 €/pers, chalet d/tr à partir de 55/60 € ; P). Le plus ancien terrain de la vallée bénéficie de 70 emplacements répartis sur 2 ha. à un demi-kilomètre au nord-est de Kobarid, il borde la rive occidentale de la Soča, à deux pas de l'embranchement pour le charmant village de Drežniške Ravne et ses belles fermes traditionnelles. On a vue sur le pont de Napoléon.

Postive Sport Hostel AUBERGE DE JEUNESSE €
(Markova ulica 2 ; dort 16 € ;). Gérée par le prestataire de sports extrêmes du même nom, installé en dessous, une lumineuse petite auberge de 16 lits. Accueil chaleureux.

Où se restaurer

Hiša Franko SLOVÈNE €€
(389 41 20 ; www.hisafranko.com ; Staro Selo 1 ; plats 22-24 € ; 12h-15h et 18h-23h mar-dim). Les gourmets adoreront ce formidable restaurant gastronomique, logé dans la pension Hiša Franko à Staro Selo, à l'ouest du bourg. Adaptés à chaque saison, d'impeccables menus "dégustation" mettent l'accent sur les ingrédients locaux (50/75 € pour 5/8 plats). Fermeture le mardi en hiver.

Topli Val POISSON ET FRUITS DE MER €€€
(Trg Svobode 1 ; entrées 8-10 €, plats 9,50-25 € ; 12h-22h). Du carpaccio de bar à la truite de la Soča, en passant par l'emblématique homard accompagné de pâtes, poissons de mer et de rivière comme crustacés sont

à l'honneur. Comptez de 30 à 60 € par personne avec une bouteille de vin correcte. Charmante terrasse en façade et l'été tables au jardin côté cour.

Pizza Bar Pri Vitku PIZZERIA €
(☎389 13 34 ; Pri Malnih ulica 41 ; pizza et pâtes 5,50-7,50 € ; ⌚11h-0h lun-ven, 12h-0h sam-dim). Ce petit pub-restaurant jovial, à environ 500 m au sud du centre, sert d'honnêtes pizzas et pâtes, ainsi que des plats de grillades un peu plus élaborés.

Où prendre un verre

Cinca Marinca BAR
(☎389 13 03 ; Trg Svobode 10 ; ⌚7h-23h lun-ven, 7h-tard le soir sam-dim). Voici l'endroit idéal pour étancher sa soif en attendant le bus, qui s'arrête juste devant. Ce café-bar joue les prolongations quand le reste de Kobarid est déjà couché.

Pri Gotarju PUB
(☎388 57 43 ; Krilanova ulica 3 ; ⌚7h-23h dim-jeu, 7h-0h ven-sam). À l'ombre du jardin, le site est parfait pour prendre un verre. Un canon Howitzer 150 mm de la Première Guerre mondiale rouille tranquillement face à l'entrée de ce café-pub.

Renseignements

Abanka (Markova ulica 16)

Nova KBM Banka (Trg Svobode 2)

Office du tourisme de Kobarid (☎380 04 90 ; www.dolina-soce.com, en français ; Trg Svobode 16 ; ⌚9h-13h et 14h-19h lun-ven, 10h-13h et 16h-19h sam-dim). Accès Internet gratuit.

Poste (Trg Svobode 2 ; ⌚8h-9h30, 10h-15h30 et 16h-18h lun-ven, 8h-12h sam)

Depuis/vers Kobarid

Une demi-douzaine de bus desservent Bovec quotidiennement (3,10 €, 30 minutes). Parmi les autres destinations, citons Ljubljana (11,40 €, 3 heures) via la gare ferroviaire de Most na Soči (correspondance pour Bled et Bohinj), Cerkno et Idrija (7,20 €, 2 heures), ainsi que Nova Gorica (6 €, 1 heure 15, 4 bus/jour). En juillet et août, des bus empruntent chaque jour le spectaculaire col du Vršič pour rallier Kranjska Gora (6,70 €, 3 heures).

NOVA GORICA

☎05 / 13 178 HABITANTS / 92 M D'ALTITUDE

À cheval sur la frontière italienne, Nova Gorica est une ville universitaire aux boulevards arborés que ponctuent quelques jolis parcs et jardins. Des influences slovènes, vénitiennes et autrichiennes se font sentir dans tout l'arrière-pays. À la limite entre deux grandes régions viticoles, Goriška Brda au nord-ouest et la vaste vallée de la Vipava au sud-est, Nova Gorica constitue un camp de base honorable pour explorer la vallée de la Soča au nord comme, au sud, la magnifique région du Karst qui s'étend jusqu'à la côte.

C'est une ville étonnamment étendue : entre Rožna Dolina (Casa Rossa) au sud – la frontière avec l'Italie – et Solkan au nord, il y a 5 km. La gare routière (Kidričeva ulica 22) est dans le centre et la gare ferroviaire (Kolodvorska ulica 6), environ 1,5 km plus à l'ouest.

Histoire

En 1947, lorsque la ville de Gorica fut accordée aux Italiens par le traité de Paris, devenant ainsi Gorizia, le gouvernement yougoslave entreprit de bâtir une cité idéale à l'est de la frontière, "selon les principes de Le Corbusier". En toute logique, il la baptisa la "Nouvelle Gorica" et érigea une haie métallique entre les deux villes.

Ce "mini mur de Berlin" tomba finalement en grande pompe en 2004 après l'adhésion de la Slovénie à l'Union européenne. Désormais, la Piazza Transalpina (Trg z Mozaikom) chevauche la frontière fantôme, juste derrière la gare ferroviaire de Nova Gorica.

À voir

Couvent de Kostanjevica MONASTÈRE
(Samostan Kostanjevica ; ☎330 77 50 ; www.samostan-kostanjevica.si/fr.htme, en français ; Škrabčeva ulica 1 ; bibliothèque 1 € ; ⌚9h-12h et 15h-17h lun-sam, 15h-17h dim). À 800 m au sud de la gare ferroviaire, le monastère juché sur la colline (143 m) fut fondé par les Franciscains au début du XVIIe siècle. La **bibliothèque** conventuelle compte quelque 10 000 volumes et 30 incunables.

L'**église de l'Annonciation** (Cerkev Marijinega Oznanenja ; tombeau des Bourbons 1,50 €) aux beaux décors de stuc abrite dans sa crypte un "petit Saint-Denis", le **tombeau des Bourbons** (1 €). Y reposent le dernier roi de la dynastie, Charles X (1757-1836) chassé par la révolution de 1830 et emporté par le choléra à Gorizia, ainsi que 5 membres de la famille royale dont le duc de Chambord (1820-1883), dernier membre de la branche aînée des Bourbons.

Château Kromberk CHÂTEAU
(Grad Kromberk ; Grajska ulica 1). À 3 km à l'est de la ville, ce bel édifice de plan carré à tours

Nova Gorica

Nova Gorica

Où se loger

1 HIT Hotel Casino Perla D1

Où se restaurer

2 Marco Polo D1
3 Marché C2

Où prendre un verre

4 Tokio Bar C1

Où sortir

5 HIT Casino Park C2
HIT Casino Perla .... (voir 1)

d'angle date du XVIIe siècle. Les collections du **musée Goriško** (Goriški Muzej ; ☎335 98 11 ; www.goriskimuzej.si ; adulte/enfant 2/1 € ; 8h-19h lun-ven, 13h-19h dim juin-sept, 8h-15h lun-ven, 13h-17h dim oct-mai) qu'il accueille sont particulièrement riches, tant dans le domaine archéologique qu'ethnologique, sans compter les beaux-arts. Le formidable restaurant Grajska Klet (p. 109) y a dressé sa table.

Activités

À l'office du tourisme, demandez la brochure *Peš Poti na Goriškem (Sentiers de Goriška)*, qui recense alentour une douzaine de **sentiers de randonnée**, de 3 à 20 km de long. La carte *Kolesarimo po Novi Gorici (Nova Gorica à vélo)* signale les **itinéraires cyclistes** en ville et autour du château Kromberk.

Top Extreme SPORTS D'AVENTURE
(☎031 620 636 ; www.top.si ; Vojkova ulica 9). Installé à Solkan, au nord du centre-ville, c'est le lieu où s'adresser pour pratiquer le **saut à l'élastique** (saut 45 € ; 11h-16h sam ou dim mai-oct) et se jeter du pont de Solkan, à 55 m au-dessus de la Soča. Veillez à réserver bien à l'avance. Également du rafting, du kayak et du canyoning sur la Soča.

Où se loger

HIT Hotel Sabotin HÔTEL €€
(☎336 50 00 ; www.hit.si ; Cesta IX Korpusa 35 ; s 50-81 €, d 76-118 €, tr 102-144 € ; P). Les 68 chambres de cet ancien manoir de style baroque situé à Solkan, à environ 2 km au nord de la gare routière, allient caractère et bon rapport qualité/prix. Tarifs variables selon la saison et l'âge de la chambre.

Prenočišče Pertout AUBERGE €
(☎041 624 452, 330 75 50 ; www.prenocisceper-tout.com ; Ulica 25 Maja 23 ; s/d 24/34 € ; P). Cette auberge de Rožna Dolina, au sud du centre-ville, propose 5 chambres à 200 m

à peine de Casa Rossa et de la frontière italienne.

HIT Hotel Casino Perla HÔTEL €€€
(☎336 30 00 ; www.hit.si ; Kidričeva ulica 7 ; s 102-169 €, d 169-224 € ; P❄📶🏊). Un établissement tape-à-l'œil très prisé des Italiens, qui ne se lassent pas de son casino. On pourrait retrouver cette vaste structure de verre et d'acier, dotée d'une annexe moderne, à Hong Kong, à Las Vegas comme à Disneyland !

Où se restaurer et prendre un verre

Delpinova ulica et la rue piétonne qui part au sud de la Bevkov trg, en face du centre commercial, réunissent quantité de chaînes de restauration rapide et de cafés. Les hôtels Sabotin et Perla abritent plusieurs restaurants corrects.

Grajska Klet SLOVÈNE €€€
(☎302 71 60 ; Grajska ulica 1 ; à partir de 35 €/pers ; ⏲12h-22h ven-mar ; 🖉). Si vous avez gagné au casino ou souhaitez juste vous offrir un petit plaisir, rendez-vous à la "cave du château". Situé au rez-de-chaussée du château Kromberk, c'est l'un des meilleurs restaurants de la région. Produits de l'Adriatique en abondance, truites de la Soča et plats végétariens vous seront servis par beau temps sur la charmante terrasse.

Marco Polo ITALIEN €
(☎302 97 29 ; Kidričeva ulica 13 ; plats 6-17 € ; ⏲11h-0h). À 250 m de l'office du tourisme, ce restaurant italien, doté d'une délicieuse terrasse à l'arrière, compte parmi les très bonnes adresses de Nova Gorica. Au menu : pizzas, pâtes et plats un peu plus recherchés.

Marché MARCHÉ
(Delpinova ulica ; ⏲7h-14h lun-sam). Ce marché en plein air se tient à l'est de l'Hotel Casino Park.

Tokio Bar BAR
(Bevkov trg 1 ; ⏲8h-0h dim-jeu, 9h-2h ven-sam). Très central, ce bar à la décoration chargée a la faveur des étudiants.

Où sortir

Le **HIT Casino Perla** (☎336 30 81 ; Kidričeva ulica 7 ; lun-ven libre, sam-dim 5 € ; ⏲24h/24) et le **HIT Casino Park** (☎336 26 38 ; Delpinova ulica 5 ; lun-ven libre, sam-dim 5 € ; ⏲24h/24) sont les mamelles de la ville, attirant ces voisins italiens qui n'ont pas la possibilité de jouer chez eux. À eux deux, ils comptent près de 1 500 machines à sous et toutes les tables de jeu imaginables.

Renseignements

Nova KBM Banka (Kidričeva ulica 11). Juste au sud de l'Hotel Casino Perla.

Nova Ljubljanska Banka (Bevkov trg 3). Sur la place centrale, à côté de l'office du tourisme.

Office du tourisme de Nova Gorica (☎330 46 00 ; www.novagorica-turizem.com ; Bevkov trg 4 ; ⏲8h-20h lun-ven, 9h-13h sam-dim été, 8h-18h lun-ven, 9h-13h hiver). Dans le hall du Kulturni Dom (maison de la culture), avec accès Internet gratuit.

Poste (Kidričeva ulica 19). Face à la gare routière.

Depuis/vers Nova Gorica

BUS Les bus pour Ljubljana (10,70 €, 2 heures 30) via Postojna (6,70 €, 1 heure 30) partent toutes les 2 heures environ. Parmi les autres destinations, citons Bovec (7,50 €, 2 heures) via Kobarid (6 €, 1 heure 30), Idrija (6,30 €, 1 heure 30) ainsi que Piran (10,70 €, 3 heures , tlj) via Koper. De juin à septembre, un bus quotidien mène à Kranjska Gora par le col du Vršič (10,70 €, 3 heures).

La liaison entre Nova Gorica et l'Italie est aisée. De Via G Caprin, face à la gare ferroviaire de Nova Gorica, les bus italiens n°1 (1 €) vous conduiront prestement jusqu'à son homologue de Gorizia.

TRAIN Environ une demi-douzaine de trains rallient le Nord-Est chaque jour, desservant Jesenice (6,60 €, 2 heures) via Most na Soči, et Bled Jezero (6,20 €, 1 heure 45) – sans doute le plus beau trajet ferroviaire de Slovénie. Dans le sens inverse, un nombre égal de trains rallient Sežana (3,25 €, 1 heure), d'où l'on peut prendre une correspondance pour Ljubljana et Trieste, en Italie.

GORIŠKA BRDA

☎05 / JUSQU'À 800 M D'ALTITUDE

Cette région viticole vallonnée commence à **Dobrovo**, à 13 km au nord-ouest de Nova Gorica. De style Renaissance, le **château de Dobrovo** (Grad Dobrovo ; ☎395 95 86 ; Grajska cesta 9 ; adulte/enfant 2/1 € ; ⏲8h-16h mar-ven, 10h-18h sam-dim) date de 1606. La cave renferme une **vinoteka** (☎395 92 10 ; ⏲11h30-21h mar-dim), où l'on peut goûter les crus locaux (rebula et chardonnay pour les blancs, pinot et merlot pour les rouges), accompagnés de fromage et de *pršut* (jambon sec).

Plus d'une centaine de chais proposent des dégustations à Goriška Brda (appeler au préalable). L'énorme **Vinska Klet Goriška Brda** (☎331 01 02 ; www.

klet-brda.si ; Zadružna cesta 9 ; dégustation 10 € ; ⌚8h-19h lun-ven, 8h-13h sam avr-mi-nov, horaires limités en semaine mi-nov-mars), au pied de la colline en venant du château, possède la plus grande cave de Slovénie. Recommandons encore **Erzetič** (☎395 94 60 ; www.vina-erzetic.com ; Višnjevik 25a), 4 km plus au nord.

Depuis toujours, cette région subit l'influence de l'Italie du Nord et du Centre. **Šmartno** (San Martino, 220 habitants) en est le parfait exemple. Ceint de murs en pierre, ce joli petit village fortifié à la tour XVIe possède sa **galerie** (☎031 715 861 ; Šmartno 13). La **maison Brda** (Briška Hiša ; Šmartno 48 ; ⌚10h-15h jeu-ven, 14h-18h sam-dim) est consacrée à la vie quotidienne au Moyen Âge à Brda.

Centre

Éloignée du littoral, cette partie de la Primorska est dominée par les contreforts des Alpes juliennes, les collines qui entourent les charmantes petites villes de Cerkno et d'Idrija. Entre pentes abruptes, vallées encaissées et innombrables ravins s'écoule la féerique rivière Idrijca, célèbre pour ses eaux émeraude.

Nulle part ailleurs en Slovénie, on ne trouve de champs accrochés à des versants aussi raides et de maisons aussi isolées qu'autour d'Idrija et de Cerkno. Ce paysage mouvementé servit beaucoup les partisans durant la Seconde Guerre mondiale, ce dont témoignent nombre de monuments.

IDRIJA

☎05 / 5 955 HABITANTS / 325 M D'ALTITUDE

Le nom d'Idrija éveille immédiatement dans l'esprit slovène trois choses : les *žlikrofi* (raviolis épicés farcis de pomme de terre et d'oignon), la dentelle et le mercure. Les femmes d'Idrija maîtrisent les deux premières spécialités depuis des siècles, tandis que les hommes ont creusé la terre pour en extraire le mercure, faisant d'Idrija l'une des plus riches cités d'Europe au Moyen Âge.

Histoire

La première mine d'Idrija ouvrit en 1500. Trois siècles plus tard, la ville produisait 13% des ressources mondiales de mercure de qualité supérieure. Malgré les nombreux risques sanitaires, des travailleurs venus de tout l'Empire des Habsbourg affluèrent, attirés par les salaires relativement élevés – de même que les médecins et les avocats, qui firent fortune en raison des effets toxiques du mercure.

Les mines sont désormais inexploitées : le cours du mercure s'est effondré dans les années 1970 et l'Union européenne en a interdit l'exportation en 2011. Reste un coûteux héritage, Idrija reposant sur 700 km de galeries échelonnées sur 15 niveaux. Les quatre premiers ont été inondés et d'autres devront être comblés au moyen de gravats et de béton pour stabiliser la zone. Sinon, la ville pourrait s'effondrer.

À voir

Musée municipal MUSÉE

(Mestni Muzej ; ☎372 66 00 ; www.muzej-idrija-cerkno.si ; Prelovčeva ulica 9 ; tarif plein/enfant/étudiant 3/1,70/2,50 € ; ⌚9h-18h). Ce musée est logé dans le **château de Gewerkenegg**, construit en 1527 sur le versant de la colline pour abriter l'administration de la mine. De facture Renaissance mais remanié à l'époque baroque, il s'organise autour d'une vaste cour à arcades. Les trois ailes du musée sont consacrées à l'exploitation du mercure, à la dentelle et à l'histoire locale.

La **collection ethnographique** permet de comparer les pièces d'une maison de mineur typique à différentes époques. Dans cette région de Slovénie, les mineurs touchaient un salaire deux fois plus élevé que la moyenne mais vivaient brièvement. À l'entrée de l'aile sud, la **tour de mercure** vous fait revivre les différentes étapes de descente dans le puits de la mine que symbolise une création d'artiste, un cube de Plexiglas rempli de gouttes de mercure. Le nombre de niveaux dans la mine est représenté par 15 lampes halogènes sur rail.

Une grande pièce est consacrée à la **dentelle aux fuseaux** (*klekljana čipka*) fabriquée autrefois par les femmes pour arrondir les fins de mois. Mais la renommée de ces motifs en larges ronds a vite dépassé les frontières. La nappe de 3 m sur 1,8 m conçue pour madame Tito représente 5 000 heures de travail.

Au 2e niveau de l'aile sud, une exposition retrace l'histoire d'Idrija au fil du XXe siècle. Faucille et marteau marquaient l'entrée de la mine, comme en témoigne le symbole communiste conservé dans la dernière salle.

Galerie-mine d'Antonij MINE

(Antonijev Rov ; ☎031 810 194, 377 11 42 ; www.rzs-idrija.si ; Kosovelova ulica 3 ; adulte/enfant 6/4 € ; ⌚visite 10h et 15h lun-ven, 10h, 15h et 16h

Idrija

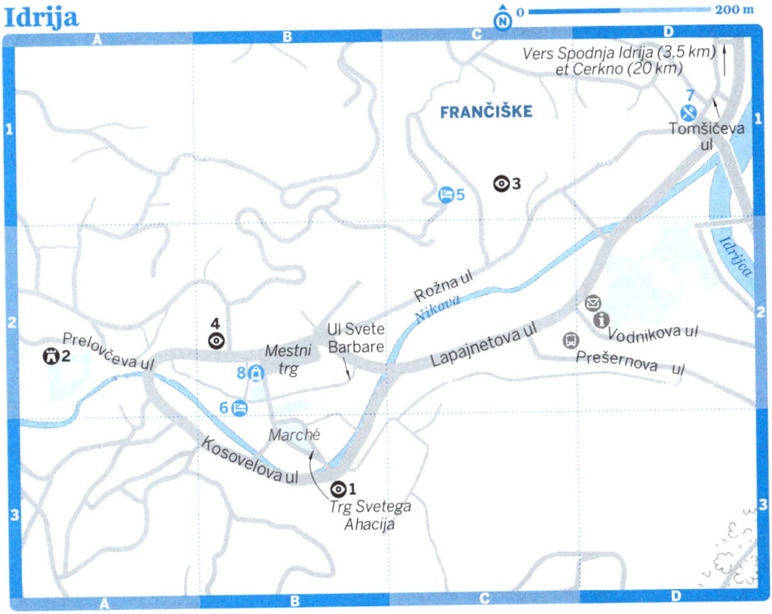

Idrija

À voir

1 Galerie-mine d'Antonij B3
2 Château de Gewerkenegg A2
École de dentelle d'Idrija .... (voir 4)
3 Maison de mineurs C1
Musée municipal .... (voir 2)
4 Ancien école B2

Où se loger

5 Dijaški Dom Nikolaj Pirnat C1
6 Gostilna Pri Škafarju B2
Hotel Kendov Dvorec .... (voir 1)

Où se restaurer

7 Gostilna Kos D1
Gostilna Pri Škafarju .... (voir 6)
Gostišče Barbara Restaurant .... (voir 1)

Achats

8 Studio Koder B2

sam-dim). Ce "musée vivant", situé dans le bâtiment Šelštev au sud de la Trg Svetega Ahacija, permet d'appréhender les conditions de travail des mineurs d'Idrija. L'entrée se fait par la galerie d'Antonij, bâtie en 1500, qui conduisait à la première mine, longue de 1,5 km, pour une largeur de 600 m et une profondeur de 400 m.

La visite dure 1 heure 15 environ. À l'entrée de la galerie fut construit au XVIIIe siècle un bâtiment qui abrite la "salle d'appel" où les différentes tâches étaient réparties chaque matin entre les mineurs. En guise d'introduction y est projetée une excellente vidéo (20 minutes, plusieurs langues dont l'anglais) relatant l'histoire d'Idrija et de la mine.

On revêt ensuite un manteau et un casque verts portant l'insigne des mineurs, avant de s'adresser un "*Srečno!*" (Bonne chance !), le salut traditionnel des gueules noires.

Au fil de cette visite circulaire, vous verrez des échantillons de mercure sur les parois, que les mineurs grattaient minutieusement jusqu'à environ 5 cm de profondeur, ainsi que du minerai de cinabre. Avant de plonger dans les profondeurs, les mineurs adressaient une prière à leurs saints patrons, sainte Barbe et saint Acace, en passant devant la **chapelle de la Sainte-Trinité** (Cerkev Sv Trojice) construite au XVIIIe siècle à l'extrémité de la galerie principale.

UNE FLÛTE DU NÉANDERTAL

Lequel de nos ancêtres préhistoriques jouait de la flûte ? Attraction majeure du Musée national à Ljubljana, une trouvaille faite en 1995 dans la grotte de Divje Babe, située quelque 200 m en dessous de la route principale reliant Cerkno à l'autoroute Tolmin-Idrija, alimente la polémique depuis plusieurs années. Il s'agit d'un fragment de fémur d'ours des cavernes de 10 cm, percé de quatre trous alignés (deux intacts, deux incomplets) à chaque extrémité. L'objet a toutes les apparences d'une flûte, mis à part que les traces d'intervention humaine ne sont pas totalement attestées pour tous les chercheurs.

Datée d'environ 45 000 ans, la "flûte néandertalienne", comme on la surnomme en Slovénie, fait donc débat pour deux raisons : son identité comme instrument de musique et son attribution à l'homme de Neandertal ou au plus moderne Cro-Magnon. En tout cas, ce fragment d'os percé que certains considèrent comme le plus vieil instrument de musique connu peut produire des sons, comme l'ont montré différentes reconstitutions.

École de dentelle d'Idrija ARTS ET TRADITIONS POPULAIRES
(Čipkarska Šola Idrija ; ☎373 45 70 ; www.cipkarskasola.si ; Prelovčeva ulica 2 ; tarif plein/étudiant 2,50/2 € ; ⌚10h-13h et 15h-18h lun-ven sur RV). Fondée en 1876 et de renommée internationale, l'école de dentelle d'Idrija, ouverte à tous, se trouve au sein de la **Stara Šola** (ancienne école), à l'ouest de la place. Filles et garçons de la région choisissent nombreux cette option facultative dès l'école élémentaire (à raison de 4 heures par semaine).

Maisons de mineurs ÉDIFICE HISTORIQUE
(Frančiška Cesta ; adulte/enfant 1,70/1,30 € ; ⌚9h-16h sur RV). Sur toutes les pentes alentour se dressent de hautes maisons de mineurs à toit pentu en bois, revêtues de pierre et possédant des dizaines de fenêtres. S'élevant généralement sur quatre niveaux, elles logeaient de trois à quatre familles. En compagnie d'un guide du musée, vous pouvez visiter l'une de ces maisons traditionnelles dont la vue plonge sur le centre-ville.

Activités

Un sentier de 3 km baptisé **Pot ob Rakah** longe le canal de la rivière Idrijca, de la **Kamšt** (roue à aubes du XVIIIe siècle utilisée pour pomper l'eau des mines) jusqu'au **lac Sauvage** (Divje Jezero), minuscule étendue d'eau d'un vert intense alimentée par une source karstique. Après de fortes pluies, l'eau jaillit du siphon tel un geyser et le lac semble entrer en éruption. Il a été déclaré monument naturel en 1967.

Le secteur de la rivière Idrijca, près de la passerelle, est idéal pour la **baignade** en été, avec une température de l'eau avoisinant 20°C.

Festival

Festival de la dentelle FESTIVAL CULTUREL
(Festival Idrijske Čipke ; www.idrija-turizem.si ; ⌚fin juin). D'une durée de 4 jours, c'est l'événement phare d'Idrija. Il comprend un concours réservé aux enfants, avec près d'une centaine de participants.

Où se loger

L'office du tourisme répertorie une série de chambres à louer à partir de 21 € par personne.

Hotel Kendov Dvorec HÔTEL €€€
(☎372 51 00 ; www.kendov-dvorec.com ; s 130-230 €, d 180-300 €, tr 330 € ; P@). Si vous cherchez une adresse romantique, cet "hôtel château" situé à Spodnja Idrija, à 4 km au nord d'Idrija, a aménagé 11 chambres dans un vieux manoir restauré, dont la partie la plus ancienne date du XIVe siècle. Mobilier du XIXe siècle et vue splendide sur la vallée de l'Idrijca.

Gostilna Pri Škafarju PENSION €
(☎041 698 093, 377 32 40 ; www.skafar.si ; Ulica Svete Barbare 9 ; 25 €/pers ; P). Cette *gostilna* qui attire les gourmets réserve à l'étage 4 petites chambres mansardées joliment décorées. Cadre imbattable.

Dijaški Dom Nikolaj Pirnat AUBERGE DE JEUNESSE €
(☎373 40 70 ; Ulica IX Korpusa 17 ; dort 11-13 € ; ⌚juil-août ; P@). À 300 m au nord-est de Mestni trg, les étudiants apprécient cette auberge de 44 couchages répartis dans des chambres collectives en été, et quelques

doubles, triples et quadruples le reste de l'année.

Où se restaurer

Gostilna Kos SLOVÈNE €
(☎372 20 30 ; Tomšičeva ulica 4 ; entrées 3-7,50 €, plats 7-12 € ; ⏲7h-15h lun, 7h-22h mar-sam). Le "Merle" concocte les meilleurs *žlikrofi* (6-9,50 €) d'Idrija, notamment une variété aux champignons.

Gostišče Barbara Restaurant SLOVÈNE €
(Kosovelova ulica 3 ; entrées 4-7,10 €, plats 7,10-11,30 € ; ⏲16h-22h lun-ven). Considéré par beaucoup comme la meilleure table en ville, cet établissement privilégie les produits locaux. Menu à 12 €.

Gostilna Pri Škafarju SLOVÈNE €
(Ulica Svete Barbare 9 ; plats 7,70-15,50 € ; ⏲11h-22h mer-dim). Outre ses fameuses pizzas (5,20-7,60 €) cuites dans un splendide four à bois, cette *gostilna* prépare avec amour bien d'autres saveurs locales, tels les *žlikrofi* (6,90-11 €).

Achats

La dentelle d'Idrija, l'une des plus raffinées au monde, fait souvent l'objet d'un cadeau apprécié, sinon d'un souvenir léger à glisser dans son bagage. Nous avons eu un petit faible pour le **Studio Koder** (☎377 13 59 ; www.idrija-lace.si ; Mestni trg 16 ; ⏲10h-12h et 16-19h lun-ven, 10h-12h sam), une échoppe très chic tenue par un couple charmant, face à la mairie.

Renseignements

Abanka (Lapajnetova ulica 47)

Nova KBM Banka (Lapajnetova ulica 43)

Office du tourisme d'Idrija (☎374 39 16 ; www.idrija-turizem.si ; Vodnikova ulica 3 ; ⏲9h-18h lun-ven, 10h-16h sam-dim juil-août, 9h-16h lun-ven, 110h-16h sept-juin). Accès Internet gratuit. Au 1er étage, derrière la poste moderne.

Poste (Vodnikova ulica 1)

Depuis/vers Idrija

Il existe un bus par heure pour Cerkno (3,10 €, 30 minutes) et Ljubljana (6,30 €, 1 heure 30), mais les liaisons routières sont moins fréquentes sur Bovec (9,20 €, 2 heures 30) et Nova Gorica (6,30 €, 1 heure 30).

CERKNO

☎05 / 1 596 HABITANTS / 324 M D'ALTITUDE

Niché au creux de la vallée de la Cerknica, Cerkno attire ethnologues et joyeux drilles au moment du carnaval. La tradition du Laufarija remonte loin dans le temps. Plus récents : les vestiges des baraquements camouflés qui servirent d'hôpital aux partisans pendant la Seconde Guerre mondiale.

Glavni trg, grand-place où les bus font halte, constitue le cœur de Cerkno.

À voir

Musée de Cerkno MUSÉE
(Cerkljanski Muzej ; ☎372 31 80 ; www.muzej-idrija-cerkno.si ; Bevkova ulica 12 ; adulte/enfant 2,10/1,30 € ; ⏲9h-15h lun-ven, 10h-13h et 14h-18h sam-dim). L'exposition principale de ce musée,

LA TRADITION DU LAUFARIJA

Selon les ethnologues, le traditionnel Laufarija et ses masques caractéristiques tireraient leurs origines du Sud-Tyrol autrichien. *Lauferei* signifie "détaler" en allemand, et c'est exactement ce que font les participants aux masques délirants lorsqu'ils capturent leurs victimes.

Des associations "laufarji" (essentiellement masculines) organisent cet événement annuel. Pour y accéder, il faut avoir plus de 15 ans et avoir fait ses preuves d'apprenti couturier. Les costumes, passablement malmenés durant les festivités, sont refaits chaque année, avec des feuilles, des branches de sapin, de la paille ou de la mousse, cousus sur une structure en toile de jute.

Le festival se déroule le dimanche précédant le mercredi des Cendres et le Mardi gras. Le personnage principal en est le Pust, qui porte un masque cornu et un lourd costume moussu. Symbole de l'hiver et de l'année écoulée, il est condamné à mourir.

Objet de nombreux griefs – mauvaise récolte, climat défavorable, routes médiocres –, le Pust est toujours coupable. D'autres "laufarji" représentent les artisans et les commerçants – le Boulanger, le Couvreur, le Bûcheron – complétés par l'Ivrogne et sa Femme, le Mauvais Garçon, l'Enrhumé et l'Homme Malade, accompagné de son accordéon. Le Vieil Homme, vêtu d'une culotte bavaroise de style slovène et d'un chapeau à large bord, exécute le Pust avec un maillet en bois, avant que sa dépouille ne soit roulée sur un fourgon.

à environ 150 m au sud-ouest de Glavni trg, retrace l'évolution de la région depuis sa naissance jusqu'à l'époque moderne. Néanmoins, on vient surtout y admirer la collection de masques du Laufarija présentés dans le cadre de l'exposition "Tout est de la faute du Pust".

Hôpital des partisans Franja MÉMORIAL
(Partizanska Bolnišnica Franja ; ☎372 31 80 ; www.muzej-idrija-cerkno.si). Cet hôpital clandestin proche de Dolenji Novaki, à environ 5 km au nord-est de Cerkno, soigna des partisans yougoslaves et étrangers entre la fin 1943 et le terme de la Seconde Guerre mondiale. Véritable monument à l'humanité et au don de soi, il comptait plus d'une douzaine de bâtiments, dont des cabinets médicaux, des salles d'opération, des salles de radiologie et des bunkers dédiés à la convalescence. Plus de 500 blessés y furent soignés, les décès ne dépassant pas 10% des admis.

Caché au fond de la gorge de Pasica, cet hôpital disposait d'eau douce en abondance, qui alimentait aussi un générateur hydroélectrique. Les fermiers locaux et les groupes de partisans lui fournissaient la nourriture, acheminée par une corde le long des falaises abruptes ; les médicaments étaient détournés des hôpitaux en zone occupée ou, plus tard, largués par l'aviation alliée. Malgré deux attaques allemandes, en avril 1944 puis en mars 1945, l'hôpital ne céda jamais.

Activités

La brochure *Cerkno Map of Local Walks* (en anglais), disponible à l'office du tourisme et à l'Hotel Cerkno, recense 8 randonnées à travers les collines de Cerkno (Cerkljansko Hribovje), aisées pour la plupart et prenant 1 heure 30 à 5 heures aller-retour. La promenade n°7 conduit à l'**hôpital des partisans Franja** (3 heures 30) puis revient au point de départ.

Fête

Laufarija CARNAVAL
(www.laufarija-cerkno.si ; ⏲fin fév-début mars). Le plus grand événement annuel de la région se déroule sur la place Glavni trg.

Où se loger et se restaurer

Gačnk v Logu CHAMBRES D'HÔTES €
(☎041 753 524, 372 40 05 ; www.cerkno.com ; 27-29 €/pers). Située à Dolenji Novaki (au n°1), non loin de l'hôpital partisan Franja, cette maison d'hôtes de 9 chambres fait aussi restaurant. Ouvert de 9h à 23h, il attire foule de gens du cru, notamment le week-end à l'heure du déjeuner.

Hotel Cerkno HÔTEL €€
(☎374 34 00 ; www.hotel-cerkno.si ; Sedejev trg 8 ; s 52-59 €, d 76-92 € ; P@wifi). Partiellement rénové et relativement confortable, ce bâtiment moderne de 75 chambres se trouve au sud de Glavni trg. Il a l'avantage de disposer d'installations sportives : grande piscine couverte, sauna, salle de sport et trois courts de tennis sur terre battue.

Okrepčevalnica Pr' Padkejc SNACK-BAR €
(☎377 57 54 ; Platiševa ulica 70 ; plats 6,50-12 € ; ⏲7h30-22h lun-jeu, 7h30-0h ven, 8h-1h sam, 7h-0h dim). Très modeste, ce "snack-bar" installé à environ 800 m du centre ressemble davantage à une confortable *gostilna*. Il est réputé pour sa charcuterie et ses viandes préparées, *pršut* (jambon sec) et autre saucisse de cheval.

Renseignements

Nova KMB Banka (Glavni trg 5)

Office du tourisme de Cerkno (☎373 46 45 ; www.cerkno.si/turizem ; Močnikova ulica 2 ; ⏲8h-16h lun-ven, 8h-13h sam, 8h-12h dim). En face de Glavni trg, légèrement vers l'est. Accès Internet gratuit.

Poste (Bevkova ulica 9). Dans l'*občina hiša* (mairie), en diagonale par rapport au musée de Cerkno.

Depuis/vers Cerkno

Les bus pour Idrija (3,10 €, 30 minutes) partent toutes les heures en semaine, mais sont moins fréquents le week-end. Il y a jusqu'à 4 départs quotidiens pour Ljubljana (7,50 €, 1 heure 45) et 2 pour Bovec (7,20 €, 1 heure 45), via Tolmin (correspondance pour Nova Gorica) et Kobarid.

Région du Karst

La région du Karst (*Kras* en slovène, www.kras-carso.com) est un plateau calcaire que délimitent : au nord Nova Gorica ; au sud-est la frontière croate ; à l'ouest le golfe de Trieste ; à l'est la vallée de la Vipava. Les rivières, étangs et lacs disparaissent puis refont surface dans le calcaire poreux à travers gouffres et entonnoirs, ce qui se traduit souvent par des cavernes souterraines, comme les grottes de Škocjan. Il y a aussi ici des richesses plus terrestres : les olives, le teran à la robe rouge rubis, le jambon *pršut,* ou encore architecturales : les vieilles églises en pierre, les maisons au toit en tuiles rouges.

LE RELIEF KARSTIQUE

Un karst (en France, on utilise plus facilement le mot "causse") est un relief dont la surface est presque dénuée d'eau car cette dernière s'écoule dans le sous-sol, souvent constitué de roches calcaires. Dans ce type de paysage, on trouve donc beaucoup de rivières souterraines, qui donnent naissance à de nombreuses cavités (grottes, gouffres), comme en Slovénie, le pays d'origine du mot "karst".

VALLÉE DE LA VIPAVA

05 / JUSQU'À 180 M D'ALTITUDE

Cette riche vallée viticole couvre les terres fertiles qui s'étendent entre Nova Gorica et le plateau du Karst, au sud-est. Certains de ses vins rouges sont d'envergure internationale et le merlot de Vipava compte parmi les meilleurs crus d'Europe centrale. C'est une formidable région à visiter en voiture ou à vélo pour laquelle l'office du tourisme de Nova Gorica propose une brochure en anglais, *Wine Road of the Lower Vipava Valley*, téléchargeable sur son site Internet (www.novagorica-turizem.com). Le climat tempéré de la vallée favorise également la culture de fruits à noyau comme les pêches, les abricots et les cerises. En automne, lorsque les feuilles des sumacs rougissent et que la vigne commence à roussir, la vallée semble s'embraser.

Blottie dans la vallée à l'ombre du **mont Nanos,** plateau karstique d'où jaillissent les neuf sources de la rivière Vipava, la ville de **Vipava**, située à 33 km au sud-est de Nova Gorica, passe pour la Venise slovène avec sa trentaine de ponts. Offrez-vous un détour 2 km plus au nord pour gagner Dornbeck et le **manoir de Zemono** (Dvorec Zemono ; www.zemono.si ; Prešernova ulica 6), de style paladien. Juchée sur la colline, cette résidence d'été Renaissance entourée d'une galerie d'arcades et dotée d'une cour centrale en croix grecque abrite des fresques XVIIIe magnifiques déclinant les paysages de la région sur le thème des saisons. Un restaurant élégant a désormais élu domicile dans ses caves, la **Gostilna Pri Lojzetu** (040 777 726, 368 70 07 ; plats 18-27 €, menu 2/3-plats 20/40 € ; 17h-22h mer-jeu, 12h-22h ven-dim). À Vipava, l'entreprise vinicole **Vipava 1894** (367 12 00 ; www.vipava1894.si ; Vinarska cesta 5), la plus importante de la vallée, mérite le détour.

À **Branik**, la tour cylindrique de l'importante forteresse du XIIIe siècle qu'est le **château Rihemberk** (Cesta IX Korpusa 46 ; fermé au public) veille sur la vallée. À quelque 6 km au sud-est se trouve le village fortifié de **Štanjel**, dont le château abrite un restaurant et une galerie. Notez également les magnifiques jardins Ferrari au nord. Si l'**office du tourisme de Štanjel** (041 383 986, 769 00 56 ; tic.stanjel@komen.si ; 10h-18h mar-sam, 14h-17h dim mai-oct, 10h-16h mar-sam nov-avr) se situe à l'ouest du centre-ville, c'est au sud qu'il y a le plus à voir et à faire.

À environ 10 km au sud-ouest de Štanjel et à 12,5 km au nord-ouest de Sežana se dresse le fabuleux **Mladinski Hotel Pliskovica** (041 947 327, 764 02 50 ; www.hostelkras.com ; Pliskovica 11 ; dort 14-16 €, d 36 € ; @). Ouverte toute l'année, cette auberge de 6 chambres et 45 lits en dortoir occupe une ferme typique du Karst vieille de quatre siècles. Une véritable leçon d'histoire avec les avantages d'une cuisine, d'une buanderie et de vélos mis gratuitement à la disposition des hôtes.

Depuis/vers la vallée de la Vipava

Les liaisons routières entre Nova Gorica et Postojna partent environ toutes les 2 heures et s'arrêtent à Vipava (4,10 €, 50 minutes, 34 km). Il existe 3 bus quotidines pour Sežana (2,70 €, 30 minutes, 18 km) au départ du Mladinski Hotel Pliskovica (à 10h40, 14h18 et 15h30).

Les trains de Nova Gorica à Sežana desservent Štanjel (2,20 €, 40 minutes, 24 km) et Dutovlje (2,90 €, 50 minutes, 31 km), à 4,5 km à l'est de Pliskovica, 6 fois par jour en semaine et 2 fois le week-end.

GROTTES DE ŠKOCJAN

05 / 424 M D'ALTITUDE

Inscrit au patrimoine mondial de l'humanité, l'immense réseau de grottes karstiques de Škocjan n'a rien à envier à celui de Postojna. Pour nombre de voyageurs, cette visite constituera l'un des temps forts de leur séjour slovène, tout droit sorti du *Voyage au centre de la Terre* de Jules Verne.

D'une longueur de 5,8 km pour 250 m de profondeur, ce réseau souterrain est l'œuvre de la rivière Reka, qui pénètre dans une gorge sous le village de Škocjan pour se jeter dans le lac Mort, un réservoir où elle disparaît à l'extrémité de la grotte. Elle refait surface – sous la forme de la rivière Timavo – à Duino, en Italie, soit 40 km au nord-ouest, avant de se déverser dans le golfe de Trieste. Cette vallée aveugle est la plus grande du genre en Slovénie.

À voir

Grottes de Škocjan GROTTES
(Škocjanske Jame ; ☎708 21 10 ; www.park-skocjanske-jame.si, en français ; Škocjan 2 ; adulte/enfant 15/7 € ; ⏲10h-17h). Accompagné d'un guide au départ de la billetterie, on emprunte un chemin en gravier sur environ 500 m avant d'atteindre l'entrée principale dans la vallée de Globočak (dolines). Au bout d'un tunnel de 116 m, construit en 1933, on atteint rapidement le sommet de la **grotte Silencieuse**, une ramification sèche de la gorge souterraine qui s'étend sur 500 m. Baptisée **paradis** dans sa première section, elle regorge de splendides stalactites, stalagmites et de coulées semblables à des congères ; le deuxième secteur, ou **calvaire**, constituait autrefois le lit de la rivière. La grotte silencieuse débouche sur la **grande salle**, véritable forêt de concrétions et de gisements, large de 120 m sur 30 m de haut. Ne manquez pas "les géantes" et "l'orgue", des stalagmites impressionnantes.

Le bourdonnement de la rivière salue votre entrée dans la **grotte Bruyante** (Šumeča Jama), avec ses parois de 100 m de haut. Pour enjamber la Reka et rejoindre la **salle de Müller**, empruntez le **pont de Cerkevnik**, assurément le temps fort de la visite avec ses 45 m de haut. Seuls les spéléologues avertis sont autorisés à explorer les 5 km de grottes et de salles au nord-ouest du pont.

La **salle de Schmidl**, la portion finale, débouche dans la Velika Dolina ("grande vallée"). De là, vous passerez devant la **grotte de Tominč**, où des éléments d'un site préhistorique ont été mis au jour, puis emprunterez une passerelle près du **pont naturel**. La visite s'achève au pied d'un funiculaire qui vous ramène au point de départ.

Ces grottes abritent une flore et une faune d'une incroyable richesse, avec 250 variétés de plantes et 15 espèces différentes de chauves-souris. Prévoyez une veste légère ou un pull, la température dans les grottes affichant 12°C. Une bonne paire de chaussures de marche est aussi recommandée, car les sentiers sont parfois glissants.

Si vous avez le temps avant la visite, suivez le sentier au nord et descendez l'escalier pour rallier le belvédère, à quelque 200 m de la réception (indiqué "Razgledišče/Belvedere"). Il offre une superbe vue de la Velika Dolina et de la gorge où la Reka entame son voyage souterrain.

Grotte de Vilenica GROTTE
(Jama Vilenica ; ☎051 648 711, 734 42 59 ; www.vilenica.com ; adulte/enfant 5/3,35 € ; ⏲10h, 15h et 17h dim mai-sept, 15h dim oct-avr). Située à mi-chemin entre Divača et Lipica, à 2 km au nord-ouest de Lokev, cette grotte karstique fut la première ouverte au public. Elle accueille ainsi des visiteurs depuis le début du XIXe siècle. Ouvert tous les dimanches de l'année.

Grotte de Divača GROTTE
(Divaška Jama ; ☎041 498 103, 031 522 785 ; www.divaska-jama.info ; adulte/enfant 5/3,35 € ; ⏲15h dim mai-oct). À quelque 3 km au nord-est en allant vers Divača, cette cavité ne couvre que 672 m mais abrite de remarquables concrétions et formations rocheuses.

Où se loger et se restaurer

Pr' Vncki Tamara PENSION €
(☎040 697 827, 763 30 73 ; pr.vnck.tamarai@gmail.com ; Matavun 10 ; 23-26 €/pers). C'est à Matavun, un tout petit peu au sud de l'entrée des grottes, que vous découvrirez cette vieille ferme ravissante aux 4 chambres de style traditionnel (10 lits au total). Une adresse on ne peut plus proche, à la belle cuisine à cheminée ouverte.

Gostilna Malovec PENSION €
(☎763 12 25 ; Kraška 30a ; s/d 32/48 €). Divača abrite cette pension d'une demi-douzaine de chambres rénovées, très simples mais confortables, dans un bâtiment proche d'un boucher et d'une *gostilna* (ouverte tlj de 8h à 22h) aux spécialités slovènes appréciées (5-15 €). Mention spéciale à la *guibanica* en dessert.

Orient Express ITALIEN €
(☎763 30 10 ; pizza 4,60-14 € ; ⏲11h-23h dim-ven, 11h-2h sam). Pour une cuisine un tantinet plus moderne, testez cette vaste pizzeria-pub animée de Divača, d'où on peut savourer d'excellentes salades en terrasse côté cour.

Renseignements

Banka Koper (Kolodvorska ulica 2/a). À Divača, juste à l'ouest de la station-service.

Poste (Kraška cesta 77 ; ⏲8-9h30, 10h-15h30, 16h-18h lun-ven, 8h-12h sam). À Divača, en face de la station-service.

Comment s'y rendre et circuler

Les bus desservant Koper et la côte depuis Ljubljana s'arrêtent à Divača (7,90 €, 1 heure 30, ttes les 30 minutes). Parmi les autres destinations, citons Postojna (3,60 €, 30 minutes) et Murska Sobota (23,20 €, 6 heures) via Maribor et Celje. De juin à septembre, il y a des liaisons quotidiennes pour Poreč et Rovinj (14,40 €, 4 heures) en Croatie. L'arrêt est situé près de la gare ferroviaire.

Divača est située sur la ligne ferroviaire à destination de Ljubljana (7,30 €, 1 heure 30, ttes les heures). Cinq trains maximum par jour rallient Koper (4,05 €, 50 minutes) via Hrpelje-Kozina.

Les grottes de Škocjan sont à environ 5 km de route au sud-est de la gare ferroviaire de Divača – le chemin est indiqué. À la gare, un véhicule de courtoisie est censé attendre les voyageurs en provenance de Ljubljana plusieurs fois par jour. Toutefois, il n'était pas en service lors de notre dernier passage.

LIPICA

☎05 / 100 HABITANTS / 403 M D'ALTITUDE

L'influence de ce minuscule village situé à quelque 9 km au sud-ouest de Divača et à 2 km de l'Italie, dépasse largement ses frontières depuis des siècles. Lipica vit de (et pour) ses lipizzans, chevaux à la robe gris-blanc, élevés ici depuis la fin du XVIe siècle pour le compte de l'école d'équitation espagnole de Vienne.

Histoire

En 1580, l'archiduc Charles II, frère de l'empereur Maximilien, fonda à Lipica un haras pour la cour impériale de Vienne. Des chevaux andalous y furent croisés avec la race locale du Karst, chevaux de trait utilisés depuis l'époque romaine. Le lipizzan était né. Mais la robe que l'on connaît aujourd'hui est le fruit de croisements avec des étalons arabes blancs et elle n'apparut que deux siècles plus tard.

En raison des guerres, la race fut ensuite disséminée – en Hongrie et en Autriche après la Grande Guerre, dans la région des Sudètes en Bohême par les Allemands durant la Seconde Guerre mondiale, puis en Italie (carnets de saillie compris) par l'armée américaine en 1945. Seuls 11 chevaux regagnèrent Lipica lorsque les haras reprirent leur activité en 1947.

Aujourd'hui, il reste quelque 400 lipizzans dans le haras d'origine, le reste de l'élevage étant assuré à l'étranger, notamment à Piber en Autriche, pourvoyeur de la fameuse école espagnole de Vienne. Chacun de ces centres revendique l'authenticité de ses chevaux et la très patriotique Slovénie affiche même un couple de lipizzans au revers de sa pièce de 0,20 €.

À voir

Haras de Lipica HARAS

(☎739 15 80 ; www.lipica.org ; Lipica 5 ; visite adulte/enfant 12/6 €, entraînement adulte/enfant 14/7 €, spectacle adulte/enfant 19/9,50 € ; ⏲entraînement 10h et 11h mar-dim avr-oct, spectacle 15h mar, ven et dim mai-sept, 15h dim avr et oct). La découverte de ce haras de 311 ha permet de se faire une idée de ce que représentent le dressage et la maîtrise d'un animal de cette taille. La **visite guidée** menant aux écuries et aux manèges part du bureau d'information/billetterie.

L'un des temps forts, chaque après-midi, est l'**entraînement de haute école**, durant lequel les élégantes montures effectuent leurs figures, pirouettes et pas de danse compliqués sur des valses viennoises, menés par des cavaliers en *costume*. Une séance d'entraînement plus modeste a lieu le matin.

LES CHEVAUX IMPÉRIAUX DE LIPICA

Les lipizzans sont les chevaux de selle les plus raffinés au monde. Intelligents, sociables, robustes et gracieux, ils sont très recherchés pour le dressage de haute école.

La sélection est primordiale. On recense seulement 16 ancêtres et 4 lignées équines, dont les origines remontent au début du XVIIIe siècle. Leur pedigree est digne d'une maison royale. En faisant le tour des écuries de Lipica, vous remarquerez des croquis sur chaque box, portant des noms compliqués et des dates retraçant leur généalogie.

Les juments mettent bas entre janvier et mai. Les poulains demeurent environ trois ans dans le troupeau, avant d'être séparés pour suivre quatre années d'entraînement.

À la naissance, les lipizzans ont une robe grise, baie, voire châtain. Le fameux "blanc impérial" n'apparaît que lorsque le pelage perd sa pigmentation, entre cinq et dix ans. Cependant, leur peau reste grise, d'où cet aspect moucheté lorsqu'ils transpirent après avoir été montés longuement.

Un lipizzan adulte mesure environ 15 mains au garrot (approximativement 1,53 m). Il a un dos long, un cou court et épais, une crinière soyeuse et un regard expressif. Comme la majorité des chevaux, il est passablement myope et viendra vous renifler avec curiosité si vous l'approchez pendant qu'il broute.

Faites en sorte d'être là quand les chevaux quittent les écuries pour le pâturage le matin (généralement entre 9h et 10h) et l'après-midi (entre 17h30 et 18h).

Activités

Vous pourrez monter un lipizzan en vous inscrivant à un **stage d'équitation** de 3/6 cours de 30 minutes (à partir de 135/210 €) pour débutants, initiés et cavaliers confirmés. Des randonnées de 3 jours (399 €) sont également proposées, ainsi que de courtes sorties en calèche (30/60 minutes 20/40 €).

Où se loger et se restaurer

Hotel Maestoso HÔTEL **€€€**
(☎739 15 80 ; s/d 80/120 € ; P 📶 🏊). Ces 59 chambres gérées par le haras de Lipica bénéficient d'importantes réductions en cas de séjour d'une semaine minimum si vous suivez des cours d'équitation. Bons équipements : un restaurant, une piscine, un sauna et des courts de tennis à proximité. Tarifs selon la saison.

Letni Vrt CAFÉ **€**
(☎739 15 80 ; plats 5-15,50 € ; ⏲11h-19h avr-oct). Ce "jardin d'été", un café à ciel ouvert avec terrasse, sert des plats sommaires et des grillades des Balkans. Ouvert uniquement durant la belle saison.

Comment s'y rendre et circuler

En général, on visite Lipica dans le cadre d'une excursion de la journée au départ de Sežana, à 4 km au nord, ou de Divača, à 13 km au nord-est. Aucun transport public ne relie les gares ferroviaires de Sežana et Divača à Lipica et la course en taxi coûte 10 à 20 € dans les deux cas.

Vous pouvez louer des vélos au centre de remise en forme de l'Hotel Klub, géré par le haras de Lipica, moyennant 5/10/14 € pour 1 heure/3 heures/1 jour.

VAUT LE DÉTOUR

LES FRESQUES DE HRASTOVLJE

Aussi inoubliable que l'église Saint-Jean-Baptiste sur le lac de Bohinj, l'église istrienne de Hrastovlje, perchée sur la hauteur à l'abri de sa muraille de pierre et de ses tours d'angle, cache une richesse picturale inattendue dans ce minuscule village loin de tout. Aussi malaisé que soit le trajet, on vient ici pour ses extraordinaires fresques du XVe siècle.

Construite entre les XIIe et XIVe siècles dans le style roman méridional, l'**église de la Sainte-Trinité** (Cerkev Sv Trojica ; ☎031 432 231 ; tarif plein/étudiant et enfant 2/1 € ; ⏲8h-12h et 13h-17h) a été fortifiée en 1581 pour résister aux Ottomans. Et, si ce n'était le clocher central pointant vers le ciel, c'est bien une forteresse qui apparaît quand on arrive.

Le sanctuaire est totalement couvert de **fresques narratives** peintes vers 1490 par Jean de Kastav et son atelier, telle une Bible historiée destinée à ceux qui ne pouvaient la lire : épisodes de l'Ancien Testament, passion du Christ et vie des saints. Consacrez 20 minutes à l'écoute du commentaire (en quatre langues, dont l'anglais) qui vous accompagnera au fil de votre visite.

Face à vous en entrant, derrière l'autel du XVIIe siècle, l'abside porte des scènes de la crucifixion au plafond, encadrées de la Trinité et des apôtres. Sur l'arc figure Marie, couronnée Reine des Cieux. Sur la droite, on observe des épisodes des sept jours de la Création, avec Adam et Ève, ainsi que Caïn et Abel à droite.

Sur les voûtes des bas-côtés nord et sud, des scènes de la vie agricole se mêlent aux moments de l'année liturgique et aux devoirs pieux. La passion du Christ est dépeinte au sommet du mur le plus au sud, notamment la descente aux enfers, où le Christ essuie le feu nourri des canons diaboliques.

Sous les scènes de la Passion a été peinte à fresque la fameuse **Danse macabre**, où onze squelettes escortent autant d'individus jusqu'à une tombe fraîchement creusée. Un douzième squelette maintient le cercueil ouvert. Dans la file des condamnés, tous égaux devant Dieu, se côtoient grands et petits, roi, reine, cardinal, paysan, mendiant... et un prêteur (qui tente de soudoyer son garde spectral au moyen d'une bourse).

Hrastovlje se trouve à 24 km au sud-ouest de Divača, non loin de l'autoroute qui mène à la côte, Koper étant située à 18 km au nord-ouest. À défaut de voiture ou de vélo, le seul moyen de rallier Hrastovlje est le train matinal qui part de Divača (2,90 €, 35 minutes) ou de Koper (1,75 €, 20 minutes). Il suffit de parcourir ensuite un kilomètre à pied au nord-ouest de la gare pour atteindre ce site incontournable.

Côte

Réduite à 47 km le long de la mer Adriatique, la côte slovène (Primorje) n'en porte pas moins un riche patrimoine architectural gothique vénitien qui contraste avec l'urbanisation galopante. Trois villes côtières, Koper, Izola et la splendide Piran, juxtaposent ainsi un passé artistique très présent et une vie de station balnéaire avec son lot de plages (propres), de bateaux à louer et de bars de nuit tapageurs. La côte est en effet prise d'assaut de mai à septembre. Pour plus de solitude, gagnez l'arrière-pays au sud ou à l'est, où l'"Istrie slovène" maintient un rythme de vie plus authentique.

Nombre des hôtels, des campings, des offices du tourisme et des restaurants de la région ferment ou réduisent drastiquement leurs horaires d'ouverture durant la basse saison, entre novembre et mars/avril.

KOPER

☎05 / 24 996 HABITANTS

À première vue, Koper (Capodistria en italien), plus grande ville côtière de Slovénie, semble une cité portuaire ordinaire peu soucieuse du tourisme. Toutefois, le cœur de la ville est délicieusement médiéval et bien moins fréquenté que la luxueuse Piran. À Koper, centre de la communauté italienne de Slovénie, les panneaux sont en deux langues.

Histoire

Au cours de sa longue histoire, Koper a porté plus d'un nom : l'*Ægida* grecque devenue *Capris* sous l'Empire romain s'appela *Justinopolis* sous le règne byzantin. Son nom italien de Capodistria remonte au XIIIe siècle, lorsqu'elle devint *Caput Histriae*, la capitale de l'Istrie. Devenue deux siècles plus tard la capitale de l'Istrie vénitienne et forte du monopole du commerce du sel, elle connut son âge d'or aux XVe et XVIe siècles, sous la république de Venise. Mais au début du XVIIIe siècle, l'accession de Trieste, à 20 km au nord-est, au statut de port franc lui fit perdre beaucoup d'influence.

Pendant l'entre-deux-guerres, Koper passa sous contrôle italien. Au lendemain de la Seconde Guerre mondiale, la très convoitée zone côtière adriatique – le "territoire libre de Trieste" – fut divisée en deux secteurs, Koper rejoignant la Yougoslavie et Trieste l'Italie.

À voir et à faire

Le plus simple pour découvrir la vieille ville est de partir d'Ukmarjev trg, au bord de la marina, pour suivre Kidričeva ulica vers l'est jusqu'à Titov trg, avant d'obliquer au sud le long de Čevljarska ulica, en s'accordant quelques détours en chemin.

Kidričeva Ulica RUE

C'est l'une des rues les plus colorées de Koper. Sur Carpacciov trg, la **colonne Sainte-Justine** (Steber Sv Justine ; Kidričeva ulica) rappelle que Koper contribua à repousser les Turcs en 1571, à raison d'une galère envoyée à la bataille de Lépante. Au nord, le vaste bassin romain couvert fait désormais office de fontaine. À l'ouest de la place, l'imposante **Taverna** (Carpacciov trg, Kidričeva ulica) du XVe siècle rappelle le rôle joué par la ville dans le commerce du sel entreposé ici.

Le côté nord de Kidričeva ulica est bordé de diverses églises du XVIe siècle, dont **Saint-Nicolas** (Cerkev Sv Nikolaja ; Kidričeva ulica 30), de quelques **maisons vénitiennes** restaurées et du **palais Totto** (Palača Totto ; Kidričeva ulica 22/a). Cet édifice baroque du XVIIIe siècle dont la façade est ornée d'une sculpture de réemploi – le lion ailé vénitien de l'ancienne forteresse – contraste avec les **maisons médiévales** (Kidričeva ulica 33) à encorbellement de l'autre côté de la rue.

Également baroque, le **palais Belgramoni-Tacco** (Palača Belgramoni-Tacco ; Kidričeva ulica 19) construit au XVIIe siècle abrite le **musée régional de Koper** (☎663 35 70 ; Kidričeva ulica 19 ; adulte/enfant 2/1,50 € ; ⏰9h-19h mar-ven, 9h-13h sam-dim). Cartes anciennes et photographies donnent à voir la Koper passée, très marquée par la culture italienne à travers toutes ces sculptures et peintures des XVIe, XVIIe et XVIIIe siècles. Le musée présente également des copies de fresques médiévales. Dans le jardin se trouvent quelques vestiges romains. La **collection ethnologique** (Etnološka Zbirka ; ☎663 35 86 ; Gramšijev trg 4 ; ⏰8h-13h et 18h-21h mar-dim juil-août, 8h-15h mar-ven, 9h-13h sam-dim sept-juin) est logée dans un bâtiment du XVIIe siècle, dans le secteur oriental de la vieille ville.

Titov Trg PLACE

Située quasiment à l'épicentre de la vieille ville, cette magnifique place est fort heureusement fermée à la circulation, comme une grande partie du centre de la vieille ville. Un grand nombre d'édifices majeurs s'y trouvent réunis. Au nord, la **Loggia**

Koper

0
200 m
A
B
C
D
E
F
G
1
2
3
4
Baie de Koper
Marina
Ukmarjev trg
Nazorjev trg
Muzejski trg
Kopališkonabrežvje
Belveder
Verdijeva ul
Trubarjeva ul
Dellavallejeva ul
Resslava ul
Kidričeva ul
Kolaričeva ul
Glagoljaška ul
Kettejeva ul
Titov trg
Cankarjeva ul
Trg Brolo
Martinžev trg
Garibaldijeva ul
Triglavska ul
Gallusova ul
Županjčičeva ul
Tumova ul
Čevljarska ul
Ul OF
Ul Agrarne Reforme
Valvazorjeva ul
Pristaniška ul
Semedelska c
Vers la fontaine Da Ponte (100 m) et Prešernov trg (100 m) et la porte Muda (150 m)
Vers les gares routière et ferroviaire (1,3 km)
1
2
3
4
5
6
7
8
9
10
11
12
13
14
15
16
17
18
19
20
21
22
23
24
25
26
27
28
29
30
31

Koper

À voir

1	Palais Almerigogna	D4
2	Armurerie	E2
3	Plage	C1
4	Palais Belgramoni-Tacco	D2
5	Palais Brutti	F2
6	Cathédrale de l'Assomption	F2
7	Čevljarska Ulica	E3
8	Église Saint-Nicolas	C2
9	Tour municipale	F2
10	Colonne Sainte-Justine	C2
11	Fontico	F3
12	Kidričeva Ulica	D2
	Musée régional de Koper	(voir 4)
13	Loggia	E2
	Galerie de la Loggia	(voir 13)
14	Maisons médiévales	C2
15	Palais prétorien	E3
16	Rotonde saint-Jean-Baptiste	F2
17	Douches	C1
18	Taverna	C3
19	Titov Trg	E2
20	Palais Totto	C2
21	Trg Brolo	F3
22	Palais Vissich Nardi	F2

Où se loger

23	Hotel Koper	C3
24	Museum Hostel	D1

Où se restaurer

25	Istrska Klet Slavček	E4
26	La Storia	C3
27	Marché	C4
28	Okrepčevalnica Bife Burek	E2
29	Pizzeria Atrij	E3

Où prendre un verre

30	Forum	C4
31	Kavarna Kapitanija	B2

(Loža ; Titov trg 1) de style gothique vénitien tout en arcades (1463) abrite au premier étage la **galerie de la Loggia** (Loža Galerija ; ☎627 41 71 ; www.obalne-galerije.si ; adulte/enfant 2/1 € ; ⌚10h-13h et 18h-21h mar-sam, 10h-12h dim juil-août, 10h-13h et 16h-19h mar-sam, 10h-12h dim sept-juin) qui présente des expositions artistiques.

Côté sud lui fait face l'édifice emblématique de Koper, le **Palais prétorien** (Titov trg 3 ; accès libre ; ⌚9h-20h), un édifice du XVe siècle mêlant les styles gothique vénitien et Renaissance. Outre l'hôtel de ville et l'office du tourisme au rez-de-chaussée, vous verrez une pharmacie ancienne ainsi qu'une exposition sur l'histoire de Koper et la salle des mariages au 1er étage. Armoiries, bas-reliefs et médaillons ornent la façade du palais où résidait le représentant du doge de Venise.

À l'ouest, l'**armurerie** (Armeria ; Titov trg 4) vieille de quatre siècles accueille désormais l'université. Au centre de la place s'élèvent la **cathédrale de l'Assomption** (Stolnica Marijinega Vnebovzetja ; ⌚7h-21h) et le campanile de 36 m, baptisé la **tour de la ville** (adulte/enfant 2/1,50 € ; ⌚9h-14h et 16h-21h), dont on peut gravir les 204 marches. Derrière l'austère façade romano-gothique de la cathédrale se cachent un intérieur baroque totalement vénitien dû à Massari, architecte de la Sérénissime, et des peintures du célèbre Vittorio Carpaccio.

En retrait de la cathédrale, au nord, la **rotonde Saint-Jean-Baptiste** (Rotunda Janeza Krstnika ; Titov trg), un baptistère circulaire de la seconde moitié du XIIe siècle dont le plafond est orné d'une fresque.

Trg Brolo — PLACE

Cette vaste place arborée prolonge Titov Trg à l'est, dominée au nord par le **palais Brutti** (Palača Brutti ; Trg Brolo 1) de la fin du XVIIIe siècle – édifice baroque qui accueille aujourd'hui la bibliothèque principale – et à l'est par le **palais Vissich-Nardi** (Palača Vissich-Nardi ; Trg Brolo 3) du XVIIe siècle – qui abrite des bureaux gouvernementaux – et par le **Fontico** (Fontiko ; Trg Brolo 4), la grange à blé municipale construite au tout début du XVe siècle et ornée de magnifiques médaillons et bas-reliefs. Au sud se dresse l'**église Saint-Jacques** (Cerkew Sv Jakoba, XIVe siècle), désormais désaffectée.

Čevljarska Ulica — RUE

Historique, l'étroite "rue des Cordonniers", piétonnière, mène de Titov trg au sud de la vieille ville. Lorsque vous passez sous les arcades du palais prétorien, jetez un coup d'œil à droite. Le petit orifice dans le mur portant l'inscription italienne "*Denontie*" n'est autre qu'une "bouche de la vérité", comparable à celles présentes dans la Sérénissime : moyen pratique pour les doges de recevoir quelques dénonciations anonymes.

À l'extrémité de Čevljarska ulica, le **palais Almerigogna** (Palača Almerigogna ; Gortanov trg 13) est peut-être le plus bel édifice de Koper avec sa façade gothique vénitien (XVe siècle) peinte de motifs à caissons. Il est privé et n'est pas ouvert à la visite.

Prešernov Trg PLACE

À 200 m au sud-est, la famille italienne des Da Ponte fit édifier au XVIIe siècle une étonnante fontaine en forme de pont, d'où ce nom de fontaine Da Ponte. À l'extrémité sud, la **porte Muda** (Vrata Muda) de 1516 est le seul vestige des douze entrées de la ville. Au sud de la porte voûtée, on aperçoit le symbole de Koper, un visage juvénile inscrit dans un soleil.

GRATUIT **Plage** PLAGE

(Kopališko nabrežje 1 ; 8h-19h mai-sept). La minuscule plage de Koper, à la lisière nord-ouest de la vieille ville, possède de petits bains publics avec toilettes et douches, des zones herbeuses pour prendre le soleil, ainsi qu'un bar et un café.

Festival

Festival d'été de la Primorska FESTIVAL CULTUREL

(www.portoroz.si ; fin juil-mi-août). Au programme : concerts, pièces de théâtre et spectacles de danse quatre semaines durant, de fin juillet à mi-août. Les scènes sont multiples : Koper et Ankaran, mais aussi Izola, Pian et Portorož.

Où se loger

L'agence de voyages Kompas peut vous réserver une chambre (simples de 21 à 32 €), la plupart se trouvant dans la ville nouvelle derrière la gare.

Hotel Koper HÔTEL €€€

(610 05 00 ; www.terme-catez.si ; Pristaniška ulica 3 ; s 76-92 €, d 120-150 € ;). À la lisière de la vieille ville historique, cet agréable établissement de 65 chambres est le seul hôtel véritablement central de Koper. Le tarif inclut l'accès à l'**Aquapark** (610 03 00 ; billet journée adulte/enfant lun-ven 14,50/9,90 €, sam-dim 18,50/13,50 € ; 8h-20h). Demandez une chambre face au port, comme la n°303 par exemple.

Museum Hostel APPARTEMENTS €

(041 504 466, 626 18 70 ; bozic.doris@siol.net ; Muzejski trg 6 ; 20-25 €/pers ;). Davantage un ensemble d'appartements avec cuisine et salle de bains qu'une auberge, le Museum Bife a sa réception au café-bar sur Muzejski trg, les chambres étant disséminées à proximité. Assurez-vous de confirmer deux fois la réservation.

Camp Adria Ankaran CAMPING €

(663 73 50 ; www.adria-ankaran.si ; Jadranska cesta 25 ; adulte 11-13,50 €, enfant 5-6,50 € ; fin avr-mi-oct ;). Installé à Ankaran, à 10 km au nord, le plus proche terrain de Koper couvre plus de 7 ha et compte 400 emplacements, soit une capacité de 1 200 places. Plusieurs équipements sportifs et accès aux deux piscines d'eau de mer (15/10 € par adulte/enfant pour les non-résidents).

Hotel Vodišek HÔTEL €€

(639 24 68 ; www.hotel-vodisek.com ; Kolodvorska cesta 2 ; s 48-60 €, d 72-90 € ;). Installé dans un centre commercial à mi-chemin entre la vieille ville et les gares ferroviaire et routière, ce modeste établissement de 35 chambres ne vous ruinera pas, tout en donnant un accès gratuit aux vélos de l'hôtel.

Où se restaurer

Istrska Klet Slavček SLOVÈNE €

(627 67 29 ; Župančičeva ulica 39 ; plats 3-12 € ; 7h-22h lun-ven). Pleine de caractère, la "cave istrienne" située sous le palais Carli du XVIIIe siècle réjouit ses hôtes de menus à moins de 8 € et de vins locaux (malvazija et teran) tirés au tonneau.

Pizzeria Atrij PIZZERIA €

(627 22 55 ; Čevljarska ulica 8, entrée au Triglavska ulica 2 ; pizzas 3-6,50 € ; 9h-21h lun-ven, 10h-22h sam). Populaire à juste titre, cette pizzeria nichée au bout d'une ruelle très étroite offre un petit jardin couvert à l'arrière et un buffet de salades.

La Storia ITALIEN €€

(626 20 18 ; www.lastoria.si ; Pristaniška ulica 3 ; plats 8,50-25 €). Cette trattoria à l'italienne avec fresque au plafond met l'accent sur les salades, les pâtes et le poisson. Terrasse extérieure à la belle saison.

Okrepčevalnica Bife Burek SLOVÈNE €

(Kidričeva ulica 8 ; en-cas 1,80-2,50 € ; 7h-22h). Commandez un *burek* (feuilleté fourré au fromage, à la viande voire à la pomme) à petit prix et dégustez-le sur Titov trg.

Marché MARCHÉ €

(Pristaniška ulica ; 7h-14h lun-sam). Marché extérieur dans la cour ouverte du centre commercial.

Où prendre un verre

La zone viticole de l'Istrie slovène (Slovenska Istra) est réputée pour ses malvazija et chardonnay blancs, ainsi que pour son refošk rouge.

Forum CAFÉ, BAR
(Pristaniška ulica 2 ; 7h-23h ;). Aimé des habitants, ce café-bar, sur le flanc nord du marché, fait face à un petit parc et à la mer.

Kavarna Kapitanija CAFÉ
(040 799 000 ; Ukmarjev trg 8 ; 7h-0h lun-ven, 8h-0h sam-dim). Cet endroit séduisant, avec une grande terrasse ouverte et de très confortables chaises en osier, serait encore plus accueillant sans les kiosques à souvenirs kitsch et les voitures garées de l'autre côté de la bande herbeuse et qui gâchent vraiment la vue sur le port.

Renseignements

ACCÈS INTERNET L'office du tourisme offre un accès Internet gratuit la première heure, puis facture 1 €/heure. Koper propose le Wi-Fi gratuit ; procurez-vous un billet au **Pina Internet Cafe** (627 80 72 ; Kidričeva ulica 43 ; tarif plein/étudiant 4,20/1,20 €/ heure ; 12h-22h lun-ven, à partir de 16h sam-dim).

AGENCE DE VOYAGES Kompas (663 05 82 ; Pristaniška ulica 17 ; 8h-19h30 lun-ven, 8h-13h sam)

ARGENT Banka Koper (Kidričeva ulica 14) **Nova Ljubljanska Banka** (Pristaniška ulica 45 ; 8h30-13h et 15h30-17h lun-ven)

POSTE Bureau de poste (Muzejski trg 3)

RENSEIGNEMENTS TOURISTIQUES Office du tourisme de Koper (664 64 03 ; www.koper.si ; palais prétorien, Titov trg 3 ; 9h-20h juil-août, 9h-17h sept-juin). Au rez-de-chaussée du palais prétorien.

Depuis/vers Koper

BUS Toutes les demi-heures en semaine, vous trouverez une liaison pour Izola (1,80 €), Strunjan, Piran (3,10 €, 30 minutes) et Portorož. Notons un arrêt fort pratique à l'angle de Piranška ulica. Chaque jour, 5 bus rallient Ljubljana (11,10 €, 1 heure 45 à 2 heures 30).

Des bus partent de Muggia pour Trieste (3 €, 1 heure) via la côte et Ankaran du lundi au samedi. Parmi les destinations en Croatie, citons Rijeka (11,20 €, 2 heures) et Rovinj (12 €, 3 heures) via Poreč (10 €, 2 heures).

TRAIN Une demi-douzaine de trains relient quotidiennement Koper à Ljubljana (10,70 €, 2 heures 30, 153 km) via Postojna et Divača. Pour atteindre les villes croates de Buzet et Pula en partant de Koper, gagnez d'abord Hrpelje-Kozina (2,90 à 5,90 €, 30 minutes, 37 km, 5/jour) pour prendre l'une des trois correspondances quotidiennes.

Comment circuler

BUS Les lignes locales n°1 et n°2 relient les gares routière et ferroviaire à l'est de Cankarjeva ulica, dans la vieille ville, et effectuent un arrêt près du pont Muda.

STATIONNEMENT Dans une grande partie de la vieille ville, le stationnement est sévèrement limité, voire complètement interdit, entre 6h et 15h. Laissez votre véhicule dans l'un des parkings payants de Pristaniška ulica.

TAXI Pour commander un taxi à Koper, appelez le 051 671 271, le 040 222 272 ou le 041 737 083.

IZOLA

05 / 11 223 HABITANTS

Comparé à la raffinée Piran, ce port de pêche passablement dépenaillé à 7 km au sud-ouest de Koper est le cousin pauvre des villes historiques de la côte slovène. Aussi les visiteurs étrangers la contournent régulièrement. Izola possède pourtant un certain charme vénitien, des ruelles médiévales et un front de mer où il fait bon paresser devant un verre ou un bon petit plat.

C'est sur, et autour de, Trg Republike que se trouve concentré tout ce dont vous avez besoin. Les bus s'arrêtent devant l'agence de voyages Bela Skale au n°2 Cankarjev drevored, au sud-est de la place. Pour rallier la vieille ville et Veliki trg, sa place principale, remontez Sončno nabrežje, la promenade du front de mer, vers le nord.

Histoire

Au sud-ouest de la vieille ville, des fouilles ont mis au jour les vestiges d'un vaste domaine établi par les Romains dans la baie de Simon (Simonov Zaliv). Cette villa disposait d'un port, Haliaetum, dont on aperçoit encore à marée basse des fragments de quai. Izola était alors une île (*isola* en italien) et le resta jusqu'à ce qu'un pont de pierre la relie à la terre. Placée sous la protection de Venise, elle prospéra au Moyen Âge grâce au commerce de denrées telles que les olives, le poisson, le sel et le vin. Hélas, une terrible épidémie de peste au XVIe siècle et l'ascension de Trieste au rang de premier port de l'Adriatique du Nord sapèrent les bases de cette prospérité économique. Durant la parenthèse des Provinces illyriennes au début du XIXe siècle, les Français démantelèrent les murailles de la cité pour

Izola

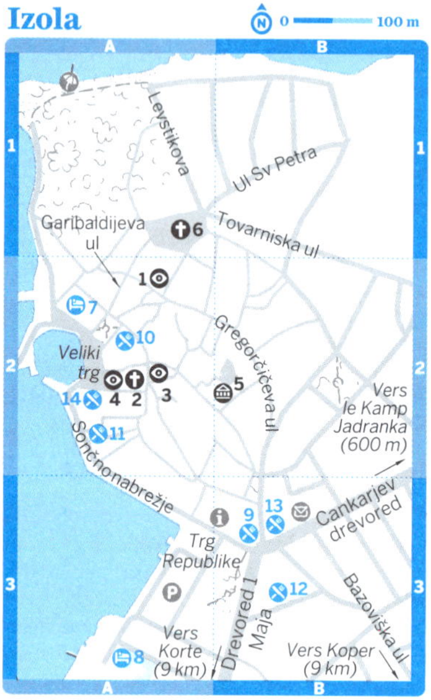

Izola

À voir

1 Palais Besenghi degli Ughi A2
2 Église Sainte-Marie d'Haliaetum A2
3 Maison Manzioli A2
4 Palais municipal A2
5 Musée Parenzana B2
6 Église paroissiale Saint-Maur A1

Où se loger

7 Hotel Marina A2
8 Riviera Hostel A3

Où se restaurer

9 Gostilna Istria B3
10 Gostilna Ribič A2
11 Gostilna Sidro A2
12 Gušt B3
13 Mercator B3
14 Mercator A2

combler le canal entre l'île et le continent. Aujourd'hui, Izola est le principal port de pêche du pays.

À voir

Plantée sur les hauteurs de l'ancienne île, l'**église paroissiale Saint-Maur** (Župnijska Cerkev Sv Mavra ; Garibaldijeva ulica) d'origine gothique a reçu un habillage typiquement Renaissance. Sa façade saumon se détache à côté du campanile de pierre. On citera également le **Palais municipal** (Mestna Palača ; Veliki trg), qui abrite aujourd'hui les bureaux du conseil municipal et, juste derrière, l'**église Sainte-Marie-d'Haliaetum** (Cerkev Sv Marije Alietske ; Veliki trg), de facture romane et délicieusement restaurée.

Maison Manzioli ÉDIFICE HISTORIQUE

(Manziolijev trg). Face à l'église Sainte-Marie-d'Haliaetum se dresse la maison Manzioli, une demeure gothique vénitien remise au goût du jour. Construite en 1470, elle fut la résidence d'un historien istrien au XVIe siècle. Aujourd'hui, elle abrite les bureaux qui s'occupent des intérêts de la *comunità italiana* d'Izola.

Palais Besenghi degli Ughi ÉDIFICE HISTORIQUE

(angle Gregorčičeva ulica et Ulica Giordano Bruno). Plus bel édifice d'Izola, cette demeure rococo bâtie entre 1775 et 1781 en dessous de l'église paroissiale arbore des fenêtres et des balcons ornés de stucs, ainsi que des grilles bleu clair en fer forgé. Elle abrite désormais une école de musique.

Musée Parenzana MUSÉE

(☎640 10 50 ; 1er étage, Ulica Alme Vivode 3 ; adulte/enfant 2,10/1,50 € ; ⊙9h-15h lun-ven). Izola peut désormais prétendre à la célébrité avec le splendide Parenzana, une succursale du musée maritime Sergej Mašera de Piran. Il héberge la plus vaste collection au monde de trains miniatures, ainsi que des maquettes de bateaux.

Activités

Si l'on trouve des **plages** de galets au nord et au sud-est de la vieille ville, la plus belle se trouve dans la **baie de Simon**, à quelque 1,5 km au sud-ouest. On peut y prendre le soleil sur une zone herbeuse.

Le *Prince of Venice*, un catamaran à grande vitesse de 39,6 m de long, propose des liaisons quotidiennes entre Izola et Venise. Entre autres bateaux, le **Delfin II** (☎041 675 781, 641 45 38 ; adulte/enfant 12/8 € ; ⊙10h mar et jeu) et le **Meduza** (☎041 675 781 ; adulte/enfant 12/8 € ; ⊙10h et 17h tlj) vous emmènent pour 2 heures 30 à 3 heures d'excursion en mer au départ du port principal, proche de Veliki trg. Situé sur la marina, non loin de l'Hotel Delfin, **Adriarent** (☎041 300 050, 663 24 60 ; ⊙8h-10h et 18h-20h) offre à la location voiliers (à partir de 60 €/jour) et vedettes (à partir de 95 €/jour).

Où se loger

L'agence de voyages Laguna propose des chambres (simples de 18 à 26 €, doubles de 26 à 36 €) et des appartements (de 38 à 56 € pour 2, de 51 à 82 € pour 4).

Old School Korte AUBERGE DE JEUNESSE €
(Stara Šola Korte ; ☎031 375 889, 642 11 14 ; www.hostel-starasola.si ; Korte 74 ; dort 17-19 €, s et d 20-24 € ; P❄@). Cette vieille école rénovée située à Korte, un village montagnard idyllique d'Istrie slovène, à 8 km au sud d'Izola, s'est muée en auberge de jeunesse fin 2006 et s'est taillé une réputation auprès des gens bien informés. Elle réunit 17 chambres modernes de 2 à 4 lits, plus 2 appartements de 2 chambres et 1 salon. Si l'on peut y cuisiner, les mets de la **Gostilna Korte** (☎041 607 863, 642 02 00 ; Korte 44) voisine, unanimement reconnus, sont irrésistibles.

Hotel Marina HÔTEL €€€
(☎660 41 00 ; www.hotelmarina.si ; Veliki trg 11 ; s 59-126 €, d 79-156 € ; P❄@). Cet établissement de 52 chambres, à la façade de brique vernissée couleur chocolat, pourrait difficilement être plus central : il est situé sur la place principale, face au port. Tarifs variables selon la saison, la vue sur la mer et la présence d'un balcon. Magnifiques spa et centre de bien-être.

Riviera Hostel AUBERGE DE JEUNESSE €€
(☎662 17 45 ; www.s-sgtsi.kp.edus.si ; Prekomorskih Brigad ulica 7 ; s/d/tr 28/52/69 € ; juil et août). La *Srednja Gostinska in Turistična Šola* (école d'hôtellerie et de tourisme), qui donne sur la marina, abrite quelque 174 lits accessibles uniquement en été.

Kamp Belvedere Izola CAMPING €
(☎660 51 00 ; www.belvedere.si ; Dobrava ulica 1/a ; adulte 9-12 €, enfant 6-9 € ; avr-août ; P). Juché sur la colline à 3 km à l'ouest d'Izola, ce terrain de 2,5 ha (capacité de 500 campeurs) bénéficie d'une vue plongeante magnifique sur la cité et l'Adriatique. Vaste piscine.

Kamp Jadranka CAMPING €
(☎640 23 00 ; freetimedoo@siol.net ; Polje cesta 8 ; 10 €/pers ; tte l'année ; P). À l'inverse, le Jadranka longe la côte à 1 km à l'est de la vieille ville. Outre l'inconvénient de la route côtière, il affiche vite complet en été.

Hotel Delfin HÔTEL €€
(☎660 70 00 ; www.hotel-delfin.si ; Tomažičeva ulica 10 ; s 45-58 €, d 76-102 € ; P❄). Proche de la marina d'Izola, le Delfin est un peu excentré mais près de la mer. Cet endroit assez agréable, sur une colline à environ 1 km au sud-ouest de Trg Republike, possède sa propre piscine. Imposant (219 chambres), il accueille nombre de voyages organisés.

Où se restaurer

Izola est le meilleur endroit de la côte pour se régaler de poisson et fruits de mer. Veillez néanmoins à vous enquérir du prix exact, lorsque vous passez commande, en faisant préciser le nombre de décagrammes ou *dag* (comme indiqué sur le menu) car le prix de la portion varie en fonction du poids du produit choisi. Offrez-vous un verre de malvazija, le vin blanc local à la robe jaune pâle, léger et relativement sec.

Gostilna Sidro SLOVÈNE €€
(☎641 47 11 ; Sončno nabrežje 24 ; entrées 4,50-9,50 €, plats 8-22 € ; 8h-22h). Vieux pilier du bord de mer spécialisé dans les plats iodés et les classiques slovènes. L'une des meilleures tables d'Izola, à l'étage au-dessus de l'office du tourisme.

Gostilna Ribič SLOVÈNE €€
(☎641 83 13 ; Veliki trg 3 ; entrées 6-15 €, plats 9-25 € ; 12h-1h). Autre adresse de choix, ce restaurant du port intérieur a la faveur des habitants. Sa spécialité ? Le turbot. Un menu à 8 € à l'heure du déjeuner.

Gostilna Istria SLOVÈNE €
(☎031 384 243, 641 80 50 ; Trg Republike 1 ; plats 7,50-16 €, pizzas 5,20-6,50 € ; 7h-0h lun-sam, 8h-0h dim). Établi de longue date, ce restaurant assez modeste, sur la route principale menant à la vieille ville, propose à midi des menus très raisonnables (7 €). Testez les gnocchis, accompagnés de *pršut* et d'une sauce au refošk, un vin rouge. Ouvert toute la journée.

Gušt ITALIEN €
(☎041 650 333 ; Drevored 1 Maja 3 ; pizzas et pâtes 4,60-10,90 € ; 10h-0h). Cette *picerija/špageterija*, face à la Banka Koper, sert des pizzas, des pâtes et des salades tout à fait correctes.

Mercator SUPERMARCHÉ €
(Trg Republike 4 ; 7h-20h lun-ven, 7h-17h sam, 8h-12h dim). On trouve un supermarché en face des arrêts de bus et un **Mercator** (Veliki trg ; 7h-20h lun-sam, 8h-12h dim) plus central près du port intérieur.

Où sortir

Ambasada Gavioli CLUB
(☎641 82 12, 041 353 722 ; www.myspace.com/ambasadagavioli ; Industrijska cesta 10 ; ⏲23h-6h ven-sam). Dans la zone industrielle au sud-est du port, ce club domine la scène électronique slovène, avec un défilé de DJ locaux et internationaux.

Renseignements

Agence de voyages Laguna (☎041 412 611, 641 86 30 ; Istrska vrata 7 ; ⏲9h-13h et 16h-19h lun-sam, 9h-12h dim)

Banka Koper (Drevored 1 Maja 5)

Nova Ljubljanska Banka (Trg Republike 3). En face des arrêts de bus.

Office du tourisme d'Izola (☎640 10 50 ; www.izola.eu ; Sončno nabrežje 4 ; ⏲9h-21h juin-sept, 9h-17h lun-ven, 10h-17h sam oct-mai)

Poste (Cankarjev drevored 1)

Depuis/vers Izola

Nombre de bus font halte à Izola sur le trajet entre Koper (1,80 €, 15 minutes, 8 km), Piran (1,80 €, 20 minutes, 10 km) et Portorož. Entre autres destinations au départ d'Izola (via Koper), citons Ljubljana (11,40 €, 2 heures 30, 130 km, 5 bus/jour, maxi 9/jour en juillet-août) et Nova Gorica (9,60 €, 2 heures 30, 103 km, 1 à 2 bus/jour).

Les destinations internationales sont Trieste (3,10 €, 40 minutes, 23 km, 6 bus/jour, 5 le samedi), ainsi que les cités croates d'Umag (5,20 €, 1 heure 15, 45km, 5 bus/jour), Pula (8,70 €, 2 heures 30, 94 km, départ tlj à 7h45 et 14h12) et Rovinj (11,10 €, 3 heures, départ à 16h07 juin-septembre).

Comment circuler

MINIBUS De juin à août, un minibus effectue une boucle entre le village de vacances Belvedere Izola, à l'ouest de la vieille ville, et le camping Jadranka, via la baie de Simon, Izola Marina et Trg Republike.

TAXI Pour obtenir un taxi à Izola, composez le ☎040 602 602 ou le ☎041 706 777.

VÉLO **Ritosa** (☎640 12 41, 641 53 37 ; Kajuhova ulica 28 ; 15 €/jour ; ⏲8h-19h lun-ven, 8h-12h sam) loue des vélos 15 € la journée, de même que l'Hotel Marina (p. 125) moyennant 5/8/10 € pour 2/5/12 heures.

PIRAN

☎05 / 4 192 HABITANTS / 23 M D'ALTITUDE

De toutes les villes du littoral slovène, la pittoresque Piran (*Pirano* en italien), fichée à la pointe d'une étroite péninsule, est celle qui remporte tous les suffrages. Bijou d'architecture gothique vénitienne, sa vieille ville, l'une des mieux préservées de l'Adriatique, ne désemplit pas l'été. Avril ou octobre vous laissent plus facilement succomber au charme de ses ruelles sinueuses et de ses séduisants restaurants de poisson.

Histoire

Piran tiendrait son nom du feu (*pyr en grec ancien*) allumé à l'extrême pointe de la péninsule pour guider les navires jusqu'au port grec d'Egida (devenu Koper). Les Romains y bâtirent un village baptisé Piranum. Puis vinrent les Slaves, les Byzantins, les Francs et les patriarches d'Aquilée.

Dès la fin du XIIIe siècle, Piran tomba pour cinq siècles dans la dépendance de Venise en tant que plus gros fournisseur en sel de la Sérénissime. Cette ère fut la plus féconde jamais connue par la ville, nombre de ses splendides édifices et de ses fortifications datant de cette époque.

À voir

Musée maritime Sergej Mašera MUSÉE
(☎671 00 40 ; www.pommuz-pi.si ; Cankarjevo nabrežje 3 ; tarif plein/étudiant et senior/enfant 3,50/ 2,50/2,10 € ; ⏲9h-12h et 17h-21h mar-dim été, 9h-17h mar-dim hiver). Logé sur le front de mer dans le charmant **palais Gabrielli**, du XIXe siècle, ce musée se concentre sur la mer, la navigation et la production saline, trois éléments fondamentaux dans le développement de Piran au fil des siècles. De vieux clichés montrent des ouvriers des salines coiffés d'un chapeau de paille de style asiatique s'acquitter de leurs tâches. Vous remarquerez aussi une pompe saline fonctionnant à l'énergie éolienne, des petits poids en bois taillés en forme de cercles et de diamants, utilisés pour peser le sel au temps de la république de Venise, et vous marcherez au-dessus d'amphores romaines vieilles de 2 000 ans présentées sous un sol de verre.

À l'étage sont exposées de splendides maquettes anciennes de bateaux, de vieilles figures de proue, des armes, parmi lesquelles d'impressionnants tromblons. Le musée possède aussi une riche collection d'ex-voto peints, déposés par les marins sur l'autel de l'église de pèlerinage de Strunjan pour se prémunir des naufrages.

Musée des Activités sous-marines MUSÉE
(Muzej Podvodnih Dejavnosti ; ☎041 685 379 ; www.muzejpodvodnihdejavnosti.si ; Župančičeva ulica 24 ; tarif plein/étudiant et enfant 3/2 € ; ⏲9h30-22h juin-sept). Le musée des Activités sous-marines tire le meilleur parti du lien

étroit qui unit Piran à la mer et à la plongée depuis des siècles.

Tartinijev Trg PLACE

Cette place ovale, aujourd'hui pavée de marbre, recouvre le port intérieur comblé en 1894. La **statue** de l'élégant gentilhomme sur Tartinijev trg est celle de l'enfant du pays, devenu le célèbre violoniste compositeur Giuseppe Tartini (1692-1770). À l'est se dressent l'**église Saint-Pierre** (Cerkev Sv Petra ; Tartinijev trg) de 1818, qui renferme le magnifique **crucifix de Piran** (XIVe siècle), et la **maison Tartini** (Tartinijeva Hiša ; ☎663 35 70 ; Kajuhova ulica 12 ; adulte/enfant 1,50/1 € ; ⏲9h-12h et 18h-21h mar-dim juil-août, 11h-12h et 17h-18h mar-dim sept-juin), demeure natale du compositeur et salle de concerts très prisée.

Au sud s'imposent le **tribunal** (Sodnijska Palača ; Tartinijev trg 1) aux deux portes XVIIe et l'**hôtel de ville** (Občinska Palača ; Tartinijev trg 2), une structure à portique du XIXe siècle qui abrite l'office du tourisme. À l'entrée de la place, deux **mâts** du XVe siècle arborent des inscriptions latines à la gloire de Piran, le blason de la ville, ainsi que deux bas-reliefs représentant saint Georges (saint patron de Piran) à gauche et saint Marc (avec son lion) à droite.

Maison vénitienne ÉDIFICE HISTORIQUE

(Benečanka ; Tartinijev trg 4). Avec sa loggia, son balcon et ses fenêtres gothiques, ce palais typiquement vénitien du XVe siècle, au nord-est de la place, fait partie des édifices les plus frappants de Piran. Entre les deux fenêtres du 2e étage, un lion de pierre, une bannière dans la gueule, proclame *Lassa pur dir*, "Laisse-les dire". Une adresse aux commérages locaux sur la belle Piranaise qui aurait reçu ce beau palais, en cadeau d'un riche marchand vénitien amoureux.

Cathédrale Saint-Georges CATHÉDRALE

(Stolna Cerkev Sv Jurija ; Adamičeva ulica 2). Bien au nord de la place, perchée sur une colline dominant la mer, se dresse la cathédrale. Une portion des **remparts** du XVe siècle, comportant des meurtrières, court sur 200 m vers l'est. La muraille s'étendait jadis de la mer jusqu'au port. Sept tours crénelées sont demeurées intactes.

Fondée en 1344, cette église fut rebâtie dans un style baroque en 1637. Si vous êtes pressé par le temps, visitez le **musée paroissial Saint-Georges** (☎673 34 40 ; 1 € ; ⏲10h-13h et 17h-19h lun-ven, 11h-19h sam-dim), juste à côté. Il contient des objets liturgiques, des peintures ainsi qu'une collection lapidaire dans la crypte.

Clairement inspiré du campanile de Saint-Marc à Venise, le **clocher** (Zvonik ; 2 € ; ⏲10h-14h et 17h-20h) de 1609 s'élève à 47 m, soit 146 marches à grimper pour une vue imprenable sur le port et la ville. Le **baptistère** (*krstilnica*) octogonal voisin date de 1650 et abrite un crucifix vénitien du début du gothique ainsi qu'un sarcophage romain du IIe siècle transformé en fonts baptismaux.

Monastère des Frères mineurs MONASTÈRE

(☎673 44 17 ; Bolniška ulica 20). En remontant vers Tartinijev trg, on découvre le monastère franciscain et son magnifique cloître, à l'ombre de l'**église Saint-François-d'Assise**, dont la fondation remonte au début du XIVe siècle mais qui a été agrandie et rénovée au fil du temps. Elle abrite le caveau de la famille Tartini, mais a perdu un de ses trésors signé Carpaccio, *La Vierge parmi les saints*, non restitué par l'Italie après guerre.

Église Notre-Dame-des-Neiges ÉGLISE

(Cerkev Marije Snežne ; Bolniška ulica). Presque en face du monastère, l'église Notre-Dame-des-Neiges possède de remarquables fresques, dont une Crucifixion du milieu du XVe siècle qui surplombe l'arche menant au chœur.

Obzidna Ulica RUE

Derrière le marché, au nord de Tartinijev trg, les **maisons médiévales** le long d'Obzidna ulica sont construites dans la muraille même, laquelle passe par la **porte du Dauphin** (Dolfinova Vrata ; Obzidna ulica) du XVe siècle que désigne le blason portant trois de ces souriants cétacés. **Židovski trg**, l'épicentre de la communauté juive de Piran au Moyen Âge, se trouve à quelque 100 m au nord-ouest.

Trg 1 Maja et Punta PLACE

(Place du 1er Mai). Cœur de Piran jusqu'au Moyen Âge, sous le nom de Stari trg ("vieille place"), la place du 1er Mai est entourée d'un labyrinthe de maisons en saillie aux murs pastel, de passages voûtés et de cours à arcades. La place elle-même est jalonnée de beaux bâtiments baroques, notamment, au nord, l'ancienne **pharmacie** (Lekarna ; Trg 1 Maja 2), occupée aujourd'hui par le restaurant Fontana. Au centre, la vaste **citerne** *(vodnjak)* baroque (fin XVIIIe) récoltait les eaux de pluie des

Piran

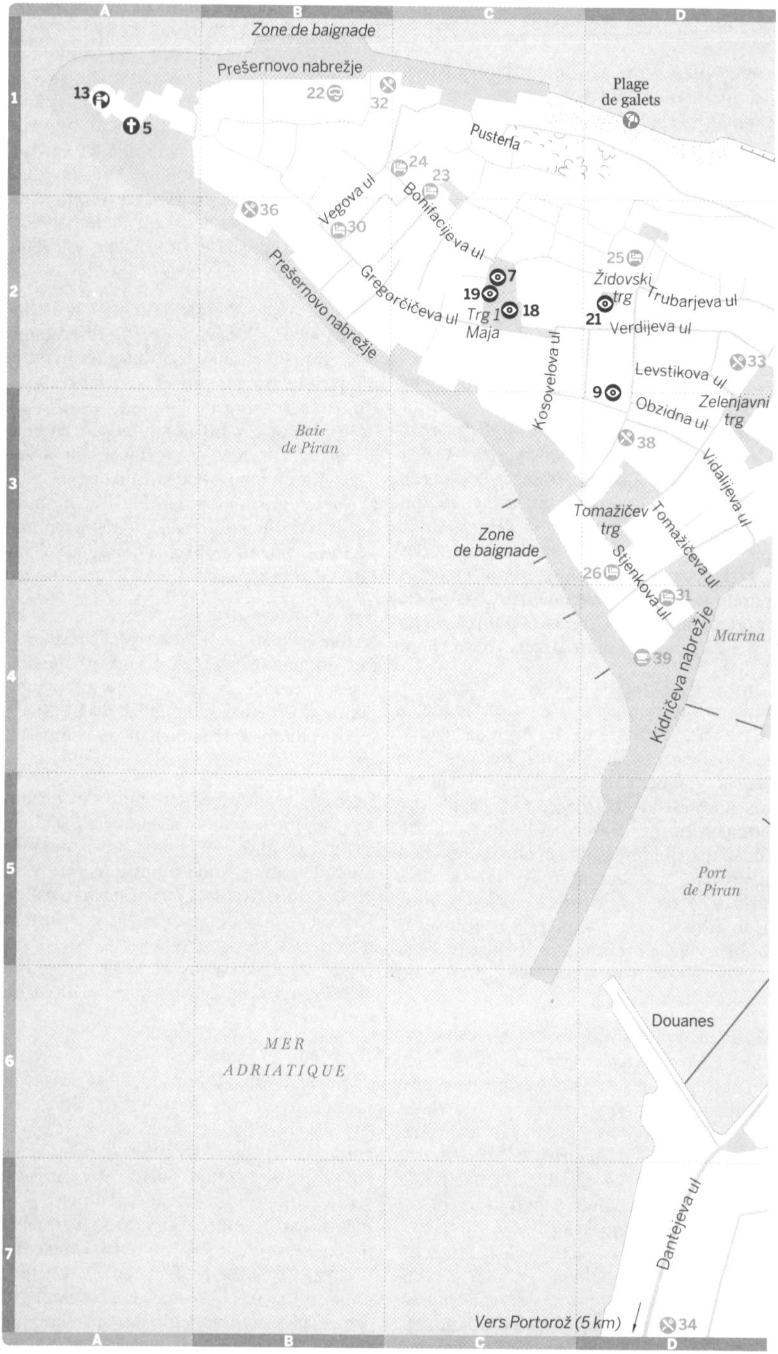

A
B
C
D
1
2
3
4
5
6
7
Zone de baignade
Prešernovo nabrežje
13
5
22
32
Plage
de galets
Pusterla
24
23
Vegova ul
Bonifacijeva ul
36
30
25
Prešernovo nabrežje
Gregorčičeva ul
7
19
18
Trg 1
Maja
Židovski
trg
Trubarjeva ul
21
Verdijeva ul
Kosovelova ul
Levstikova ul
33
9
Obzidna ul
Zelenjavni
trg
38
Baie
de Piran
Vidalijeva ul
Tomažičev
trg
Tomažičeva ul
Zone
de baignade
26
Stjenkova ul
31
Marina
39
Kidričeva nabrežje
Port
de Piran
Douanes
MER
ADRIATIQUE
Dantejeva ul
Vers Portorož (5 km)
34

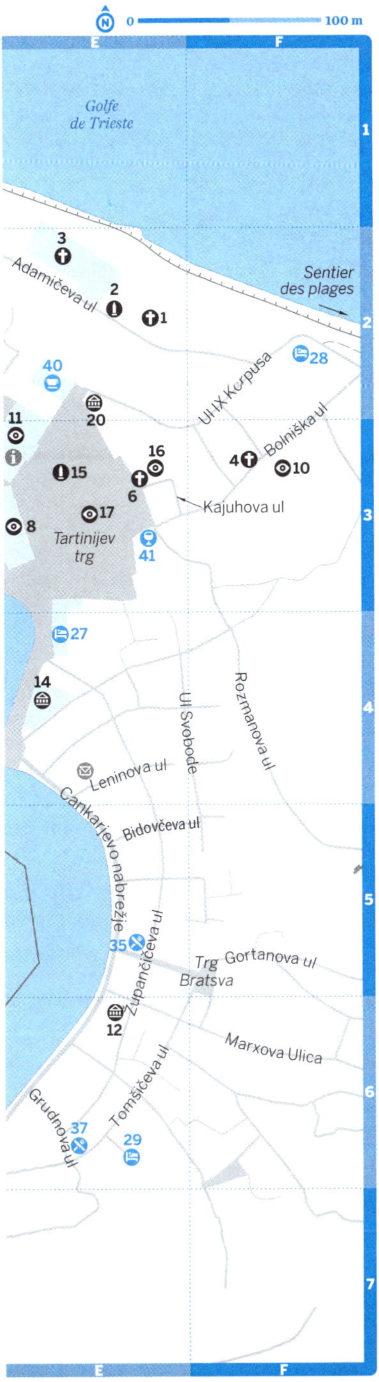

toits avoisinants dont les gouttières étaient reliées aux chérubins en pierre disposés de chaque côté.

Punta, la "pointe" historique de Piran, possède toujours un **phare**, même si le modèle actuel est plus petit et moderne. La tour ronde et crénelée de l'**église Saint-Clément** (Prešernovo), construite au XIIIe siècle puis remodelée cinq siècles plus tard, évoque néanmoins cet ancien flambeau qui donna son nom à Piran. Elle renferme un plafond charmant (quoique décrépit) orné de stucs.

Activités

BAIGNADE

Piran compte plusieurs "plages", des zones rocailleuses le long de Prešernovo nabrežje, histoire de tremper un orteil. Elles sont sensiblement plus belles au nord, près de Punta. Tant qu'à faire le déplacement, autant suivre le sentier bitumé vers l'est sur 1 km environ pour atteindre Fiesa, dont la plage est petite mais propre.

CROISIÈRES

L'agence touristique Maona (p. 132) et divers autres prestataires de Piran et Portorož proposent plusieurs types de croisières, du circuit au fil des villes côtières jusqu'aux excursions de la journée à destination du parc national de Brioni et de Rovinj en Croatie, ou de Venise et Trieste en Italie.

PLONGÉE

Noriksub PLONGÉE

(☎041 590 746, 673 22 18 ; www.skupinanoriksub.si ; Prešernovo nabrežje 24 ; plongée rivage/bateau 30/40 € ; ⏲10h-12h et 14h-18h mar-dim été, 10h-16h sam-dim hiver). Noriksub vous conduit sur le rivage comme en mer pour explorer les fonds marins, tout en vous initiant en open-water (stage PADI débutant 240 €) et en louant du matériel.

Festival

Festival Tartini FESTIVAL DE MUSIQUE

(www.tartinifestival.org ; ⏲fin août-mi-sept). Concerts de musique classique dans plusieurs lieux de Piran, notamment le cloître voûté du monastère des Frères mineurs, de fin août à mi-septembre.

Où se loger

Des chambres (simples de 16 à 30 €, doubles de 23 à 42 €) et des appartements (de 38 à 50 € pour 2, de 60 à 84 € pour 4) sont disponibles par le biais de l'agence Maona (p. 132) et de Turist Biro (p. 132).

Piran

À voir

Activités

Où se loger

Où se restaurer

Où prendre un verre

Achats

Max Piran CHAMBRES D'HÔTES €€
(☎041 692 928, 673 34 36 ; www.maxpiran.com ; Ulica IX Korpusa 26 ; d 60-70 € ; ❄@📶). Situé dans une délicieuse demeure couleur corail du XVIIIe siècle, un peu plus bas que la cathédrale Saint-Georges, l'adresse la plus romantique de Piran ne dépasse pas 6 chambres, délicatement désignées par un nom de femme.

Val Hostel AUBERGE DE JEUNESSE €
(☎673 25 55 ; www.hostel-val.com ; Gregorčičeva ulica 38a ; 22-27 €/pers ; @📶). Cette excellente auberge prisée des globe-trotteurs réunit 22 chambres (dont quelques simples) à l'angle de Vegova ulica. Salle de bains commune, cuisine et machine à laver à disposition. Petit-déjeuner inclus.

Miracolo di Mare CHAMBRES D'HÔTES €€
(☎051 445 511, 921 76 60 ; www.miracolodimare.si ; Tomšičeva ulica 23; s 50-55 €, d 60-70 € ; @📶). Sur la côte, le "miracle de la mer" invite ses hôtes au repos dans une douzaine de chambres charmantes (quoique assez exiguës), dont certaines (comme la n°3, ou encore la salle de petit-déjeuner) donnent sur le plus joli jardin surélevé de Piran. Parquet et escaliers en bois.

Hotel Tartini HÔTEL €€€
(☎671 10 00 ; www.hotel-tartini-piran.com ; Tartinijev trg 15 ; s 62-88 €, d 84-124 € ; P❄📶). Donnant sur Tartinijev trg, cet établissement au personnel fort sympathique et serviable compte 45 chambres. Quelques-unes, dans les étages supérieurs, ont une vue plongeante sur la mer. La plus chère est la suite n°40a avec terrasse.

Hotel Piran HÔTEL €€€
(☎676 21 00 ; www.hoteli-piran.si ; Stjenkova ulica 1 ; s 72-102 €, d 84-144 €, ste 152-198 € ; P❄@). Sur le rivage, cet établissement de 80 chambres rénovées et 10 suites vient de s'adjoindre la **Vila Piranesi** (☎676 21 00 ; www.hoteli-piran.si ; Kidričevo nabrežje 4 ; app pour deux 76-116 €, avec vue sur le port 98-142 €) et ses 17 appartements équipés hypermodernes au-dessus de l'aquarium.

Kamp Fiesa CAMPING €
(☎674 62 30 ; autocamp.fiesa@siol.net ; adulte/enfant 12/4 € ; ⏲mai-sept ; P). Terrain le plus

proche de Piran, ce minuscule camping surpeuplé l'été se niche en bord de plage près de deux étangs protégés. Il se trouve à Fiesa, à 4 km par la route mais à moins de 1 km par le chemin côtier *(obalna pešpot)* qui part à l'est de la cathédrale Saint-Georges.

Alibi B11 AUBERGE DE JEUNESSE €
(☎031 363 666 ; www.alibi.si ; Bonifacijeva ulica 11 ; 20-22 €/pers ; ⏲avr-déc ; @📶). L'hôtel principal de l'enseigne Alibi abrite la réception des trois auberges. La première, une maison ancienne (et passablement fatiguée) au cœur d'une rue étroite, compte 5 doubles et 3 chambres de 3 à 4 lits sur 4 niveaux. À l'angle opposé, l'**Alibi B14** (Bonifacijeva ulica 14 ; 20-22 €/pers), adresse plus festive, répartit sur 4 niveaux 7 chambres de 2 à 4 lits avec salle de bains. On peut y laver son linge en machine. Plus feutrée, l'**Alibi T60** (Trubarjeva ulica 60 ; 25 €/pers ; ❄), à l'est, propose un logement en doubles équipées (TV, réfrigérateur et salle de bains) que dessert sur 5 étages un escalier rétro.

Où se restaurer

Prešernovo nabrežje est le temple des tables vouées aux plats iodés. La majorité des établissements de restauration visant une clientèle touristique attirée par la renommée gastronomique de Piran, l'offre est nombreuse mais coûteuse.

♥ **Pri Mari** MÉDITERRANÉEN, SLOVÈNE €€
(☎041 616 488, 673 47 35 ; Dantejeva ulica 17 ; plats 8,50-16 € ; ⏲12h-23h mar-dim été, 12h-22h mar-sam, 12h-18h dim hiver). Tenu par un chaleureux couple italo-slovène, ce restaurant plutôt classe sert la cuisine méditerranéenne et slovène la plus inventive de Piran. Réservez bien à l'avance.

Riva Piran POISSON ET FRUITS DE MER €€
(☎673 22 25 ; Gregorčičeva ulica 46 ; plats 8-28 € ; ⏲11h30-0h). Le meilleur restaurant de poisson du front de mer mérite le détour. Élégant, il possède le plus beau décor et la plus belle vue sur la mer.

Restaurant Neptune POISSON ET FRUITS DE MER €
(☎673 41 11 ; Župančičeva 7 ; plats 6-12 € ; ⏲12h-16h, 18h-0h). Cet établissement tenu par une famille et très prisé des habitants de Piran fait mouche sur tous les plans : accueil chaleureux, grands plateaux de fruits de mer (mais aussi plats de viande et salades) et, au déjeuner, un menu de deux plats très abordable (à compléter éventuellement par le dessert préparé par Madame).

Stara Gostilna BISTROT €
(☎040 640 240, 673 31 65 ; Savudrijska ulica 2 ; entrées 5-9 €, plats 7,50-17 € ; ⏲9h-23h). Viande ou poisson au choix dans cet adorable bistrot de la vieille ville qui peut s'enorgueillir de l'un des meilleurs services de Piran.

Skarabej ITALIEN €
(☎040 522 271 ; Župančičeva ulica 21 ; entrées 5-9 €, plats 6-13,50 € ; ⏲9h-23h). L'accueillante maison du "scarabée", en mosaïque sur le mur du fond, sert dans la bonne humeur d'excellentes pizzas et pâtes, ainsi que des plats plus sophistiqués.

Flora PIZZERIA €
(☎673 12 58 ; Prešernovo nabrežje 26 ; pizzas 4-8 € ; ⏲10h-1h été, 10h-22h10 hiver). À l'est du phare de Punta, une terrasse à la vue parfaitement dégagée sur l'Adriatique pour croquer la pâte moelleuse de cette modeste pizzeria.

Marché MARCHÉ €
(Zelenjavni trg ; ⏲7h-14h lun-sam). Le marché en plein air se tient sur la petite place derrière l'hôtel de ville.

Où prendre un verre et sortir

Caffe Tartini CAFÉ
(☎051 694 100 ; Tartinijev trg 3 ; ⏲7h-3h). Face à la Maison vénitienne, voici l'endroit idéal pour siroter un verre et observer les passants.

Žižola Kantina BAR
(Tartinijev trg 10 ; ⏲9h-2h). Ce bar tout simple porte le nom du jujube, une datte chinoise très prolifère le long de l'Adriatique. On y sert 15 variétés de *žganje* (eau-de-vie de fruits slovène) à déguster avec bonheur en terrasse sur la place.

Cafe Teater CAFÉ, BAR
(☎051 694 100 ; Stjenkova ulica 1 ; ⏲8h-3h). Le Tout-Piran se retrouve ici, au milieu des copies de mobilier ancien ou sur la terrasse du front de mer.

Achats

Piranske Soline CADEAUX
(☎673 31 10 ; Tartinijev trg 4 ; ⏲9h-13h et 17h-21h juil-août, 10h-17h sept-juin). La Maison vénitienne abrite cette boutique vouée aux sels de bain marins, entre autres produits issus de Sečovlje.

Renseignements

ACCÈS INTERNET Caffe Neptun (☎041 724 237 ; www.caffeneptun.com ; Dantejeva ulica 4 ;

1 €/20 minutes ; 7h-1h ;). Wi-Fi gratuit dans ce café moderne proche de la gare routière.

AGENCE DE VOYAGES Maona (673 45 20 ; www.maona.si ; Cankarjevo nabrežje 7 ; 9h-20h lun-sam, 10h-13h et 17h-19h dim). Cette précieuse agence pourvoit à tout le nécessaire : hébergement, activités et croisières.

Turist Biro (673 25 09 ; www.turistbiro-ag.si ; Tomažičeva ulica 3 ; 9h-13h et 16h-19h lun-sam, 10h-13h dim). En face de l'Hotel Piran.

ARGENT Banka Koper (Tartinijev trg 12)

POSTE Bureau de poste (Cankarjevo nabrežje 5)

RENSEIGNEMENTS TOURISTIQUES Office du tourisme de Piran (673 44 40, 673 02 20 ; www.portoroz.si ; Tartinijev trg 2 ; 9h-20h été, 9h-17h hiver). Dans l'impressionnant hôtel de ville.

Comment s'y rendre et circuler

BUS Des bus partent de la gare routière toutes les 20 à 30 minutes pour Koper (2,70 €, 30 minutes) via Izola. Autres destinations : Ljubljana (12 €, 3 heures) via Divača et Postojna, et Nova Gorica (10,30 €, 2 heures 45). Pour Sečovlje (1,80 €, 15 minutes), comptez sur un maximum de 8 bus/jour, tandis qu'il y en a 4 à 7/jour pour Strunjan (1 €, 10 minutes). Un bus longue distance rallie Murska Sobota (28 €, 7 heures 30) via Maribor et Celje.

Quelque 5 bus permettent de gagner la ville italienne de Trieste (10 €, 1 heure 45, du lundi au samedi). De juin à septembre, un bus quotidien dessert l'Istrie croate, au sud, avec haltes dans les villes côtières d'Umag, Poreč et Rovinj (10,30 €, 2 heures 45).

CATAMARAN Du jeudi au mardi, on trouve au port un catamaran qui part vers 19h pour Trieste (adulte/enfant 8,30/4,75 €, 30 minutes).

MINIBUS Toute l'année, il existe de 5h40 à 23h une navette de minibus (1 € à bord, 0,40 € dans les maisons de la presse, 6 € les 20 trajets) entre Tartinijev trg et Portorož ainsi que les campings de Lucija. Départs toutes les demi-heures.

STATIONNEMENT La circulation étant limitée, garez-vous au parking Fornače puis marchez ou prenez une navette gratuite jusqu'au centre.

PORTOROŽ

05 / 2 947 HABITANTS

Portorož (*Portorose* en italien), le "port des roses", succombe un peu au tout-béton mais fait de gros efforts pour séduire les visiteurs. Outre ses plages sablonneuses relativement propres, la ville aux nombreux spas et centres de bien-être invite ses hôtes à prendre les eaux et à s'enduire le corps de boue curative.

Sa vaste gamme d'hébergements en fait une précieuse solution de repli lorsque Piran affiche complet. Majoritairement domiciliés sur Obala, les établissements donnent sur la baie mais on trouve des complexes et des hôtels secondaires à Bernardin, au nord-ouest, et à Lucija, au sud, près de la marina. Des bus s'arrêtent en face de la plage principale, à Postajališka pot.

À voir

Forma Viva JARDIN

(671 20 80 ; www.obalne-galerije.si). Perché au sommet de la péninsule de Seča, ce jardin de sculptures en plein air découvre le plus fabuleux panorama qui soit sur les baies de Portorož et Piran, à tel point qu'on en oublierait les quelque 130 œuvres taillées dans la pierre. On gagne rapidement à pied, de là, les salines de Sečovlje (p. 133) au sud.

Activités

BAIGNADE

Bien surveillées, les **plages** (8h-20h avr-sept) possèdent toboggans aquatiques et douches extérieures, et l'on peut louer transats et parasols (4,10 €). Fermées de 23h à 6h, elles sont interdites au camping.

Au sud du Grand Hotel Metropol, on profite à la belle saison de la grande **piscine** (adulte/enfant 4/3 € ; 9h-19h mai-sept) en plein air.

CROISIÈRES

L'été, quelques bateaux partent de l'embarcadère principal de Portorož pour des navigations de 4 heures à destination d'Izola. Ce sont, entre autres, le **Meja** (041 664 132 ; adulte/enfant 10/7 € ; 9h15 mar et ven) et le **Svetko** (041 623 191 ; adulte/enfant 15/10,50 € ; 14h30 tlj). Le **Solinarka** (031 653 682 ; www.solinarka.com ; adulte/enfant 12,50/6,25 € ; variable) effectue une boucle entre Portorož, Piran et Strunjan.

Pour réserver une excursion d'une journée à Venise à bord du *Prince of Venice* ou avec Venezia Lines, contactez **Kompas** (617 80 00 ; Obala 41 ; 9h-19h lun-ven, 9h-13h et 17h-20h sam-dim juil-août, 9h-19h lun-ven, 9h-13h sam-dim sept-juin) ou Atlas Express (p. 135).

Adrenaline Check VOILE

(040 476 123 ; www.adrenaline-check/sea ; Lucija ; avr-nov). Ce camping/centre d'activités de Lucija vous promène à la voile (60 €, 4 heures, 4 personnes minimum) ou en kayak de mer (30 €, 2 à 3 heures), à moins que vous ne préfériez explorer les fonds.

Centre de sports nautiques de Portorož SPORTS AQUATIQUES

(Center Vodnih Športov Portorož ; 041 617 999). Kayaks pédalos, wakeboards et autres

VAUT LE DÉTOUR

LES SALINIERS, ENTRE TERRE ET MER

Sur la côte slovène, la production saline est une activité multicentenaire. Les anciennes salines du **parc naturel de Sečovlje Salina** (Krajinski Park Sečoveljske Soline ; 672 13 30 ; www.kpss.soline.si ; adulte/enfant/famille 5/3/10 € ; 9h-20h juin-sept, 9h-17h oct-mai), à la frontière croate, en témoignent. Bourdonnante jadis d'activité, cette zone de 721 ha, entrecoupée de digues, de chenaux, de bassins et de canaux, a fait la fortune de la côte au Moyen Âge. Aujourd'hui, sa richesse réside dans ses oiseaux (environ 270 espèces recensées), quoique quelque 2 000 tonnes de sel annuellement y soient encore produites selon les méthodes traditionnelles.

Au centre de la réserve, le merveilleux **musée des Salines** (Muzej Solinarstva ; 671 00 40 ; www.pommuz-pi.si ; tarif plein/enfant/senior et étudiant musée maritime de Piran inclus 3,50/2,10/2,50 € ; 9h-20h juin-août, 9h-18h avr, mai, sept et oct) aborde tous les aspects de la production saline et de la vie des saliniers et de leurs familles.

Par les canaux, l'eau de mer parvenait dans des bassins peu profonds qui étaient ensuite fermés par de petites palettes en bois. Des pompes actionnées par le vent éliminaient une partie de l'eau, le reste s'évaporant sous l'effet du soleil et du vent. Le sel se cristallisait à partir des résidus d'eau salée, avant d'être récolté, asséché et lavé, voire moulu et iodé.

La récolte annuelle se faisait par temps sec, entre le 23 avril (Saint-Georges) et le 24 août (Saint-Barthélémy), période durant laquelle les ouvriers occupaient les petites maisons jalonnant les canaux moyennant un loyer en sel. En septembre, ils retournaient à leurs champs et à leurs vignes.

L'entrée principale du parc se trouve à Lera, au sud de Seča, près de la route venant de Portorož. L'autre entrée, située exactement à la frontière avec la Croatie, se trouve à Fontanigge et conduit au musée. On ne peut l'atteindre par la terre, de Lera, il faut passer par les douanes slovènes – n'oubliez pas votre carte d'identité – et prendre juste avant le poste-frontière croate la route qui court à l'est sur près de 3 km. Les deux bâtiments du musée se détachent sur l'un des canaux.

équipements nautiques sont à louer auprès de ce centre installé sur la plage herbeuse, à l'ouest du Grand Metropol Hotel.

Spinaker VOILE
(041 281 133 ; www.spinaker.si ; Obala 7 ; 2/3/4 heures 79/113/139 € ; 10h-18h mai-sept). Balades en voilier le long de la côte vers Piran et au-delà depuis l'embarcadère principal de Portorož. Location de voiliers Zero 22 (à partir de 149 €/jour) et cours de navigation à la journée.

THERMES

Terme & Wellness Centre Portorož SPA
(692 80 60 ; www.lifeclass.net ; Obala 43 ; piscine forfait 2/4 h lun-ven 8/12 €, sam-dim 10/15 € ; 8h-21h juin-sept, 7h-19h oct-mai, piscine 13h-20h lun-mer et ven-dim, 14h-20h jeu). Ce grand spa affilié au Grand Hotel Portorož, auquel on peut aussi accéder par K Stari cesti, est réputé pour sa thalassothérapie et ses applications de boue provenant des lacs salés). Outre divers types de bains d'eau salée (36-44 €), les bains de boue de Sečovlje (23 €) et les massages (30 € les 20 minutes), une foule d'autres traitements et soins de beauté est proposée. La piscine couverte est grandiose.

VOLS PANORAMIQUES ET PARACHUTISME

De l'**aéroport de Portorož** (041 719 260, 617 51 40 ; info@portoroz-airport.si ; Sečovlje 19 ; 8h-20h avr-sept, 15h-17h oct-mars) partent des ULM permettant de survoler Portorož et Piran (8 minutes, 55 € pour 3) ou l'ensemble de la côte (15 minutes, 80 €). Pour un saut en parachute en tandem, comptez un minimum de 170 €.

Où se loger

Sur la vingtaine d'hôtels, peu conviennent aux petits budgets et les tarifs peuvent flamber en été. Dès octobre ou novembre, vous trouverez souvent porte close jusqu'en avril, voire en mai.

Les tarifs des **chambres** (s 18-21 €, d 26-40 €, tr 36-52 €) et **appartements** (app 2 pers 40-50 €, 4 pers 65-75 €) proposés par l'agence Maona varient beaucoup selon la catégorie et la saison. Certaines des chambres les moins coûteuses se trouvent sur la colline, à une bonne distance à pied de la plage. Obtenir une chambre pour moins de 3 nuits (moyennant un supplément de 30 à 50%) ou une chambre simple peut relever du défi et nombre de propriétaires ne louent pas du tout en hiver.

Kaki Plac CAMPING €
(040 476 123 ; www.adrenaline-check/sea ; Lucija ; tente personnelle 13 €, tente à louer 15 €, abri 20 € ; avr-nov ; P). Nouvelle adresse, ce petit camping écologique est niché dans les bois à deux pas de Lucija, à la lisière de Portorož. Les tentes sont équipées de matelas et de draps. Certaines, confortablement installées sous des abris istriens coiffés de chaume, permettent de dormir comme un berger d'autrefois (ou presque). Zone de restauration commune tout en bois, accès gratuit pour les vélos, et possibilité d'activités (équitation, kayak de mer et voile).

Kempinski Palace Portorož HÔTEL €€€
(692 70 00 ; www.kempinski.com/portoroz, en français ; Obala 45 ; s/d à partir de 135/185 € ; P ❄ @ ≋). Cet emblématique palace du XIXe siècle, sauvé de justesse, abrite un luxueux cinq-étoiles qui a conservé quelques rares charmes d'antan : l'escalier en pierre, les lustres du Crystal Hall, conjugués à un mobilier pseudo baroque branché. Le thème de la rose se décline dans les chambres aux larges balcons offrant une vue superbe sur la mer. Autre plaisir : passer de la piscine intérieure à la piscine extérieure sans sortir de l'eau.

Hotel Riviera et Hotel Slovenija HÔTEL €€€
(692 00 00 ; www.lifeclass.net ; Obala 33 ; s 142-185 €, d 184-250 € ; P ❄ @ ≋). Remarquablement centrales, ces deux résidences quatre-étoiles sont aussi branchées l'une que l'autre. Le Riviera compte 160 chambres, 3 piscines fabuleuses et un excellent centre de bien-être. Le Slovenija est sensiblement plus grand, avec 183 chambres.

Camp Lucija CAMPING €
(690 60 00 ; www.metropol-hotels.com ; Seča 204 ; adulte 10-16 €, enfant 6-7 € ; début avr-début oct ; P @ ≋). Ce terrain de 5,5 ha en dessous de la péninsule de Seča et au sud de la marina, à environ 2 km de la gare routière, possède de nombreux équipements sportifs et peut accueillir 1 000 résidents (ce qui arrive souvent).

Où se restaurer

Staro Sidro POISSON ET FRUITS DE MER €
(674 50 74 ; Obala 55 ; plats 8-19 € ; 12h-23h mar-dim). Pilier de la scène culinaire locale, la "vieille ancre" jouxte la charmante Villa San Marco. On apprécie ses saveurs iodées au jardin ou en terrasse donnant sur Obala et la baie.

San Lorenzo MÉDITERRANÉEN €€
(690 10 00 ; Obala 77 ; plats 9,50-25 € ; 12h-23h). Au rez-de-chaussée du Grand Hotel Metropol, ce restaurant italien/méditerranéen très chic fait partie des meilleures tables de Portorož. Splendide carte des vins.

Pizzeria Figarola PIZZERIA €
(031 313 415 ; Obala 18 ; pizzas 5,50-8,90 €). Parmi la dizaine de pizzerias d'Obala, celle-ci sort du lot, avec son immense terrasse, juste au-dessus de l'embarcadère principal.

Papa Chico MEXICAIN €
(677 93 10 ; Obala 26 ; plats 5,90-16,30 € ; 10h-2h). Cette agréable cantina sert une "cuisine mexicaine amusante" (allez comprendre…), dont de fabuleuses fajitas.

Stara Oljka BALKANIQUE €€
(674 85 55 ; Obala 20 ; entrées 5-9,60 €, plats 8,60-24 € ; 10h-0h). Le "vieil olivier" est spécialisé dans les grillades. Admirez les cuisiniers à l'œuvre dans la cuisine ouverte. Grande et séduisante terrasse face à la mer.

Où prendre un verre et sortir

Kavarna Cacao BAR
(674 10 35 ; Obala 14 ; 8h-1h dim-jeu, 8h-3h ven-sam). La palme du café-bar le plus élégant de la côte, avec une fabuleuse terrasse donnant sur la mer.

Kanela Bar BAR
(674 61 81 ; Obala 14 ; 11h-3h). Nichée entre la plage et le Cacao, le "cannelle" est un infatigable bar rock qui veille jusque tard dans la nuit, avec des concerts réguliers.

Auditorium de Portorož AUDITORIUM
(Portorož Avditorij ; 676 67 00 ; www.avditorij.si ; Senčna pot 12 ; billetterie 8h-14h lun-ven). Le principal centre culturel de Portorož, à 200 m de l'arrêt des bus, abrite deux grands théâtres intérieurs et un énorme amphithéâtre en plein air. Il accueille certains spectacles du Festival d'été de Primorska (p. 122), en juillet-août.

Renseignements

Agence touristique Maona (674 03 63 ; Obala 14/b ; 9h-20h lun-sam, 10h-13h et 17h-20h dim juil-août, 9h-19h lun-ven, 10h-

19h sam, 10h-13h dim sept-juin). Succursale de l'excellente agence de Piran.

Atlas Express (☎674 67 72 ; atlas.portoroz@siol.net ; Obala 55 ; ⏲9h-16h lun-ven, 10h-13h sam). Représentant local d'American Express.

Banka Koper (Obala 33). À côté de l'Hotel Slovenija.

Office du tourisme de Portorož (☎674 22 20 ; www.portoroz.si ; Obala 16 ; ⏲9h-20h été, 9h-17h hiver)

Poste (K Stari cesti 1)

Depuis/vers Portorož

BATEAU Il y a une liaison quotidienne entre Portorož et Trieste de mai à septembre.

BUS Il y a toute l'année 2 départs/heure pour Koper (2,30 €, 25 minutes) et Izola (1,80 €, 15 minutes). Parmi les autres destinations, citons Ljubljana (13,20 €, 3 heures 15), Nova Gorica (10,30 €, 3 heures) et Murska Sobota (30 €, 8 heures) desservie par un bus longue distance via Maribor et Celje. Quantité de bus locaux permettent toute la journée de rallier Sečovlje (2 €, 25 minutes) et Strunjan (1,30 €, 15 minutes).

Toute l'année, des minibus effectuent une boucle qui part des campings de Lucija et rallie Piran en passant par le centre de Portorož.

CARNIOLE-INTÉRIEURE (NOTRANJSKA)

Postojna

☎05 / 8 870 HABITANTS / 555 M D'ALTITUDE

Le réseau karstique de Postojna compte parmi les plus grands au monde et c'est l'un des sites les plus visités de Slovénie, accueillant un tiers des visiteurs du pays. Ses ensembles de stalagmites et stalactites sont sans équivalent.

Comme en témoignent les inscriptions vieilles d'il y a sept siècles dans la Galerie des signatures proche de l'entrée, les habitants la visitent de très longue date. Cependant, les visiteurs médiévaux n'en connaissaient qu'une petite partie et ce n'est qu'en avril 1818, lorsque l'on préparait la première visite officielle de la grotte, que fut découvert un nouveau passage, et le spectacle paradisiaque auquel il donnait accès. L'année suivante, l'archiduc Ferdinand d'Autriche inaugurait la première visite guidée de toutes celles qui allaient faire la prospérité touristique de Postojna. Depuis ce jour, les grottes ont accueilli plus de 32 millions de visiteurs.

La ville de Postojna est située dans la vallée de Pivka, au pied du Sovič (677 m). La rivière Pivka et l'entrée de la grotte se trouvent à environ 1,5 km au nord-ouest de la grand-place du centre, Titov trg.

À environ 250 m au sud-ouest de Titov trg se trouve la gare routière de Postojna sur Titova cesta 36. Quant à la gare ferroviaire, elle se situe au sud-est de cette même place (600 m) dans Kolodvorska cesta.

À voir et à faire

Grotte de Postojna GROTTE
(Postojnska Jama ; ☎700 01 00 ; www.postojnska-jama.eu ; Jamska cesta 30 ; tarif plein/enfant/étudiant 22,90/13,70/18,30 € ; ⏲visite ttes les heures 9h-18h été, 3 à 4 fois/jour à partir de 10h tlj hiver). Le système des grottes de Postojna, un ensemble de cavernes, de salles et de passages couvrant quelque 20,6 km et vieux de 2 millions d'années, fut creusé par la Pivka, qui s'engouffre dans un tunnel près de l'entrée de la grotte. La rivière poursuit son périple souterrain, dessinant au passage un ensemble de grottes, pour émerger de nouveau sous la forme de l'Unica.

La visite de 1 heure 30 couvre 5,7 km de grotte, dont 4 km par le train électrique qui dessert la grotte de la **Grande Montagne** (Velika Gora). Un guide vous accompagne ensuite au fil de salles, de galeries et de cavernes. Les commentaires sont assurés en slovène, anglais, allemand ou italien, des audioguides proposant une dizaine d'autres langues.

Ces galeries sèches se parent d'une vaste gamme de stalactites blanches en forme d'aiguilles, d'énormes glaçons ou de fragiles spaghettis. Si les stalagmites revêtent des contours familiers (pêches, choux-fleurs et autres châteaux de sable), certaines évoquent d'étranges colonnes, des piliers ou des rideaux translucides.

En quittant la grotte de Velika Gora, traversez le **Pont russe** construit par des prisonniers de guerre en 1916, pour atteindre les **Belles Grottes** (Lepe Jame). Sur une longueur de 500 m, elles alignent une forêt de fabuleuses stalactites en rubans et de stalagmites de 2 millions d'années (1 mm de stalactite se forme en l'espace de 30 ans). Vous avez alors atteint le point le plus profond de la grotte. De là, un tunnel conduit à la Grotte noire (Črna Jama) et à la grotte de Pivka.

La visite se poursuit au sud avec la salle d'Hiver (Zimska Dvorana), qui renferme

LE PETIT POISSON HUMAIN

Postojna est le royaume du *Proteus anguinus,* ou olm, un poisson aveugle aux allures d'anguille. Ce voisin de la salamandre vit caché dans la plus complète obscurité depuis plus d'un siècle et peut survivre dix ans sans nourriture.

L'historien Valvasor raconte l'effroi et la surprise des habitants lors de la découverte d'un jeune "dragon" dans une source karstique, près de Vrhnika, à la fin du XVIIe siècle. S'ensuivirent diverses évocations de ce "poisson humain" (*človeška ribica* en slovène) à quatre pattes, avant qu'un médecin viennois n'en propose une description scientifique en 1786 et ne lui donne le nom du protecteur des créatures marines dans la mythologie grecque, auquel il accola le terme latin d'*anguinus* (serpent).

Long de 30 cm, doté d'une queue et de quatre courtes pattes, le protée dispose d'un excellent odorat et détecte les champs électriques les plus faibles. Il peut ainsi, en dépit de ses yeux atrophiés et de sa cécité, se déplacer dans l'obscurité, localiser ses proies et communiquer. Le *Proteus* respire au moyen de branchies externes d'un rouge écarlate. Sa peau, totalement dépourvue de pigmentation, est rose à la lumière sous l'effet de la circulation sanguine.

La fraîcheur des grottes obscures ralentit son cycle de vie. Bizarrerie de l'évolution, ses branchies renvoient à un stade de têtard qu'il ne dépasse jamais vraiment, atteignant sa maturité sexuelle à 14 ans. Étrange créature qui fascine les Slovènes depuis des générations et des générations.

la "stalagmite de diamant" et la "colonne du pilier", devenus les emblèmes de la grotte. Pénétrez ensuite dans la **salle des Conférences** (Kongresna Dvorana), la plus vaste du système, qui peut accueillir 10 000 personnes lors de spectacles musicaux – entre Noël et le Nouvel An, une crèche vivante (Jaslice) joue la Nativité. De là, vous reprendrez le petit train pour regagner l'entrée.

Dans cette grotte, la température oscille entre 8 et 10°C, avec un taux d'humidité de 95%. Prévoyez absolument une veste imperméable et une bonne paire de chaussures. Des capes de velours vert sont disponibles à l'entrée moyennant 2,50 €. Le site Internet propose des forfaits, incluant notamment la visite du Proteus Vivarium et du château de Predjama.

Proteus Vivarium — MUSÉE

(www.turizem-kras.si ; adulte/enfant 8/4,80 €, avec grotte 27/16,20 € ; ⏲9h-17h30 mai-sept, 10h30-15h30 oct-avr). Deux cents espèces animales (coléoptères cavernicoles, chauves-souris, hérissons, protées...) sont étudiées au sein du Proteus Vivarium, qui fait partie d'un pôle de recherche spéléo-biologique installé dans la grotte. Ouvert au public, il diffuse une vidéo d'initiation à la zoologie souterraine. Une visite de 45 minutes vous conduit ensuite dans une petite grotte sombre où vous pourrez apercevoir ces timides créatures.

Grotte de Planina — GROTTE

(Planinska Jama ; ☎041 338 696, 756 52 42 ; www.planina.si ; adulte/enfant 6,50/3,50 € ; ⏲visite 17h lun-ven juin-août, 15h et 17h sam, 11h, 15h et 17h dim avr-sept). Située à 12 km au nord-est de celle de Postojna, près de l'imprévisible lac de Planina, la plus grande grotte d'eau douce de Slovénie abrite une faune abondante (dont le *Proteus anguinus*). L'entrée se trouve au pied d'une paroi rocheuse de 100 m de haut. La visite d'une heure permet d'explorer environ 900 m sur 6,5 km de longueur totale. Prévoyez une lampe de poche car l'endroit n'est pas éclairé.

Pour participer à une randonnée spéléo de 3 à 6 heures (30-60 €) et visiter des grottes dans la région (dont celle de Planina), contactez le Sport Hotel.

Autres grottes

Pour plus de renseignements sur les autres grottes au nord de Postojna, adressez-vous à l'office du tourisme, à la grotte de Postojna ou à l'agence Kompas Postojna, en ville. L'entrée de la **grotte de Pivka** (Pivka Jama) et de la **Grotte noire** (Črna Jama ; tarif plein/enfant/étudiant 7/4/6 € ; ⏲9h et 15h juin-août), les plus prisées de la région après Postojna, se trouve à environ 5 km au nord, dans le camping Pivka Jama. Pour atteindre le système, long de 4 km, il faut descendre plus de 300 marches. Un sentier a été creusé dans la paroi d'une gorge, au cœur de la grotte de Pivka, dotée de deux siphons et d'un tunnel. Un pont conduit à la Grotte noire, une grotte sèche dont les concrétions, vous l'aurez compris, sont loin d'être immaculées. Comptez environ 2 heures de visite pour l'ensemble.

Où se loger

Kompas Postojna (☎721 14 80 ; www.kompas-postojna.si ; Titov trg 2a ; ch/pers 18-24 € ; ⏲8h-19h lun-ven, 9h-13h sam été, 8h-17h lun-ven, 9h-13h sam hiver). L'agence propose des chambres en ville (à partir de 18 €/pers) et des séjours à la ferme (à partir de 20 €/pers) à Narin (15 km au sud-ouest) et à Razdrto (11 km plus à l'ouest). Les deux adresses les plus centrales sont Jamska cesta 21 et Kajuhova ulica 20.

Hotel Kras HÔTEL €€
(☎700 23 00 ; www.hotel-kras.si ; Tržaška cesta 1 ; s 68-74 €, d 84-96 €, app 100-120 € ; P, wifi). Surgi des cendres d'un caravansérail décrépit au cœur de la ville, cet établissement dispose de 27 chambres confortables parfaitement équipées. Si vous en avez les moyens, optez pour l'un des appartements au dernier étage (5e), dotés d'une énorme terrasse.

Sport Hotel HÔTEL €€
(☎720 22 44 ; www.sport-hotel.si ; Kolodvorska cesta 1 ; dort 25-35 €, s 55-75 €, d 70-80 €, tr 96-101 € ; P, @). Créé en 1880, cet hôtel d'un assez bon rapport qualité/prix réunit 32 chambres impeccables et de tout confort. Sur le lot, 5 font dortoir (9 lits). On peut préparer son repas dans la cuisine ou bien choisir au restaurant l'un des menus (8-20 €). Laverie (10 €). À 300 m au nord du centre-ville.

Camping Pivka Jama CAMPING €
(☎720 39 93 ; www.venus-trade.si ; Veliki Otok 50 ; adulte 9,90-11,40 €, enfant 7,90-8,90 €, bungalow 4 lits sans/avec cuisine 74-84 /89-99 € ; ⏲avr-oct ; P, piscine). Terrain de 7 ha au milieu des pins, à proximité de la Grotte noire et de celle de Pivka, ce camping propose des bungalows en pierre et en bois, dont certains avec cuisine. Piscine.

Hotel Jama HÔTEL €€
(☎728 24 00 ; www.turizem-kras.si ; Jamska cesta 30 ; s 51-56 €, d 82-92 €, tr 113-128 € ; P). Située à 200 m au sud-est de l'entrée de la grotte de Postojna, cette adresse de 15 chambres rénovées devrait rouvrir mi-2013.

Où se restaurer

Čuk PIZZERIA €
(☎720 13 00 ; Pot k Pivki 4 ; entrées 5-7,50 €, pizzas et pâtes 6-9,50 € ; ⏲10h-23h lun-ven, 11h-0h sam, 12h-23h dim). La pizza est le point fort de ce grand et excellent restaurant au sud-ouest de Titov trg, à proximité de Tržaška cesta. Large choix de plats slovènes.

Pizzeria Minutka PIZZERIA €
(☎720 36 25 ; Ljubljanska cesta 14 ; entrées 4,65-7,50 €, pizzas 5,60-7,20 €, plats 7,50-13,50 €). Plébiscitée par les gens du cru, cette pizzeria avec terrasse prépare aussi des plats plus recherchés. À proximité du Sport Hotel.

Jamski Dvorec INTERNATIONAL €€
(☎700 01 81 ; entrées 6,50-10 €, plats 13,50-22 € ; ⏲9h-18h). Logé dans un stupéfiant bâtiment de style années 1920, près de l'entrée de la grotte de Postojna, le "manoir de la grotte" propose une cuisine internationale sans originalité aucune mais ses menus à 11 et 12 € sont une aubaine appréciée.

Macao CHINOIS €
(☎757 28 88 ; Tržaška cesta 11a ; entrées 1,60-3,20 €, plats 4-9,20 €). N'espérez pas un miracle d'authenticité avec ce minuscule restaurant chinois au nord de la gare routière. Il sert néanmoins son lot de riz et de nouilles.

Où prendre un verre

Pour se rafraîchir le gosier, citons le confortable **Boem Bar** (☎726 13 11 ; Ljubljanska cesta 11 ; ⏲7h-23h lun-jeu, 7h-0h ven-sam, 10h-23h dim) proche du Sport Hotel, et l'animé **Sport Bar** (☎700 23 00 ; Tržaška cesta 1 ; ⏲8h-23h dim-jeu, 8h-2h ven-sam) de l'Hotel Kras.

Renseignements

Banka Koper (Tržaška cesta 1)

Kompas Postojna (☎721 14 80 ; www.kompas-postojna.si ; Titov trg 2a ; ⏲9h-13h sam tte l'année, 8h-19h lun-ven juin-août, 8h-18h lun-ven mai, sept et oct, 8h-17h lun-ven nov-avr). La meilleure source d'informations de la ville. Location de chambres et opérations de change.

Office du tourisme de Postojna (☎720 16 10 ; www.tdpostojna.si ; Jamska cesta 28 ; ⏲8h-16h lun-ven). Dans un kiosque, à deux pas au sud de l'entrée de la grotte de Postojna.

Poste (Ulica 1 Maja 2a)

Depuis/vers Postojna

BUS Des bus reliant Ljubljana à la côte ou à Ajdovščina font halte à Postojna

VAUT LE DÉTOUR

LE CHÂTEAU DE PREDJAMA

Enchâssé dans sa falaise de 123 m de haut, le **château de Predjama** (☎700 01 03 ; www.postojnska-jama.eu ; Predjama 1 ; tarif plein/enfant/étudiant 9/5,40/7,20 € ; ⏲9h-19h été, 10h-16h hiver), non loin de Postojna, a tout de la forteresse inexpugnable. Construit sur 4 niveaux au fil des années qui suivirent la date de 1202, il nous apparaît aujourd'hui dans son habit du XVIe siècle.

Et rien ne lui manque pour combler les rêves des enfants de tout âge : le pont-levis enjambant un cours d'eau déchaîné, des meurtrières au niveau de la herse pour déverser de l'huile brûlante sur les intrus, un donjon bien humide, une malle aux trésors du XVIe siècle (découverte dans la cave en 1991), sans oublier l'inquiétante **alcôve d'Érasme** perchée tout en haut.

Parfait Robin des Bois volant les riches pour donner aux pauvres, Érasme Lueger, baron-brigand du XVe siècle, prit le parti des Hongrois dans les guerres qui les opposèrent aux Autrichiens. Il se terra dans le château de Predjama et poursuivit ses audacieuses opérations en utilisant un passage secret qui débouchait derrière la paroi rocheuse. En 1484, l'armée autrichienne assiégea le château, lequel se révéla imprenable. Érasme se joua de ses assaillants, les humiliant d'une pluie de cerises bien mûres. Cependant, les Autrichiens finirent par avoir le dernier mot, atteignant l'insolent d'un boulet de canon alors qu'il trônait au petit coin. Une fin bien infâme pour un si flamboyant personnage.

À la mi-juillet, le château organise le **tournoi d'Érasme**, une journée médiévale avec duels, joutes et tir à l'arc.

La **grotte** sur laquelle le château de Predjama est bâti est un réseau de galeries qui s'étend sur 6 km et 4 niveaux. Les visiteurs ordinaires peuvent en explorer 900 m ; les visites plus longues sont possibles sur rendez-vous. La modeste **Gostilna Požar** (☎751 52 52 ; Predjama 2 ; repas à partir de 11 € ; ⏲10h-22h jeu-mar, tlj août) jouxtant la billetterie jouit d'une vue splendide sur le château.

Il existe un billet combiné offrant l'accès au château et aux grottes de Postojna.

(6 €, 1 heure, 53 km, ttes les heures). Parmi les autres destinations, citons Cerknica (3,10 €, 30 minutes, 24 km, 6 bus/jour en semaine), Koper (6,90 €, 1 heure 5, 68 km, 4 à 7 bus/jour), Nova Gorica (6,70 €, 1 heure 30, 63 km, 5 à 8 bus/jour), Piran (8,30 €, 1 heure 30, 86 km, 3 à 4 bus/jour), ainsi que Snežnik et Stari Trg pri Ložu (8 €, 2 heures, 88 km, départ à 14h10 en semaine).

Au rang des destinations internationales, des bus partent à 6h50 du lundi au vendredi et à 7h40 du lundi au samedi pour Trieste (5,70 €, 1 heure 15, 52 km) ; il y a des départs tous les jours à 20h35 pour Rijeka (11 €, 1 heure 30, 82 km) et Split (37,50 €, 9 heures 30, 474 km) en Croatie ; un bus démarre à 15h04 le mardi et le jeudi pour Banja Luka (29,90 €, 6 heures, 378 km), la capitale de la République serbe de Bosnie.

TRAIN Postojna est située sur l'axe principal qui relie Ljubljana (4,90 €, 1 heure , 67 km), Sežana et Trieste via Divača (2,90-4,45 €, 40 minutes, 37 km). Une journée suffit pour visiter les grottes au départ de la capitale slovène, une vingtaine de trains effectuant quotidiennement l'aller-retour. Pour Koper (5,90-10,30 €, 1 heure 30, 86 km), il existe jusqu'à 7 trains/jour.

Comment circuler

BUS Les bus pour la grotte de Postojna et le château de Predjama partent de la gare ferroviaire de Postojna à 10h30, 12h, 14h30 et 16h10. Le bus est gratuit mais les voyageurs munis d'un billet de train ont priorité. Le dernier bus part du château à 16h40 et de la grotte à 17h05.

TAXI Pour obtenir un taxi à Postojna, composez le ☎031 777 974 ou le ☎041 752 751.

VÉLO Le Sport Hotel (p. 137) loue des VTT (9/15 € la demi-journée/journée).

Cerknica et ses environs

☎01 / 3 890 HABITANTS / 559 M D'ALTITUDE

Sise au bord d'un lac qui n'en est pas un, Cerknica joue les vedettes grâce à ce phénomène naturel parmi les plus insolites de Slovénie. La ville constitue un excellent camp de base pour explorer la gorge de Rakov Škocjan et le parc régional de Notranjska.

Cerknica se situe à environ 3 km au nord du lac de Cerknica. Cesta 4 Maja constitue l'axe principal du centre-ville. La gare routière se trouve sur Čabranska ulica, quelque 100 m au sud-ouest, derrière la poste.

À voir

Lac de Cerknica LAC

Depuis la nuit des temps, le lac intermittent de Cerknica (Cerniško Jezero) laisse l'observateur perplexe, apparaissant puis disparaissant avec les saisons.

Cerknica est un *polje*, une plaine située au-dessus d'une grotte karstique effondrée parsemée de trous, tel un gruyère. Ce poljé est alimenté par la Stržen, une rivière intermittente, et par des eaux souterraines provenant du plateau de Bloke et du mont Javornik. Durant les saisons pluvieuses, généralement en automne et au printemps, ces eaux affluent dans le poljé. Lorsque l'eau filtre à travers les rochers, les entonnoirs et les siphons ne parviennent plus soudain à en assurer l'écoulement souterrain, et c'est alors que le poljé devient lac, parfois en moins d'une journée.

Si le lac de Cerknica peut atteindre une superficie de 29 km^2, il ne compte jamais plus de quelques mètres de profondeur. Une fois rempli, il devient une importante zone humide, attirant quelque 250 espèces d'oiseaux chaque année. En période sèche (de juillet à septembre, voire plus tard), les fermiers mènent le bétail paître dans le poljé.

Le lac commence véritablement à hauteur du village de Dolenje Jezero, à 2,5 km au sud de Cerknica. Le **musée du Lac** (Muzej Jezerski Hram ; ☎041 561 870, 709 40 53 ; www.jezerski-hram.si ; Dolenje Jezero 1 ; adulte/enfant 6/5 € ; ⏲démonstration 15h sam avr-oct) qui s'y trouve permet de comprendre le phénomène grâce à une maquette animée de 5 m sur 3 m (échelle : 1/2 500). Un exposé de 45 minutes et une vidéo montrent le fonctionnement du système hydrogéologique souterrain et l'évolution du lac au fil des quatre saisons. Les traditions de pêche locale et de construction de bateaux font également l'objet d'une exposition bien documentée.

Rakov Škocjan GORGE

La zone protégée de Rakov Škocjan est une gorge qui s'étire sur 6 km à environ 5 km à l'ouest de Cerknica. En chemin pour la grotte de Planina, où elle devait rejoindre la rivière Rak, la Pivka a taillé 2,5 km de cavités, de grottes, de sources, ainsi que le **Veliki Naravni Most** (grand pont naturel) et le **Mali Naravni Most** (petit pont naturel). Entourée par le parc régional de Notranjska, cette région offre de nombreux circuits de randonnée et de vélo. Au sud se dresse le massif de Snežnik-Javornik, dominé par le **Veliki Javornik** (1 268 m).

Activités

À 2 km au sud-ouest de Cerknica, la **ferme Kontrabantar** (☎709 22 53 ; Dolenja Vas 72 ; 10 €/heure ; ⏲12h-22h jeu-dim), située à Dolenja Vas, invite à monter ses chevaux tout en louant l'équipement nécessaire à tout cavalier.

L'Hotel Rakov Škocjan (ci-dessous) organise nombre d'activités, de la **randonnée** (à partir de 20 €/personne) avec guide à la **spéléologie** (à partir de 23 €), en passant par le **vélo** et la **pêche à la mouche**, dans le parc régional de Notranjska. Entre autres formules, il en est une à 38 € par personne et par jour comprenant hébergement en chambre double, demi-pension, vélo et excursion à la grotte de Križna. Demandez la brochure *Rakov Škocjan and the Nature Trail*.

Le **sentier de montagne de Cerknica** mène de Cerknica à la zone très boisée du Veliki Javornik, au sud-ouest. De là, vous pouvez vous accorder un détour de 2 heures environ jusqu'à la gorge de Rakov Škocjan. Sinon, le sentier longe la rive sud du lac de Cerknica et se poursuit au nord-est jusqu'à **Križna Gora** (857 m) et sa **grotte**. Il continue ensuite vers le nord-ouest en direction de **Slivnica** (1 114 m), qui abrite la pension montagnarde Dom na Slivnici (p. 140). Le lendemain, repartez vers le nord/nord-ouest jusqu'à **Stražišče** (955 m), puis poursuivez sur la route principale sur 3 km jusqu'à Cerknica, au sud.

Fête

Pustni Karneval CARNAVAL

(www.cerknica.net/pust ; ⏲fin fév-début mars). Cerknica est réputée pour son Pustni Karneval, qui se déroule pendant quatre jours autour du week-end précédant le mercredi des Cendres (fin février/début mars). Ce carnaval voit défiler un joyeux cortège de participants masqués, taquinés par des jeunes gens armés de fourches.

Où se loger et se restaurer

♥ **Hotel Rakov Škocjan** PENSION €€

(☎051 310 477, 709 74 70 ; www.rakov-skocjan.si ; Rakov Škocjan 1 ; s/d/tr 45/76/106 € ; P@). Au cœur du parc régional de Notranjska (soit à 7 km à l'ouest de Cerknica), cet établissement de 13 chambres constitue un point de chute idéal pour un séjour

CONTES D'UNE SOMBRE PROVINCE

Si les contes folkloriques slovènes regorgent de fées, de sorcières et d'étranges phénomènes nocturnes, les histoires les plus répandues content les prouesses de "super-héros" qui triomphent de leurs vils ennemis grâce à un caractère bien trempé et une force peu commune.

Parmi les récits les plus populaires figurent les exploits d'un certain Martin Krpan, héros du plateau de Bloke, en Carniole-Intérieure. Les traits de ce personnage, hors-la-loi au grand cœur poursuivi par la garde impériale pour un trafic de sel, nous sont familiers. Lors de son arrestation, Krpan démontra sa force surnaturelle devant l'empereur à Vienne en soulevant et en portant son propre cheval (une scène immortalisée par une statue dans le centre de Cerknica).

Comprenant la chance que représentait ce puissant géant, l'empereur chargea Martin Krpan de défier Berdavs, terreur locale et incarnation du maraudeur turc. Le géant triompha et trancha la tête de Berdavs de sa hache magique – hache assortie d'un manche en tilleul, le bois emblématique de la Slovénie. La cour impériale l'affranchit dès lors de toute taxe pour transporter et vendre du sel.

dynamique. Sauna, excellent restaurant (plats 7,70-15 €) spécialisé dans le gibier, avec barbecue extérieur et terrasse durant la belle saison.

Dom na Slivnici PENSION €
(☎041 518 108, 709 41 40 ; s/d 28,60/44 € ; ⏱tlj mai-sept, sam-dim oct-avr ; Ⓟ). Au pied du mont Slivnica, cette pension sise à 1 075 m d'altitude et à 8 km à l'est de Cerknica est accessible à pied ou en voiture. D'une capacité de 12 lits répartis dans 5 chambres, elle présente aussi l'avantage d'accueillir un restaurant apprécié.

Valvasorjev Hram SLOVÈNE €
(☎709 37 88 ; Partizanska cesta 1 ; plats 6-10 € ; ⏱8h-23h lun-sam, 15h-22h dim). Ce restaurant modeste face à l'office du tourisme sert des plats roboratifs comme la *jota* (soupe de haricots) ou la *klobasa* (saucisse), ainsi que de la pizza. Il possède sa propre cave à vins et une terrasse extérieure aux beaux jours.

ℹ Renseignements

Nova Ljubljanska Banka (Cesta 4 Maja 64). Dans le centre commercial Imam.

Office du tourisme de Cerknica (☎031 465 707, 709 36 36 ; tdrustvo@volja.net ; Cesta 4 Maja 51 ; ⏱8h-15h30 lun-ven, 8h30-13h sam)

Parc régional de Notranjska (Notranjski Regijski Park ; ☎059 091 612 ; www.notranjski-park.si ; Tabor 42 ; ⏱sur RV). Réception de ce parc régional de 22 ha, à 100 m au nord de l'office du tourisme.

Poste (Cesta 4 Maja 52). Voisine de l'office du tourisme.

SKB Banka (Partizanska cesta 1). Juste à côté de Valvasorjev Hram.

ℹ Comment y aller et circuler

Une demi-douzaine de bus quittent chaque jour Cerknica pour Ljubljana (6 €, 1 heure 15) et Postojna (2,70 €, 30 minutes). Jusqu'à 6 bus quotidiens desservent la gare ferroviaire de Rakek (1,80 €, 10 minutes) et Stari Trg pri Ložu (2,70 €, 30 minutes). Tous les jours, 2 bus traversent la frontière croate à destination de Prezid (4,10 €, 1 heure).

L'Hotel Rakov Škocjan loue des vélos et des VTT moyennant 3/15 € par heure/jour.

Vallée de Lož

☎01 / 593 M

Au creux de la vallée de Lož, au sud-est de Cerknica, se cache le **château de Snežnik** (Grad Snežnik ; ☎705 78 14 ; www.nms.si ; Kozarišče 67 ; adulte/enfant 4/3 € ; ⏱visite ttes les heures 10h-19h mar-dim avr-sept, 10h-16h mar-dim oct-mars). Cette forteresse Renaissance du XVIe siècle, récemment restaurée et entourée d'un beau parc, est l'une des plus belles et des mieux situées de Slovénie.

L'entrée se fait par une double barbacane assortie d'un pont-levis et de douves. Héritage de la famille Schönburg-Waldenburg, qui acquit le château en 1853 et s'en servit comme résidence d'été et pavillon de chasse jusqu'à la Seconde Guerre mondiale, mobilier d'époque et portraits décorent les quatre étages.

Le château est si isolé qu'il faut un véhicule pour le visiter. À défaut, prenez un bus de Cerknica à Stari Trg pri Ložu (jusqu'à 6/jour) et terminez par une marche de 4 km.

Si quantité de grottes slovènes se laissent explorer à pied, seule celle de **Križna** (☎041

632 153 ; www.krizna-jama.si ; adulte/enfant 7/4,50 € ; ⌚visite 11h, 13h, 15h et 17h juil-août, 11h, 13h et 15h sept, 15h sam-dim avr-juin) vous offre une balade souterraine en bateau. Située à 7 km au nord du château de Snežnik, environ 1 km après avoir quitté la route principale de Cerknica, cette grotte humide est l'une des plus belles au monde. Longue de 8,8 km, elle compte 22 lacs souterrains aux eaux vert et bleu, ainsi qu'une "forêt" unique de stalagmites près de l'entrée. La partie sèche de la grotte, qui offre une brève excursion en bateau, peut se visiter sans réservation.

Si vous réservez, vous pourrez aller jusqu'à la salle de Kalvarija en canot pneumatique, traversant 13 lacs au passage (selon la taille du groupe, 45-65 € tout compris, 4 heures pour la visite de la grotte dans son intégralité).

Basse-Carniole et Carniole-Blanche

Dans ce chapitre »

Pourquoi y aller

Région paisible, la Basse-Carniole (Dolenjska) déroule au fil de la Krka ses collines coiffées d'églises au toit rouge, ses vignobles et ses forêts préservées. C'est l'endroit rêvé pour découvrir la nature slovène, tant à pied sur les sentiers européens de grande randonnée E6 et E7 qui la traversent qu'en kayak ou canoë sur les eaux de la Krka. Mais ce serait oublier le vélo, roi sur ces terres où l'on vient prendre les eaux depuis des siècles.

Séparée de la Basse-Carniole par le superbe massif de Gorjanci, la Carniole-Blanche (Bela Krajina) doit son nom aux innombrables parcelles de bouleaux qui la couvrent. Cette région offre un concentré exceptionnel de traditions slovènes. C'est d'ailleurs l'endroit où les danses et musiques folkloriques restent le plus répandues.

Le top des restaurants

- » Gostilna Kmečki Hram (p. 158)
- » Grad (p. 161)
- » Oštarija Debeluh (p. 160)
- » Hotel Bela Krajina (p. 163)

Le top des hébergements

- » Hotel Balnea (p. 150)
- » Hostel Situla (p. 153)
- » Gostilna Kmečki Hram (p. 158)
- » Ferme Šeruga (p. 155)

Quand partir

Novo Mesto

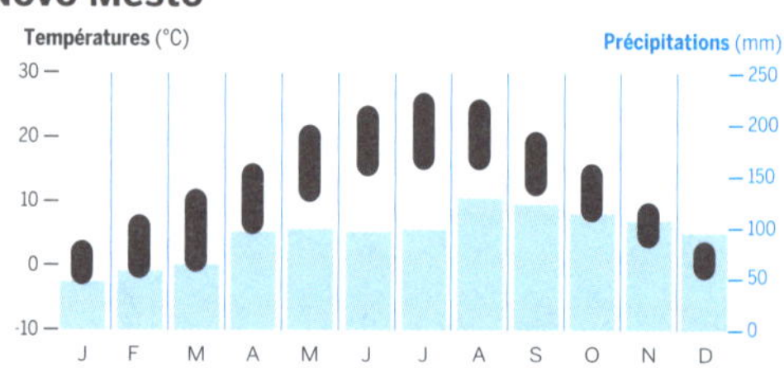

Mars-mai Avec le printemps, les températures montent et invitent à la balade.

Juin-sept Le soleil est un bon allié pour pagayer sur les eaux fraîches de la Kolpa.

Sept-oct Après les grosses chaleurs de l'été, il fait bon sillonner les pistes cyclables.

BASSE-CARNIOLE (DOLENJSKA)

Parmi les mieux conservés de Slovénie, le patrimoine architectural des rives de la Krka, châteaux et monastères, fait la fierté de cette terre aux *toplarji* (séchoirs à foin doubles) emblématiques.

Peuplée de longue date, la Basse-Carniole (Dolenjska) porte de nombreux vestiges de la civilisation de Hallstatt (premier âge du fer), notamment près de Stična, Šmarjeta et Novo Mesto. Intégrée ensuite dans la province romaine de Pannonie supérieure, elle bénéficie de ce fait du réseau routier tracé par l'Empire romain. Au Moyen Âge, la population se resserre le long de la rivière, autour des nombreux châteaux, tels ceux de Žužemberk et d'Otočec, alors que des monastères s'établissent à Stična, à Kostanjevica na Krki et vers Šentjernej. La fin du Moyen Âge marque le déclin de cette province jusqu'à l'apparition du chemin de fer entre Novo Mesto et Ljubljana à la fin du XIXe siècle.

Ribnica et ses environs

☎01 / 9 333 HABITANTS / 492 M D'ALTITUDE

Ribnica est le plus ancien et le plus important site de peuplement de l'ouest de la Basse-Carniole. Tapissée de bois, creusée de rivières souterraines et habitée par l'ours brun, la région alentour porte le nom de Kočevsko. Pour se retrouver comme aux premiers jours de la Création dans les profondes forêts du Kočevski Rog, Ribnica offre le meilleur camp de base.

Škrabčev trg, la grand-rue, longe la berge est de la minuscule Bistrica. Les bus s'arrêtent devant l'église paroissiale Saint-Étienne.

À voir

Château de Ribnica CHÂTEAU

(Ribniški Grad ; Gallusovo nabrežje 1). Agrandi au fil des siècles qui suivirent sa construction au XIe siècle, l'édifice n'a pas résisté aux bombardements de la Seconde Guerre mondiale en dehors d'une partie de sa muraille et de deux tours édifiées à la Renaissance. Aujourd'hui, le château abrite une petite **collection ethnographique** (☎041 390 057, 835 03 76 ; www.muzej-ribnica.si ; tarif plein/enfant et étudiant/senior 2,50/1,70/2,10 € ; ⏲10h-13h et 16h-19h mar-dim) sur l'artisanat traditionnel de la région. En effet, la Basse-Carniole est célèbre dans tout le monde germanique pour ses objets en bois, les *suha roba*.

Église paroissiale Saint-Étienne ÉGLISE

(Župnijska Cerkev Sv Štefana ; Škrabčev trg). De fondation plus ancienne, ce sanctuaire de 1868 doit ses deux tours pyramidales époustouflantes à Jože Plečnik, qui les dessina en 1960 en remplacement de celles d'origine détruites pendant la Seconde Guerre mondiale.

Maison Šekliček ÉDIFICE HISTORIQUE

(Štekličkova Hiša ; Škrabčev trg 16). Face à l'église paroissiale se dresse le bâtiment de ce qui fut l'une des plus fameuses écoles de la région depuis le XVe siècle. Le poète et patriote France Prešeren y fut élève de 1810 à 1812.

Maison Miklova GALERIE

(Miklova Hiša ; ☎835 03 76 ; Škrabčev trg 21 ; ⏲8h-16h lun-ven). Ce beau bâtiment crème et blanc de 1858 abrite les bureaux du musée (collections exposées au château), un espace d'exposition d'art contemporain et la bibliothèque municipale.

Activités

Ribnica est le point de départ de nombreuses randonnées. Un sentier bien balisé de 4,5 km mène au nord de la ville jusqu'au sommet de **Stene Sv Ana** (963 m) d'où l'on jouit d'un superbe panorama sur la vallée. Demandez la brochure *Natural Heritage of Ribnica* à l'office du tourisme.

Depuis le centre récréatif de Jasnica (sur la route de Kočevje), un chemin plus difficile rejoint le sentier alpin de Ribnica, à 6 km au nord, relié au sentier européen de grande randonnée E7, à 5 km à l'ouest de Velike Lašče.

Événement

Foire aux objets en bois et à la poterie MARCHÉ D'ARTISANAT

(Ribniški Semenj Suhe Robe, Lončarstva ; www.ribnica.si ; ⏲sept). La plus importante manifestation de Ribnica, le 1er dimanche de septembre, souligne la renommée séculaire de Ribnica pour son artisanat de bois.

Où se loger

Pri Boltetnih PENSION €

(☎836 02 08, 041 898 034 ; bernarda.arko@gmail.com ; Dane 9 ; 24 €/pers ; P@). Les 3 chambres de cette ferme engageante de Dane, un village perdu à 4 km à l'ouest de Ribnica, sont certainement les meilleures du coin.

À ne pas manquer

1 La découverte à vélo de la pittoresque **vallée de la Krka** (p. 148) par les toutes petites routes.

2 Le repaire des partisans de la **Base 20** (p. 151), au fin fond des forêts du plateau karstique de **Kočevski Rog.**

3 Un hommage au grand humaniste de la Renaissance Valvasor en son **château de Bogenšperk** (p. 148).

4 Toute l'âme slovène en fête à Črnomelj pour le festival de **Jurjevanje** (p. 165), mi-juin.

5 La descente en eaux vives de la **Kolpa** (p. 167), de Stari Trg à Vinica.

6 La musique folklorique de Carniole-Blanche, en particulier autour d'**Adlešiči** (p. 167).

5
BASSE-STYRIE
Save
Zidani Most
Radeče
Kozjansko
Senovo
Boštanj
Sevnica
Orlica
Brestanica
Save
Posavje
Krško
Mirna
Mokronog
Région viticole
de Bizeljsko-Sremič
Dobova
Brežice
E70
Terme Čatež
H1
Šmarjeta
Krka
Dolnja
Prekopa
Šmarješke Toplice
Družinska Vas
Château de Mokrice
Kostanjevica
na Krki
Obrežje
Grotte
de Kostanjevica
Trška Gora
Otočec ob Krki
Šentjernej
Château
de Kostanjevica
Mačkovec
Ratež
Monastère
de Pleterje
Massif de Gorjanci
Straža
Velike
Brusnice
Novo
Mesto
Soteska
Gospodična
(828 m)
Trdinov Vrh
(1 178 m)
Dolenjske Toplice
Podturn
CROATIE
Sušica
Uršna Sela
Base 20
105
2
Kočevski Rog
Jastrebarsko
Drašiči
Vinomer
Semič
Rosalnice
Božakovo
Mirna Gora
(1 047 m)
Metlika
CARNIOLE-
BLANCHE
Rožanec
4 Črnomelj
Kanižarica
Dragatuš
Adlešiči 6
5 Kolpa
Karlovac
Žuniči
Parc naturel
de la Lahinja
Vinica

Izlaty AUBERGE €

(☎041 373 550, 836 45 15 ; lauryka_1@gmail.com ; Prigorica 115 ; s/d à partir de 20/30 € ; P). Cette petite *gostilna* (restaurant-auberge) à 4 km au sud-est de Ribnica sur la route de Kočevje, loue des chambres basiques mais confortables.

Où se restaurer et prendre un verre

Gostilna Mihelič BALKANIQUE €

(☎836 31 31 ; Škrabčev trg 22 ; entrées 4,50-8,50 €, plats 7,50-16,50 € ; ⏲9h-22h mar-ven, 9h-23h sam, 8h-17h dim). En face de l'église Saint-Étienne, ce vieil établissement aux plafonds voûtés en brique est l'une des rares adresses centrales servant de vrais repas à Ribnica. Excellentes viandes grillées à la mode des Balkans (5-7,50 €).

Pizzerija Harlekin PIZZERIA €

(☎836 15 32 ; Gorenjska cesta 4 ; pizzas 4-6 € ; ⏲10h-23h lun-sam, 10h-22h dim). Une adresse pratique au nord du centre pour se rassasier d'une pizza ou d'une salade.

Amadeus Pub PUB

(☎051 341 042 ; Škrabčev trg 25 ; ⏲7h-23h lun-jeu, 7h-0h ven-sam, 9h-23h dim). Les jeunes de Ribnica se donnent rendez-vous dans ce café-pub convivial voisin de l'office du tourisme.

Renseignements

Nova Ljubljanska Banka (Škrabčev trg 11). Au sud-est de l'église Saint-Étienne.

Office du tourisme de Ribnica (☎051 415 429, 836 93 35 ; www.miklovahisa.si ; Škrabčev trg 23 ; ⏲9h-19h lun-ven, 8h-12h sam, 10h-14h dim juil-août uniquement). Vente de *suha roba* (articles en bois) et de poteries typiques.

Poste (Kolodvorska ulica 2)

Comment s'y rendre et circuler

Il y a au moins un bus par heure pour Ljubljana (5,60 €, 1 heure), au nord, et pour Kočevje (2,70 €, 30 minutes), au sud. Les rares bus pour Sodražica (1,80 €, 15 minutes) permettent de rallier Nova Štifta.

Nova Štifta

☎01 / 625 M D'ALTITUDE

Lieu de pèlerinage majeur en Slovénie, l'**église de l'Assomption** (Cerkev Marije Vnebovzete ; ☎041 747 188, 836 99 43 ; Nova Štifta 3 ; ⏲10h-12h et 14h-18h) de Nova Štifta se trouve dans les contreforts de la Velika Gora, à 6 km à l'ouest de Ribnica. Cet édifice baroque achevé en 1671 a une forme octogonale inhabituelle.

À l'intérieur, la chaire et les autels dorés sautent aux yeux. Dans la cour, en face du monastère franciscain (où est gardée la clé de l'église), trônent un superbe *toplarji* ancien et un vénérable tilleul du XVIIe siècle, où se cache en hauteur une cabane centenaire.

Pension située 905 m plus haut, **Dom na Travni Gori** (☎836 63 33 ; travna.gora@gmail.com ; Ravni Dol 43 ; 18 €/pers) offre la possibilité de se restaurer à moins d'une heure du monastère (par le chemin qui part en face), voire d'y passer la nuit (9 lits).

Stična

☎01 / 780 HABITANTS / 357 M D'ALTITUDE

Plus ancien monastère fondé en Slovénie, Stična est l'un des monuments religieux et culturels les plus importants du pays. À 35 km de Ljubljana, l'abbaye cistercienne peut faire l'objet d'une excursion sur la journée.

Stična et la gare ferroviaire d'Ivančna Gorica, au sud, sont séparés par 2,5 km. L'arrêt des bus interurbains se trouve précisément sur Sokolska ulica, devant la gare.

À voir

Abbaye cistercienne de Stična ABBAYE

(Cistercijanska Opatija Stična ; ☎041 689 994, 787 78 63 ; www.mks-sticna.si ; Stična 17 ; tarif plein/étudiant/senior/famille 4,50/2/3/7 € ; ⏲visites 8h30, 10h, 14h et 16h mar-sam, 14h et 16h dim). Établie en 1136 par les cisterciens (célèbres pour leur vœu de silence), cette abbaye fut pendant des siècles le centre religieux, économique, éducatif et culturel le plus important de Basse-Carniole. Une quinzaine de prêtres et de moines y vivent actuellement.

L'entrée du monastère fortifié, combinaison incroyable d'architectures romane, gothique, Renaissance et baroque, donne à l'est, de l'autre côté d'un petit ruisseau. Initialement, on accédait au monastère par le nord comme en témoigne, au nord de la cour baroque, le bâtiment Renaissance du tout début du XVIIe siècle, ancienne prélature qui accueillait les cavaliers de haut rang. Il abrite aujourd'hui le **musée de la Chrétienté en Slovénie** (Muzej Krščanstva na Slovenskem), riche en mobilier liturgique comme en peintures, manuscrits (fac-similés pour les plus précieux, les fameux manuscrits de Stična), témoins matériels de la vie agricole et économique du domaine cistercien.

Du côté ouest de la cour, l'**abbatiale** (1156) romane à contreforts fut bâtie sur un plan à trois nefs sous la direction d'un maître d'œuvre français, puis remise au goût baroque aux XVIIe et XVIIIe siècles. À l'intérieur, remarquez la pierre tombale Renaissance en marbre rouge de l'abbé Jakob Reinprecht dans le transept nord et l'orgue bleu orné de 8 anges (1747) dans le chœur. Les stations du chemin de croix peint en 1766 par le Carnolien Fortunat Bergant constituent le trésor de l'abbatiale.

Au sud de l'église, le cloître de conception romane marque la transition vers le gothique avec ses voûtes d'arêtes ornées de fresques représentant les prophètes, des scènes de l'Ancien Testament et des sujets allégoriques. Les visages en pierre sculptée du côté ouest devaient refléter les émotions et les vices des humains.

Au sud du cloître, le réfectoire à plafond rose du XVIIIe siècle et stucs blancs est typiquement baroque. Le monastère roman fut prolongé à l'ouest par l'**abbaye de Neff**, construite au milieu du XVIe siècle par l'abbé Volbenk Neff. Un très rafraîchissant décor végétal semé de fleurs, de baies et d'oiseaux orne le vestibule.

Les cisterciens vendent leur production (miel, vin, tisanes, liqueurs) dans une petite boutique à l'entrée de l'abbaye.

Où se loger et se restaurer

Grofija PENSION €
(☎787 81 41 ; www.grofija.com ; Vir pri Stični 30 ; 28-32 €/pers ; P). Cette ferme du XIXe siècle baptisée "Comté" loue 4 jolies chambres, à 2 km sur une route sinueuse au sud-est de l'abbaye cistercienne. Si vous allez taper la balle sur le court de tennis, sachez qu'en 800 av. J.-C. vivaient non loin de là des artisans du premier âge du fer.

Krjavel PIZZERIA €
(☎051 367 330, 787 71 10 ; Ljubljanska cesta 38 ; pizzas 5,60-6,40 €, plats 4,80-12 € ; ⏲10h-23h juin-sept, 9h-22h lun-sam, 11h-21h dim oct-mai). À 150 m au nord-est de la gare d'Ivančna Gorica, cette adresse simple au bord de la route pour l'abbaye vous propose des spécialités locales et d'honorables pizzas.

Depuis/vers Stična

BUS Une douzaine de bus en semaine – un peu moins le week-end – desservent chaque jour Stična depuis Ljubljana (4,70 €, 1 heure).

TRAIN Ivančna Gorica se trouve sur la ligne Ljubljana-Novo Mesto-Črnomelj-Metlika. Ne comptez pas moins de 14 trains quotidiens en provenance de la capitale (2,90 €, 1 heure) et autant à destination de Novo Mesto (2,90 €, 50 minutes).

VALVASOR, L'HOMME DE LA RENAISSANCE SLOVÈNE

La plupart de nos connaissances sur l'histoire, la géographie, la culture et le folklore slovènes avant le XVIIe siècle proviennent des écrits de Janez Vajkard Valvasor, plus particulièrement de son ouvrage *La Gloire du duché de Carniole*.

Issu d'une famille noble de Bergame, Valvasor naquit en 1641 dans la vieille ville de Ljubljana, dont il fréquenta le collège jésuite avant de voyager 14 ans durant à travers l'Allemagne, l'Italie, l'Afrique du Nord, la France et la Suisse. Puis il se joignit à la vingtaine de volontaires partis rejoindre le comte hongrois Nikola Zrinski dans la guerre contre les Turcs. Autant d'années où il recueillit des données sur les phénomènes naturels (tels que ceux du monde karstique) et les coutumes locales, ainsi que des livres, des dessins, des minéraux et des monnaies.

En 1672, Valvasor s'installa avec ses livres et ses précieuses collections au château de Bogenšperk, où il se consacra à l'écriture et à des expériences scientifiques (dont de l'alchimie). En 1689, il rédigea son ouvrage majeur, *La Gloire du duché de Carniole*. Avec ses 4 volumes, ses 3 500 pages et ses 535 cartes et gravures sur cuivre, c'est l'une des œuvres les plus complètes publiées en Europe avant les Lumières – cette mine d'informations sur le patrimoine slovène fait d'ailleurs toujours l'objet d'études et de recherches.

Mais Valvasor ne profita jamais du succès de ses œuvres. La publication à ses frais de cet énorme ouvrage le ruina, et il dut quitter Bogenšperk en 1692 pour mourir un an après sur les rives de la Save, à Krško, 65 km à l'est.

Château de Bogenšperk

☎01 / 412 M D'ALTITUDE

Le **château de Bogenšperk** (Grad Bogenšperk ; ☎041 703 992, 898 76 64 ; www.bogensperk.si ; Bogenšperk 5 ; tarif plein/enfant et étudiant/senior 3,50/2,50/2,70 € ; ⏲visites toutes les heures 10h-18h mar-sam, 10h-19h dim juil-août, horaires réduits sept-juin) est à bien des égards l'équivalent séculier de l'abbaye cistercienne de Stična. C'est ici que Janez Vajkard Valvasor (1641-1693, voir p. 147) passa les deux décennies les plus prolifiques de sa vie.

Dans ce château Renaissance du XVIe siècle acheté en 1672 à la noble famille Wagen, Valvasor installa sa presse à imprimer, son atelier de gravure et son importante bibliothèque. Mais vingt ans plus tard il dut revendre son bien en raison des dettes colossales qu'il avait amassées pour la publication de son œuvre.

Cet édifice Renaissance à cour centrale rectangulaire encadré de quatre tours (la quatrième brûla au XIXe siècle), abrite un musée consacré au grand homme, à son œuvre et à la culture slovène. La bibliothèque de Valvasor accueille aujourd'hui les mariages civils, mais son bureau à colonnes noires se détachant sur le blanc des voûtes et le parquet ciré paraît inchangé. Sont exposés dans les autres salles cartes et gravures originales de l'érudit, une série en quatre volumes de sa célèbre œuvre, une presse à imprimer en état de marche et des trophées de chasse, dont un ours brun de 360 kg. Le folklore, les superstitions et la médecine traditionnelle ne manquent pas non plus d'intérêt.

Une voiture, ou un vélo, est nécessaire pour gagner Bogenšperk depuis Ivančna Gorica. Des trains relient Ljubljana à Litija (2,90-4,50 €, 30 minutes, jusqu'à 12 trains/jour), située à quelque 7 km pentus au nord de Bogenšperk.

Vallée de la Krka

Jaillie d'une grotte karstique au sud-ouest de Stična, près du village de Trebnja Gorica, la Krka s'écoule en direction du sud-est avant d'orienter son cours vers l'est pour venir grossir la Save, près de Brežice. C'est la plus longue voie navigable de Basse-Carniole (94 km) et l'une des rivières les plus propres de Slovénie.

GROTTE DE LA KRKA

☎01 / 268 M D'ALTITUDE

À 2 km de la route principale et au sud-est du village de Trebnja Gorica, la **grotte de la Krka** (Krška Jama ; ☎041 276 252 ; www.tdkrka.si ; billetterie Krka 4 ; adulte/enfant 2,50/1,60 € ; ⏲visites toutes les heures 14h-17h sam-dim

VAUT LE DÉTOUR

LE LONG DE LA KRKA

Si vous disposez d'un moyen de locomotion, ce circuit en Basse-Carniole par la route n°216 qui longe la Krka vous fera découvrir tout le pittoresque trajet que suit ce cours d'eau entre églises historiques, imposants châteaux et grottes. Rares sont les bus reliant Ljubljana à Novo Mesto via Dolenjske Toplice à emprunter, mais il en existe quelques-uns.

Le trajet commence à 9 km au sud d'**Ivančna Gorica**, dans le village de **Krka**. C'est dans l'une de ses deux **grottes** que la Krka prend sa source. Les tours du puissant château, 13 km plus loin, annoncent **Žužemberk**, sur laquelle veille de la hauteur l'imposante **église paroissiale Saints-Mohor-et-Fortunat** (Župnijska Cerkev Sv Mohorja in Fortunata) du XVIIIe siècle. À 9 km au sud, le **château de Soteska**, manoir Renaissance parmi les plus beaux de Carniole du temps de Valvasor mais terriblement éprouvé par la Seconde Guerre mondiale. Son **pavillon de jardin** fin du XVIIe siècle a conservé néanmoins une partie de son décor intérieur en trompe-l'œil (fresques).

À Soteska, vous aurez le choix entre continuer au sud sur la route n°216 jusqu'à la ville thermale de **Dolenjske Toplice**, ou prendre à l'est la route n°419 qui longe la Krka. Dans le second cas, vous découvrirez d'autres fresques en trompe l'œil 6 km plus loin, à **Straža**, dans l'imposante **église de l'Assomption** (Cerkev Marije Vnebovzete), bâtie à la toute fin du XVIIIe siècle. Dernière étape et fin du parcours : **Novo Mesto**, principale ville de la région.

avr-sept) ne vaut pas les grottes de Postojna et de Škocjan, mais le long du parcours de 1,9 km (un peu plus de la moitié de la longueur totale), vous verrez des stalactites en forme de rubans et de spaghettis, un spécimen centenaire de protée anguillard (*Proteus anguinus*, p. 136) et le lac berceau de la rivière Krka. Si le lac fait normalement 17 m de profondeur, il peut atteindre en hiver quasiment le niveau du plafond – cela dépend du niveau de précipitations. La grotte est à une température de 8-9°C. La **grotte de la Poltarica** (Jama Poltarica ; ☎031 766 555 ; ⊙sur rdv) se trouve à 400 m avant la grotte de Krka.

ŽUŽEMBERK

☎07 / 4 536 HABITANTS / 240 M D'ALTITUDE

À 17 km de Muljava se trouve le site de l'imposant **château de Žužemberk** (☎388 51 80, 041 324 710 ; www.zuzemberk.si ; Grajski trg 1 ; ⊙sur rdv), érigé au XIIIe siècle sur une falaise surplombant la Krka. Il fut fortifié au XVIe siècle, puis détruit par les raids aériens de la Seconde Guerre mondiale. Ses tours ont été partiellement reconstruites et les rénovations se poursuivent. C'est le lieu de plusieurs manifestations annuelles, les **fêtes d'été du château** (Poletne Grajske Prireditve) de juin à septembre, des concerts et la **fête médiévale** (Srednjeveški dan) début juillet.

Son débit rapide fait de la Krka le cours d'eau idéal pour faire du **kayak** et du **canoë,** et Žužemberk est un bon point de base. Comptez un budget de 20-25 € par adulte et 15-20 € par enfant pour une sortie avec **Carpe Diem** (☎041 739 771, 780 60 11 ; www.kayak.si ; Krka 27) et **Žužemberk Kayak & Raft Club** (☎031 556 641, 308 70 55 ; Prapreče 1), à 1 km au nord-ouest de Žužemberk.

Non loin de Žužemberk, à Dolga Vas, la ferme **Koren** (☎308 72 60 ; Dolga Vas 5 ; 20 €/pers, app 40-50 €) loue 5 chambres et 1 appartement, réunissant en tout 13 couchages. L'authentique **Gostilna Pri Gradu** (☎308 72 90 ; Grajski trg 4 ; plats 6,90-18 € ; ⊙6h-23h dim-jeu, 14h-0h ven-sam), le seul restaurant, présente l'avantage de pouvoir déjeuner à l'ombre du tilleul devant le château.

Les bus font halte devant le bureau de poste, Grajski trg 28. En semaine, jusqu'à 4 bus/jour rallient Ljubljana (6 €, 1 heure, 5 km) mais un seul les samedis et dimanches. Du lundi au vendredi, vous pourrez prendre celui de 8h14 pour Novo Mesto (4,10 €, 45 minutes, 31 km) via Dolenjske Toplice.

Dolenjske Toplice

☎07 / 795 HABITANTS / 179 M D'ALTITUDE

Ce village niché à quelques kilomètres de Novo Mesto, dans la vallée karstique de la Sušica, affluent de la Krka, est la plus ancienne station thermale de Slovénie. Les pentes boisées de Kočevski Rog tout alentour invitent à la randonnée, au vélo ou simplement à la détente.

Histoire

Le premier bain médical couvert construit ici remonte à 1658. La Kopališki Dom (maison des Baigneurs), dotée de trois bassins, date du XVIIIe siècle. Le tourisme ne décolla réellement qu'à partir de 1899, avec l'ouverture de la Zdraviliški Dom (maison des Cures thermales). Straschа Töplitz, comme elle se nommait alors, remporta un grand succès auprès des Autrichiens du début du XXe siècle à la Première Guerre mondiale.

Activités

Cures thermales

Hotel Vital CENTRE THERMAL
(Zdraviliški trg 11 ; adulte 9-12 €, enfant 7,50-9,50 € ; ⊙7h-20h). Il serait dommage de ne pas prendre les eaux à Dolenjske Toplice : l'eau minérale à 36°C jaillissant de 1 000 m sous terre dans les trois bassins couverts de l'Hotel Vital a plus d'une vertu thérapeutique, sans compter les soins détox et esthétiques proposés.

Balnea Wellness Centre CENTRE THERMAL
(☎391 97 50). Accessible via un joli parc ou par un chemin, ce grand établissement à 200 m au nord des hôtels se répartit en trois zones. Le vaste **complexe Laguna** (forfait journée adulte/enfant lun-ven 9,20/7,20 €, sam-dim 12,20/10,20 € ; ⊙9h-21h dim-jeu, 9h-23h ven-sam) compte quatre bassins (trois extérieurs, un intérieur) d'eau thermale entre 27 et 32°C. La partie **Oaza** (forfait journée lun-ven 16,20 €, sam-dim 18,20 € ; ⊙11h-21h lun, mer-jeu, 9h-21h mar et dim, 11h-23h ven, 9h-23h sam) réunit sur deux niveaux saunas et bains de vapeur en intérieur et en extérieur, dont un sauna naturiste sur le toit... avec vue. La partie **Aura** (⊙11h-21h) est consacrée aux soins et massages, dont un massage au miel (60 €), plutôt collant ! Les clients de l'Hotel Balnea bénéficient d'un accès gratuit au Laguna et d'un tarif réduit de 9,20/11,20 € par adulte/enfant à Oaza. Plusieurs formules et forfaits sont proposés.

Randonnée

La brochure gratuite *Dolenjske Toplice Municipal Tourist Trails* répertorie quatre sentiers pédestres et six sentiers cyclables. En outre, l'office du tourisme propose une vingtaine de fiches individuelles avec des circuits à thèmes, à pied ou à vélo. La **promenade archéologique** de 2,5 km mène à l'ouest jusqu'à l'habitat fortifié de Cvinger (263 m) qui date de la période de Hallstatt : les scories ont permis d'identifier une douzaine de fours de fusion du fer, et un peu plus loin la nécropole. Sinon le **sentier naturaliste** fait une boucle de 8 km au sud menant à Sela et Podturn et revenant par la forêt, via une ferme spécialisée dans la culture du bleuet et l'église de la Sainte-Trinité de Cerovec (XVe siècle). Plus loin, le **sentier du Loir** fait une boucle de 2 km depuis Kočevske Poljane, à 4,5 km au sud-ouest de Dolenjske Toplice, et peut être combiné avec la randonnée menant à la Base 20 (p. 151).

Autres activités

On pratique l'équitation à la **ferme Urbančič** (☎040 608 969, 306 53 36 ; Kočevske Poljane 13 ; 10-15 €/heure), à Kočevske Poljane, 4 km au sud-ouest de Dolenjske Toplice. Songez à réserver votre monture suffisamment tôt.

Pour vous amuser en kayak, canoë ou rafting sur la Krka, adressez-vous à l'agence de voyages K2M (ci-contre) dont les sorties coûtent 14-20 €/personne.

En lisière de la forêt de Kočevje, à 16 km au sud de Dolenjske Toplice, la **station de ski Bela** (Smučarski Center Bela ; ☎384 94 35 ; nada.frankovic@iskra-semic.si ; forfait journée tarif plein/enfant/étudiant et senior 22/17/18,70 €) couvre un domaine s'étageant de 700 et 965 m sur le mont Gače. Ses 6 km de pistes de ski alpin et 7 km de parcours de fond sont accessibles par un télésiège et cinq remonte-pentes.

Où se loger

Hotel Balnea COMPLEXE HÔTELIER
(☎391 94 00 ; www.terme-krka.si ; Zdraviliški trg 11 ; s/d 86/142 € ; P @ ≋). En termes de design et d'équipement, peu d'hôtels récents en Slovénie peuvent rivaliser avec ce palace 4-étoiles de 63 chambres. Jolis dessins enfantins dans les espaces communs, maximes dans l'ascenseur et balcons sur le parc pour les chambres à l'arrière.

Ferme Tomlje PENSION €
(☎306 50 23, 031 643 345 ; Zdraviliški trg 24 ; s/d/tr 19/32/48 € ; P). Cette accueillante ferme au-dessus du centre thermal Balnea offre à la location 15 lits en chambres et 3 appartements pour 2 à 4 personnes.

Gostišče Račka PENSION €€
(☎041 210 486, 306 55 10 ; www.gostisce-racka.si ; Ulica Maksa Henigmana 15 ; s/d 30/56 € ; P). À l'est du centre, une jolie maison de village reconvertie avec goût en 6 chambres, plus des appartements de 6 couchages.

Kamp Dolenjske Toplice CAMPING €
(☎391 94 00 ; www.terme-krka.si ; 2,90-9,60 €/pers, avec forfait bassins 3 heures 9,40-16,40 € ; toute l'année ; P). Sur une étendue de 3 ha, ce terrain de 100 places fait presque face au centre thermal Balnea, à l'extrémité nord de Zdraviliški trg.

Où se restaurer

Gostišče Račka PIZZERIA €
(Ulica Maksa Henigmana 15 ; pizzas et pâtes 3-6 € ; 8h-23h dim-jeu, 8h-0h ven-sam juil-août, horaires réduits sept-juin). Les pâtes et pizzas de la pension ont leurs inconditionnels.

Gostilna Lovec SLOVÈNE €
(☎040 225 135 ; Pionirska cesta 2 ; entrées 4,50-6 €, plats 6-12 € ; 7h-23h lun-jeu, 7h-0h ven-sam, 8h-23h dim). Parfaitement centrale et plutôt animée, cette *gostilna* à la bonne cuisine slovène permet de déguster une *klobasa* (saucisse, 5 €) grillée ou un bon poison comme la truite (5,50 € environ) en terrasse au bord de l'étroite Sušica.

Gostilna Rog SLOVÈNE €
(☎391 94 12 ; Zdraviliški trg 22 ; repas à partir de 10 € ; 9h-22h dim-jeu, 9h-23h ven, 9h-0h sam). À la lisière du parc central, la "corne" sert les classiques slovènes sur fond de musique folklorique dès 20h les vendredis et samedis.

Renseignements

K2M (☎041 887 362, 306 68 30 ; www.k2m.si ; Pionirska cesta 3 ; 9h-18h lun-ven, 9h-12h sam). Agence de voyages proposant chambres privées, guides, excursions et location de vélos.

Nova Ljubljanska Banka (Zdraviliški trg 8). Succursale dans Zdraviliški trg et DAB à Zdraviliški trg 10a, au sud de l'église Sainte-Anne.

Office du tourisme de Dolenjske Toplice (☎384 51 88 ; www.kkc-dolenjske.si ; Sokolski trg 4 ; 9h-18h lun-ven, 9h-15h sam, 9h-12h dim mai-sept, horaires réduits oct-avr).

Poste (Zdraviliški trg 3)

Terme Krka Dolenjske Toplice (☎391 94 00 ; www.terme-krka.si). Une adresse centrale où réserver un hébergement, des soins médicaux ou esthétiques.

Comment s'y rendre et circuler

Des bus desservent Novo Mesto (2,20 €, 20 minutes) fréquemment en semaine, mais plus rarement le week-end. En semaine, 2 bus partent le matin pour Ljubljana (7,20 €, 1 heure 30) via Žužemberk (2,70 €, 30 minutes).

Kočevski Rog

07 / 1 098 M D'ALTITUDE

Kočevski Rog, l'un des secteurs les plus préservés du pays, est protégé depuis plus d'un siècle. Sur ces 200 ha de forêt sauvage, vivent environ 500 ours bruns, la plus grande population ursine d'Europe.

Au début de la Seconde Guerre mondiale, les partisans, sous le commandement du maréchal Tito, établirent leurs quartiers généraux au milieu des grottes de calcaire, installant hôpitaux, écoles et imprimeries. Le centre névralgique était la dénommée **Base 20** (Baza 20 ; 306 60 25 ; www.dolmuzej.com/en/muzej/baza20), située à 10 km au sud-ouest de Dolenjske Toplice, à une altitude de 711 m. Après guerre, elle a été reconstruite et transformée en monument national.

Jadis haut lieu de "pèlerinage" pour les Slovènes et les Yougoslaves, la Base 20 n'est plus que l'ombre d'elle-même, ses 26 constructions en bois étant peu à peu dévorées par la forêt, sauf deux cabanes ouvertes au public. Cinquante ans après le massacre de 1945 des Domobranci (membres de la Garde nationale slovène au service des forces de l'Axe pendant l'occupation allemande) par les partisans, le pays a voulu, dans le cadre de la réconciliation nationale, rendre un hommage formel (une plaque commémorative) à tous ceux qui avaient participé à la "guerre nationale de libération". Le site est toujours ouvert ; pendant la saison touristique, un guide est à disposition à **Lukov Dom** (041 315 165 ; visite 1 heure 30 tarif plein/enfant et étudiant 4,50/2,50 €, vidéo 1 € ; 8h-16h lun-ven avr-oct), le bâtiment au début de la piste. Il y a un restaurant tout simple à proximité du parking principal, **Okrepčevalnica Pri Bazi 20** (041 959 109 ; 10h-21h mar-ven, 9h-21h sam-dim).

Ne comptez pas sur le moindre bus régulier. Vous pourrez rejoindre la Base 20 à pied ou à vélo par la route goudronnée depuis Podturn, à 7 km au nord.

Novo Mesto

07 / 22 940 HABITANTS / 189 M D'ALTITUDE

Au creux d'un profond méandre de la Krka, la capitale de la Basse-Carniole est aussi l'une de ses plus belles villes. La "Nouvelle Ville" occupe une position stratégique tant pour visiter les cités historiques et les châteaux du cours inférieur de la Krka que pour aller courir les forêts karstiques des collines de Gorjanci au sud-est, ou bien atteindre la Carniole-Blanche ou la Croatie (Zagreb n'est qu'à 75 km !).

La Novo Mesto du XXIe siècle affiche deux visages : la vieille ville (avec la place pavée de Glavni trg) perchée sur un promontoire rocheux au-dessus de la rive gauche de la Krka ; une nouvelle ville au nord et au sud, qui prospère dans les secteurs pharmaceutique, chimique et automobile.

Histoire

La première occupation du site remonte à l'an mille avant Jésus-Christ. Aux populations de l'âge du bronze succéda une société plus hiérarchisée, celle du premier âge du fer (Hallstatt) dont les sépultures princières (casques, urnes funéraires, situles...) mises au jour alentour laissent penser que la colline Marof, au nord-ouest de la vieille ville, fut un site clé. Leur succédèrent Illyriens et Celtes avant la création d'une colonie romaine qui perdura jusqu'au IVe siècle.

Partie intégrante du vaste domaine cistercien de l'abbaye de Stična dès le XIIe siècle, Novo Mesto prospéra à la croisée des voies d'échange, mais au XVIe siècle, la peste, les incendies et les raids des Turcs en chemin pour Vienne laissèrent la ville un peu exangue.

La ville reprit du poil de la bête aux XVIIIe et XIXe siècles : les franciscains y fondèrent un lycée en 1746, la première maison du peuple (Narodni Dom) de Slovénie y fut créée en 1875, et une ligne de chemin de fer relia la ville à Ljubljana dans les années 1890. Mais Novo Mesto fut lourdement bombardée pendant la Seconde Guerre mondiale. Elle fut ensuite reconstruite et devint en 1958 le passage de l'autoroute reliant Ljubljana à Zagreb, ce qui accéléra son développement économique.

À voir

Cathédrale Saint-Nicolas CATHÉDRALE
(Stolna Cerkev Sv Nikolaja ; Kapiteljska ulica). L'édifice historique majeur surplombe la ville, du sommet de la colline Kapitel. Le chœur

Novo Mesto

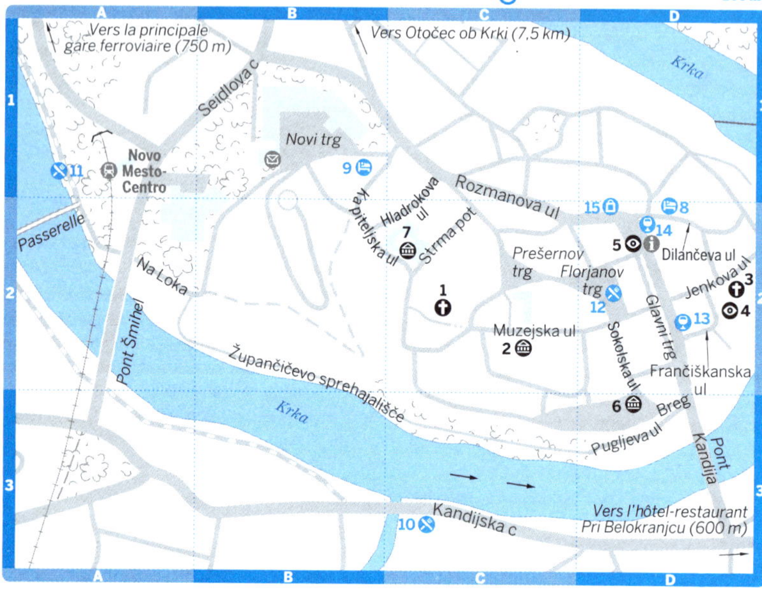

Novo Mesto

Les incontournables

1 Cathédrale Saint-Nicolas C2
2 Musée de la Basse-Carniole................. C2
3 Église franciscaine Saint-Léonard D2
4 Monastère franciscain D2
5 Glavni Trg.. D2
6 Maison Jakac... D3
7 Prévôté.. C2

Où se loger

8 Hostel Situla D2
9 Hotel Krka B1

Où se restaurer

10 Don Bobi..C3
11 Gostišče Loka A1
12 Marché...D2

Où prendre un verre

13 Lokal Patriot...D2
14 Pub Pri Vodnjaku..D2

Achats

15 Trgovina Žefran D2

du XVIe siècle recouvre une crypte. Outre des fresques murales, on remarquera au-dessus de l'autel une représentation de saint Nicolas due au maître vénitien le Tintoret (1518-1594).

Si l'église est fermée, allez chercher la clé à la **prévôté** (Proštija; Kapiteljska ulica 1), le bâtiment jaune au nord-ouest de la cathédrale construit en 1623, au sud duquel on peut voir une partie de l'**enceinte médiévale** (XIVe siècle).

Musée de la Basse-Carniole MUSÉE
(Dolenjski Muzej ; ☎373 11 30 ; www.dolmuzej.com ; Muzejska ulica 7 ; billet combiné avec maison Jakac tarif plein/enfant et étudiant 5/3 € ; ⌚9h-17h mar-sam, 9h-13h dim). Cet énorme musée est à 100 m au sud-est de la cathédrale. Le bâtiment le plus ancien, qui appartenait aux chevaliers Teutoniques, abrite une collection intéressante de vestiges archéologiques découverts dans les faubourgs sud de Kandija à la fin des années 1960, dont les fameux récipients en bronze appelés situles qui ont fait surnommer Novo Mesto la "ville des situles". Un casque de la période de Hallstatt (IVe siècle av. J.-C.) porte deux énormes traces de coups de hache. Les scènes de chasse et de bataille estampées sur les situles de bronze du IIIe ou IVe siècle

av. J.-C. sont étonnantes de fraîcheur. Entre autres poteries et bijoux celtes, les bracelets en verre bleu foncé et turquoise attirent l'attention.

Une partie du musée traite de l'histoire récente et une excellente collection ethnographique expose matériel agricole, pichets de mariage, gâteaux au miel en forme de cœur, icônes sur verre...

La **maison Jakac** (Jakčev Dom ; ☎373 11 31 ; Sokolska ulica 1 ; adulte/enfant 2,50/1,80 € ; ⏲9h-17h mar-sam, 9h-13h dernier dim du mois), rattachée au musée, conserve quelque 830 œuvres du peintre Božidar Jakac (1899-1989), natif du pays. Grand voyageur dans les années 1920 et 1930, l'artiste a croqué des sujets aussi variés que des salles de danse parisiennes, des villes portuaires scandinaves, des villages africains et des cités modernes américaines. Mais ses meilleurs tableaux sont ceux de Novo Mesto, où l'on peut voir marchés, gens, églises et maisons de bois sur les berges. La collection permanente du musée de la Basse-Carniole, également exposée ici, se compose de peintures du XVIIe au XXe siècle.

Glavni Trg PLACE

Décalé par rapport aux autres bâtiments à arcades de la place, l'**hôtel de ville** (rotovž ; Glavni trg 7) néo-Renaissance attire l'attention avec ses cloches et sa façade peu commune. Les armoiries en façade soulignent l'origine de la ville créée au XIVe siècle par l'archiduc Rodolphe IV d'Autriche.

Au sud-est de l'hôtel de ville se dressent l'**église franciscaine Saint-Léonard** (Frančiškanska Cerkev Sv Lenarta ; Frančiškanska ulica) aux reflets jaune d'or (1472), et le **monastère franciscain** (Frančiškanski samostan ; Frančiškanska ulica 1) mitoyen, dont la bibliothèque comprend quelque 12 000 ouvrages, dont des incunables du XIIe siècle.

Activités

L'Hostel Situla loue des **kayaks** et des **canoës** pour 7 €/heure en semaine et 9 €/heure le week-end.

Centre équestre sportif de Novo Mesto ÉQUITATION

(☎041 554 265, 337 30 40 ; www.konji-cescavas.si ; 10-15 €/heure ; ⏲sur rdv). À 3 km au sud de Prečna, l'écurie de ce centre équestre a des holsteiner, et des chevaux arabes pour cavaliers de tous niveaux. On peut monter quand on veut à condition d'avoir réservé.

Où se loger

L'office du tourisme dispose d'une liste de chambres d'hôtes (à partir de 25 €/personne). Les campings les plus proches se trouvent à Otočec ob Krki, soit à 7,5 km au nord-est, et à Dolenjske Toplice, à 12 km au sud-ouest.

♥ **Hostel Situla** AUBERGE €

(☎394 20 00 ; www.situla.si ; Dilančeva ulica 1 ; dort 13,50-19 €, d 35-60 €, s/tr/qua 25/57/76 € ; P@). Cette merveille de petite auberge, l'une des plus charmantes de Slovénie, occupe une maison à arcades du XVIIIe siècle. Réparties sur 5 étages, ses chambres douillettes (pour certaines mansardées) sont décorées d'objets inspirés de ceux de l'âge du fer. Cuisines à disposition des clients, et bar-restaurant proposant tous les jours une formule déjeuner à partir de 4 € et des plats à la carte le week-end.

Ravbar Apartmaji-Sobe PENSION €

(☎041 738 309, 373 06 80 ; www.ravbar.net ; Smrečnikova ulica 15-17 ; s 20-30 €, d 30-40 €, app pour deux 40-60 €, app pour quatre 65-75 € ; P@). Cette pension tenue en famille réunit 7 chambres et 9 appartements modernes et impeccables dans un secteur calme et arboré au sud de la Krka.

Hotel Krka HÔTEL €€€

(☎394 21 00 ; www.terme-krka.si ; Novi trg 1 ; s 77-82 €, d 114-124 €, ste à partir de 157 € ; P). Au cœur du centre-ville, un hôtel d'affaires griffé quatre-étoiles. Les hôtes de ses 53 chambres modernes et confortables (certaines aménagées pour personnes handicapées) bénéficient de l'accès gratuit aux thermes de Šmarješke Toplice, à 15 km.

Hotel Pri Belokranjcu HÔTEL €€

(☎302 84 44 ; www.hotel.pribelokranjcu.si ; Kandijska cesta 63 ; s/d/tr 38/55/72 € ; P@). À 1,5 km de la vieille ville, au bord d'une route empruntée, vous trouverez 19 chambres confortables avec vue sur la campagne dans un bâtiment rectangulaire à l'arrière d'un restaurant fréquenté.

Où se restaurer

Don Bobi PIZZERIA €

(☎338 24 00 ; Kandijska cesta 14 ; pizzas 4,90-8,20 € ; ⏲10h-23h lun-ven, 12h-0h sam). Une adresse sans prétention, au sud de la rivière, renommée pour ses pâtes et pizzas réputées les meilleures de Novo Mesto.

Restavracija Pri Belokranjcu SLOVÈNE €
(Kandijska cesta 63 ; entrées 4,50-9 €, plats 7-17 € ; 8h-23h lun-sam ;). Une auberge proche de la vieille ville abrite ce restaurant aux généreuses spécialités nationales, doublées de formules d'un bon rapport qualité/prix (11-12 €), dont une végétarienne en rien slovène.

Gostišče Loka INTERNATIONAL €€
(332 11 08 ; Župančičevo sprehajališče 2 ; entrées 5-6,40 €, plats 6,60-19,80 € ; 9h-22h lun-jeu, 11h-0h ven-sam, 11h-22h dim). Sur les berges de la Krka, juste derrière la petite passerelle reliant les deux berges, "l'auberge du Pré" est axée sur le poisson, les pâtes et les pizzas (4,90-10,20 €). C'est l'endroit tout indiqué pour goûter au *cviček*, vin rouge léger (10% d'alcool) de Basse-Carniole.

Marché MARCHÉ
(Florjanov trg ; 6h-17h lun, mer et ven). Un marché de fruits et légumes se tient en plein air dans le centre de la vieille ville.

Où prendre un verre

Lokal Patriot BAR
(337 45 10 ; www.lokalpatriot.si ; Glavni trg 11 ; 7h-23h lun-ven, 7h-0h jeu, 9h-2h ven-sam, 11h-22h dim). Un bar-club bien connu des oiseaux de nuit de Novo Mesto, situé en dessous d'un grand café, où l'on vient profiter de la programmation en semaine et des DJ (et parfois des groupes) le week-end.

Pub Pri Vodnjaku PUB
(041 616 882 ; Glavni trg 3 ; 6h30-0h dim-jeu, 6h30-2h ven-sam). Le meilleur bar de Novo Mesto est ultra-central : juste à côté de la fontaine à l'extrémité nord de Glavni trg.

Čajarna Pri Starem Mostu SALON DE THÉ
(337 01 60 ; Glavni trg 17 ; 7h-22h lun-jeu, 7h-0h ven, 9h-0h sam, 9h-21h dim). Le "salon de thé du vieux pont", sur la Krka, offre un grand choix de thés (et de belles théières et autres ustensiles à vendre), ainsi que boissons, en-cas et gâteaux.

Achats

Trgovina Žefran SOUVENIRS
(041 350 424 ; Glavni trg 1 ; 8h-12h et 15h30-19h lun-ven, 9h-12h sam). Cette boutique, qui passe inaperçue à l'arrière d'une cour au début de Glavni trg, vend de beaux souvenirs et produits d'artisanat locaux, dont certains comestibles (miel, *cviček*, etc.).

Renseignements

AGENCE DE VOYAGES Kompas Novo Mesto (393 15 20 ; www.robinson-sp.si ; Novi trg 10 ; 8h-18h lun-jeu, 8h-16h ven, 9h-12h sam). Excursions et activités de pleine nature en Basse-Carniole.

BANQUES Abanka (Rozmanova ulica 40).

SKB Banka (Novi trg 3)

LIBRAIRIE Knjigarna Goga (393 08 01 ; Glavni trg 6 ; 9h-19h lun-ven, 9h-13h sam). Charmante librairie à arcades où l'on trouve cartes régionales, guides et café.

POSTE Bureau de poste (Novi trg 7)

RENSEIGNEMENTS TOURISTIQUES Office du tourisme de Novo Mesto (393 92 63 ; www.novomesto.si ; Glavni trg 6 ; 9h-19h lun-ven, 9h-16h sam, 9h-12h dim avr-oct, horaires réduits nov-mars). Immédiatement voisin de l'hôtel de ville.

Depuis/vers Novo Mesto

BUS Les liaisons sont fréquentes pour Dolenjske Toplice (2,20 €, 20 minutes), Otočec ob Krki (1,80 €, 10 minutes), Šentjernej (2,70 €, 30 minutes) et Šmarješke Toplice (2,30 €, 20 minutes). Comptez sur un maximum de 10 bus quotidiens desservant Brežice (5,20 €, 1 heure 10) et Kostanjevica na Krki (3,10 €, 40 minutes) et de 4 pour Ljubljana (7,20 €, 1 heure). Sinon Črnomelj (5,20 €, 1 heure) est desservie 1 à 2 fois par jour.

TRAIN Novo Mesto est reliée à la capitale par au plus 14 trains quotidiens (5,50 €, 1 heure 30) via Ivančna Gorica et Trebnje Gorica, 10 d'entre eux poursuivant leur trajet jusqu'à Črnomelj (2,90 €, 45 minutes) et Metlika (3,60 €, 1 heure), où il y a des correspondances pour Karlovac, en Croatie. Il y a deux gares ferroviaires : Novo Mesto-Centro (la plus petite) est plus pratique pour rejoindre le centre-ville que la gare de Novo Mesto.

Comment circuler

Réservation de taxis au 332 57 77 ou au 041 625 108. Location de vélos à l'office du tourisme.

Otočec ob Krki

07 / 700 HABITANTS / 173 M D'ALTITUDE

À 7,5 km au nord-est de Novo Mesto, le château d'Otočec, sur une minuscule île au milieu de la Krka, est l'une des forteresses les plus belles et les plus achevées du pays. Tout à fait artificielle, sa situation insulaire résulte d'une opération stratégique lors d'un assaut mongol au milieu du XIIIe siècle : le creusement d'un canal au sud pour isoler l'ouvrage défensif. L'édifice actuel, qui date du XVIe siècle, accueille de nos jours un hôtel cinq-étoiles. Le secteur autour d'Otočec, porte d'entrée du cours inférieur de la Krka et du Posavje, attire une foule de promeneurs, surtout à vélo.

À voir

Château d'Otočec CHÂTEAU

(Otoški Grad). Même si vous ne séjournez pas à l'hôtel, rien ne vous empêche de faire un tour autour du château, de passer le petit pont en bois et, par beau temps, de prendre un verre à la terrasse du café dans la cour. L'édifice, doté d'éléments gothique flamboyant et Renaissance, se compose de deux ailes et d'une entrée reliés par un mur d'enceinte pentagonal. Arrondies et trapues, ses quatre tours aux murs épais sont coiffées de toits coniques et éclairées par d'étroites fenêtres.

À 1 km à l'est du village d'Otočec, au bord d'une route secondaire parallèle à la rivière.

Activités

Le **centre sportif** à l'est de l'Hotel Šport peut organiser des sorties **à cheval** et **en montgolfière**.

Les meilleurs endroits pour faire du bateau sur la Krka se situent en aval de Struga. On y loue des canoës au **Kamp Otočec** (☎040 466 589 ; 2 €/heure).

Autour d'Otočec, la Krka se prête bien à la **pêche** au brochet, à la perche et à la carpe. L'Hotel Grad Otočec, dans le château, vend des permis de pêche (15 €/jour).

Centre de tennis TENNIS

(Courts couverts non-hôtes/clients hôtel 20-24 €/18-20 €/heure, courts extérieurs 6-8 /5-7 € ; 8h-23h). Trois courts couverts et six courts en extérieur, ainsi qu'un sauna, un hammam (8-10 €) et une salle de gym (6 €/heure), en accès libre pour les hôtes de l'Hotel Šport.

Golf Grad Otočec GOLF

(☎041 304 444, 307 56 27 ; www.terme-krka.si ; 9/18 trous lun-ven 25/45 €, sam-dim 30/50 € mars-oct). Au bord de la Krka, à 800 m du château, le Golf Grad Otočec est le 18 trous (Par 72) le plus récent de Slovénie. Comptez 10 € pour louer un set de clubs et 4/25 € pour un caddy/une voiturette électrique.

Où se loger

Hotel Grad Otočec HÔTEL €€€

(☎384 89 00 ; www.terme-krka.si ; s/d 180/260 €, ste à partir de 300 € ; P@). Ce cinq-étoiles du château d'Otočec, l'un des plus beaux de Slovénie, a profité de sa rénovation de 2008 (ajout d'un ascenseur disgracieux à l'une des tours) pour faire grimper terriblement les tarifs. Parquet ciré, tapis orientaux, table en marbre et grande baignoire, les 10 chambres sont de taille identique et les 6 suites, immenses. De nombreuses formules sont proposées (golf, vélo, bien-être) et les hôtes bénéficient de l'accès gratuit aux bassins thermaux de Šmarješke Toplice et Dolenjske Toplice.

Ferme Šeruga PENSION €€

(☎334 69 00 ; turist.kmetija.seruga@siol.net ; s/d 32/54 €). Plus rural, l'hébergement proposé par cette ferme au creux d'une vallée paradisiaque, à Sela pri Ratežu (maison n°15) – un hameau à 4 km au sud du village d'Otočec – réunit 9 chambres doubles (certaines avec cuisine), plus un appartement indépendant pour 4 personnes. Ouverte midi et soir, sa table succulente a pour spécialités la truite et les *štruklji* (chaussons au fromage).

Hotel Šport HÔTEL €€

(☎384 86 00 ; www.terme-krka.si ; s 62-66 €, d 84-96 € ; P@). Le bâtiment de béton et de verre qui fait face au château abrite 88 chambres, auxquelles s'ajoutent les 38 autres en bungalows indépendants (simples 33-36 €, doubles 50-56 €) du centre de vacances attenant.

Kamp Otočec CAMPING €

(☎040 466 589 ; www.sloveniaholidays.com/camp-otocec ; adulte 7-8,50 €, enfant 3,50-4,25 € ; avr à mi-oct ; P). Sur quelque 2 ha longeant la rive sud de la Krka, avec "plage" d'herbe privée, ce terrain de 40 emplacements a une capacité d'hébergement de 160 personnes. En venant du château, prenez le deuxième pont, tournez à gauche (est) et marchez sur 300 m.

Où se restaurer

Grad SLOVÈNE €€

(☎384 87 00 ; entrées 6-23 €, plats 14-25 € ; 6h-23h). Le restaurant du cinq-étoiles sert 45 couverts, et sa petite annexe 16 autres. Murs de pierre, vitraux et mobilier artisanal confèrent un charme indéniable au lieu. Les spécialités sont le gibier et le poisson. Optez pour une soupe aux feuilles de hêtre, une truite saumonée, un verre de *cviček* et un strudel aux myrtilles. À 35 €, les menus 4 plats (dont une formule végétarienne) offrent un excellent rapport qualité/prix.

Tango SLOVÈNE €
(☎384 86 00 ; repas à partir de 10 € ; ⌚12h-23h dim-jeu, 12h-1h ven-sam). Diagonalement opposé à l'Hotel Šport, le Tango est bien inférieur au Grad, mais vu la vitesse à laquelle se remplit ce dernier, vous n'aurez peut-être pas le choix.

Gostilna Vovko SLOVÈNE €
(☎308 56 03 ; www.gostilna-vovkoi.si ; Ratež 48 ; entrées 3,50-6 €, plats 7-16,50 € ; ⌚11h-22h mar-sam, 11h-16h dim). Si vous êtes motorisé, roulez quelques kilomètres au sud d'Otočec jusqu'au village de Ratež et testez cette excellente *gostilna* servant des viandes grillées et des mets locaux comme les gnocchis au potiron et une version locale des *žlikrofi* (raviolis fourrés au porridge de millet agrémentés de grattons).

Renseignements

Pour changer de l'argent, adressez-vous à la réception de l'Hotel Šport ou à la poste du village d'Otočec. Il y a aussi un distributeur à la station-service près de l'Hotel Šport.

Comment s'y rendre et circuler

BUS Les bus reliant Novo Mesto (1,70 €, 15 minutes, 7,5 km, 5 bus/jour jusqu'à 17h) et Šmarješke Toplice (1,80 €, 15 minutes, 7 km, 11 bus/jour jusqu'à 22h15) marquent l'arrêt au pont du château.

TAXI Réservations au ☎041 708 733 ou au ☎041 466 330.

VÉLO Le centre sportif loue vélos et VTT (1 heure/4 heures 6/10 €).

Environs d'Otočec ob Krki

On atteint les vignobles de **Trška Gora** (428 m) depuis le village de Mačkovec, à 5 km au sud-ouest d'Otočec. Prenez la route vers le nord en direction de Sevno (1 km) puis continuez par la piste sinueuse jusqu'à Trška Gora (2 km) et son **église Sainte-Marie**. De là, vous jouirez d'une vue magnifique sur les massifs de Gorjanci et de Kočevski Rog, comme sur la vallée de la Krka.

Environ 13 km au sud-est d'Otočec, à l'ombre du mont Trdinov (Trdinov Vrh en slovène, Sveta Gera en croate, 1 178 m), plus haut sommet du massif de Gorjanci à cheval sur la frontière croate, vous trouverez au **Gospodična** (828 m) un refuge de catégorie III. Le **Planinski Dom pri Gospodični na Gorjancih** (☎051 661 903, 041 682 469 ; ⌚mer-dim mi-avr à mi-oct, sam-dim mi-oct à mi-avr), d'une capacité de 49 lits, fait aussi restaurant. D'Otočec, filez au sud-est sur 5 km jusqu'à Velike Brusnice, célèbre pour ses cerises (et sa fête de la Cerise mi-juin), puis par Gabrje (4,5 km) jusqu'au Gospodična (3,5 km).

Kostanjevica na Krki

☎07 / 720 HABITANTS / 50 M D'ALTITUDE

Situé sur un îlot de seulement 500 m de long sur 200 m de large, ce village endormi au creux d'un méandre de la Krka est le plus petit bourg de Slovénie. Et avec une charte datant de 1252, c'est aussi l'un des plus anciens. Surnommé "Venise de la Basse-Carniole" en raison de nombreuses inondations, Kostanjevica a beau être protégé en tant que monument culturel, nombre de ses bâtiments sont en piteux état. L'emplacement n'en reste pas moins magique.

Bien que la plupart des sites historiques de Kostanjevica soient sur l'île, les services sont sur le continent, au nord-ouest et au sud-est.

À voir

Château de Kostanjevica CHÂTEAU
(Kostanjeviški Grad ; ☎498 61 20, 498 70 08 ; www.galerija-bj.si ; Grajska cesta 45 ; tarif plein/étudiant et enfant/famille 3/1,50/5 €, cave de cviček dégustation comprise 7,50 € ; ⌚9h-18h mar-dim avr-oct, 9h-16h mar-dim nov-mars). À 1,5 km au sud-ouest du bourg, cet ancien monastère cistercien, très riche domaine au Moyen Âge, fut abandonné en 1785 du fait de la dissolution des ordres religieux par Joseph II. Aujourd'hui, il abrite une importante collection de peintures et sculptures d'artistes du XXe siècle, mais a aussi reçu en dépôt la collection de la chartreuse de Pleterje (p. 157), dont les tableaux de maîtres italiens, flamands, français et allemands des XVIIe et XVIIIe siècles proviennent vraisemblablement de la chartreuse de Bosserville, près de Nancy, en France.

L'entrée principale encadrée de deux tours peintes mène à une immense cour à arcades réparties sur trois niveaux. À l'ouest, l'**église de la Vierge-Marie** est devenue espace d'exposition. Sa construction a été

VAUT LE DÉTOUR

LA CHARTREUSE DE PLETERJE

À 10 km au sud-ouest de Kostanjevica na Krki, l'énorme **monastère de Pleterje** (Samostan Pleterje ; ☎308 12 29 ; www.kartuzija-pleterje.si ; Drča 1 ; entrée libre ; ⌚7h30-18h) appartient aux Chartreux, le plus strict des ordres monastiques. En haut d'un sentier bordé de tilleuls, à 250 m du parking, l'**église de la Sainte-Trinité** (ou "vieille église gothique", Stara Gotska Cerkev) est le seul bâtiment ouvert au public. Le dimanche, on peut avoir accès à une chapelle latérale qui abrite une **présentation multimédia** (4 €, incluant entrée au *skanzen*, l'écomusée en plein air). À elle seule, la situation du monastère niché au fond d'une vallée étroite encadrée par les versants du massif de Gorjanci vaut le coup d'œil. Un spectacle dont on profitera encore mieux en cheminant tranquillement sur le **sentier de Pleterje** (Pleterski Pot, 1 heure 30) à travers les collines alentour.

Construit en 1407 par les comtes de Celje, le monastère a été fortifié par des remparts, des tours et des douves pendant les invasions turques, puis quasiment abandonné à l'époque de la Réforme. Du XVIe au XVIIIe siècle, les Jésuites l'ont reçu en partage avant qu'il ne devienne propriété de l'État à la suppression de l'ordre en 1772, suivie une dizaine d'années plus tard par celle de tous les ordres religieux, et donc des Chartreux. Ce n'est qu'en 1899 qu'une nouvelle chartreuse sera reconstruite par des moines, en partie venus de la chartreuse française de Bosserville, près de Nancy, dont ils reprirent les plans.

Vous apercevrez peut-être quelques habits blancs à capuchon vaquant à leurs occupations selon leur strict vœu de silence ou pourrez écouter les offices chantés dans l'église gothique. Respectez les fréquents panneaux indiquant *Klavzura – Vstop Prepovedan* (Isolement – Ne pas entrer) et *Območnje Tišine* (Zone de silence).

Au-dessus du grand portail de l'église (1420), le tympan est décoré du couronnement de la Vierge et de la Trinité. La nef à croisée d'ogives a conservé armoiries et niches en pierre, tout comme le jubé médiéval, qui séparait les moines de l'ordre des laïcs.

Les frères disposent d'une **boutique** (⌚7h30-17h30 lun-sam) où ils proposent leur production, notamment des bougies à la cire d'abeille, du miel, du *cviček* (2,80 €/litre) et diverses eaux-de-vie de fruits, comme la *hruška* (poire), vendue avec le fruit dans la bouteille.

À l'ouest du parking du monastère, l'**écomusée en plein air de Pleterje** (Muzej na Prostem ; ☎041 639 191, 308 10 50 ; www.skansen.si ; Drča 1 ; adulte/enfant/famille 2,50/1,90/7 € ; ⌚10h-18h mer-dim avr-oct, 10h-16h mar-sam nov-mars) réunit des maisons de paysans à toit de chaume, une porcherie, des séchoirs à foin et même des latrines, récupérés dans les environs de Šentjernej. Location de **vélos** (3/10 € l'heure/la journée) au *skanzen*.

commencée au XIIIe siècle et l'édifice a été remanié à diverses reprises avant d'atteindre sa forme définitive au XVIIIe siècle.

À l'étage du château, la **galerie Božidar Jakac** expose des fresques du XVIe siècle provenant de l'église et des œuvres d'artistes slovènes : impressionnistes dans le cas de Božidar Jakac (1899-1989), expressionnistes avec les frères France (1895-1960) et marquées par le réalisme socialiste pour Tone Kralj (1900-1975).

Aux plaisirs de l'esprit et des yeux répondent ceux du goût dans la **cave de cviček** du château, vase espace voûté empli de tonneaux anciens. Procurez-vous la brochure *The Land of Cviček: Podgorjanska Wine Tourist Road* à l'office du tourisme.

Grotte de Kostanjevica GROTTE
(Kostanjeviška Jama ; ☎041 97 001, 498 70 88 ; www.kostanjeviska-jama.com ; tarif plein/enfant/étudiant 6/3/4 € ; ⌚visites 10h, 12h, 14h, 16h et 18h tlj juil-août, sam-dim mi-avr à juin, sept-oct). À la même distance du village que le château mais au sud-est, cette toute petite cavité se visite au printemps, en été et à l'automne avec un guide (30 minutes). Elle n'a été explorée que sur 750 m et le circuit de 300 m vous mènera à un petit lac et des galeries de stalactites et de stalagmites peuplées de plusieurs espèces de

chauves-souris. La température, constante, est de 12°C.

Vieille ville QUARTIER

La visite de Kostanjevica se résume à gravir Oražnova ulica sur 400 m puis à redescendre par Talcev ulica.

Sur Kambičev trg, de l'autre côté du petit pont en venant de l'arrêt de bus (mais arrivez par Oražnova ulica), se dresse l'église gothique Saint-Nicolas (Cerkev Sv Miklavža), de style gothique flamboyant.

À 200 m au nord-ouest sur Oražnova ulica, un manoir du XVe siècle abrite la **galerie Lamut** (Lamutov Likovni Salon ; ☎498 81 52 ; www.galerija-bj.si/arazstav ; Oražnova ulica 5 ; 2 € ; ⏲9h-18h mar-dim), annexe de la galerie Božidar Jakac.

Continuez dans Oražnova ulica jusqu'à l'**église paroissiale Saint-Jacques** (Župnijska Cerkev Sv Jakoba), bâtiment roman du XIIIe siècle principalement baroque à l'intérieur. Au-dessus du portail en pierre sculpté, du côté ouest, remarquez les motifs géométriques et les plantes et arbres décoratifs. Côté sud, Jésus est représenté sortant du tombeau (XVe siècle) et d'anciennes stèles funéraires ont été incorporées au mur.

Talcev ulica, l'autre rue de l'île, est bordée de belles maisons de style "baroque populaire", dont la **pharmacie Saint-Nicolas** (n°20), deux fois centenaire.

Activités

Kanu Safari CANOË

(☎031 531 069 ; www.kanusafari.com ; ⏲8h-20h mi-avr à mi-oct). Installé sur la "plage" d'herbe le long de la Krka devant le Bar Štravs, Kanu Safari loue des canoës pour 10 €/heure et peut faire la navette pour vous déposer en amont (30 €).

Haras Hosta ÉQUITATION

(Kobilarna Hosta ; ☎041 690 066, 031 220 059 ; http://hosta-lipizzans.eu). Dans le village de Sela pri Šentjerneju, soit 7 km à l'ouest de Kostanjevica, le haras de Lipica a son concurrent. Le second haras de Slovénie héberge 60 chevaux. Vous pouvez monter en école ou bien partir en excursion pour 2 heures, 1 journée ou 2 jours.

Club de montgolfière de Kostanjevica na Krki MONTGOLFIÈRE

(☎040 883 007, 489 73 62 ; www.balonarstvo.net ; 100 €/pers). Vols touristiques en montgolfière au-dessus de Kostanjevica et ses alentours.

Où se loger et se restaurer

Gostilna Žolnir AUBERGE €

(☎041 626 717, 498 71 33 ; www.zolnir-sp.si ; Krška cesta 4 ; s/d/tr 30/48/60 €, app 50-56 € ; P). Installée à 700 m au nord-ouest de l'île, cette *gostlina* abrite 12 chambres doubles et un appartement confortables, mais surtout un fabuleux **restaurant** (plats 8,30-11,90 € ; ⏲7h-22h tlj). Les propriétaires sélectionnent leurs produits et leurs vins avec le plus grand soin. Goûtez à l'une des spécialités de Kostanjevica : du canard avec des *mlinci* (galettes sèches), à arroser de *cviček*.

♥ **Gostilna Kmečki Hram** SLOVÈNE €€

(☎031 369 750, 498 70 78 ; www.gkh.si ; Oražnova ulica 11 ; entrées 5,50-6,50 €, plats 9,90-18 € ; ⏲12h-22h mar-jeu, 12h-3h ven, 9h-3h sam, 9h-21h dim). Une auberge à l'ancienne et au décor rétro fort justement appelée "Maison paysanne". On y concocte une cuisine fort soignée, entre autres quelques-uns des meilleurs rôtis d'agneau et viandes grillées de Slovénie, si l'on en croit les habitués locaux.

Où prendre un verre

Rock Cafe CAFÉ

(☎041 233 312 ; Talcev ulica 28 ; ⏲6h-0h lun-ven et dim, 6h-2h sam ; wifi). À l'extrémité nord-est de l'île, le Rock attire une clientèle plutôt bruyante pour ce lieu un peu endormi.

Bar Štravs BAR

(☎041 520 960 ; Talcev ulica 31 ; ⏲5h15-0h lun-jeu, 5h15-1h ven-sam, 6h-0h dim). Face à la Krka, c'est le café-bar idéal pour fainéanter un peu par une chaude après-midi d'été.

Renseignements

Nova Ljubljanska Banka (Ljubljanska cesta 6). Au sud-ouest de l'arrêt de bus, sur la route principale menant en ville.

Office du tourisme de Kostanjevica (☎498 81 50 ; tic-gbj@galerija-bj.si ; ⏲9h-18h mar-dim avr-oct, 9h-16h mar-dim nov-mars). Au rez-de-chaussée d'un ancien moulin tout proche de l'entrée du château.

Poste (Kambičev trg 5 ; ⏲8h-9h30 et 10h-17h lun-ven, 8h-12h sam)

Depuis/vers Kostanjevica

Départs quotidiens de Kostanjevica pour Novo Mesto (3,10 €, 40 minutes), Brežice (2,70 €, 30 minutes), Ljubljana (9,20 €, 1 heure 30) et Krško (2,70 €, 20 minutes).

Région du Posavje

Riche en vestiges archéologiques des périodes de Hallstatt, celte et surtout romaine, le Posavje tire son nom de la Save ("po Savje", "sur la Save"). Il doit bon nombre de ses châteaux fortifiés à la nécessité de se prémunir face aux invasions turques du XVe siècle. Le siècle suivant, le secteur joua un rôle central lors des révoltes paysannes et de la réforme protestante. Enfin, le chemin de fer amena la prospérité au XIXe siècle.

Cette région a souffert un rude "nettoyage ethnique" pendant la Seconde Guerre mondiale, l'occupant allemand expulsant plus de 15 000 Slovènes, dont beaucoup furent déportés en Serbie, en Croatie et en Allemagne.

BREŽICE

07 / 6 490 HABITANTS / 158 M D'ALTITUDE

D'un point de vue touristique, Brežice est la ville la plus intéressante du Posavje. Son musée fait partie des meilleurs musées provinciaux de Slovénie et, pour un équilibre parfait corps-esprit, jouxte un grand complexe thermal et aquatique !

Histoire

À proximité de la confluence de la Krka et de la Save, cette fière cité marchande au Moyen Âge s'est organisée autour de son château, cité dans des documents dès 1249. Au XVIe siècle, l'édifice d'origine a fait place à une forteresse Renaissance destinée à protéger la ville des assauts extérieurs turcs, comme des révoltes paysannes dont une avait laissé un sinistre souvenir, les têtes des seigneurs décapités ayant été exposées sur des piques. Réaménagé à l'époque baroque, il abrite aujourd'hui le musée du Posavje.

À voir

Musée du Posavje CHÂTEAU-MUSÉE

(Posavski Muzej ; 466 05 17 ; www.posavski-muzej.si ; Cesta Prvih Borcev 1 ; tarif plein/étudiant et enfant 2,50/1 € ; 8h-14h30 lun-ven, 10h-14h sam-dim). Par l'importance et la qualité de ses collections archéologiques et ethnographiques, c'est l'un des plus importants musées de province.

Après avoir traversé la grande cour à arcades à l'ouest, vous emprunterez un escalier dont les murs et le plafond sont décorés de différentes scènes de la mythologie grecque, des quatre évangélistes et des armoiries de la famille Attems. Les salles du 2e étage sont consacrées à l'archéologie : tombes de Dobova (IXe siècle av. J.-C.), mors de cheval en bronze (Ve siècle av. J.-C., bijoux celtes et romains... Entre autres bols en bois gravé, coffres décorés et pains tressés,

Brežice

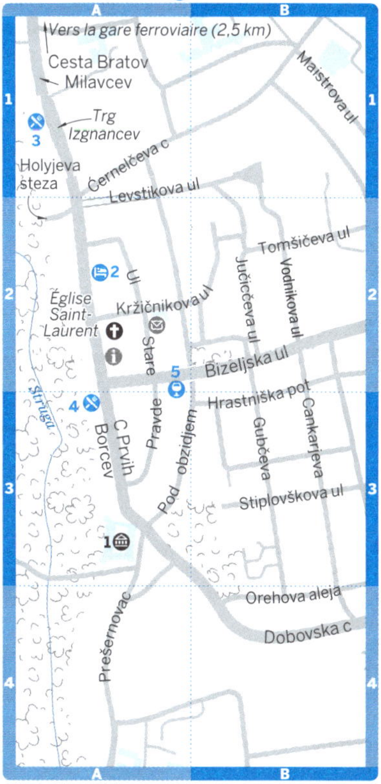

Brežice

À voir

1 Musée du Posavje A3

Où se loger

2 Hotel Splavar A2

Où se restaurer

Gostilna Splavar .... (voir 2)
3 Oštarija Debeluh A1
4 Santa Lucia A3

Où prendre un verre

5 Aquarius Café Bar A2
Rafter's Pub .... (voir 2)

les salles ethnographiques vous réservent la surprise de découvrir une étrange ruche en forme de soldat que l'on peut dater du tout début XIXe siècle.

Les salles du 1er niveau décrivent la vie dans le Posavje au XVIe siècle et pendant les deux guerres mondiales, abordant notamment la déportation des Slovènes par l'occupant allemand. Mais la vedette du musée reste la salle des Chevaliers (Viteška Dvorana), chef-d'œuvre italien baroque où tout, à part le sol, est couvert de peintures de paysages, de dieux classiques, de héros, d'allégories et de muses.

Activités

Depuis la fin du XVIIIe siècle, les rhumatisants affluent à la source thermale proche de Čatež ob Savi, à 3 km au sud-est de Brežice. Aujourd'hui, les immenses **Thermes Čatež** (Terme Čatež ; ☎493 50 00, 493 67 00 ; www.terme-catez.si ; Topliška cesta 35) sont autant un centre de cure qu'un lieu de détente. La **Riviera thermale d'été** (Poletna Termalna Riviera ; forfait journée adulte/enfant lun-ven 10,50/9 €, sam-dim 13/11 € ; ⏲8h-20h juin-août, 9h-19h avr-mai et sept) comprend 10 bassins extérieurs d'eau thermale (27-36°C) avec toboggans, fontaines et vagues artificielles. Dans la **Riviera thermale d'hiver** (Zimska Termalna Riviera ; forfait journée adulte/enfant lun-ven 12/10 €, sam-dim 15/12 € ; ⏲9h-21h toute l'année), en intérieur, l'eau est environ à 32°C. Le **Parc sauna** se compose de 8 saunas différents, d'un hammam, de thermes romains, d'un solarium, d'une salle de gym, d'une piste de jogging au bord de la rivière, de plusieurs courts de tennis et d'une terrasse naturiste.

Location de **vélos** (2 heures/5 heures/journée 4/6/8,50 €) au centre d'information des Terme Čatež. L'office du tourisme fournit gratuitement la carte *Cycling & Hiking Brežice*.

Festival

Seviqc Brežice FESTIVAL DE MUSIQUE
(www.seviqc-brezice.si ; ⏲ juin-juil). Pendant un mois, des concerts de musique ancienne sont organisés dans divers endroits de la région, notamment dans la salle des Chevaliers des châteaux de Brežice, Bizeljsko et Mokrice et à l'Hotel Toplice de Čatež ob Savi.

Où se loger

Camping Terme Čatež CAMPING €
(☎493 50 100 ; www.terme-catez.si ; Topliška cesta 35 ; 16-17,50 €/pers ; ⏲toute l'année ; P ≋). Ce terrain cinq-étoiles couvre 3,6 ha du domaine des Terme Čatež. D'une capacité de 550 personnes, il propose dans son forfait 2 pass d'une journée pour les piscines extérieures ou un forfait de 3 heures pour la Riviera thermale d'hiver.

Terme Čatež HÔTEL €€
(☎493 67 00, 493 50 00 ; www.terme-catez.si ; Topliška cesta 35 ; app 1-3 pers 71-93 €, 4-5 pers 85-147 €). Le complexe thermal dispose de 15 appartements et de trois hôtels. **L'Hotel Toplice** (s 107-114 €, d 170-184 € ; P ❄ ≋) est un quatre-étoiles de 139 chambres avec une partie récente et une partie ancienne (1925). L'**Hotel Terme** (s 114-122 €, d 184-200 € ; P ❄ ≋), le plus beau des trois, est un quatre-étoiles de 149 chambres situé bien au calme.

Hotel Splavar HÔTEL €€
(☎041 428 362, 499 06 30 ; www.splavar.si ; Cesta Prvih Borcev 40a ; s/d 50/75 € ; P @). Au-dessus de la Gostilna Splavar et du très apprécié Rafter's Pub, dans la rue principale, voici 16 chambres un peu sombres et situées à l'arrière, mais au personnel fort agréable.

Où se restaurer

♥ **Oštarija Debeluh** SLOVÈNE €€
(☎496 10 70 ; Trg Izgnancev 7 ; plats 18-22 € ; ⏲12h-16h lun-sam). Ce joli restaurant sert la cuisine slovène et internationale la plus savoureuse et la plus originale de Brežice, notamment du pâté de cheval au carpaccio (6,50 €). Conseils avisés et remarquable carte de vins slovènes.

Gostilna Splavar SLOVÈNE €
(Cesta Prvih Borcev 40a ; plats 7-17 € ; ⏲7h-22h lun-ven, 12h-22h dim). Cette *gostilna* est à la fois un B&B prisé et un très bon restaurant avec jardin d'hiver et terrasse. Le *laški rizling*, un vin demi-sec légèrement fruité de Bizeljsko, se marie très bien avec les poissons proposés. Les glaces maison ont aussi beaucoup de succès.

Santa Lucia PIZZERIA €
(☎041 624 596, 499 25 00 ; Cesta Prvih Borcev 15 ; entrées 4-5 €, pizzas 5,50-7,80 €, plats 7-11 € ; ⏲11h-23h). Que ce soit à manger sur place ou à emporter, la Santa Lucia fait plus que des heureux. Fresque délirante au plafond et terrasse à l'avant et à l'arrière.

Où prendre un verre

Rafter's Pub BAR
(Cesta Prvih Borcev 40a ; ⏲6h-22h lun-ven, 6h-23h sam, 8h-23h dim). Pub à l'anglaise

apprécié dont les tables débordent dans la rue principale.

Aquarius Café Bar BAR
(☎499 25 05 ; Bizeljska ulica 4 ; ⏲7h-23h dim-jeu, 7h-1h ven-sam). Vous reconnaîtrez facilement le château d'eau (1914) de Brežice, rose et à colombages, dont trois niveaux sont occupés par ce café-bar avec photographies anciennes de la ville et fausses antiquités.

Renseignements

Centre d'information des Terme Čatež (☎493 67 57, 041 530 427 ; Topliška cesta 35 ; ⏲8h-19h lun-ven, 9h-16h sam, 9h-14h dim juin-août, horaires réduits sept-mai)

Office du tourisme de Brežice (☎496 69 95 ; Cesta Prvih Borcev 22 ; ⏲8h-16h lun-ven)

Comment s'y rendre et circuler

BUS Du lundi au samedi, un bus dessert au minimum 2 fois/heure les Terme Čatež (1,30 €, 5 minutes). Chaque jour, il y a 2 bus réguliers pour Bizeljsko (2,70 €, 30 minutes) et jusqu'à 4 bus pour Ljubljana (10,70 €, 2 heures 15), Kostanjevica (2,70 €, 30 minutes) et Novo Mesto (5,20 €, 70 minutes).

TAXI Réservations au ☎041 611 391.

TRAIN Il existe 16 liaisons ferroviaires quotidiennes pour Brežice au départ de Ljubljana (7,30 €, 2 heures) via Zidani Most, Sevnica et Krško, et nombre d'entre elles vont jusqu'à Zagreb (Croatie).

ENVIRONS DE BREŽICE

CHÂTEAU DE MOKRICE

☎07 / 200 M D'ALTITUDE

Outre un hôtel de luxe, le château de Mokrice, à 10 km au sud-est de Brežice, est la plus belle forteresse du Posavje. Il vaut bien la visite depuis Brežice, avec ses vergers de poiriers et son "jardin à l'anglaise" de 20 ha empli de plantes rares.

Le château du XVIe siècle serait hanté par le fantôme de la comtesse Barbara, qui s'y suicida au XVIIe siècle après avoir perdu son amant en mer.

Les 29 chambres de l'**Hôtel-Golf Grad Mokrice** (☎457 42 40 ; www.terme-catez.si ; s 120-128 €, d 190-206 €, ste à partir de 250 € ; @≋) sont dotées de poutres apparentes et de meubles d'époque et il y a des cheminées dans les immenses suites. Le **Grad** (plats 8,50-20 € ; ⏲7h-23h) est un superbe restaurant où l'on déguste des plats de gibier et de poisson très fins sur fond de musique classique. La cave conserve des dizaines de vins slovènes. Goûtez à la *viljamovka*, la célèbre eau-de vie de poire de Mokrice.

Pour rejoindre Mokrice depuis Brežice, prenez l'un des rares bus desservant la ville frontalière d'Obrežje (1,80 €, 15 minutes). Ou mieux, allez-y en vélo depuis Čatež – le *Cycling Booklet*, disponible à l'office du tourisme de Brežice, propose quatre itinéraires.

RÉGION VITICOLE DE BIZELJSKO-SREMIČ

☎07 / 175 M D'ALTITUDE

Parcourir à vélo les 18 km séparant Brežice de **Bizeljsko** est un excellent moyen de découvrir la région viticole de Bizeljsko-Sremič en s'arrêtant au hasard dans les *gostilne*, les *vinske kleti* (caves à vin) et les *repnice* (grottes de stockage en silex). À Bizeljsko, goûtez à quelques-uns des rouges et des blancs demi-secs locaux dans la **Vinska Klet Pinterič** (☎041 520 481, 495 12 66 ; Bizeljska cesta 115 ; ⏲10h-19h) ou à la **Gostilna Šekoranja** (☎495 13 10 ; Bizeljska cesta 72 ; ⏲8h-23h mar-dim). Dans le village voisin de Stara Vas, visitez la **Vinoteka Pri Peču** (☎452 01 03 ; ⏲10h-0h mer-lun) ou les caves de **Repnica Pudvoi** (☎031 484 003, 495 12 28 ; ⏲11h-19h sam ou sur rdv), situées respectivement aux n^os^58 et 59.

CARNIOLE-BLANCHE (BELA KRAJINA)

Les activités et les lieux de détente ne manquent pas le long des sentiers et des routes des vins de Carniole-Blanche (Bela Krajina). L'excellente carte-brochure intitulée *Kolesarske Poti Bela Krajina* (Pistes cyclables de Carniole-Blanche), disponible dans les offices du tourisme de Metlika et de Črnomelj, propose 15 itinéraires, dont des boucles. La Carniole-Blanche compte 2 parcs naturels intitulés "paysages protégés" : le parc naturel de la Lahinja, de 259 ha, et une bonne partie des 4 332 ha du parc naturel de la Kolpa.

Comme la Basse-Carniole, la Carniole-Blanche est célèbre pour ses sites du Hallstatt (premier âge du fer) et de l'époque romaine. Près du village de Rožanec, le sanctuaire du IIIe siècle dédié au dieu Mithra est l'un des mieux préservés d'Europe. Au Moyen Âge, la Carniole-Blanche était la partie la plus reculée de Slovénie et l'on sent encore aujourd'hui les effets de cet isolement. Nombre des révoltes paysannes des XVe et XVIe siècles éclatèrent ici ou juste de l'autre côté de la frontière, en Croatie.

Metlika

07 / 3 273 HABITANTS / 167 M D'ALTITUDE

Nichée dans la vallée au pied du massif de Gorjanci, Metlika constitue un camp de base idéal pour la randonnée comme le cyclotourisme. La Kolpa et ses "plages" s'étendent sur 1 km au sud, marquant la frontière avec la Croatie. Au premier âge du fer, il y avait ici un important village hallstattien, puis les Romains établirent un avant-poste à Metlika sur la route menant à l'important port fluvial de Sisak, en Croatie. Lors des assauts turcs des XVe et XVIe siècles, Metlika fut attaquée 17 fois et fut occupée en 1578.

Metlika

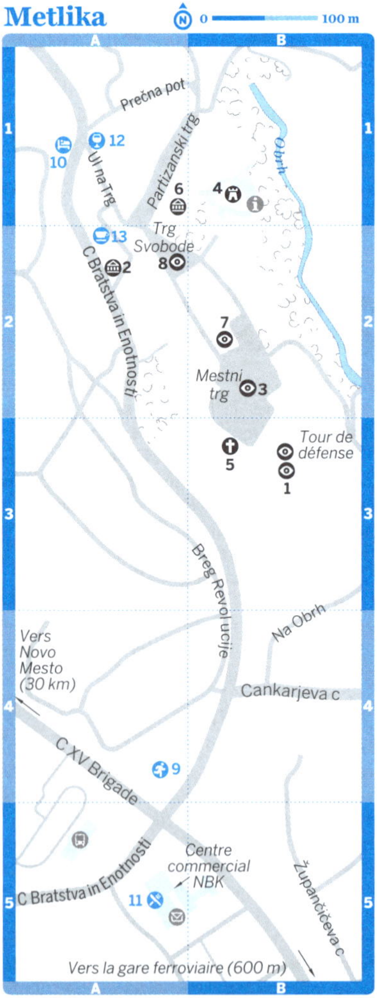

À voir

Trg Svobode PLACE

Situé dans le **château de Metlika** (Metliški Grad ; Trg Svobode 4), doté d'une cour splendide, le **musée de la Carniole-Blanche** (Belokranjski Muzej ; 305 81 77, 306 33 70 ; www.belokranjski-muzej.si ; tarif plein/enfant/étudiant et senior 3,50/2,50/3 € ; 9h-17h lun-sam, 10h-14h dim) abrite une collection archéologique largement constituée par les trouvailles locales, notamment de la ferronnerie de la période de Hallstatt provenant de Pusti Gradac, des collections sur l'époque romaine, et des éléments ayant trait à l'ethnologie et à l'agriculture. Vidéo de présentation de 20 minutes en quatre langues.

Metlika fut la première ville de Slovénie à disposer de sa propre brigade de pompiers (1869), mise à l'honneur au **musée des Pompiers de Slovénie** (Slovenski Gasilski Muzej ; 305 86 97 ; Trg Svobode 5 ; 1 € ; 9h-14h mar-sam, 9h-12h dim), où sont exposés des camions anciens avec roues énormes, échelles et seaux.

Mestni Trg PLACE

Cette place colorée et arborée, où se tient un marché tous les premier et troisième mardis du mois, est ceinte d'époustouflants bâtiments XVIIIe et XIXe, dont l'**hôtel de ville**

Metlika

À voir

Musée de la Carniole-Blanche.... (voir 4)
1 Commanderie B3
2 Galerie Kambič A2
3 Mestni Trg B2
4 Château de Metlika B1
5 Église paroissiale Saint-Nicolas B3
6 Musée des Pompiers de Slovénie A1
7 Hôtel de ville B2
8 Trg Svobode A2

Activités

9 Vinska Klet A4

Où se loger

10 Hotel Bela Krajina A1

Où se restaurer

Hotel Bela Krajina .... (voir 10)
11 Julija Pizzeria A5

Où prendre un verre

12 Bar Na Draga A1
Grajska Klet .... (voir 4)
13 Slaščičarna Murn A2

(Mestni trg 24) néogothique. À l'extrémité sud de la place se dresse l'ancienne **commanderie** (Komenda ; Mestni trg 2) des chevaliers Teutoniques. Remarquez la croix de Malte au-dessus de l'entrée. Au nord-ouest, l'**église paroissiale Saint-Nicolas** (Farna Cerkev Sv Nikolaja) surprend par son plafond orné de fresques contemporaines sur le thème du Jugement dernier.

Galerie Kambič GALERIE
(Galerija Kambič ; ☎305 83 32 ; Cesta Bratstva in Enotnosti 51 ; ⏲10h-16h mar-sam, 10h-13h dim). Une collection de 200 œuvres offertes par un professeur d'université et des expositions temporaires de haut vol. Le sculpteur Alojzij Gangl (1859-1935), originaire de Metlika, occupe une place de choix.

Activités

Les eaux de la Kolpa sont propres et chaudes (jusqu'à 30°C en été) et les plages des campings de Primostek et Podzemelj se prêtent à la **baignade**.

Les possibilités de **randonnées** et de **balades** ne manquent pas dans les environs, notamment le **sentier de Saint-Urbain** (Urbanova Pot), boucle de 6,5 km jusqu'à Grabrovec et passant au retour par **Veselica**, une colline de 233 m de haut à moins de 1 km au nord de Metlika, d'où l'on a un superbe panorama sur la ville. L'**Učna Pot Zdence Vidovec** part du village de Božakovo, à l'est de Rosalnice, pour rejoindre les grottes karstiques de Zdence et Vidovec. L'office du tourisme dispose de brochures sur les circuits et de la carte-brochure intitulée *Kolesarske Poti Bela Krajina* (Pistes cyclables de Carniole-Blanche).

On pourra également vous renseigner sur les dégustations de vin à la **Vinska Klet** (☎363 70 52 ; www.kz-metlika.si ; Cesta XV Brigade 2 ; 2,50-8,50 €/pers ; ⏲8h-15h lun-ven, 8h-12h sam ou sur rdv), la "cave à vins" tenue par la coopérative viticole locale (minimum de 10 personnes généralement requis).

Fête

Vinska Vigred FÊTE DU VIN
(www.metlika-turizem.si ; ⏲mai). C'est l'événement numéro un de Metlika, le 3e week-end de mai.

Où se loger

Hotel Bela Krajina HÔTEL €€
(☎040 327 492, 305 81 23 ; www.hotel-belakrajina.si ; Cesta Bratstva in Enotnosti 28 ; s/d/tr 53/87/105 € ; P ❄ @ 📶). Un vestige de la République socialiste propulsé au XXIe siècle, avec clim et mobilier moderne.

Kamp Podzemelj ob Kolpi CAMPING €
(☎363 52 81, 306 95 72 ; www.kamp-podzemelj.si ; Podzemelj 16b ; camping adulte/enfant 7,80/5,50 €, caravane pour 4 33-74 € ; ⏲mai à mi-sept ; P 🏊). Ce vaste terrain bien équipé avec "plage" au bord de la Kolpa, à 7 km au sud-ouest de Metlika, peut accueillir 250 personnes et 70 tentes. Si vous n'êtes pas motorisé, vous devrez prendre le train de Metlika à Gradac et marcher 2 km.

Où se restaurer

Hotel Bela Krajina SLOVÈNE €
(Cesta Bratstva in Enotnosti 28 ; entrées 5,20-9,50 €, plats 6,90-13,20 € ; ⏲8h-22h). Fort convivial, le meilleur restaurant de Metlika vous attable toujours en premier devant une grande *belokranjska pogača* (galette de Carniole-Blanche). Viennent ensuite *žlikrofi* (raviolis, 6 €) à la mode de Carniole-Blanche, truite et vin blanc.

Gostilna Budački SLOVÈNE €€
(☎363 52 00 ; Ulica Belokranjskega Odreda 14 ; repas à partir de 15 € ; ⏲8h-22h lun-ven, 8h-23h sam-dim). À 450 m au sud du centre, l'un des rares "vrais" restaurants dans l'enceinte de la ville, réputé pour sa cuisine maison.

Julija Pizzeria PIZZERIA €
(☎305 94 87 ; NBK 9 ; pizzas 4,50-7,20 € ; ⏲7h-0h dim-jeu, 7h-1h ven-sam). Pizzeria avec bar fréquenté en vis-à-vis (ouvert tlj de 9h à 23h), dans le grand centre commercial en face de l'arrêt de bus.

Où prendre un verre

Slaščičarna Murn CAFÉ
(☎041 952 058 ; Ulica na Trg 3 ; ⏲8h-12h mar, 9h-12h et 15h-17h mer-ven, 8h-13h sam, 8h-10h dim). Si réduits soient ses heures d'ouverture, ce petit café sert les meilleurs gâteaux et glaces de Metlika.

Grajska Klet DÉGUSTATION DE VINS
(☎031 632 470, 305 89 99 ; ⏲7h-23h lun-jeu, 7h-0h ven, 8h-0h sam, 8h-12h dim). Si vous voulez goûter aux vins de Carniole-Blanche mais que vous n'avez pas le temps de faire le tour des vignobles, allez dans cette *vinoteka* installée dans la cour du château. Vous y dégusterez pinot blanc, chardonnay, riesling et *rumeni muškat* (muscat jaune) doux.

Bar Na Draga BAR
(☎040 309 970 ; Ulica na Trg ; ⏲7h-23h lun-jeu, 7h-1h30 ven-sam). En face de l'Hotel Bela Krajina, ce vaste pub à la clientèle jeune reste ouvert tard.

Renseignements

Bibliothèque municipale de Metlika (Ljudska Knjižnica Metlika ; ☎305 83 70, 369 15 20 ; Cesta Bratstva, Enotnosti 23 ; ⏲11h-18h lun, 9h-15h mar-ven juil-août, 10h-18h lun, mer et ven, 7h-15h mar et jeu, 7h30-12h30 sam sept-juin). Accès gratuit à Internet.

Nova Ljubljanska Banka (dans NBK 2 et à Trg Svobode 7)

Office du tourisme (☎363 54 70 ; www.metlika-turizem.si ; Trg Svobode 4 ; ⏲8h-17h lun-ven, 9h-13h sam juin-août, 8h-16h lun-ven, 9h-12h sam sept-mai).

Poste (NBK 2)

Comment s'y rendre et circuler

BUS Au départ de Metlika, des bus partent pour Črnomelj (2,70 €, 30 minutes, 7 bus/jour en semaine), Novo Mesto (3,60 €, 1 heure, 30 km) et Vinica (5,60 €, 1 heure 30, 46 km, 3 bus/jour en semaine).

TAXI Réservations au ☎041 708 733

TRAIN Chaque jour, jusqu'à 8 trains quittent Ljubljana (7,20 €, 2 heures 45) pour Metlika via Novo Mesto et Črnomelj (1,60 €, 20 minutes). Il y a 3 à 5 trains par jour pour Karlovac (Croatie).

Région viticole de Metlika

☎07 / 235 M D'ALTITUDE AU PLUS

Les collines au nord et au nord-est de Metlika sont l'un des vignobles les plus importants de Carniole-Blanche. On y produit des vins typiques comme le *metliška črnina* (le "metlika noir", aux teintes rouge rubis) et le *kolednik ledeno vino*, un "vin de glace" doux à maturation tardive. On peut aussi y faire de belles promenades.

En chemin pour **Vinomer** et **Drašiči**, deux importants villages viticoles respectivement à 4 et 6 km de Metlika, vous traverserez des *steljniki*, ces bosquets de bouleaux poussant parmi les fougères en sol argileux qui expliquent le nom de Carniole-Blanche.

Drašiči est connu pour son architecture populaire, et plusieurs endroits proposent des dégustations de vin local, notamment la **ferme Simonič** (☎041 572 596, 305 81 85 ; Drašiči 56) et la **ferme Prus** (☎041 690 112, 305 90 98 ; Krmačina 6). Téléphonez avant. Le personnel de l'office du tourisme de Metlika pourra vous renseigner sur les dégustations à **Soseska Zidanica** (☎041 788 938 ; Drašiči 46 ; ⏲sur rdv), maison de vignoble vieille de 250 ans près de l'église Saint-Pierre, dans le centre de Drašiči.

Črnomelj

☎07 / 14 717 HABITANTS / 163 M D'ALTITUDE

Capitale de Carniole-Blanche et sa plus grande ville, Črnomelj occupe un promontoire enserré par deux rivières qui viennent mêler leurs eaux à ses pieds, la Lahinja et la Dobličica. Cette ville à l'ambiance décontractée symbolise l'âme populaire de la Carniole-Blanche que l'on retrouve dans son célèbre festival folklorique, le Jurjevanje, qui réunit des centaines de danseurs et de chanteurs régionaux.

Quelque 4 km au nord-ouest, à Rožanec, le sanctuaire de Mithra atteste de la présence romaine à Črnomelj. Sans cesse en butte aux attaques pendant les invasions turques des XVe et XVIe siècles, elle ne fut jamais envahie, grâce à ses fortifications et à ses postes de guet sur la colline. Après la reddition de l'Italie en 1943, elle joua pendant un temps le rôle de capitale de la Slovénie.

La légende veut que le nom Črnomelj (une altération des mots signifiant "meunier noir") provienne du sort jeté par une mendiante au meunier qui lui avait fait l'aumône d'une farine de piètre qualité. En tout cas, c'est aujourd'hui un boulanger rieur portant un bretzel qui est l'emblème de la ville.

À voir et à faire

Château de Črnomelj CHÂTEAU
(Črnomeljski Grad ; Trg Svobode 3). En partie du XIIe siècle, l'édifice abrite au 1er niveau le **Musée municipal** (Mestna Muzejska Zbirka ; ☎306 11 00, 305 65 30 ; www.belokranjski-muzej.si ; adulte/enfant 1/0,50 € ; ⏲8h-16h lun-ven, 9h-12h sam), une collection d'objets et documents ayant trait à l'histoire de Črnomelj et à sa place dans celle de la Carniole-Blanche.

Commanderie SITE HISTORIQUE
(Komenda ; Trg Svobode 1). À l'opposé du château sur la place, au sud-est, la commanderie des chevaliers Teutoniques, bâtiment gris doté de bas-reliefs en pierre, date du

Črnomelj

0 100 m

Črnomelj

À voir

1 Commanderie.......... B3
2 Château de Črnomelj.......... B3
3 Église paroissiale Saint-Pierre.......... B3
4 Maison Primožič.......... B3
5 Maison Špelič.......... B3
Musée municipal.......... (voir 2)

Activités

6 Cave à vin de Črnomelj.......... B3

Où se loger

7 Dijaški Dom Črnomelj.......... A1
8 Gostilna Müller.......... B4

Où se restaurer

Gostilna Müller.......... (voir 8)
9 Pri Klepcu.......... A1

Où prendre un verre

10 Črnomaljska Kavarna.......... A3
11 Odeon Café.......... B3

milieu du XVIIe siècle. Elle fait face aux fondations du premier château de Črnomelj.

Église paroissiale Saint-Pierre ÉGLISE
(Cerkev Sv Petra ; Ulica Staneta Rozmana). Si l'église date du XIIIe siècle, ce que l'on voit aujourd'hui est un édifice baroque à une seule flèche. On remarquera les pierres tombales romaines en réemploi dans les murs, et la fresque représentant saint Christophe sur le grand portail ouest.

Maison Špelič GALERIE
(Špeličeva Hiša ; ☎306 11 90, 040 238 714 ; Ulica Mirana Jarca 20 ; ⏱8h-12h lun, mer et ven). Les artistes de la région exposent ici. Juste à côté, la **maison Primožič** (Primožičeva Hiša ; Ulica Mirana Jarca 18 ; ⏱8h-16h lun-ven, 9h-12h sam) présente (et vend) l'artisanat local.

Cave à vins de Črnomelj DÉGUSTATION DE VINS
(Črnomajska Klet ; ☎305 65 30 ; Ulica Mirana Jarca). C'est au sous-sol d'une école de musique joliment rénovée que l'on vient goûter les crus régionaux accompagnés d'une *belokranjska pogača* (galette de Carniole-Blanche) et de fromage pour 7 € (vous devrez peut-être vous greffer à un groupe).

Randonnée

Les marcheurs apprécient le parcours au départ de l'extrémité nord d'Ulica 21 Oktobra menant 18 km plus loin au nord-ouest jusqu'au Mirna Gora (1 047 m) et au refuge de catégorie III situé à 1 000 m d'altitude, le **Planinski Dom na Mirni Gori** (☎041 910 357, 306 85 73 ; ⏱mar-dim) qui abrite 9 chambres et 3 dortoirs.

Fête

Jurjevanje FÊTE FOLKLORIQUE
(www.jurjevanje.si ; ⏱mi-juin). C'est l'une des fêtes folkloriques slovènes les plus importantes et les plus anciennes. Pendant 5 jours, musique, danse et feux de joie animent le champ de foire près de la gare ferroviaire et d'autres lieux de la ville pour célébrer Zeleni Jurij ("Georges vert"), la version "nature" de saint Georges célébré en Europe orientale comme patron des troupeaux, des arbres et des forêts.

Où se loger

Entre autres terrains de camping, notons ceux de Podzemelj, à 9 km au nord-est de

MITHRA ET LE GRAND SACRIFICE

Le mithraïsme, ou culte du dieu Mithra, naquit en Perse. Au fur et à mesure que l'Empire romain se déployait à l'est, ce culte oriental attira les marchands, les esclaves et les mercenaires de l'armée romaine, puis gagna rapidement tout l'Empire aux Ier et IIe siècles. En fait, le mithraïsme fut le principal concurrent du christianisme jusqu'à l'avènement au IVe siècle du premier empereur chrétien, Constantin, un converti.

Les fidèles de Mithra gardèrent précieusement leur secret. Le peu que l'on sait sur ce dieu de la justice et du contrat social est le fruit de déductions faites à partir de bas-reliefs et d'icônes de temples comme ceux de Rožanec, près de Črnomelj, et de Ptuj, en Basse-Styrie. Mithra est représenté en robe perse en train de sacrifier un taureau blanc devant Sol, le dieu Soleil. Du sang du taureau germent des céréales et du raisin, et de sa semence naissent des animaux. Luna, l'épouse de Sol, commence alors son cycle : c'est la naissance du temps.

Le mithraïsme et le christianisme partageaient de nombreux aspects rituels et se concurrençaient fortement. En effet, ils impliquaient tous deux la naissance d'un dieu au solstice d'hiver, des bergers, la mort et la résurrection, et une forme de baptême. Les fidèles de Mithra s'agenouillaient pour prier et le repas commun – "communion" faite de pain et d'eau – faisait partie de la liturgie.

Črnomelj, d'Adlešiči, à 12 km au sud-est, et de Vinica, à 19 km au sud.

Gostilna Müller AUBERGE €
(☎041 689 056, 356 72 00 ; Ločka cesta 6 ; ch 25 €/pers ; P). Dans une *gostlina* au sud de la vieille ville, voici 4 chambres claires et séduisantes.

Dijaški Dom Črnomelj AUBERGE DE JEUNESSE €
(☎040 734 230, 306 21 60 ; www.dd-crnomelj.si ; Ulica Otona Župančiča 7 ; dort 15 €/pers ; ⏲toute l'année ; P@). Cette auberge affiliée HI loue 50 lits répartis dans une dizaine de doubles et autant de triples en été. Un tiers des chambres est disponible le reste de l'année.

Où se restaurer

Pri Klepcu PIZZERIA €
(☎356 74 70 ; Kolodvorska cesta 24 ; pizzas 3,20-6,50 € ; ⏲9h-22h lun-jeu, 9h-23h ven, 12h-23h sam, 16h-22h dim). Installée au sud-est de la banque et du bureau de poste, ce n'est pas la plus authentique des pizzerias mais elle est centrale et bon marché. Entrez par Ulica Otona Župančiča.

Gostilna Müller SLOVÈNE €
(Ločka cesta 6 ; entrées 5-7,50 €, plats 7-12 € ; ⏲8h-22h mar-ven, 11h-23h sam, 11h-22h dim). L'un des rares vrais restaurants de Črnomelj. Essayez l'assiette de viandes froides.

Où prendre un verre

Odeon Café CAFÉ
(☎305 22 86 ; Ulica na Utrdbah 2 ; ⏲7h-23h dim-jeu, 7h-0h ven-sam ; wifi). Ce superbe petit café occupe, à l'ouest du château, un édifice ancien donnant sur la Dobličica et dispose l'été des tables en extérieur.

Črnomaljska Kavarna CAFÉ
(☎040 741 006 ; Ulica Lojzeta Fabjana 7 ; ⏲7h-22h lun-jeu, 7h-0h ven-dim). Les habitants disent qu'ils vont "chez le maire" (sa femme est la propriétaire) lorsqu'ils vont dans ce café-pub chic situé sous le pont qui enjambe la Lahinja.

Renseignements

Nova Ljubljanska Banka (Kolodvorska cesta 32b et Trg Svobode 2)

Office du tourisme de Črnomelj (☎040 883 162, 305 65 30 ; www.belakrajina.si ; Trg Svobode 3 ; ⏲8h-16h lun-ven, 9h-12h sam). Au rez-de-chaussée du château de Črnomelj.

Poste (Kolodvorska cesta 30)

Comment s'y rendre et circuler

BUS Črnomelj est mal desservie par le bus. Il y a cependant chaque jour jusqu'à 9 départs pour Vinica (2,70 €, 30 minutes) selon la saison, 2 départs pour Adlešiči (2,30 €, 30 minutes) et 2 départs pour Novo Mesto (5,20 €, 1 heure). À destination de Ljubljana (9,60 €, 2 heures 30), on ne peut compter que sur 1 seul bus et uniquement en semaine.

TRAIN Il existe 9 liaisons ferroviaires maximum en provenance de Ljubljana (6,50 €, 2 heures 30) via Novo Mesto. Des trains rallient aussi Karlovac en Croatie.

VÉLO Location de vélos à **L Šport** (☎040 657 657, 305 24 81 ; Kolodvorska cesta 13 ; 10 €/jour ; ⏲8h-19h lun-ven, 8h-12h sam).

Environs de Črnomelj

SEMIČ

2 050 HABITANTS

Une **route des vins** *(vinska cesta)* parcourt la campagne de Tanča Gora, à 5 km au sud-ouest de Črnomelj, jusqu'à Semič, séduisant bourg à 9 km au nord de Črnomelj, où vous verrez les vestiges d'une **église** et d'un **château** du XIIIe siècle. L'itinéraire passe par Doblička Gora, Stražnji Vrh et Ručetna Vas.

ROŽANEC

☎07 / 65 HABITANTS / 195 M D'ALTITUDE

Situé à 4 km au nord-ouest de Črnomelj, ce petit village s'atteint aisément en tournant à l'ouest juste après Lokve. Dans le centre, un panneau indique le sentier du **mithraeum** (Mitrej) mis au jour 400 m plus loin. Ce temple du IIe siècle consacré au culte oriental du dieu Mithra (p. 166) occupe une grotte. L'une des parois en calcaire est ornée d'un bas-relief de 1,5 m de haut représentant Mithra sacrifiant le taureau sacré, sous le regard du Soleil et de la Lune, un chien, un serpent et un scorpion à ses pieds.

PARC NATUREL DE LA LAHINJA

☎07 / JUSQU'À 242 M D'ALTITUDE

Ce parc de 259 ha à 9 km au sud de Črnomelj est une région karstique protégée. Ses prairies humides et ses marais en font le refuge de plus d'une espèce protégée, au nombre desquelles de nombreux oiseaux. La rivière Lahinja y prend sa source et les sentiers ne manquent guère. Les secteurs autour de **Pusti Gradec** et de **Veliki Nerajec** sont riches en phénomènes karstiques et en vestiges pré- et protohistoriques (nécropoles de Hallstat). Le **centre d'information du parc de la Lahinja** (☎031 705 519, 305 74 28) se trouve à Veliki Nerajec, au n°18a. L'artisanat local reste très vivant et une boutique voisine permet d'acquérir quelques objets, comme des sifflets imitant le cri du martin-pêcheur.

Vallée de la Kolpa

☎07 / JUSQU'À 264 M D'ALTITUDE

La Kolpa, longue de 118 km, marque la frontière avec la Croatie. C'est la rivière la plus chaude et l'une des plus propres du pays. Elle est devenue un espace de loisirs où l'on vient nager, pêcher et faire du bateau, notamment autour du village de **Vinica** et à **Adlešiči**, au nord-est (en aval).

À voir

Žuniči VILLAGE

À 10 km au nord-est de Vinica, vous apprécierez l'architecture rurale traditionnelle de ce village, en particulier les fermes aux n^{os}2 et 5, parfois ouvertes au public.

Čebelar Adlešič FERME

(Les Apiculteurs d'Adlešič ; ☎307 02 37; Purga 5). En traversant le village de **Purga**, au nord d'Adlešiči, visitez les Čebelar Adlešič. La famille se fera un plaisir de vous faire découvrir ses ruches et de vous vendre son miel ou son *domača medica* (hydromel maison).

Château de Pobrežje CHÂTEAU

Les ruines de ce château du XVIe siècle, sur un rocher escarpé au-dessus de la Kolpa à 1 km au nord-est de Purga, méritent d'être explorées.

Activités

Le **parc naturel de la Kolpa** (Kolpa Krajinski Park ; ☎356 52 40 ; www.kp-kolpa.si ; centre d'information Adlešiči 15), un espace protégé alliant nature et monuments culturels, couvre une bonne partie des berges de la partie slovène de la rivière, de Fučkovci, au nord d'Adlešiči, jusqu'à Stari Trg ob Kolpi, au sud-ouest. La **ferme Žagar** (☎306 44 41, 041 609 920 ; zvonko.zagar@volja.net), à Damelj (n°11), au sud-ouest de Vinica, loue des canoës et des mini-rafts (15-18 €/jour) et organise des excursions sur la rivière. **Grand Kolpa** (☎305 51 01, 041 740 798 ; www.grandkolpa-sp.si ; Stari Trg ob Kolpi 15) propose du kayak en eaux rapides de Stari Trg, à 20 km en amont, jusqu'à Vinica (20 €), et loue canoës et rafts.

Depuis Adlešiči, deux **randonnées** faciles dans les collines offrent une superbe vue sur la campagne et vous permettront de partir à la découverte du patrimoine artisanal de la région. Pour aller à **Mala Plešivica** (341 m), suivez le chemin balisé vers le sud pendant environ 30 minutes. Non loin à l'ouest, se trouve un gouffre avec une source d'eau du nom de Vodenica ; un escalier mène à cette dernière, sous une vaste voûte en pierre. **Velika Plešivica** (363 m), coiffé d'une église du XIIe siècle, est à 1 heure de marche au nord-ouest d'Adlešiči. Itinéraires détaillés dans la brochure intitulée *Tourist Destination Bela Krajina*, disponible dans les offices du tourisme de Metlika et Črnomelj.

Où se loger et se restaurer

Ferme Grabrijanovi PENSION €
(☎040 391 286, 307 00 70 ; Adlešiči 5 ; ch 24 €/pers ; ⏱mars à mi-jan ; P). Cette ferme de 5 chambres et 1 appartement sur la route principale à 500 m de la Kolpa, à Adlešiči, est l'un des meilleurs hébergements du secteur, également réputé pour sa cuisine. Les clients peuvent utiliser gratuitement les vélos.

Camping Kolpa Vinica CAMPING €
(☎031 513 060 ; www.kamp-kolpa.si ; Vinica 19a ; 6-7,50 €/adulte, 4,50-5,50 €/enfant, chalets 48-60 € ; ⏱mai-sept ; P). Sur les berges de la Kolpa, 60 emplacements pour tentes et caravanes que complètent un logement en chalets pour quatre.

Ferme Pri Štefaniču PENSION €
(☎041 689 057, 305 73 47 ; Dragatuš 22 ; d à partir de 20 €/pers ; P). Son restaurant est renommé pour la préparation soignée de produits cultivés sur place. Les amateurs de sarrasin sauront qu'il est moulu dans le moulin de Klepčev voisin. Ses 4 chambres doubles sont un excellent port d'attache pour partir à la découverte du parc naturel de la Lahinja.

Gostilna Balkovec SLOVÈNE €
(☎305 76 32 ; entrées 4,80-6,50 €, plats 7,20-9,50 € ; ⏱8h-23h). Cette petite *gostilna* de Mali Nerajec (n°3), à la lisière du parc de la Lahinja, s'est fait une spécialité de la *pečenka* (viande rôtie), notamment d'agneau, le *jagenjček*.

Gostilna Milič SLOVÈNE €
(☎307 00 19 ; Adlešiči 15 ; repas à partir de 12 € ; ⏱11h-0h mar-jeu, 11h-1h ven-sam, 9h-22h dim). Dans le centre d'Adlešiči, Milič se distingue par son grand four à pain d'où sortent aussi bien des pizzas que des cochons de lait rôtis.

Achats

Le centre d'information du parc naturel de la Lahinja à Veliki Nerajec propose à la vente une belle sélection d'artisanat local.

Čebelar Adlešič vend du miel, de l'hydromel, de la cire d'abeille, du pollen et de la propolis, qui a ici le statut d'élixir.

Comment s'y rendre et circuler

Selon la saison, vous trouverez 9 bus quotidiens au maximum entre Vinica et Črnomelj (2,60 €, 30 minutes) qui passent par Dragatuš. Chaque jour, quelques bus relient Adlešiči à Črnomelj (2,20 €, 30 minutes).

Basse-Styrie et Carinthie

Dans ce chapitre »

Le top des restaurants

» Gostilna Ribič (p. 182)
» Pri Florjanu (p. 187)
» Lastoria (p. 195)
» Gril Ranca (p. 187)

Le top des hébergements

» MCC Hostel (p. 195)
» MuziKafe (p. 181)
» Hotel Mitra (p. 181)
» Hostel Pekarna (p. 187)

Pourquoi y aller

La Basse-Styrie (Štajerska), de loin la plus vaste province de Slovénie, souffre d'une mauvaise réputation. Le reste du pays la considère comme une grande ferme industrielle et raille ses habitants, perçus comme des campagnards mal dégrossis. Pourtant, si la province possède plus de grandes zones agricoles que n'importe quelle autre région slovène, elle compte aussi les Alpes kamniques, à l'ouest, et le massif du Pohorje, paradis des activités de plein air, au nord. Les amateurs de culture noteront aussi trois des cités historiques les plus fascinantes du pays, Maribor, Celje et Ptuj, véritable petit bijou.

En comparaison, la minuscule Carinthie (Koroška), qui n'est plus que l'ombre de ce qu'elle était avant la Grande Guerre, offre un contraste saisissant. Composée de trois vallées, c'est une région de forêts, de montagnes et de hautes prairies, taillées sur mesure pour les activités de plein air comme le ski, le VTT, l'équitation ou la randonnée.

Quand partir

Maribor

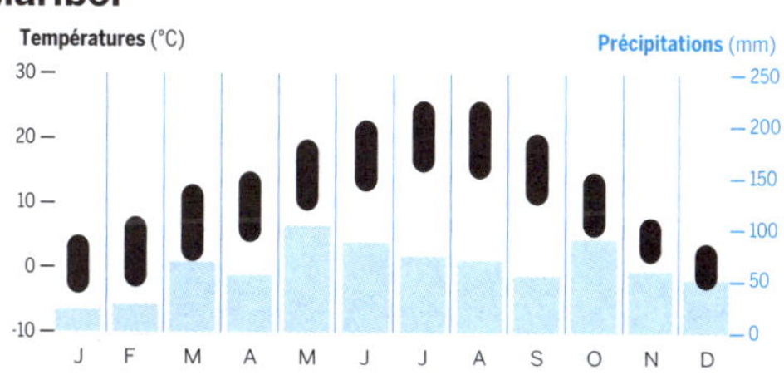

Déc-mars Les skieurs fondent sur le Pohorje de Maribor, plus vaste domaine de ski alpin du pays.

Carême Les foules se pressent à Ptuj pour le carnaval de Kurentovanje.

Août-oct Idéal pour s'adonner à la randonnée et à l'escalade à Logarska Dolina.

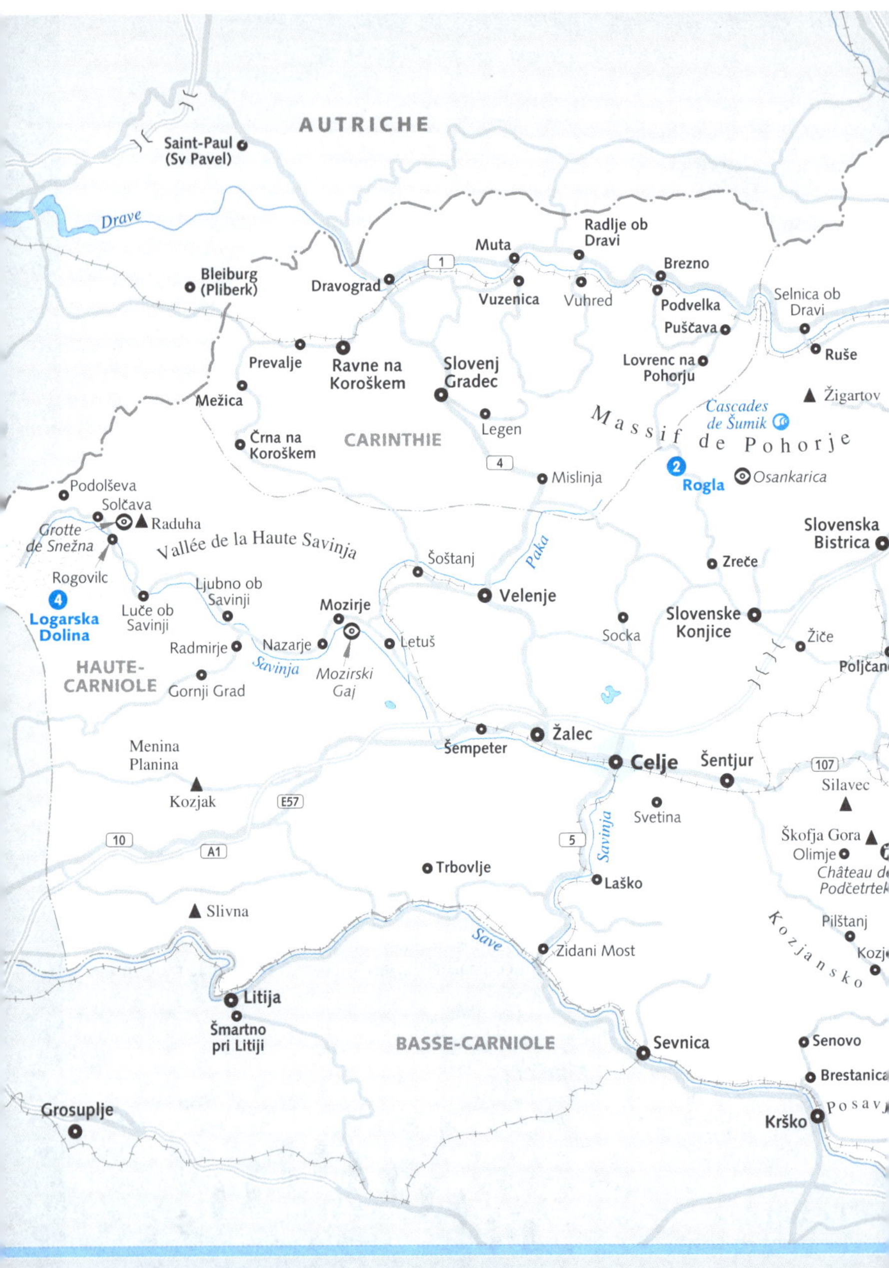

À ne pas manquer

1 Un voyage dans le temps au fil des ruelles étroites de la médiévale **Ptuj** (p. 178), le joyau de Basse-Styrie.

2 **Rogla** (p. 190), un petit paradis aux pistes de ski peu fréquentées.

3 L'observation des passants (ou des bateaux) depuis un café ou un bar sur le front de mer, dans le Lent, quartier de **Maribor** (p. 183).

4 Un séjour à la ferme et chez l'habitant dans la vallée de **Logarska Dolina** (p. 198), la plus verte de Basse-Styrie.

5 Une cure en grande pompe à **Rogaška Slatina** (p. 175), l'une des rares authentiques villes thermales de Slovénie.

BASSE-STYRIE (ŠTAJERSKA)

La Basse-Styrie a longtemps "accueilli" le tout-venant – Celtes, Romains, premiers Slaves (les Vénètes), Habsbourg et occupants nazis. Au XIVe siècle, les comtes germanophones de Cilley (Celje) faisaient partie des dynasties féodales les plus riches et les plus puissantes d'Europe centrale ; ils défièrent la monarchie autrichienne un siècle durant.

Devenue duché de Styrie en 1180, la province passa sous domination hongroise, puis habsbourgeoise jusqu'au XVIIe siècle. Elle fut ensuite soumise à de nombreuses invasions ottomanes, puis divisée en deux en 1918. La Haute-Styrie, qui représente environ deux-tiers de l'ancien duché, fut attribuée à l'Autriche, tandis que la Basse-Styrie devint slovène.

Pendant la Seconde Guerre mondiale, la province souffrit davantage que le reste du pays, voyant nombre de ses habitants tués, déportés ou envoyés en camp de travail en Allemagne.

Région du Kozjansko

Le Kozjansko est une région isolée qui borde la façade est des montagnes du Posavje et la rivière Sotla, longue de 90 km, qui dessine en partie la frontière orientale slovène avec la Croatie. Cette zone de forêts, de collines vallonnées, de vignes et de fermes disséminées abrite également l'un des trois parcs régionaux de Slovénie. Importante région thermale, elle compte aussi deux châteaux. On peut y faire du vélo et de la randonnée et y déguster un excellent vin.

PODČETRTEK ET SES ENVIRONS

☎03 / 565 HABITANTS / 211 M D'ALTITUDE

On vient majoritairement ici pour profiter des eaux de Terme Olimia. Le village, perché sur une petite butte de terre qui s'étend jusqu'en Croatie, est dominé par les vestiges d'un château du XIe siècle.

Le nom de la ville, à première vue imprononçable, vient du mot slovène "četrtek" (jeudi) – jour du marché et de la session du tribunal régional.

Le centre de Podčetrtek est au carrefour de quatre routes. Tous les bus s'y arrêtent, de même qu'au centre thermal et au camping. Il y a trois gares ferroviaires. Descendez à Podčetrtek pour gagner le centre-ville et le château, à Atomske Toplice pour rallier Terme Olimia et les hôtels thermaux, et à Podčetrtek Toplice pour vous rendre au camping.

À voir

Château de Podčetrtek CHÂTEAU

(Grad Podčetrtek). Perché à 355 m au nord-ouest de la ville, l'énorme château de Podčetrtek date du XIIIe siècle. Il fut complété par une annexe de style Renaissance vers 1550, puis rénové dans le style baroque au XVIIIe siècle. Il fut sévèrement endommagé par un tremblement de terre en 1974. La forteresse fermée au public, mais offrant une belle vue est facilement accessible à pied : remontez Trška cesta en direction du nord puis prenez Cesta na Grad vers l'ouest sur environ 1,5 km.

Monastère franciscain d'Olimje MONASTÈRE

(Minoritski Samostan Olimje ; ☎582 91 61 ; www.olimje.com ; Olimje 82 ; pharmacie adulte/enfant 1/0,50 € ; ⏲pharmacie 10h-12h et 13h-19h lun-sam). Le monastère des Frères mineurs (franciscains) d'Olimje, à 3 km au sud-ouest de Podčetrtek, occupe un château du XIe siècle, devenu couvent paulinien en 1663. Cet ordre originaire de Hongrie fut dissous à la fin du XVIIIe siècle et ce n'est qu'en 1990 que des franciscains s'y installèrent.

Le plafond du presbytérium de l'**église de l'Assomption** est orné de peintures du XVIIe siècle et l'on y trouve l'un des plus grands autels baroques du pays, ainsi que la **chapelle Saint-François-Xavier**, incroyablement ouvragée. Le rez-de-chaussée de l'une des quatre tours d'angle abrite le joyau du monastère, une **pharmacie** du XVIIe siècle, ornée de peintures à caractère religieux et médical. Ici, les moines franciscains cultivent encore herbes et plantes médicinales.

Čokoladnica Olimje CHOCOLATERIE

(Chocolaterie d'Olimje ; ☎810 90 36 ; www.syncerus.si ; Olimje 61 ; ⏲10h-19h juin-août, 10h-17h sept-mai). Cette usine, à proximité du monastère d'Olimje, fabrique et vend le chocolat le plus réputé de Slovénie.

Activités

Terme Olimia CENTRE THERMAL

(☎829 70 00 ; www.terme-olimia.com ; Zdraviliška cesta 24). Terme Olimia, autrefois connu sous le nom d'Atomske Toplice (le nom de la gare), à environ 1,2 km au nord-est du centre de Podčetrtek, offre des eaux thermales (entre 28 et 35°C) riches en magnésium et en calcium. Toutefois, le centre met désormais l'accent sur les loisirs et les soins du corps. Les huit piscines couvertes et découvertes du seul complexe **Termalija** (☎829 78 05 ; non-résident adulte/enfant lun-ven 10,50/8 €, sam-dim 12,50/9,50 € ; ⏲8h-22h dim-jeu, 8h-0h ven-sam), reliées par un passage sous-marin, couvrent quelque 2 000 m². Il y a également deux centres de bien-être : le **Spa Armonia**, dans l'Hotel Sotelia, et le luxueux **Orchidelia**.

Randonnée pédestre et cycliste RANDONNÉE, VÉLO

La région offre certaines des plus belles balades à pied et à vélo du pays. La brochure gratuite *Podčetrtek-Terme Olimia* (1/26 000) recense une vingtaine d'excursions pour les marcheurs, les cyclistes sur route et les vététistes. Les randonnées balisées les plus faciles durent 2 heures (excepté le circuit de 6,6 km vers l'église Sainte-Emma, au nord-est, un édifice du XVIIIe siècle culminant à 345 m, long de quelque 4 heures), et des itinéraires cyclables vont jusqu'à Kozje (37 km), Podsreda (41 km) et Rogaška Slatina (31 km).

Où se loger

L'office du tourisme met à disposition une liste de familles qui louent des chambres (à partir de 20 €/pers) à Podčetrtek et à Sodna Vas, à 2 km au nord du complexe thermal, sur la route principale.

Jelenov Greben SÉJOUR À LA FERME €€

(☎041 317 093, 582 90 46 ; www.jelenov-greben.si ; Olimje 90 ; s 35-40 €, d 60-70 €, app 4 pers 65-75 € ; P). Propriété spectaculaire, installée sur une crête à Ježovnik, à quelque 500 m au sud d'Olimje. Douze chambres confortables (dont certaines avec balcon), quatre appartements et un restaurant prisé pour ses plats de chevreuil et de champignons sauvages (plats 7,50-15 €), ouvert tous les jours de 7h à 22h. La "crête du cerf" est une ferme en activité – une centaine de cerfs vagabondent en liberté sur les 8 ha de terrain. Une boutique vend des produits de la ferme et des souvenirs. Excursions en montgolfière.

Hotel Sotelia HÔTEL €€€

(www.terme-olimia.com ; s/d 99/170 €). Luxueux établissement de 145 chambres, ne proposant que des séjours tout compris. Avec son style élégant et harmonieux, cet hôtel très soucieux de l'environnement semble se fondre dans la forêt en arrière-plan.

Région de Podčetrtek

Région de Podčetrtek

Terme Olimia CENTRE THERMAL
(829 70 00 ; www.terme-olimia.com ; P ❄ wifi ≋). Outre le camping Kamp Natura, ce centre thermal dispose de deux hôtels, d'appartements et d'un village touristique. Nombreux forfaits et accès gratuit à toutes les piscines pour les résidents du complexe.

Kamp Natura CAMPING €
(829 70 00 ; www.terme-olimia.com ; Zdraviliška cesta ; camping simple 7,70-8,80 €/pers, avec piscines 12,30-15,40 € ; mi-avr-mi-oct). Géré par Terme Olimia, ce camping de 1 ha comprenant 200 emplacements est situé à environ 1 km au nord du complexe thermal, au bord de la rivière Sotla.

Auberge de jeunesse de Podčetrtek AUBERGE DE JEUNESSE €
(582 91 09 ; www.ciril-youthhostel-bc.si ; Zdraviliška cesta 10 ; ch 14-17 €/pers ; P @). Installée au-dessus du prisé Gostišče Ciril, sur la route principale face à l'entrée du camping, cette auberge compte 15 chambres basiques de deux ou trois lits. Réduction de 10% pour les titulaires d'une carte HI ou d'un équivalent. Plutôt sommaire mais confortable et bien située par rapport aux équipements de loisirs de la région.

Où se restaurer

Gostilna Amon SLOVÈNE €
(818 24 80 ; www.amon.si ; Olimje 24 ; entrées 7,30-12,70 €, plats 8-15 € ; 11h-22h dim-jeu, 11h-23h ven-sam). Cet établissement recommandé par le mouvement Slow Food, et perché sur une colline au sud d'Olimje, face au golf, est la meilleure adresse à des lieues à la ronde. Cuisine de haut vol et vins biologiques. Menu d'un bon rapport qualité/prix le midi (9-16 €).

Gostišče Ciril SLOVÈNE €
(Zdraviliška cesta 10 ; entrées 4-7 €, plats 7-9 € ; 9h-21h lun-ven, 9h-22h sam-dim). Restaurant de grillades fréquenté par les Slovènes des environs et leurs voisins croates. Par une belle soirée d'été, la terrasse sous la tonnelle est délicieuse. Sert aussi des pizzas (4-7 €).

Mercator SUPERMARCHÉ €
(Cesta Slake 1 ; 7h-19h lun-ven, 7h-12h sam-dim). Le village de Podčetrtek compte un supermarché Mercator.

Renseignements

Banka Celje (Zdraviliška cesta 276). Dans la nouvelle galerie commerçante, entre le centre et le complexe thermal.

Office du tourisme de Podčetrtek (810 90 13 ; www.turizem-podcetrtek.si ; Cesta Škofja Gora 1 ; 8h-15h lun-ven, 8h-13h sam). Près du carrefour.

Poste (Trška cesta 23 ; 8h-9h30, 10h-17h lun-ven, 8h-12h sam). À 200 m environ au nord de l'intersection.

Depuis/vers Podčetrtek

De deux à cinq bus quotidiens s'arrêtent à Podčetrtek et Terme Olimia sur le trajet entre Celje (4,70 €, 1 heure) et Bistrica ob Sotli (2,30 €, 20 minutes), et vice versa.

Podčetrtek se trouve sur la ligne ferroviaire qui relie Celje (via Stranje) à Imeno. Jusqu'à huit trains quotidiens partent de la gare principale de Podčetrtek pour Celje (3,25 €, 50 minutes).

PARC RÉGIONAL DE KOZJANSKO

03 / JUSQU'À 685 M D'ALTITUDE

Créé en 1999, le **parc régional de Kozjansko** (Kozjanski Regijski Park ; 800 71 00 ; www.kozjanski-park.si ; Podsreda 45 ; 8h-16h lun-ven) s'étend sur 20 760 ha le long de la Sotla, de la frontière avec la Basse-Carniole et Bizeljsko, au sud, et jusqu'à Podčetrtek, au nord.

Ses forêts et prairies sèches abritent une flore et une faune abondantes. On y trouve notamment des papillons, des reptiles et des oiseaux - râles des genêts, martins-pêcheurs et cigognes. Le parc compte plusieurs sentiers, dont quelques itinéraires pédagogiques, et le **sentier de Podsreda** (Pešpot Podsreda), une boucle de 32 km qui mène à l'un des châteaux romans les mieux préservés de Slovénie.

Le **château de Podsreda** (Grad Podsreda ; 580 61 18 ; adulte/enfant 4/2,50 € ; 10h-18h mar-dim avr-oct) n'a quasiment pas changé depuis sa construction, vers 1200. Côté sud, une barbacane, dotée de murs de 3 m d'épaisseur et d'une cuisine médiévale, ouvre sur une cour centrale qui recèle un donjon à l'abri d'un escalier et est ornée d'un sgraffite représentant un chevalier. Dans les ailes du château, les chambres, dont certaines avec poutres apparentes et lustres anciens, abritent désormais une exposition de verrerie (cristal de Rogaška Slatina, fioles de la pharmacie d'Olimje, verre du Pohorje). Une superbe salle lambrissée accueille des expositions, des concerts de musique classique et des mariages. Juste à côté, on trouve une merveilleuse collection de gravures des châteaux et monastères de Basse-Styrie, extraite de *Topographii Ducatus Stiria* (1681) de Georg Mattäus Vischer (1628-1696). Les ailes est et nord renferment d'autres salles d'exposition consacrées à l'art et à la photographie. De longs travaux de rénovation sont en cours dans la minuscule chapelle romane.

Pour gagner le château, empruntez une route de 5 km, cahoteuse et sinueuse, ou un sentier passablement abrupt de 2 km qui part de Stari Trg, à moins de 1 km au sud-est de Podsreda. Le village compte un bar, le **Pod Gradom** (☎580 61 04 ; Podsreda 49 ; ⏲6h30-22h), près des bureaux du parc, et un supermarché **Tuš** (Podsreda 53 ; ⏲7h-16h lun-ven, 7h-14h sam, 7h-12h dim), au coin de la rue.

En semaine, Podsreda est desservi par un bus unique, qui part de Podčetrtek à 11h11 (4,10 €, 50 minutes, 33 km). Durant la période scolaire, un départ supplémentaire est prévu à 16h12.

Rogaška Slatina

☎03 / 5 050 HABITANTS / 228 M D'ALTITUDE

Rogaška Slatina est la plus grande et la plus ancienne ville thermale de Slovénie, une véritable "usine à cures" qui compte près d'une douzaine d'hôtels et de centre thermaux. Cette région séduisante, nichée au milieu de forêts qui parsèment le pied des monts de Macelj, offre d'excellentes randonnées et balades à vélo.

Déjà connue aux temps des Romains, la source thermale locale se fit un nom en 1574, lorsque le gouverneur de Styrie vint profiter de ses eaux sur les conseils de son médecin. Un siècle plus tard, les visiteurs se mirent à affluer et vers le début du XIXe siècle, la réputation de station thermale de Rogaška Slatina était bien établie.

Les thermes, des bâtiments de style néoclassique et Sécession, ainsi que d'autres conçus par Plečnik, constituent le cœur de la ville. Ils entourent un long jardin paysager baptisé Zdraviliški trg (place de la Santé).

La gare routière se trouve au sud de Zdraviliški trg, dans Celjska cesta. La gare ferroviaire est à 300 m plus au sud, dans Kidričeva ulica.

Activités

L'eau minérale de Rogaška Slatina, la Donat Mg (www.donatmg.net/fr), est la plus riche en magnésium du monde. Essentiellement destinée à la consommation, malgré un goût légèrement métallique et salé, elle est censée éliminer le stress et faciliter la digestion et l'amaigrissement. À lui seul, le magnésium régulerait quelque 200 fonctions corporelles.

Rogaška Slatina

0 — 100 m

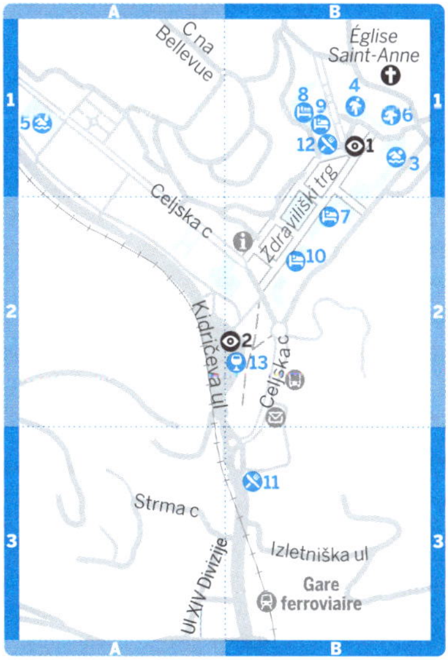

Rogaška Slatina

À voir
1 Kiosque à musique B1
2 Pavillon Tempel B2

Activités
3 Piscine thermale de l'Hotel Donat B1
4 Pivnica B1
5 Rogaška Riviera A1
6 Terapija B1

Où se loger
7 Grand Hotel Rogaška B2
8 Grand Hotel Sava B1
9 Hotel Zagreb B1
10 Styria Hotel B2

Où se restaurer
11 Gostilna Bohor B3
12 Restavracija Kaiser B1

Où prendre un verre
13 Kavarna Attems B2

Pivnica SALLE D'INGESTION
(1,50 €, forfait 3/5 jours 7/11 € ; ⏲7h-13h et 15h-19h lun-sam, 7h-13h et 16h-19h dim). Vous pouvez suivre seul une "cure de boisson" à la Pivnica, la salle d'ingestion circulaire

et vitrée où l'eau minérale jaillit directement des sources. Elle se trouve juste après le **kiosque à musique**, qui accueille des concerts aux beaux jours.

Terapija CENTRE THERMAL
(☎811 70 15 ; www.rogaska-medical.com ; Zdraviliški trg 9 ; ⏲7h-20h lun-ven, 8h-12h et 15h-19h sam, sur rdv dim). Le centre névralgique de l'activité thermale est le bâtiment Terapija, avec ses 12 étages, qui offre toutes sortes de traitements, du bain à remous au drainage lymphatique. À partir de 22 €.

Piscine thermale de l'Hotel Donat NATATION
(☎811 30 00 ; Zdraviliški trg 10 ; piscine thermale couverte 7 € ; ⏲piscine thermale couverte 8h-20h lun-sam, 9h-20h dim). L'Hotel Donat, face au kiosque à musique, abrite une **piscine thermale couverte**, un sauna, un bain de vapeur et une salle de sport. Un massage de 30 minutes coûte 24 €. La plupart des grands hôtels disposent de leur propre centre de bien-être, comme le Vis Vita du Grand Hotel Rogaška ou le Lotus Terme du Sava.

Rogaška Riviera NATATION
(☎818 19 50 ; Celjska cesta 5 ; forfait journée adulte/enfant lun-ven 9/6 €, sam-dim 10/7,50 € ; ⏲9h-20h dim-jeu, 9h-23h ven-sam). Le Rogaška Riviera, au nord de Celjska cesta, compte deux piscines couvertes et deux piscines découvertes qui communiquent entre elles, ainsi qu'un bain hydromasseur et des saunas. Les tarifs des hôtels Terme Rogaška incluent l'accès à ces piscines.

Sentiers de randonnée RANDONNÉE
Les sentiers de randonnée, disséminés dans les collines et les plaines environnantes, figurent sur la carte GZS *Rogaška Slatina* (échelle 1/25 000, 2,10 €), disponible à l'office du tourisme. L'un d'entre eux, long de 15 km, rallie l'**église Saint-Florian**, en hauteur, et Ložno, d'où l'on peut poursuivre sur 4 km jusqu'à **Donačka Gora**. Pour rebrousser chemin, descendez deux heures durant jusqu'à Rogatec pour prendre un bus ou un train.

Pour rejoindre à pied **Boč** (979 m), au nord-ouest de Rogaška Slatina et au cœur du **parc de Boč** (Krajinski Park Boč ; www.boc.si), d'une superficie de 886 ha, comptez quatre heures environ. On peut néanmoins rallier **Dom na Boču** (☎041 609 615, 582 46 17 ; gt-mali@volja.net ; ⏲mar-dim tte l'année) en voiture. Ce refuge de catégorie III, à 2 km au sud du sommet (658 m), offre 47 couchages répartis dans 15 chambres.

Festival

Festival d'été de Rogaška FESTIVAL MUSICAL
(⏲juin-sept). Le festival d'été de Rogaška propose une série de concerts (musique de chambre, opéra, musique folklorique slovène) autour du kiosque à musique central, de juin à septembre.

Où se loger

L'office du tourisme recense plusieurs chambres et appartements (de 12 à 20 € par personne).

Grand Hotel Rogaška HÔTEL €€€
(☎811 20 00 ; www.terme-rogaska.si ; Zdraviliški trg 10 ; s 94-119 €, d 116-216 € ; P❄@). Avec ses deux succursales attenantes, l'**Hotel Styria** et l'**Hotel Strossmayer** (s 56-64 €, d 84-112 €), cet établissement situé sur le flanc est de Zdraviliški trg, offre 350 lits au total. Le Grand Hotel, avec ses espaces publics spectaculaires (notamment la salle de Cristal), date de 1913, les deux autres remontant à 1850.

Grand Hotel Sava HÔTEL €€€
(☎811 40 00 ; www.rogaska.si ; Zdraviliški trg 6 ; s 62-101 €, d 100-202 € ; P❄@🛜≋). Cet établissement moderne et son voisin, l'**Hotel Zagreb** (s 62-70 €, d 100-116 € ; P❄≋), plus ancien et moins coûteux, affichent quatre étoiles et 276 chambres au total. Au nord-est de Zdraviliški trg.

Où se restaurer et prendre un verre

Gostišče Jurg SLOVÈNE €€
(☎581 47 88 ; Male Rodne 20a ; plats 6,50-18 € ; ⏲11h-22h mar-jeu, 11h-23h ven-sam, 11h-20h dim). Ce très chic restaurant fermier, à environ 4 km au sud-ouest du centre, séduit par son excellente cuisine slovène maison, servie dans un cadre élégant quoique traditionnel.

Gostilna Bohor SLOVÈNE €
(☎581 41 00 ; Kidričeva ulica 23 ; pizzas 4,90-6,60 €, plats 6,90-18 € ; ⏲8h-22h lun-jeu, 8h-23h ven-sam, 10h-22 h dim). Pour une cuisine slovène roborative et une pizza supérieure à la moyenne, testez cet établissement très prisé. La pizza *kmečka* (fermière) mérite amplement son nom.

Restavracija Kaiser INTERNATIONAL €€
(☎811 47 10 ; Zdraviliški trg 6 ; plats 11-26 € ; ⏲12h-23h). Le restaurant le plus chic de Rogaška

LE SÉCHOIR À FOIN, EMBLÈME NATIONAL

Peu de choses sont plus authentiquement slovènes que le *kozolec*, ce séchoir à foin presque omniprésent dans tout le pays. Le terrain alpin pouvant se révéler humide, le blé et le foin sont entreposés dans ces séchoirs couverts et surélevés, permettant d'assurer un séchage plus rapide et plus efficace.

Jusqu'à la fin du XIXe siècle, le *kozolec* n'était qu'un outil parmi d'autres visant à faciliter le travail des fermiers et à améliorer le rendement des terres. Toutefois, lorsque le peintre Ivan Grohar (1867-1911) en fit le sujet de nombre de ses toiles impressionnistes, le *kozolec* devint un élément aussi incontournable du paysage culturel que des campagnes slovènes. Aujourd'hui, c'est quasiment un emblème national.

Il existe plusieurs types de séchoirs slovènes : la version simple, des poteaux verticaux alignés et reliés par des planches horizontales, le tout recouvert d'une toiture et le *toplar* (séchoir à foin double), pourvu d'un toit plus étendu et d'un espace de stockage intermédiaire.

Si, traditionnellement, le séchoir à foin était en bois dur (généralement en chêne) et souvent décoré, il est désormais en ciment.

Slatina, en face de la place principale, sert une cuisine internationale (et quelques spécialités slovènes pour faire bonne mesure). Guettez les plats du jour.

Kavarna Attems BAR
(☎051 200 600 ; Zdraviliški trg 22 ; ⏲8h-2h). Ici, la plupart des visiteurs passent leur soirée dans les bars et cafés des hôtels. L'Attems, logé dans le pavillon Tempel, un bâtiment Art nouveau rénové de 1904, à l'extrémité sud de Zdraviliški trg, est prisé des habitants. Mention spéciale au décor "d'antan".

Achats

Steklarska Nova ARTICLES POUR LA MAISON
(☎818 20 27 ; Steklarska ulica 1 ; ⏲8h-19h lun-ven, 8h-13h sam). Rogaška Slatina est aussi réputée pour son cristal que pour son eau minérale. Ce magasin contigu à l'école de formation de la Cristallerie commercialise une vaste gamme d'objets en cristal au plomb.

Renseignements

Office du tourisme de Rogaška Slatina
(☎581 44 14 ; www.rogaska-slatina.si ; Zdraviliški trg 1 ; ⏲8h-19h lun-ven, 11h-17h sam-dim juil-août, 8h-16h lun-ven, 8h-12h sam sept-juin)

Poste (Kidričeva ulica 3)

SKB Banka (Kidričeva ulica 11)

Comment y aller et circuler

BUS Des bus pour Celje (4,10 €, 1 heure) et Rogatec (1,80 €, 10 minutes) partent de Rogaška Slatina toutes les heures environ. Bus fréquents pour Maribor (7,20 €, 1 heure 30).

TRAIN Rogaška Slatina se trouve sur la ligne ferroviaire qui relie Celje (2,95 €, 50 minutes) et Dobovec, via Rogatec (1,10 €, 10 minutes), à la ville croate de Zabok (correspondance pour Zagreb).

Rogatec

☎03 / 1 605 HABITANTS / 234 M D'ALTITUDE

Cette petite ville, à environ 7 km à l'est de Rogaška Slatina (liaison en bus et en train), compte deux sites qui méritent le détour.

Le **musée en plein air de Rogatec** (Muzej na Prostem Rogatec ; ☎818 62 00 ; www.rogatec.net/muzej ; tarif plein/enfant/senior et étudiant/famille 3/2,30/2,60/6 €, avec manoir de Strmol 5,40/4,10/4,60/10,80 € ; ⏲10h-18h mar-dim avr-oct), le plus grand et le plus ambitieux *skanzen* (écomusée en plein air) de Slovénie, présente des édifices d'origine et des répliques de fermes, de granges, d'un *toplar* (séchoir à foin double) et d'une maison de vigneron, reproduction d'une ferme de Styrie traditionnelle de la fin XIXe-début XXe siècle. On peut assister et éventuellement participer à des démonstrations d'activités : tissage, taille de pierre, fabrication du pain, etc.

Le colossal **manoir de Strmol** (Dvorec Strmol ; ☎051 322 287, 810 72 22 ; www.rogatec.net/strmol ; tarif plein/enfant/senior et étudiant/famille 5,40/4,10/4,60/10,80 € ; ⏲10h-18h mar-dim avr-oct), rénové et datant du Moyen Âge, présente des expositions sur cinq étages. Ne manquez pas le restaurant au 1er étage, avec son authentique *črna kuhinjam* (cuisine noire) à foyer ouvert ; la chapelle, décorée de peintures murales baroques ; et l'exposition dans les combles, qui recrée une cuisine traditionnelle du début du XXe siècle, avec mobilier et équipements d'origine.

Ptuj

☎02 / 19 015 HABITANTS / 224 M D'ALTITUDE

Pour admirer Ptuj et ses merveilleux toits de tuiles rouges, il faut aller de l'autre côté de la Drave. Surplombant une large vallée, cette ville, l'une des plus anciennes de Slovénie, rivalise avec Ljubljana sur le plan historique. Une journée suffit cependant, pour en explorer le centre médiéval, avec son château, ses musées, ses monastères et ses églises. Mais les excursions et les activités dans la région sont si nombreuses et intéressantes que vous aurez peut-être envie de vous y fixer pour quelques jours.

Histoire

Initialement campement militaire romain sur la rive sud de la Drave, Ptuj se transforma ensuite en village, sur la rive opposée. Vers le 1er siècle, Poetovio était la plus grande commune romaine de l'actuelle Slovénie et la capitale du culte de Mithra. Plusieurs temples ont d'ailleurs été mis au jour dans la région.

Ptuj obtint le statut de cité en 977 et s'enrichit grâce au commerce fluvial. Au XIIIe siècle, elle rivalisait en matière d'artisanat et de commerce avec Maribor "l'arriviste", en amont de la Drave. Deux ordres monastiques – les Dominicains et les Frères mineurs (Franciscains) – s'y établirent et bâtirent d'importants couvents. Les Magyars attaquèrent Ptuj et l'occupèrent durant la majeure partie du XVe siècle.

Lorsque le chemin de fer, qui devait relier Vienne à la côte, atteignit l'est de la Slovénie vers 1850, la rivalité qui opposait Maribor à Ptuj prit fin – la première se retrouva sur la ligne, la seconde fut totalement oubliée. Ptuj demeura un centre provincial, avec une population majoritairement allemande, jusqu'à la Première Guerre mondiale.

À voir et à faire

On peut admirer le centre gothique de Ptuj, enrichi de quelques constructions Renaissance et baroque, lors d'une visite à pied incluant Minoritski trg et Mestni trg, mais aussi Slovenski trg, Prešernova ulica, Muzejski trg et le château de Ptuj.

Minoritski Trg et Mestni Trg — PLACES

À l'est de Minoritski trg, dotée d'une **colonne de la peste** (1655), se dresse le **monastère des Frères mineurs** (Minoritski Samostan ; ☎059 073 000 ; Minoritski trg 1 ; ⏲sur rdv), un bâtiment massif de la fin du XIIIe siècle. La vocation pédagogique de cet ordre religieux lui évita d'être dissous sous le règne de l'empereur autrichien Joseph II, à la fin du XVIIIe siècle. Le monastère est en activité depuis plus de sept siècles.

Le bâtiment, qui date de la seconde moitié du XIIIe siècle, renferme un **réfectoire** au 1er étage, décoré de stucs splendides et d'une douzaine de peintures au plafond figurant saint Pierre (côté nord) et saint Paul (côté sud). Il abrite également une bibliothèque de 5 000 volumes, dont plusieurs manuscrits d'importance.

À environ 150 m à l'ouest se dresse la **tour de la Drave** (Dravski Stolp ; Dravska ulica 4), un édifice circulaire bâti pour se défendre des Turcs, en 1551. Elle abrite la **galerie Mihelič** (Mihelčeva Galerija ; ☎787 92 50 ; accès libre ; ⏲10h-17h mar-ven, 14h-18h sam-dim), qui propose des expositions d'art moderne.

Au bout de Krempljeva ulica se trouve Mestni trg, une place rectangulaire autrefois appelée Florianplatz en l'honneur de la **colonne de Saint-Florian** (1745), au nord-ouest. À l'est, on trouve l'**hôtel de ville** (Mestni trg 1), un édifice néogothique de 1907.

Quelques centaines de mètres plus à l'est, la **Ptujska Vinska Klet** (cave à vin de Ptuj ; ☎041 394 896, 787 98 10 ; www.pullus.si ; Vinarski trg 1 ; visite 9-12 € ; ⏲9h-15h lun-ven) est idéale pour déguster du vin de Basse-Styrie, notamment le chardonnay *haloze*, le *šipon* ou le *laški rizling*. Cette cave recèle aussi du *zlata trta*, un vin liquoreux ("vigne dorée"), le plus ancien cru de Slovénie.

Slovenski Trg — PLACE

Murkova ulica, jalonnée de vieilles demeures intéressantes, s'étend à l'ouest de Mestni trg en direction de Slovenski trg, une place en forme d'entonnoir et le cœur du vieux Ptuj. En son centre se dresse la **tour de la ville** (Mestni Stolp), érigée au XVIe siècle. Des tombeaux et des autels sacrificiels romains de Poetovio furent incorporés aux murs dans les années 1830 – notez les bas-reliefs représentant une tête de Méduse, des dauphins, un homme tenant du raisin et un autre à cheval.

Devant la tour de la ville, admirez le **monument d'Orphée** (Orfejev Spomenik), haut de 5 m, un monolithe érigé au IIe siècle en mémoire d'un des maires de Poetovio, qui arbore des scènes du fameux mythe. Il servit de pilori au Moyen Âge.

Derrière la tour, observez l'**église Saint-Georges** (Cerkev Sv Jurija). Elle renferme de jolies chaises de chœur de la moitié du XVe siècle, décorées d'animaux, ainsi qu'un bas-relief sculpté de 1515 figurant l'Épiphanie, des fresques au milieu du bas-côté sud, et l'**autel de Laib**, un retable à trois volets décoré par Konrad Laib (v. 1410-apr. 1460), un peintre allemand. Près de l'entrée, on trouve une statue sculptée du XIVe siècle représentant saint Georges terrassant le dragon.

Au nord de la place, se trouvent plusieurs bâtiments notables, notamment la **prévôté** (Slovenski trg 10), du XVIe siècle, l'**ancien hôtel de ville** (Slovenski trg 6), de style baroque, et la **maison Ljutomer** (Slovenski trg 5), dont la loggia fut bâtie en 1565. Elle abrite aujourd'hui l'office du tourisme.

Prešernova Ulica RUE

La piétonne Prešernova ulica accueillait le marché de la ville au Moyen Âge. Les travées voûtées qui dominent certaines ruelles étroites soutiennent des bâtiments plus anciens. Au n°1, une **maison de style gothique tardif** construite autour de 1400, arbore une saillie peu commune, reposant sur une tête de Maure. En face se dresse la sombre **maison romane** (Prešernova ulica 4), le plus vieil édifice de Ptuj. Le bâtiment jaune rénové, baptisé le **petit château** (Mali Grad ; Prešernova ulica 33-35), appartenait aux évêques de Salzbourg et accueillit diverses familles d'aristocrates au fil des siècles.

Muzejski Trg PLACE

Juste après le "parc du soleil" (Sončni Park), sur Muzejski trg, on découvre le **monastère dominicain** (Dominikanski Samostan ; Muzejski trg 1), du XIIIe siècle, qui renferme les **collections archéologiques et lapidaires** du musée régional de Ptuj (ci-contre). Les curiosités phares restent néanmoins les tombeaux, les autels et les merveilleuses mosaïques de l'époque romaine, découverts à Ptuj et dans les **sanctuaires de Mithra** (☎778 87 80 ; adulte/enfant 1/0,50 € ; ⏲sur rdv), à Spodnja Hajdina (prenez la clé au n°37a) et à Zgornji Breg (prenez la clé au n°3, Ulica K Mitreju), à 2 km à l'ouest de la ville.

Château de Ptuj CHÂTEAU, MUSÉE

(Grad Ptuj ; ☎787 92 45, 748 03 60 ; Na Gradu 1). Le château de Ptuj rassemble plusieurs styles s'échelonnant du Xe (une seule tour subsiste) au XVIIIe siècle. S'il abrite le **musée régional de Ptuj-Ormož** (☎787 92 30 ; http://pmpo.si/ ; adulte/enfant 4/2,50 € ; ⏲9h-18h lun-ven, 9h-20h sam-dim été, 9h-17h tlj hiver), il vaut surtout pour sa vue sur Ptuj et la Drave. L'itinéraire le plus court part de l'étroite Grajska ulica, à l'est de l'Hotel Mitra, qui conduit jusqu'à un escalier couvert en bois puis au **portail Peruzzi** (1570), de style Renaissance.

En entrant dans la cour, à gauche, notez le marbre rouge de la **pierre tombale de Frédéric IX**, ultime seigneur de Ptuj (disparu en 1438). Le rez-de-chaussée de l'une des ailes est consacré à une **collection d'armes** de quelque 500 pièces – les armures sont particulièrement remarquables. À noter également une fascinante **collection d'instruments de musique** allant du XVIIe au XIXe siècle.

Le 1er étage est dédié aux pièces d'époque, avec pléthore de tapisseries d'origine, de peintures murales, de portraits, d'armes et de meubles légués par les derniers propriétaires, la famille Herberstein (1873-1945). Remarquez le blason arborant trois boucles de ceinture et la devise "Grip Fast" ("Tenez-vous bien") – héritage des Leslie, une famille austro-écossaise propriétaire du château de 1656 à 1802. Ne manquez pas l'excellente **salle des chinoiseries**.

La **salle des fêtes** renferme la plus vaste collection européenne de **portraits "à la turque"**, d'un intérêt plus historique qu'artistique cependant.

Le 2e étage abrite une riche exposition de **masques de Kurent**, ainsi que diverses statues gothiques et peintures à l'huile.

Fêtes et festivals

Kurentovanje CARNAVAL

(www.kurentovanje.net ; ⏲fév). Ce carnaval est un rite printanier que l'on fête dix jours durant en février, jusqu'au Mardi gras ; c'est l'événement folklorique le plus connu et le plus populaire de Slovénie.

Journées de la poésie et du vin FESTIVAL

(www.versoteque.com ; ⏲août). Chaque année en août, ce festival rassemble poètes, écrivains, conteurs et musiciens internationaux autour de lectures, de concerts et de dégustations de vin.

Où se loger

L'office du tourisme propose des locations (de 20 à 25 €) mais la plupart se trouvent de l'autre côté de la Drave, près de Terme Ptuj ou du village voisin de Juršinci.

Ptuj

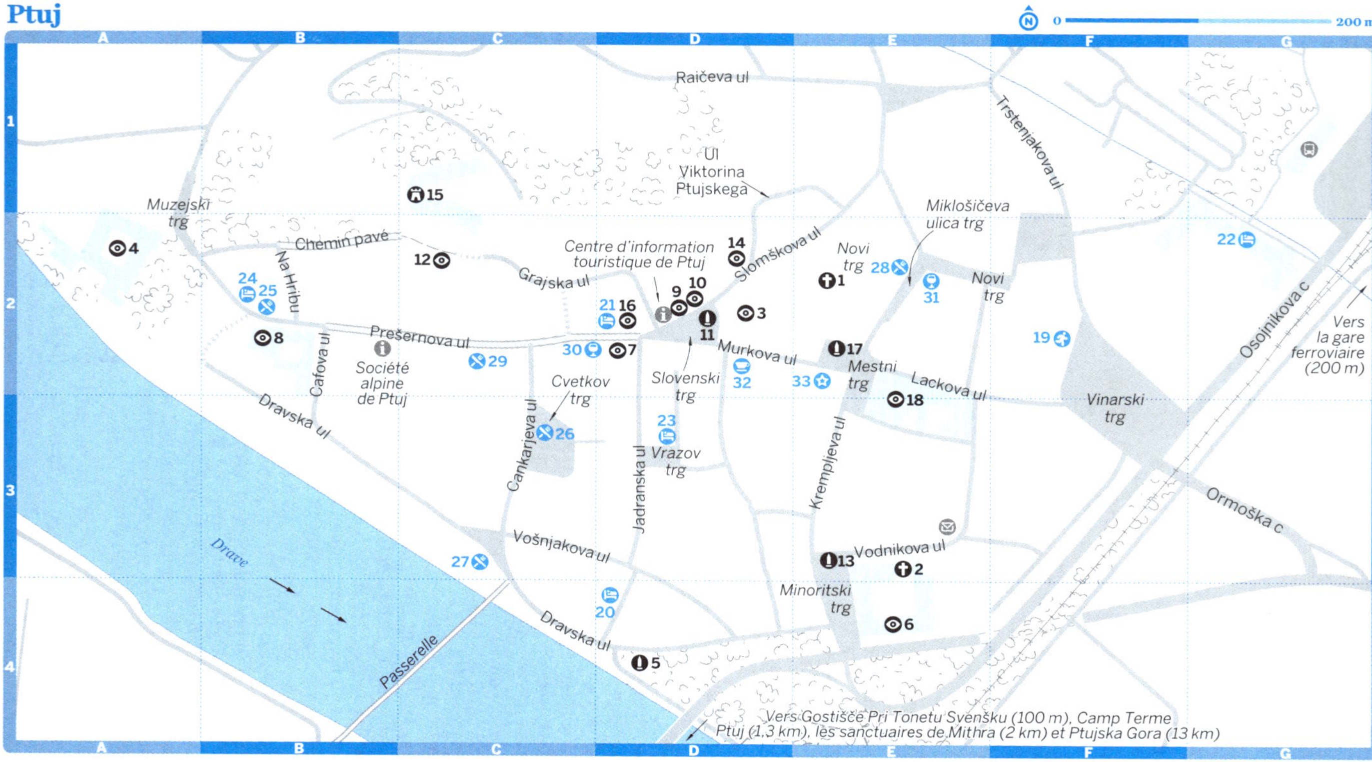
0
200 m
Raičeva ul
Ul Viktorina Ptujskega
Trstenjakova ul
Muzejski trg
Chemin pavé
Na Hribu
Centre d'information touristique de Ptuj
Slomškova ul
Miklošičeva ulica trg
Novi trg
Novi trg
Grajska ul
Prešernova ul
Cafova ul
Société alpine de Ptuj
Murkova ul
Mestni trg
Lackova ul
Cvetkov trg
Slovenski trg
Vrazov trg
Vinarski trg
Osojnikova c
Vers la gare ferroviaire (200 m)
Dravska ul
Cankarjeva ul
Jadranska ul
Krempljeva ul
Ormoška c
Vošnjakova ul
Vodnikova ul
Minoritski trg
Drave
Dravska ul
Passerelle
Vers Gostišče Pri Tonetu Svenšku (100 m), Camp Terme Ptuj (1,3 km), les sanctuaires de Mithra (2 km) et Ptujska Gora (13 km)

Ptuj

À voir

1 Église Saint-Georges ... E2
2 Église Saints-Pierre-et-Paul ... E3
3 Tour de la ville ... D2
4 Monastère dominicain ... A2
5 Drave ... D4
6 Monastère des frères mineurs ... E4
7 Maison de style gothique tardif ... D2
8 Petit château ... B2
9 Maison Ljutomer ... D2
Galerie Mihelič ... (voir 5)
10 Ancien hôtel de ville ... D2
11 Monument à Orphée ... D2
12 Portail Peruzzi ... C2
13 Colonne de la Peste ... E3
14 Prévôté ... D2
15 Château de Ptuj ... C1
Musée régional de Ptuj ... (voir 15)
Lapidaire et collection archéologique du musée régional de Ptuj ... (voir 4)
16 Maison romane ... D2
17 Colonne Saint-Florian ... E2
18 Hôtel de ville ... E3

Activités

19 Ptujska Vinska Klet ... F2

Où se loger

20 Hostel Eva ... D4
21 Hotel Mitra ... D2
22 Kurent Youth Hostel ... G2
23 MuziKafe ... D3
24 Park Hotel Ptuj ... B2

Où se restaurer

25 Amadeus ... B2
26 Cantante Café ... C3
27 Gostilna Ribič ... C3
28 Marché ... E2
29 Picerija Slonček ... C2

Où prendre un verre

30 Kavabar Orfej ... C2
Kavarna Kipertz ... (voir 21)
31 Maska Caffe ... E2
32 Trajana ... D2

Où sortir

33 Café Evropa ... E2

MuziKafe HÔTEL €€
(☎787 88 60 ; www.muzikafe.si ; Vrazov trg 1 ; s/d à partir de 40/52 € ;). Établissement atypique niché près de Jadranska ulica. Lumineux, il offre des chambres à la décoration personnalisée, œuvre des artistes propriétaires de l'hôtel. Café stylé doté de vieux fauteuils de cinéma et d'une terrasse. Une cave voûtée en brique accueille des événements musicaux et artistiques. Un formidable nouveau venu à Ptuj.

Hotel Mitra HÔTEL €€€
(☎051 603 069, 787 74 55 ; www.hotel-mitra.si ; Prešernova ulica 6 ; s 62-88 €, d 106 € ; P). Cet hôtel, l'un des plus intéressants de la province slovène, loue 25 grandes chambres et quatre suites gigantesques, chacune avec son nom et son histoire, ainsi que des tableaux de commande aux murs. Ravissants tapis orientaux sur les parquets d'origine et centre de bien-être logé dans une ancienne cave. Chambres mansardées à l'étage.

Park Hotel Ptuj HÔTEL DE CHARME €€
(☎749 33 00 ; Prešernova ulica 38 ; s 47-69 €, d 88-107 €, ste 116-126 € ; @). Ravissant hôtel de charme dans une maison de ville du XVIIIe siècle. Décoration personnalisée dans les 15 chambres et nombreuses œuvres d'art aux murs. En plein cœur de l'action, entouré de cafés et de bars.

Hostel Eva AUBERGE DE JEUNESSE €
(☎040 226 522, 771 24 41 ; www.hostel-ptuj.si ; Jadranska ulica 22 ; 12-20 €/pers). Auberge moderne et accueillante, avec six chambres de deux à six lits, et une grande cuisine lumineuse. Affiliée à une boutique de vélos (location 10 €/jour). Idéal pour les petits budgets.

Gostišče Pri Tonetu Svenšku MAISON D'HÔTES €
(☎041 764 407, 788 56 83 ; svensek.marjeta@amis.net ; Zadružni trg 13 ; ch 18 €/pers ; P). Vingt-quatre lits répartis dans neuf chambres, plus un **restaurant** (7h-22h lun-sam, 8h-22h dim) très prisé. Juste de l'autre côté de la passerelle, sur la rive sud de la Drave, à proximité des thermes de Ptuj et du golf.

Camp Terme Ptuj CAMPING €
(☎749 45 80 ; www.terme-ptuj.si ; Pot v Toplice 9 ; adulte 14,50-16,50 €, enfant 7,25-8,25 € ; tte

JOURS DE FÊTE À PTUJ

Le 2 février, jour de la Chandeleur, marque le début du carnaval du Kurentovanje, rite du printemps et de la fertilité qui remonterait à l'époque des premiers Slaves.

Le protagoniste en est Kurent, un dieu dionysiaque et hédoniste. Les hommes déguisés en Kurent portent des peaux de mouton et cinq clarines à la ceinture. Ils sont coiffés d'énormes toques poilues décorées de plumes, de bâtons ou bien de cornes et de serpentins multicolores. Leurs masques en cuir arborent des yeux rouges, un nez en forme de trompe et une énorme langue qui leur tombe sur le poitrail.

Les Kurent vont de maison en maison, chassant les mauvais esprits au moyen de leurs cloches et de leurs *ježevke* (bâtons en bois) coiffés de piquants de hérisson. Des jeunes filles leur offrent des mouchoirs, qu'ils nouent à leur ceinture. On brise de petits pots en terre à leurs pieds pour leur apporter chance et santé. Un *hudič* (diable), armé d'un filet pour capturer les âmes, emmène chaque groupe.

Aujourd'hui, le très organisé Kurentovanje constitue l'un des événements phares du calendrier local. Les festivités durent onze jours. Le point d'orgue en est le week-end qui précède le Mardi gras, lorsque des centaines de Kurent défilent masqués et costumés. Des dizaines de milliers de personnes visitent Ptuj à cette occasion (réservez votre hébergement bien à l'avance). Pour plus de détails (notamment le programme des festivités de l'année), consultez le site www.kurentovanje.net.

l'année ; P). Camping de 1,5 ha et 110 emplacements, près du centre thermal et du parc aquatique. Accès au parc, aux piscines et autres équipements inclus.

Auberge de jeunesse Kurent AUBERGE DE JEUNESSE €
(Mladinsko Prenočišče Kurent ; 051 319 186, 771 08 14 ; www.csod.si ; Osojnikova cesta 9 ; dort 17-18 €). Ouverte toute l'année et proche de la gare routière. Treize chambres de deux à six lits. Réductions de 10% pour les titulaires de la carte HI.

Où se restaurer

Gostilna Ribič SLOVÈNE €€
(749 06 35 ; Dravska ulica 9 ; plats 9,50-20 € ; 10h-23h dim-jeu, 10h-0h ven-sam). Peut-être la meilleure adresse de Ptuj. “L'auberge du pêcheur”, dotée d'une vaste terrasse, fait face à la rivière. Logiquement, la spécialité du lieu est le poisson, notamment le sandre aux herbes cuit au four. La soupe de la mer, servie dans un bol avec des croûtons, est exceptionnelle. Concerts de musique slovène certains soirs.

Amadeus SLOVÈNE €€
(771 70 51 ; Prešernova ulica 36 ; plats 6,50-20 € ; 12h-22h lun-jeu, 12h-23h ven-sam, 12h-16h dim). Cette très agréable *gostilna* (restaurant de style auberge), logée au-dessus d'un pub et proche de l'entrée de la route qui conduit au château, sert des *štruklji* (raviolis au fromage et aux herbes), des plats de bœuf et de porc, ainsi que du poisson.

Cantante Café MEXICAIN €
(777 14 02 ; Cvetkov trg 6 ; plats 3-9 € ; 11h-0h dim-jeu, 11h-1h ven-sam). Cette adresse, sur une place tranquille au sud de Prešernova ulica et face au Kino Ptuj, est autant prisée pour ses 150 cocktails que pour sa cuisine mexicaine.

Picerija Slonček PIZZERIA €
(776 13 11 ; Prešernova ulica 19 ; pizzas 4,10-5,80 € ; 9h-22h lun-ven, 10h-22h sam ;). Le “petit éléphant”, un établissement douillet avec une jolie fontaine en marbre sur le devant, sert des pizzas, des plats végétariens et des grillades.

Marché MARCHÉ €
(Novi trg ; 7h-15h). Ce marché à ciel ouvert vend notamment des fruits et des légumes.

Où prendre un verre et sortir

Kavarna Kipertz CAFÉ
(787 74 55 ; Prešernova ulica 6 ; 8h-23h lun-jeu, 8h-0h ven-dim). Portant le nom du premier torréfacteur de Ptuj, ce formidable établissement, logé dans l'Hotel Mitra, attire la clientèle bobo de Ptuj avec son café maison et ses généreux desserts.

Kavabar Orfej BAR
(772 97 61 ; Prešernova ulica 5 ; 6h30-23h lun-jeu, 6h30-1h ven-sam, 10h-23h dim). Pilier

de Prešernova ulica, l'Orfej est le lieu où l'on commence (ou termine) généralement la soirée.

Trajana CAFÉ, BAR

(Murkova ulica 5 ; 6h30-23h dim-jeu, 6h30-1h ven-sam). Café-bar hyperdesign, à 100 m à l'est de Prešernova ulica. Bon choix de vins et clientèle aisée.

Maska Caffe BAR

(041 708 526 ; Novi trg 2 ; 7h-22h lun-jeu, 7h-2h ven, 8h-2h sam, 15h-22h dim). Ce bar très tendance, à l'ambiance résolument rouge, est l'une des adresses les plus prisées de la ville.

Café Evropa CAFÉ, CLUB

(771 02 35 ; Mestni trg 2 ; 11h-22h lun-jeu, 11h-3h ven-sam, 18h-22h dim). Café très populaire en journée et en soirée, l'Evropa se mue en l'un des clubs les plus chauds du centre de Ptuj les vendredis et samedis soir.

Renseignements

Banka Koper (Slovenski trg 3). Juste en face de l'office du tourisme.

Bibliothèque Ivan Potrč (771 48 11 ; Prešernova ulica 33-35 ; 0,90 €/h ; 12h-19h lun, 8h-13h mar-ven juil-août, 8h-19h lun-ven, 8h-13h sam sept-juin). Dix ordinateurs avec accès Internet bon marché.

Nova Ljubljanska Banka (Prešernova ulica 6). Juste à côté de l'Hotel Mitra.

Office du tourisme de Ptuj (779 60 11 ; www.ptuj.info ; Slovenski trg 5 ; 8h-20h été, 9h-18h hiver). Dans la maison Ljutomer, du XVIe siècle.

Poste (Vodnikova ulica 2)

Société alpine de Ptuj (777 15 11 ; Prešernova ulica 27 ; 14h-16h mar, 17h-19h ven). Renseignements sur les randonnées dans la région.

Comment y aller et circuler

BUS Des bus pour Maribor (3,60 €, 45 minutes) et Ormož (3,60 €, 40 minutes) circulent toutes les deux heures. Ils sont moins fréquents le week-end (voire inexistants). Un ou deux bus quotidiens desservent la ville allemande de Stuttgart (80 €, 11 heures 30) via Munich.

TAXI Pour un taxi , appelez le 031 842 227, le 041 798 788 ou le 051 681 400.

TRAIN De nombreux trains assurent une liaison – directe ou via Pragersko – pour Ljubljana (de 8 à 13,60 €). Jusqu'à une douzaine de trains desservent Maribor (de 2,90 à 5,90 €, 50 minutes). Un maximum de huit trains par jour partent pour Murska Sobota (de 4,90 à 8,90 €, 1 heure 15).

Environs de Ptuj

ROUTES DES VINS

Ptuj est à une distance raisonnable de deux importantes régions vinicoles, les vignobles de **Haloze** et de **Jeruzalem-Ljutomer**

Les collines de Haloze s'étendent de Makole, à 18 km au sud-ouest de Ptuj, jusqu'à Goričak, à la frontière croate. Le **sentier de montagne de Haloze** (Haloška Planina Pot) traverse ce paysage de douces collines, de vignes, de blé et de tournesols. On y accède depuis **Štatenberg** (041 829 854 ; adulte/enfant 2/1 € ; sur rdv), un manoir du XVIIIe siècle doté de pièces majestueuses, situé à Makole. On y trouve aussi un **restaurant** (10h-22h mer-ven, 10h-23h sam, 11h-22h dim).

La **route des vins de Jeruzalem-Ljutomer** débute à Ormož et se poursuit au nord sur 18 km jusqu'à Ljutomer, le haut lieu de la région, en passant par le village perché de Jeruzalem. Cette route magnifique est jalonnée de caves, de petits restaurants et de maisons d'hôtes où l'on peut goûter les blancs locaux, comme la **Gostišče Taverna Jeruzalem Svetinje** (719 41 28 ; www.taverna-jeruzalem.si ; Svetinje 21 ; s/d/tr 30/55/75 €). Pour tout conseil, rendez-vous à l'**office du tourisme de Jeruzalem** (719 45 45 ; www.jeruzalem.si, en français ; Jeruzalem 8 ; 10h-18h), juste à côté du **Château Jeruzalem** (Dvorecc Jeruzalem ; 719 48 05 ; Jeruzalem 8 ; s 75-95 €, d 130-170 €), doté d'une cave à vin, d'un restaurant romantique et de chambres colorées. L'office du tourisme loue des vélos (2/10/50 € par heure/jour/semaine).

Maribor

02 / 88 350 HABITANTS / 275 M D'ALTITUDE

Malgré son statut de deuxième ville du pays, Maribor ne compte qu'un tiers de la population de Ljubljana et ressemble plus à une ville de province qui aurait grandi trop vite. Si elle ne possède pas de sites incontournables, elle est pleine de charme avec sa vieille ville bâtie le long de la Drave. Les rues piétonnes du centre abondent en cafés et bourdonnent d'animation et de vie estudiantine, tandis que le quartier de Lent, en bordure de fleuve, accueille un important festival artistique en été. La ville a d'ailleurs été Capitale européenne de la culture en 2012 et sera Capitale européenne de la jeunesse en 2013. Maribor est la porte d'entrée de la région du Pohorje de Maribor,

Maribor

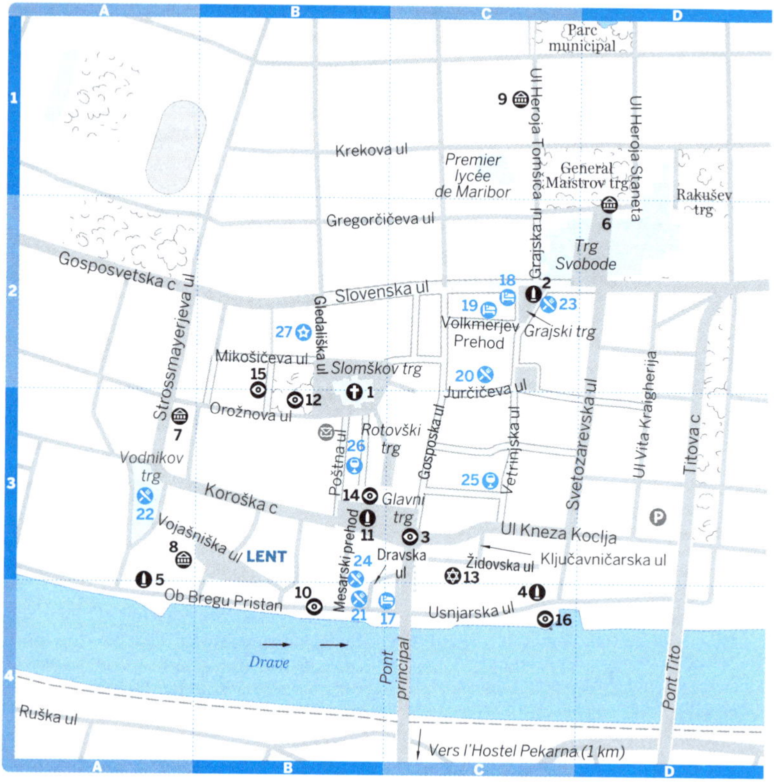

poumon vert et zone de loisirs principale de la ville, au sud-ouest, ainsi qu'aux régions vinicoles de Mariborske et Slovenske Gorice, au nord et à l'est.

Histoire

Maribor se fit un nom au Moyen Âge et s'enrichit grâce au commerce du bois et du vin, largement financé par l'influente communauté hébraïque de la ville. Le débarcadère (Pristan) de Lent, était l'un des ports fluviaux les plus actifs du pays. La ville fut fortifiée au XIVe siècle.

Si Maribor déclina durant les siècles suivants, la tendance s'inversa en 1846 lorsqu'elle devint la première ville de Slovénie reliée à Vienne par le rail. La cité connut alors un nouvel essor et entama son industrialisation. Durant la Seconde Guerre mondiale, des bombardements aériens dévastèrent Maribor, laissant la ville détruite aux deux tiers en 1945.

Après la guerre, elle profita de sa position centrale entre Europe de l'Ouest et Europe de l'Est et devint une importante ville industrielle de Yougoslavie. Mais, à l'indépendance de la Slovénie, en 1991, Maribor perdit l'accès au marché yougoslave et le chômage augmenta fortement. De nombreuses PME furent ensuite créées et le tourisme lui permit de retrouver en partie son importance économique.

À voir

Grajksi Trg PLACE

Sur cette place, épicentre de la vieille ville, se dressent la **colonne de Saint-Florian**, du XVIIe siècle, dédiée au saint patron des pompiers, et le **château** de Maribor (Grajski trg 2), du XVe siècle. Ce dernier renferme la salle des Chevaliers (Viteška Dvorana), avec un remarquable plafond peint, ainsi qu'une très belle chapelle baroque, et un splendide escalier rococo. Il abrite également

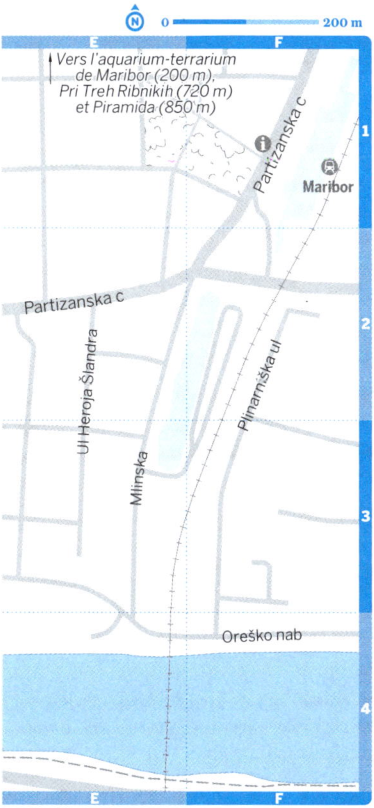

le **musée régional de Maribor** (228 35 51 ; www.pmuzej-mb.si ; Grajski trg ; adulte/enfant 3/2 € ; 9h-16h mar-sam, 9h-14h dim), qui possède l'un des plus beaux patrimoines de Slovénie. En raison de travaux en cours, certaines sections du musée seront peut-être fermées.

Le rez-de-chaussée accueille des collections archéologiques, vestimentaires et ethnographiques, avec notamment des frontons de ruches du XIXe siècle décorés de scènes bibliques des vallées de la Mislinja et de la Drave, des maquettes de séchoirs à foin typiques de Basse-Styrie, des costumes de Kurent et des ex-voto en cire de la région de Ptuj. À l'étage, des salles sont consacrées à l'histoire de Maribor, à ses confréries et à son artisanat. On y trouve également une fascinante pharmacie du XVIIIe siècle, ainsi que des retables et des sculptures s'échelonnant du XVe au XVIIIe siècle. D'exquises statues signées Jožef Straub (1712-1756), provenant de l'église Saint-Joseph de Studenci, occupent la place d'honneur.

Musée national de la Libération MUSÉE

(Muzej Narodne Osvoboditve ; 235 26 00 ; www.muzejno-mb.si ; Ulica Heroja Tomšiča 5 ; adulte/enfant 1,50/1 € ; 8h-18h lun-ven, 9h-12h sam). Logées dans une étonnante demeure du XIXe siècle, ces collections illustrent le combat de la Slovénie pour la liberté au long du XXe siècle, soulignant notamment la lutte des partisans du Pohorje durant l'occupation nazie.

Parc municipal PARC

Le Mestni Park est un charmant arboretum comptant 150 essences d'arbres et trois étangs. Vous y trouverez le petit **aquarium-terrarium de Maribor** (Akvarij-Terarij Maribor ; 234 96 63 ; www.florina.si/akvarij-terarij ; Ulica Heroja Staneta 19 ; adulte/enfant 4/3,20 € ; 8h-19h lun-ven, 9h-12h et 14h-19h sam-dim), fort divertissant. Au nord-est se dresse la colline de **Piramida** (386 m), siège des seigneurs de Marburg, où trône désormais une chapelle.

Slomškov Trg PLACE

Au sud du parc municipal se trouve une place portant le nom de l'évêque et homme politique Anton Martin Slomšek (1800-1862), premier Slovène béatifié en 1999.

L'imposante **cathédrale** (Stolna Cerkev ; Slomškov trg), qui date en partie du XIIIe siècle, emprunte à quasiment tous les styles architecturaux, du roman au moderne. À noter le sanctuaire gothique flamboyant et les stalles dorées du chœur, ainsi que les charmants vitraux modernes. Le bâtiment majestueux, de l'autre côté du parc, à l'ouest, est la **bibliothèque de l'université** (Univerzitetna Knjižnica ; 250 74 00 ; www.ukm.uni-mb.si ; Gospejna ulica 10).

Galerie des Beaux-Arts de Maribor GALERIE

(Umetnostna Galerija Maribor ; 229 58 60 ; www.ugm.si ; Strossmayerjeva ulica 6 ; adulte/enfant/famille 2/1,25/4 € ; 10h-18h mar-dim). Ce musée, au sud-ouest de Slomškov trg, possède une collection relativement fournie d'œuvres modernes signées d'artistes slovènes.

Lent QUARTIER

Au sud de Koroška cesta se trouvent le marché rénové de Maribor et les vestiges du **monastère des Frères mineurs**, du XIIIe siècle, qui servit de caserne militaire

Maribor

À voir

1	Cathédrale	B3
2	Colonne Saint-Florian	C2
3	Glavni Trg	C3
4	Tour juive	C4
5	Tour du jugement	A3
6	Château de Maribor	D2
7	Galerie des Beaux-Arts de Maribor	A3
	Musée régional de Maribor	(voir 6)
8	Monastère des frères mineurs	A3
9	Musée national de la Libération	C1
10	Vieille vigne	B4
	Maison de la vieille vigne	(voir 10)
11	Colonne de la Peste	B3
12	Slomškov Trg	B3
13	Synagogue	C3
	Galerie-photo de la tour	(voir 4)
14	Hôtel de ville	B3
15	Bibliothèque de l'université	B2
16	Château d'eau	C4

Où se loger

17	Hotel Lent	C4
18	Orel City Hotel	C2
19	Uni Hotel	C2

Où se restaurer

20	Ancora	C2
21	Gril Ranca	B4
22	Marché	A3
23	Pri Florjanu	C2
24	Takos	B3

Où prendre un verre

25	Cantante Café	C3
	Gledališka Kavarna	(voir 27)
26	Patrick's J&B Pub	B3

Où sortir

	Jazz Klub Satchmo	(voir 7)
27	Théâtre national slovène De Maribor	B2

jusqu'en 1927. Au bord du fleuve se dresse la **tour du Jugement** (Sodni Stolp) circulaire, la première des quatre tours de défense encore debout, qui arbore d'étranges frises sur son flanc sud.

À environ 150 m à l'est, sur la digue de Pristan, découvrez la **"vieille vigne"** (Stara Trta ; Vojašniška ulica 8), la plus ancienne au monde. Du haut de ses 400 ans, elle produit encore entre 35 et 55 kg de raisin par an – soit environ 25 litres de vin. Des bouteilles de 0,25 l de *žametna črnina* ("velours noir"), son vin rouge à la robe sombre, sont offertes aux dignitaires en visite en guise de "clés" de la ville. Pour plus de détails sur le sujet et sur la viniculture slovène, rendez-vous à la **maison de la vieille vigne** (Hiša Stare Trta ; ☎251 51 00 ; www.maribor-pohorje.si ; accès libre ; ⏲10h-18h mar-dim), attenante.

À quelque 300 m à l'est se trouve le **château d'eau** (Vodni Stolp ; Usnjarska ulica 10), une tour de défense pentagonale du XVIe siècle qui abrite désormais une *vinoteka* (cave de dégustation de vin). Juste au nord, une volée de marches conduit à **Židovska ulica** ("rue juive"), le cœur du quartier hébraïque au Moyen Âge. La **synagogue** (☎252 78 36 ; Židovska ulica 4 ; adulte/enfant 1/0,50 € ; ⏲8h-16h lun-ven, 9h-14h dim), du XVe siècle, est aujourd'hui ouverte au public, et la **tour juive** (Židovski Stolp ; Židovska ulica 6), un édifice carré de 1465, renferme la **galerie photo de la tour** (Fotogalerija Stolp ; ☎620 97 13 ; ⏲10h-13h et 15h-19h lun-ven, 10h-13h sam).

Glavni Trg PLACE

Ancienne place du marché de Maribor au Moyen Âge, Glavni trg s'étale juste au nord du fleuve et du pont principal. En son centre se dresse la très extravagante **colonne de la peste** du pays, érigée en 1743. Derrière elle se trouve l'**hôtel de ville** (Glavni trg 14), bâti en 1565 par des artisans vénitiens.

Fêtes et festivals

Maribor accueille quantité d'événements tout au long de l'année.

Festival Lent FESTIVAL CULTUREL

(http://lent.slovenija.net ; ⏲juin-juil). Événement phare de l'année, ce festival célèbre le folklore, la culture et la musique deux semaines durant, de la fin juin au mois de juillet. Des scènes fleurissent alors à travers la vieille ville.

Festival Maribor FESTIVAL CULTUREL

(www.festivalmaribor.si ; ⏲sept). Dix jours de fête somptueuse, avec 20 concerts de musique classique.

Vendanges de la vieille vigne GASTRONOMIE ET VIN

(⏲oct). Les vendanges de la vieille vigne, début octobre, font partie des événements les plus pittoresques organisés par la ville.

Où se loger

L'office du tourisme peut trouver des chambres à louer (à partir de 25 € pour une simple et de 40 € pour une double), ainsi que des appartements.

Hostel Pekarna AUBERGE DE JEUNESSE €
(059 180 880 ; www.mkc-hostelpekarna.si ; Ob železnici 16 ; dort/s/d 17/21/42 € ;). Accueillante et lumineuse, cette nouvelle auberge au sud du fleuve – une ancienne boulangerie de l'armée (*pekarna* signifie "boulangerie" en slovène) – offre des équipements dernier cri, ainsi que plusieurs appartements avec cuisine.

Grand Hotel Ocean HÔTEL DE CHARME €€€
(234 36 73 ; www.hotelocean.si ; Partizanska cesta 39 ; s/d 118/152 € ;). Magnifique hôtel de charme quatre étoiles, portant le nom du premier train qui traversa Maribor en 1846. Vingt-deux chambres et une délicieuse salle de petit-déjeuner au dernier étage, baignée de lumière.

Orel City Hotel HÔTEL €€€
(Orel Mestni Hotel ; 250 67 00 ; www.termemb.si ; Volkmerjev prehod 7 ; s 79-110 €, d 120-168 €, ste 220-260 € ;). Rutilant, charmant et irrésistible, l'hôtel le plus central de Maribor compte 71 chambres. Accès au Fontana Terme Maribor inclus.

Uni Hotel HÔTEL €
(250 67 00 ; www.termemb.si ; Volkmerjev prehod 7 ; titulaire /non titulaire carte HI 24/29 € ;). "Hôtel résidence" de 53 chambres, très central et presque luxueux. Affilié à la HI, il est géré par l'Orel City Hotel attenant, où se trouve la réception. Résidence étudiante durant l'année universitaire, il loue des chambres simples et doubles pendant les vacances.

Hotel Lent HÔTEL €€
(250 67 69 ; www.hotel-lent.si ; Dravska ulica 9 ; s/d 69/89 € ;). Établissement flambant neuf en bordure de fleuve, à Lent. Café sur le devant, chambres bien conçues et confortables – malgré la surprenante décoration dans les suites.

Où se restaurer

Gril Ranca BALKANIQUE €
(252 55 50 ; Dravska ulica 10 ; plats 4,80-7,50 € ; 8h-23h lun-sam, 12h-21h dim). Grillades des Balkans aussi simples que succulentes – *pljeskavice* (steaks hachés épicés) et *čevapčiči* (boulettes de bœuf ou de porc relevées), avec une vue parfaite sur la Drave. On y respire, les soirs de grande chaleur.

Pri Treh Ribnikih SLOVÈNE €€
(234 41 70 ; Ribniška ulica 9 ; plat 10-17 € ; 11h-22h lun-sam, 11h-21h dim). Ce restaurant dans le parc municipal est idéal pour sortir de la ville sans faire des kilomètres pour autant. Les spécialités du lieu sont les *štruklji* (raviolis) au fromage et les côtes de porc fourrées. Carte des vins honorable.

Takos MEXICAIN €
(252 71 50 ; Mesarski prehod 3 ; plats 6,50-12 € ; 11h-23h lun-jeu, 11h-2h30 ven-sam). Ce charmant restaurant mexicain de Lent sert d'excellentes fajitas et enchiladas. Les vendredis et samedis soir, après l'*happy hour* (23h), il se mue en joyeuse boîte de nuit.

Ancora PIZZERIA €
(250 20 33 ; Jurčičeva ulica 7 ; pizzas 4-7,50 € ; 9h-0h lun-jeu, 9h-1h ven, 10h-1h sam, 10h30-22h30 dim). La pizzeria la plus courue de la ville, au 1er étage d'un bar-restaurant très prisé.

Pri Florjanu MÉDITERRANÉEN €€
(059 084 850 ; Grajski trg 6 ; entrées 5,50-7 €, plats 9-18 € ; 11h-22h lun-jeu, 11h-23h ven-sam ;). Excellente adresse avec vue sur la colonne de Saint-Florian, cet établissement très chic compte deux terrasses, ouverte devant, et fermée derrière, encadrant un énorme restaurant minimaliste. Cuisine d'inspiration plutôt méditerranéenne, avec une bonne dose d'options végétariennes.

Marché MARCHÉ €
(Vodnikov trg ; 6h30-15h lun-sam). Situé juste au nord de l'ancien monastère des Frères mineurs.

Où prendre un verre

Gledališka Kavarna CAFÉ
(252 37 20 ; Slovenska ulica 27 ; 8h-23h lun-jeu, 8h-0h ven, 10h-14h et 19h-0h sam). Le très haut de gamme "café du théâtre", près du théâtre national slovène (accès par Slomškov trg), attire une clientèle élégante.

Patrick's J&B Pub PUB
(251 18 01 ; Poštna ulica 10 ; 8h-0h lun-jeu, 8h-2h ven-sam, 16h-23h dim). Qu'importe si l'on semble ignorer ici que les Irlandais ne sont pas portés sur le scotch, cette adresse est l'une des plus animées de la Poštna ulica, piétonne.

Cantante Café BAR
(☎252 53 12 ; Vetrinjska ulica 5 ; ⏲8h-1h lun-jeu, 8h-3h ven, 9h-3h sam, 12h-1h dim). Cet endroit prisé, évoquant Cuba et Hemingway, sert des plats mexicains et sud-américains, mais vaut surtout pour ses mojitos et les 149 autres cocktails de l'impressionnante carte des boissons.

☆ Où sortir

Théâtre national slovène de Maribor THÉÂTRE
(Slovensko Narodno Gledališče Maribor ; ☎250 61 00, billetterie 250 61 15 ; www.sng-mb.si ; Slovenska ulica 27 ; ⏲10h-13h et 17h-19h30 lun-ven, 10h-13h sam et 1 heure avant le spectacle). Affilié au SNG de Ljubljana, ce théâtre, dont les productions ont été saluées par l'ensemble de la critique européenne, est l'un des plus réputés du pays. Le ballet et l'opéra de la ville s'y produisent également. Accès par Slomškov trg.

Jazz Klub Satchmo JAZZ
(☎250 21 50 ; www.jazz-klub.si ; Strossmayerjeva ulica 6 ; ⏲9h-2h lun-jeu, 9h-3h ven, 19h-3h sam, 19h-0h dim). Le fameux club de jazz de Maribor vous accueille dans une cave merveilleuse, au sein du bâtiment de la galerie des Beaux-Arts.

Renseignements

Abanka (Glavni trg 18). Dans la galerie commerçante, sur le flanc est de Glavni trg.

Kit Kibla (☎252 44 40 ; www.kibla.org/kit ; Glavni trg 14 ; 0,70/1 € pour 30/60 min ; ⏲9h-22h lun-sam). Cybercafé municipal avec une douzaine de postes Internet, dans l'hôtel de ville.

Mladinska Knjiga (☎234 31 13 ; Gosposka ulica 24 ; ⏲9h-19h lun-ven, 9h-13h sam). Librairie, proposant des guides Lonely Planet et des cartes.

Nova KBM Bank (Trg Svobode 2). Face au château de Maribor.

Office du tourisme de Maribor (☎234 66 11 ; www.maribor-pohorje.si ; Partinzanska cesta 6a ; ⏲9h-19h lun-ven, 9h-18h sam-dim). Précieux office du tourisme, face à l'église franciscaine.

Poste (Slomškov trg 10)

Depuis/vers Maribor

BUS On peut rallier presque n'importe quelle ville de Slovénie (ainsi que certaines destinations internationales) depuis l'énorme gare routière de Maribor.

Des départs fréquents ont lieu pour Celje (6,70 €, 1 heure 30), Murska Sobota (6,30 €, 1 heure 15), Ptuj (3,60 €, 45 minutes) et Ljubljana (12,40 €, 3 heures). Parmi les autres destinations, citons Rogaška Slatina (7,20 €, 2 heures) et Slovenj Gradec (7,20 €, 2 heures).

Un bus quotidien dessert Sarajevo (60 €, 9 heures 30) à 21h15 (17h15 le vendredi), ainsi que Munich (46 €, 7 heures 30) et Vienne (29 €, 4 heures 30).

TRAIN Des trains express ICS partent de Ljubljana (15,20 €, 1 heure 45), ainsi que des trains plus lents et plus fréquents (9 €, 2 heures 30). Ils s'arrêtent tous à Celje. Vers l'est, des liaisons à destination de Murska Sobota (8,50 €, 2 heures) sont assurées.

Parmi les destinations à l'étranger, citons Zagreb (16 €, 3 heures), Vienne (49 €, 3 heures 30) et Belgrade (49 €, 8 heures 30).

Comment circuler

Maribor et ses environs sont bien desservis par les bus locaux. Les départs se font depuis l'arrêt au sud de la gare ferroviaire, près de Meljska cesta.

Maribor Bike (☎234 66 11 ; 1/5 € pour 2 heures/1 jour ; ⏲8h-20h avr-oct) loue des vélos à l'extérieur de l'office du tourisme.

Pour obtenir un taxi local, composez le ☎250 07 77 ou le ☎031 801 339.

Pohorje de Maribor

☎02 JUSQU'À 1 347 M D'ALTITUDE

Poumon vert et zone de loisirs principale de Maribor, la façade est du massif du Pohorje est connue ici sous le nom de Pohorje de Maribor (Mariborsko Pohorje). Facilement accessible depuis la ville, elle offre d'innombrables activités – du ski à la randonnée, en passant par l'équitation et le VTT.

Activités

Le **centre sportif du Pohorje** (Športni Center Pohorje ; ☎220 88 00 ; www.pohorje.org ; Mladinska ulica 29), à Maribor, organise la plupart des activités dans le Pohorje de Maribor. Il propose également des excursions à destination du parc Adrenaline du Pohorje.

Balades et randonnées

L'Hotel Areh (p. 189) est le point de départ de quantité de **balades** faciles et de **randonnées** plus exigeantes. En suivant sur 5 km le **sentier alpin slovène** – un parcours balisé entre Maribor et Ankaran, sur la côte – d'abord vers l'ouest puis vers le sud-ouest, vous arriverez aux deux **cascades de Šumik** et à **Pragozd**, l'une des rares forêts vierges d'Europe. Six kilomètres plus au sud-ouest, vous trouverez le **lac Noir** (Črno Jezero), source de l'impétueuse Lobnica, et **Osankarica**, où le bataillon des partisans du Pohorje fut anéanti par les Allemands en janvier 1943. PZS et GZS éditent une carte *Pohorje* à l'échelle 1/50 000 (de 8,10 à 8,50 €).

Équitation

Vous pouvez louer des chevaux auprès de **Koča Koča** (040 216 089), un restaurant logé dans une cabane, à 50 m de la station de téléphérique supérieure. Comptez 4 € pour faire trois fois le tour de l'enclos, et 13/60 € pour 1 heure/5 heures de balade sur un sentier. Une promenade en calèche coûte 25/40 € pour 30 minutes/1 heure.

Parcs de loisirs

Parc Adrénaline du Pohorje SPORTS D'AVENTURE
(Adrenalinski Park Pohorje ; 031 655 665, 220 88 21 ; adulte/enfant à partir de 17/15 €). Zone de loisirs avec parcours accrobranche, balançoires et autres poutres près de Koča Luka, à mi-chemin entre les deux stations de téléphérique.

Ski

Domaine skiable du Pohorje de Maribor SKI
(603 65 53 ; www.pohorje.org ; forfait journée tarif plein/enfant/étudiant et senior 28/18/24 €). Le domaine du Pohorje de Maribor s'étend de l'Hotel Habakuk (336 m), près de la station de téléphérique inférieure, jusqu'à Žigartov Vrh (1 347 m), à l'ouest de l'Hotel Areh. Avec ses 80 km de pistes, ses 36 km de parcours de fond et ses 20 remontées mécaniques/remonte-pentes (plus télécabine), c'est le plus grand domaine skiable de Slovénie. Location de matériel à la station de téléphérique supérieure, plus cours de ski et de snowboard.

Vélo

Le vélo est un moyen idéal de découvrir les petites routes et sentiers du Pohorje de Maribor. L'office du tourisme propose les cartes *Pohorje Cycling Map* (Carte cyclo-touristique du Pohorje, échelle 1/100 000e) et *Kolesarske Poti na Mariborskem Pohorju* (Pistes cyclables dans le Pohorje de Maribor), simple mais fort utile. Le centre sportif loue des VTT GT DHI (40/50€ pour 4 heures/1 jour) à la station de téléphérique inférieure.

Bike Park Pohorje VÉLO
(040 645 054, 220 88 25; adulte/enfant avec vélo demi-journée 19/14 €, journée 23/17 €). Géré par le centre sportif du Pohorje, cet excellent parc commence à côté de la station de téléphérique supérieure, à 1 050 m d'altitude, et descend sur 4 km à travers la forêt, avec plus de 30 obstacles différents - table-tops, virages relevés, step-downs et sauts jusqu'à 6 m.

Événement

Épreuves de Coupe du monde de slalom et de slalom géant féminins SPORTS
(www.goldenfox.org ; jan). Les épreuves annuelles de slalom et de slalom géant féminins – le trophée convoité Zlata Lisica ("renard d'or") – se déroulent sur la piste principale du domaine skiable du Pohorje de Maribor à la mi-janvier.

Où se loger et se restaurer

Le Pohorje de Maribor offre quantité d'hébergements, avec notamment une douzaine de chalets de montagne et de maisons de vacances. Certaines adresses sont gérées par le centre sportif du Pohorje, qui vous fournira une liste et un plan sommaire. Parmi les adresses proches des routes principales, citons le **Ruška Koča pri Arehu** (041 666 552, 603 50 46 ; tte l'année), un refuge de catégorie III comptant 36 lits et culminant à 1 246 m, et le **Poštarski Dom pod Plešivcem** (875 09 06, 822 10 55 ; mer-lun), un chalet de catégorie III plus raffiné offrant 37 lits, à 805 m d'altitude.

On trouve deux campings au pied du Pohorje de Maribor, près de la station de téléphérique inférieure : le **Camp Pohorje** (614 09 50 ; www.pohorje.org ; Pot k Mlinu 57 ; adulte/enfant 9/6 € ; tte l'année), qui compte seulement 20 emplacements de tentes et 10 pour les caravanes ; et le **Camping Centre Kekec** (040 225 386 ; www.cck.si ; Pohorska ulica 35 ; adulte/enfant € 9/6,50), qui offre une trentaine d'emplacements.

Presque tous les visiteurs du Pohorje de Maribor prennent leur repas à l'hôtel - il n'y pas de restaurants indépendants, à l'exception des snack-bars. Ne manquez pas les mets et boissons typiques de la région, comme le *pohorski lonec* (pot-au-feu du Pohorje), une sorte de goulasch, la *pohorska omleta*, une crêpe fourrée aux fruits, ou le *boroničevec*, une eau-de-vie à base de baies de la forêt.

Hotel Bellevue HÔTEL €€€
(607 21 00 ; www.termemb.si ; Na Slemenu 35 ; s 90-140 €, d 130-230 €, ste 160-260 € ; P). Haut lieu du Pohorje, cet établissement très élégant loue 50 chambres et appartements près de la station de téléphérique supérieure. L'adresse la plus chic de la région. Accès à l'excellent centre de bien-être de l'hôtel inclus.

Hotel Areh LODGE €
(220 88 41 ; www.pohorje.org ; Lobnica 32 ; demi-pension 35-45 €/pers ; P@). Perché à 1 250 m

d'altitude, près de l'église Saint-Areh, à environ 6 km au sud-ouest de la station de téléphérique supérieure, cet agréable chalet de 84 lits offre des chambres lambrissées, un charmant restaurant et un personnel serviable. Location de matériel de ski et de VTT.

Hotel Bolfenk HÔTEL €€

(☎603 65 05 ; www.pohorje.si ; Hočko Pohorje 131 ; demi-pension 45-75 €/pers ; P@). Hôtel-résidence bien tenu près de l'Hotel Bellevue, avec 20 suites, dont certaines, passablement grandioses, sont équipées de salons et de cheminées.

Depuis/vers le Pohorje de Maribor

BUS Pour atteindre la station inférieure depuis la gare ferroviaire de Maribor, prenez le bus n°6 (1,10 €, 20 minutes) et descendez au terminus – la station de téléphérique est juste derrière l'arrêt de bus.

VOITURE Parcourez les 20 km en voiture (les courageux iront à vélo) depuis la vieille ville de Maribor. Piquez au sud et passez devant le château Betnava, de style Renaissance, puis prenez vers l'ouest à Spodnje Hoče jusqu'à l'embranchement, près d'une petite cascade. Tournez à gauche et vous atteindrez l'Hotel Areh au bout d'environ 5 km. En prenant à droite, il vous faudra moins de 4 km pour rallier la station de téléphérique supérieure.

TÉLÉPHÉRIQUE Une façon nettement plus facile – et plus excitante – de gagner l'Hotel Bellevue et le cœur du Pohorje de Maribor consiste à prendre le téléphérique à la station de Zgornje Radvanje, à 6 km au sud-ouest de la vieille ville de Maribor. Les cabines disposent de fixations extérieures pour les VTT et les skis.

Centre du Pohorje

☎03 / JUSQU'À 1 517 M D'ALTITUDE

Les visiteurs pourront aisément goûter à l'offre de loisirs du Pohorje, que ce soit à l'est, depuis Maribor, ou à l'ouest, depuis Slovenj Gradec et Dravograd, en Carinthie. Cependant, la zone la plus élevée et la plus belle de ce massif se trouve en son centre. Et s'il est vrai que les sommets du Pohorje peuvent difficilement rivaliser avec ceux des Alpes juliennes et kamniques – la majorité dépassant à peine la barre des 1 500 m – ils offrent néanmoins d'excellentes randonnées en hiver comme en été.

Zreče, à quelque 40 km au sud-ouest de Maribor, constitue le tremplin idéal pour explorer le centre du Pohorje – une région aussi connue sous le nom de Pohorje de Zreče (Zreško Pohorje). Zreče n'est certes pas la plus belle ville de Slovénie – elle est dominée par le fabricant d'outils Unior – mais possède néanmoins un modeste centre thermal et avoisine le pôle sportif des environs de **Rogla** (1 517 m), à 16 km au nord, lieu d'entraînement des équipes nationales et notamment de la sélection olympique slovène.

Activités

Randonnée et VTT

La carte GZS *Pohorje*, à l'échelle 1/50 000 (8,10 €), recense diverses boucles de randonnée allant de 2 km (30 minutes) à 32 km (8 heures). Cette dernière englobe les cascades de Šumik, le lac Noir et Osankarica. Un autre tracé intéressant, long de 12 km (3 heures), conduit au nord-ouest jusqu'aux **lacs de Laurent** (Lovrenska Jezera), un marais tourbeux comportant 20 petits lacs, considérés comme de véritables phénomènes naturels. La carte/brochure gratuite *Rogla Terme Wanderwege/Footpaths* dénombre huit randonnées et marches entre 1 km (15 minutes) et 32 km (8 heures).

Les vététistes se procureront l'excellente *Pohorje Cycling Map*, une carte gratuite à l'échelle 1/100 000, avec une douzaine de circuits entre Maribor, à l'est, jusqu'à Slovenj Gradec et Dravograd à l'ouest. La carte/brochure *Rogla Terme Radfahrwege/Cycling Paths* (1/50 000), fournie par le centre thermal, est nettement plus sommaire, avec neuf parcours reliant Zreče, Rogla et Areh.

Centre de VTT et de randonnée de Rogla RANDONNÉE

(Centre Kolesarsko-Pohodriško ; ☎757 74 68 ; VTT 1h/demi-journée/journée 8/14/18 € ; ⌚9h-19h tlj août, 9h-19h jeu-dim juin-juil). Le centre de VTT et de randonnée de Rogla, près de la Pizzerija Planja, organise des randonnées guidées en saison (de 3 à 8 €/pers) et loue des VTT. Location de vélos pour le même prix au Dobrava 2000 Hotel.

Ski

Domaine skiable de Rogla SKI

(☎757 61 55, 232 92 64 ; www.rogla.eu ; forfait journée tarif plein/enfant/senior et étudiant 28/18/25 €). Ce domaine skiable offre 12 km de pistes (de niveau intermédiaire pour l'essentiel) et 18 km de parcours de fond, desservis par deux remontées mécaniques et 10 remonte-pentes. La saison est relativement longue – de la fin novembre jusqu'en avril au plus tard.

École de ski de Rogla ÉCOLE DE SKI
(Smučarska Šola Rogla ; ☎757 74 68 ; www.rogla.eu ; ⏲8h30-16h tlj en saison). Cette école de ski, logée dans une petite cabane en bois au pied de la remontée mécanique, propose aussi des cours de snowboard.

Ski Servis LOCATION DE MATÉRIEL
(☎757 74 89 ; skis par jour adulte/enfant 16/11 € ; ⏲8h30-16h45). Possibilité de louer du matériel auprès de Ski Servis, au Planja Hotel.

Où se loger

Le centre du Pohorje regorge de fermes proposant des chambres et des appartements à louer, le long de Cesta Kmečnega, près de Resnik, à environ 7 km au sud-ouest de Rogla. Citons notamment la **ferme Pačnik** (☎576 22 02 ; Resnik 21 ; 23-28 €/pers ; ⏲juil-mi-sept, mi-déc-mi-mars ; P), qui compte quatre chambres. On trouve d'autres hébergements à Skomarje, au sud-ouest.

Garni Hotel Zvon MAISON D'HÔTES €€
(☎757 36 00 ; www.garnihotelzvon.si ; Slomškova ulica 2, Zreče ; ch par personne 40 €, app 70-85 € ; P❄@). Il n'y aucune raison particulière de loger à Zreče – c'est à Rogla que tout se passe. Toutefois, si vous êtes mordu de cures thermales, la "cloche" dispose de 15 chambres et appartements impeccables, juste en face de l'entrée du spa.

Planja Hotel HÔTEL €€€
(☎757 71 00 ; www.terme-zrece.si ; Rogla ; s 60-70 €, d 100-120 € ; P@🛜≋). Cet établissement 4-étoiles de 30 lits, le plus chic de Rogla, compte aussi une aile 3-étoiles de 88 lits, le **Rogla Hotel** (s 55-60 €, d 80-100 €), dont les chambres sont plus belles et plus lumineuses que celles de l'hôtel principal. Pour l'essentiel, le **Brinje Hotel** (s 45-50 €, d 70-80 €), avec 22 appartements, est une annexe exiguë du Planja. Les **appartements Jurgova** (s 40-45 €, d 60-70 €), gérés par le même hôtel, sont un peu à l'écart.

Dobrava 2000 Hotel HÔTEL €€€
(☎757 60 00 ; www.terme-zrece.si ; Cesta na Roglo 15, Zreče ; s/d 80/130 € ; P❄@🛜≋). Hôtel phare du centre thermal, cet établissement 4-étoiles propose 76 chambres à l'entrée du spa. Plusieurs chambres sont adaptées à la clientèle handicapée. Demandez l'une des chambres avec balcon. Le **Dobrava Hotel** (s/d 70/110 €), une annexe légèrement moins coûteuse, compte 35 chambres. Plus agréable encore (et moins cher), le **Terme Zreče Villas** (s/d 60/100 €), logé dans une petite zone boisée à 150 m du bâtiment principal du spa, loue 40 appartements et autant de chambres doubles.

Où se restaurer

Dom na Pesku SLOVÈNE €
(☎757 74 45 ; Rogla ; plats 4,50-12,50 € ; ⏲7h-21h avr-oct, 8h-19h nov-mars). Ce chalet de montagne (chambre 28 €/pers), à 3 km au nord de Rogla, sur la route non bitumée qui mène à Koroša, est prisé pour sa cuisine slovène roborative, notamment sa fameuse soupe aux champignons à la kacha de sarrasin (*gobova kremna juha z ajdovimi žganci* ; 4,50 €) et le *pohorski lonec* (pot-au-feu de Pohorje ; 5 €), une sorte de goulasch.

Pizzerija Planja PIZZERIA €
(☎757 72 50 ; Rogla ; pizzas 4,40-6 € ; ⏲8h30-20h juil-août, 8h30-17h sept-juin). Outre la pizza, cet établissement – juste au nord du Planja Hotel à Rogla, près de la remontée mécanique – sert des petits-déjeuners et quelques plats slovènes.

Stara Koča RESTAURANT €€
(☎757 74 47 ; Rogla ; menu déj 12 € ; ⏲7h-0h). La "vieille cabane", le restaurant principal (et le bâtiment d'origine) du Planja Hotel, a conservé une ambiance rustique de chalet montagnard.

Gostilna Jurček SLOVÈNE €
(☎041 686 725 ; Cesta na Roglo 4b, Zreče ; entrées 5-8 €, plats 5,20-12 € ; ⏲7h-22h lun-ven, 7h-23h sam, 9h-22h dim). Cette *gostilna* située à Zreče, sur la route principale qui mène à Rogla et face au centre commercial, est un endroit sympathique pour un repas rapide.

Renseignements

Office du tourisme de Zreče (☎759 04 70 ; tic.zrece.lto@siol.net ; Cesta na Roglo 13b, Zreče ; ⏲7h-15h lun, mar, jeu et ven, 7h-17h mer, 9h-12h sam). Au sein du Zreče Bazaar.

Poste (Cesta na Roglo 13b, Zreče). Au sud-est de la banque.

Station de ski de Rogla Unitur (www.rogla.si). Site Internet précieux, notamment pour les activités.

Depuis/vers Zreče

Des liaisons régulières sont proposées entre Zreče et Celje (3,60 €, 45 minutes) via

Slovenske Konjice. En hiver, deux bus quotidiens desservent Zreče depuis Celje et deux depuis Slovenske Konjice, avant de poursuivre vers Rogla. Des bus locaux relient la gare routière de Zreče à Rogla.

En hiver, des bus "spécial ski" partent de Zreče (cinq dans les deux sens), ainsi que de Celje et Slovenske Konjice. **Terme Zreče** (☎757 61 56 ; www.terme-zrece.si ; Cesta na Roglo 15 ; piscines adulte/enfant 3 heures lun-ven 8/6 €, sam-dim 8/9 €, tte la journée lun-ven 10/7,50 €, sam-dim 12/9 € ; ⏲piscines 9h-21h) affrète des bus à destination de Rogla pour ses résidents, toutes les heures entre 6h et 20h30 (voire 21h), avec jusqu'à quatre départs quotidiens dans les deux sens le reste de l'année.

Celje

☎03 / 36 725 HABITANTS / 241 M D'ALTITUDE

Avec son centre historique immémorial, sa fabuleuse architecture, ses formidables musées et son énorme château dominant la pittoresque rivière Savinja, Celje (longtemps appelée Cilley en français) semble avoir tiré le gros lot en matière touristique. Pourtant, la ville reste sempiternellement négligée au profit de Maribor et Ptuj – d'où ce sentiment de découverte lorsque l'on arrive ici.

La modeste vieille ville de Celje est bordée par Levstikova ulica et Gregorčičeva ulica au nord et au nord-ouest, par la zone autour du

Celje

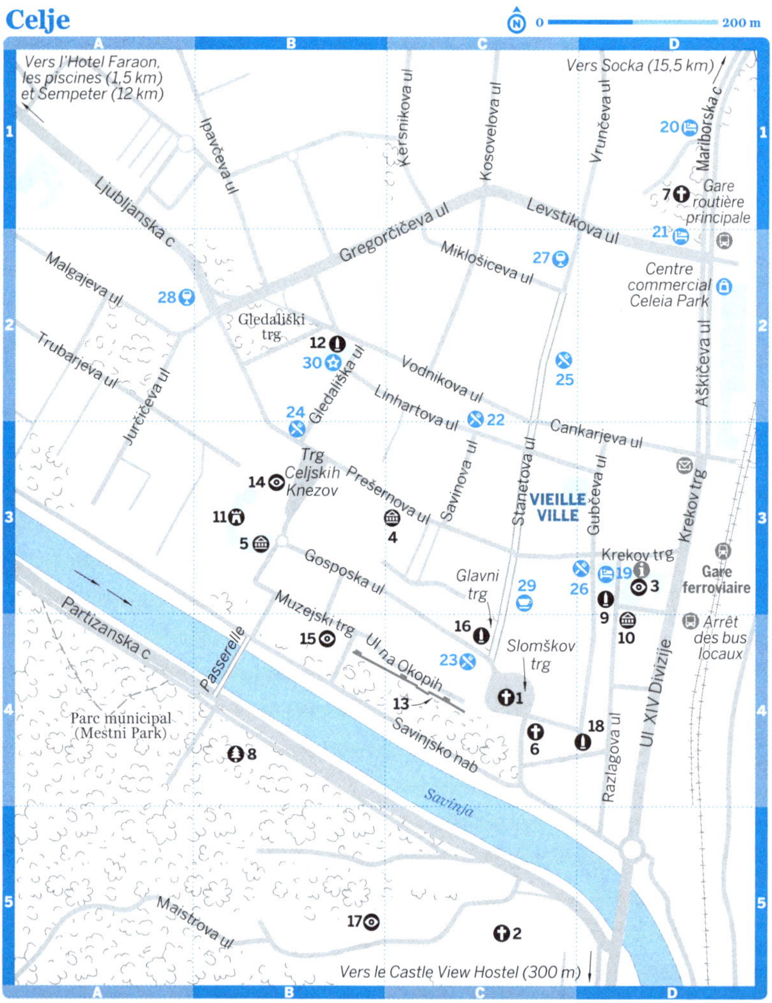

château bas à l'ouest, par les voies ferrées à l'est et par la Savinja au sud.

La ville compte deux places principales : Glavni trg, à l'extrémité sud de la piétonne Stanetova ulica, et Krekov trg, face à la gare ferroviaire. La gare routière principale est à 300 m au nord de la gare ferroviaire, en face de l'énorme galerie commerçante Celeia, dans Aškičeva ulica. Les bus locaux s'arrêtent au sud de la gare, dans Ulica XIV Divizije.

Histoire

Entre le Ier et le Ve siècle, Celeia était la capitale administrative de la province romaine de Noricum. Elle prospéra au point de gagner le surnom de "Troia secunda" – la "deuxième Troie".

Elle connut son deuxième âge d'or à la moitié du XIVe siècle, lorsque les comtes de Celje prirent le contrôle de la région et la transformèrent en véritable petit État. Ces comtes (qui devinrent ensuite ducs), représentant l'une des dynasties féodales les plus riches et puissantes d'Europe centrale, furent les derniers à contester le règne absolu des Habsbourg en territoire slovène, unissant une grande partie du pays derrière eux pendant un temps. Une partie de leur emblème – trois étoiles dorées formant un triangle renversé – figure sur le drapeau et le sceau slovènes. Leur domination prit fin en 1456 et Celje passa sous le contrôle des Habsbourg.

La ville continua à se développer, et l'arrivée du rail en 1846 entraîna sa forte industrialisation. Elle est aujourd'hui la troisième ville de Slovénie.

À voir

Vieux château de Celje CHÂTEAU

(Stari Grad Celje ; ☎031 348 296 ; Cesta na Grad 78 ; 2 € ; ⏲9h-17h lun-jeu, 9h-19h ven, 11h-19h sam-dim juin-août, horaires réduits le reste de l'année). Plus grande forteresse de Slovénie, ce château est perché sur un escarpement culminant à 407 m, à quelque 2 km au sud-est de la vieille ville. Pour le rallier depuis Cesta na Grad, il faut marcher environ une demi-heure le long d'un sentier. Le château fut construit au XIIIe siècle, avant de connaître nombre de transformations, notamment sous le règne des fameux comtes aux XIVe et XVe siècles.

Lorsque la forteresse vit son importance stratégique décliner au XVe siècle, elle fut laissée à l'abandon, les propriétaires suivants utilisant ses blocs de pierre pour construire d'autres édifices, notamment une partie du château bas et de l'ancienne mairie. Toutefois, une portion remarquablement importante du château a subsisté et a fait l'objet de restaurations, en particulier la **tour Frédéric** (Friderikov Stolp), haute de 35 m.

Celje

À voir

1 Église abbatiale Saint-Daniel C4
2 Église capucine Sainte-Cécile C5
3 Foyer de Celje D3
4 Musée de l'histoire récente de Celje C3
Musée régional de Celje .... (voir 15)
5 Centre d'art contemporain B3
6 Chapelle Sainte-Élisabeth C4
Galerie d'art des enfants .... (voir 3)
7 Église Saint-Maximilien D1
8 Parc municipal B4
9 Tour de défense D3
10 Studio photographique Josip Pelikan . D4
11 Château bas B3
12 Tour médiévale B2
13 Remparts médiévaux C4
14 Foyer national B3
15 Ancienne mairie B4
16 Colonne de la Peste C4
Galerie Račka d'art érotique .... (voir 5)
17 Temple d'Hercule B5
Hospice municipal .... (voir 6)
18 Château d'eau D4

Où se loger

19 Hotel Evropa D3
20 Hotel Štorman Celje D1
21 MCC Hostel D2

Où se restaurer

Country Pub .... (voir 20)
22 Gostilna Jež C2
23 Lastoria C4
24 Marché B3
25 Mercator C2
26 Mercator D3
Restavracija Evropa .... (voir 19)

Où prendre un verre

27 Branibor Pub C2
Kavarna Evropa .... (voir 19)
28 Maverick Pub A2
29 Oscar Caffe C3

Où sortir

30 Théâtre populaire de Slovénie B2

Musée régional de Celje MUSÉE

(Pokrajinski Muzej Celje ; ☎428 09 50 ; www.pokmuz-ce.si ; tarif plein/enfant/étudiant 3/1/2 € ; ⏲10h-18h mar-dim mars-oct, 10h-18h mar-ven, 10h-12h sam nov-fév). Logé dans l'**ancienne mairie** (Stara Grofija ; Muzejski trg 1), du XVIe siècle, ce musée est consacré à Celeia et aux comtes de Celje – 18 de leurs nobles crânes sont même exposés dans des vitrines. Si l'on dénombre une douzaine de salles, dont plusieurs empruntent à des styles de diverses époques (baroque, néoclassique, Biedermeier, Sécession), la curiosité phare reste le **plafond de Celje** (Celjski Strop), dans la salle principale. Cet énorme trompe-l'œil passablement stupéfiant mêle des colonnes, des tours et des anges tournés vers le ciel, ainsi que des gentilshommes et des gentes dames. Achevée vers 1600 par un peintre polonais, la fresque était censée élever le plafond vers le ciel, un pari réussi. D'autres panneaux représentent les quatre saisons et des scènes mythologiques grecques et romaines.

L'impressionnante annexe **Knežji dvorec**, dans le château bas du XIVe siècle, sur Trg Celjskih Knezov, concentre l'histoire archéologique de Celje en un seul bâtiment : ses caves abritent une voie romaine intacte, du IIIe siècle, magnifiquement rehaussée de statues et de fresques, ainsi que des fragments des anciens murs de la ville. Au-dessus, on trouve des vestiges de bâtiments médiévaux ainsi que des éléments d'abris antiaériens de la Seconde Guerre mondiale.

Krekov Trg PLACE

Face à la gare ferroviaire se dresse le colossal **foyer de Celje** (Celjski Dom ; Krekov trg 3), un édifice néogothique de 1907, jadis épicentre de la vie sociale des Celjani germanophones. Il abrite désormais l'office du tourisme (p. 196), ouvert toute l'année, ainsi que la **galerie d'Art des enfants** (Galerija Likovnih Del Mladih ; ☎041 615 273 ; accès libre ; ⏲10h-18h mar-sam), au rez-de-chaussée, un musée unique en Slovénie, consacré aux œuvres d'art des moins de 20 ans. Au sud, on aperçoit la **tour de défense** (Obrambni Stolp), du XVIe siècle, reliée à l'Hotel Evropa. Quelque 150 m plus loin se dresse le **château d'eau** (Vodni Stolp ; Razlagova ulica 19). Construit entre 1451 et 1473, il faisait jadis partie des murs de la ville et des remparts.

Studio photographique Josip Pelikan MUSÉE

(Fotografski Atelje Josipa Pelikana ; ☎548 58 91 ; www.muzej-nz-ce.si ; Razlagova ulica 5 ; ⏲10h-14h mar-ven, 9h-13h sam, 14h-18h dim). Ce lieu aux allures de grande serre (pour laisser pénétrer la lumière) est le studio d'origine d'un photographe de Celje du début du XXe siècle. Il appartient au musée de l'Histoire récente.

Slomškov Trg et Glavni Trg PLACE

L'**église Saint-Daniel** (Opatijska Cerkev Sv Danijela), qui date du début du XIVe siècle, recèle de magnifiques fresques et pierres tombales. Son trésor le plus précieux est une **pietà** en bois sculpté de 1415. La chapelle renferme des murs en pierre ouvragés et des caveaux contenant des vestiges de fresques du début du XVe siècle et des effigies sculptées des apôtres. On aperçoit des fragments des **murs médiévaux** et des **remparts** de Celje dans Ulica na Okopih, à l'ouest de l'église. À l'angle sud-est de Slomškov trg se trouvent la **chapelle Sainte-Élisabeth** (Kapela Sv Elizabete) et l'**hospice municipal** (Mestni špital), du XVe siècle.

Dans le prolongement de Slomškov trg s'étend Glavni trg, le cœur de la vieille ville. Elle compte nombre de jolies demeures des XVIIe et XVIIIe siècles, ainsi que des cafés avec terrasse à la belle saison. Au centre de la place se dresse l'incontournable **colonne de la peste** (1776), dédiée à la Vierge Marie.

Musée de l'Histoire récente de Celje MUSÉE

(Muzej Novejše Zgodovine Celje ; ☎428 64 10 ; www.muzej-nz-ce.si ; Prešernova ulica 17 ; tarif plein/enfant/senior et étudiant/famille 3/1,50/2/6 € ; ⏲10h-18h lun-ven, 9h-13h sam, 14h-18h dim). Ce musée, qui retrace l'histoire de Celje ("Vivre à Celje : 1900-2000") depuis la fin du XIXe siècle, propose la reconstitution d'une rue du début du XXe siècle, avec des échoppes de tailleur, de coiffeur, d'horloger et d'orfèvre.

Trg Celjskih Knezov PLACE

La place des comtes de Celje, en forme d'entonnoir, s'étend au nord de Muzejski trg. Elle s'ouvre sur le **château bas** (Spo-dnij grad), construit au XIVe siècle et désormais le siège du **Centre des arts contemporains** (Center Sodobnih Umetnosti ; ☎426 51 60 ; Trg Celjskih Knezov 8 ; accès libre ; ⏲11h-18h mar-ven, 10h-12h sam, 14h-18h dim). Ce dernier abrite la **galerie Račka de l'art érotique** (Galerija Erotike Račka), première du genre en Slovénie, ainsi que l'annexe du musée régional. Au nord se trouve le **foyer national** (Narodni Dom ; Trg Celjskih Knezov 9), centre culturel et social des Slovènes de Celje à la fin du XIXe siècle, aujourd'hui transformé en mairie.

Breg QUARTIER

Sur la rive sud de la Savinja (au n°2, Breg) un escalier de 90 marches mène à l'**église Sainte-Cécile** (Cerkev Sv Cecilije). Les Allemands utilisèrent le monastère voisin (transformé aujourd'hui en appartements) comme prison durant la Seconde Guerre mondiale. Entre l'église et le **parc municipal** (Mestni Park ; Partizanska cesta) se dresse le **temple d'Hercule** (Heraklejev Tempelj ; Maistrova ulica), un édifice romain du IIe siècle qui a été reconstruit. Plus au sud, gravissez la **colline de Nicolas** (Miklavški Hrib), haute de 396 m et dominée par l'**église Saint-Nicolas** (Cerkev Sv Miklavža), pour goûter une vue magnifique sur le château, la vieille ville et la Savinja.

Activités

L'office du tourisme propose des brochures recensant plusieurs **marches** et **randonnées** dans la campagne environnante, d'une durée de une à quatre heures. La plus longue (28 km), vers le sud-est, conduit au **mont Tovst** (834 m) et au pittoresque village de Svetina, via le **Celjska Koča** (☎059 070 400 ; www.celjska-koca.si), un refuge (650 m) transformé en un hôtel trois étoiles délicieusement moderne, avec une piste de ski attenante. Il offre également la brochure *Poti Primerne za Kolesarjenje* (Itinéraires adaptés au vélo), avec 10 circuits passant par Celje et la zone plus au nord.

Où se loger

♥ **MCC Hostel** AUBERGE DE JEUNESSE €

(☎490 87 42 ; www.hostel-celje.com, en français ; Mariborksa cesta 2 ; dort 18 €, s/d 29/36 € ; Wi-Fi). Un nouveau venu de qualité – chambres et dortoirs impeccables, avec un décor unique signé d'artistes locaux racontant l'histoire cachée de Celje. Comment résister à la chambre du ninja (costume inclus), du poisson-chat géant ou du policier chargé de sa propre arrestation ? Événements musicaux et sociaux fréquents, plus accès libre aux vélos.

Hotel Evropa HÔTEL €€€

(☎426 90 00 ; www.hotel-evropa.si ; Krekov trg 4 ; s 62-98 €, d 98-124 €, ste 260 € ; P @). Près de la gare ferroviaire et dans le centre-ville, cet hôtel historique de 46 chambres, délicieusement rénové, fait partie des adresses provinciales les plus populaires. Mention spéciale au café haut de gamme, au beau restaurant et au personnel très serviable. Chambres de standing supérieur aux 3e et 4e étages. Accès par Razlagova ulica.

Castle View Hostel AUBERGE DE JEUNESSE €

(☎070 220 069 ; www.elfa-sp.si ; Breg 21 ; dort avec/sans carte HI à partir de 17/19 € ; @ Wi-Fi). Situé à l'ombre du château, comme son nom l'indique. Huit lits répartis dans trois chambres (avec Wi-Fi) et une grande cuisine.

Hotel Faraon HÔTEL €€

(☎545 20 18 ; www.hotel-faraon.si ; Ljubljanska cesta 39 ; s/d/tr 42/69/89 € ; P @ piscine). Vingt-six chambres modernes à environ 1,5 km à l'ouest de la vieille ville et on ne peut plus près de la Savinja. Piscine et casino sur place. Bon rapport qualité/prix.

Hotel Štorman Celje HÔTEL €€

(☎426 04 26 ; www.storman.si ; Mariborska cesta 3 ; s 42-57 €, d 65-84 €, tr 90 €, ste à partir de 100 € ; P ❄ @). Juste au nord de l'église Saint-Maximilien (XVe siècle), cet hôtel jaune canari prisé des hommes d'affaires offre 52 chambres sur neuf étages. Évitez les chambres donnant sur Mariborska cesta, un axe majeur très fréquenté.

Où se restaurer

♥ **Lastoria** INTERNATIONAL €

(☎544 29 25 ; Glavni trg 12 ; pizzas 4,70-7,20 € ; ⏲10h-23h lun-sam). Ce restaurant prisé donnant sur une jolie place est toujours comble. Pâtes, pizzas et quantité de plats locaux sont au menu. L'endroit doit bientôt s'agrandir pour accueillir des soirées jazz.

Restavracija Evropa INTERNATIONAL €€

(Krekov trg 4 ; entrées 6,80-9,90 €, plats 12,50-18,90 € ; ⏲11h-22h dim-jeu, 11h-0h ven-sam). Ce splendide restaurant, dans l'Hotel Evropa, offre une formidable cuisine internationale et un cadre très inspiré. Mention spéciale aux portraits de stars de cinéma et de rock à la Manet.

Gostilna Jež SLOVÈNE €

(Linhartova ulica 6 ; plats 4,20-6 € ; ⏲8h-17h lun-sam). Établissement tout simple, idéal pour un déjeuner bon marché et consistant – un avis partagé par nombre de fidèles du marché.

Country Pub SLOVÈNE €€

(☎426 04 14 ; Mariborska cesta 3 ; entrées 7,50-9,20 €, plats 6,50-17,90 € ; ⏲6h-0h). Cet agréable pub-restaurant au rez-de-chaussée de l'Hotel Štorman (ci-dessus) est une option honorable dans une ville au choix limité. Optez pour une salade (de 3,90 à 7,90 €) accompagnée d'un steak (de 15,90 € à 17,90 €).

Marché MARCHÉ €
(Angle Gledališki trg et Trg Celjskih Knezov ; ⏲6h-15h). Ce marché à ciel ouvert vend notamment des fruits et légumes.

Mercator SUPERMARCHÉ €
(Stanetova ulica 14 ; ⏲7h-19h lun-ven, 7h-15h sam, 8h-12h dim). Vous trouverez un grand Mercator en face du Kino Metropol, un cinéma Art déco (1929). Il y a également une succursale du **Mercator** (Prešernova ulica 1 ; ⏲6h-18h lun-ven, 7h-12h sam) à côté de l'Hotel Evropa.

Où prendre un verre et sortir

Kavarna Evropa CAFÉ
(☎496 90 00 ; Krekov trg 4 ; ⏲7h-23h lun-sam, 8h-22h dim). Ce café "d'antan", dans l'Hotel Evropa – tout en lambris sombres, moulures dorées et lustres surannés – est parfait pour savourer un café et une tranche de gâteau.

Oscar Caffe CAFÉ
(Glavni trg 9 ; ⏲8h-22h). Ce café hyperbranché attire l'intelligentsia locale – du moins si l'on en croit le décor rétro et les manières très affectées de la clientèle.

Branibor Pub PUB
(☎492 41 44 ; Stanetova ulica 27 ; ⏲6h-1h lun-jeu, 6h-2h30 ven, 7h-2h30 sam, 8h-1h dim). L'un des meilleurs pubs de la ville, avec des concerts certains soirs, de jazz notamment.

Maverick Pub PUB
(Ljubljanska cesta 7 ; ⏲6h-2h lun-jeu, 6h-4h ven-sam, 6h-0h dim). Au milieu de la nuée de bars qui font face à Gledališki trg, ce pub animé compte une grande terrasse extérieure, idéale pour observer les badauds aux beaux jours.

Théâtre populaire de Slovénie THÉÂTRE
(Slovenski Ljudsko Gledališče ; ☎426 42 00, billetterie 426 42 08 ; www.slg-ce.si ; Gledališki trg 5 ; ⏲9h-12h lun-ven). Le SLG, qui se trouve en partie dans une tour médiévale jadis utilisée comme donjon dans Vodnikova ulica, présente six productions entre septembre et mai.

Renseignements

Abanka (Aškičeva ulica 10). En diagonale par rapport à la poste.

Banka Celje (Vodnikova ulica 2). Dans un bâtiment conçu par Jože Plečnik en 1930.

Mladinska Knjiga (☎428 52 52 ; Stanetova ulica 3 ; ⏲8h-19h lun-ven, 8h-12h sam). Vend des cartes et des guides de la région.

Office du tourisme de Celje (☎492 50 81, 428 79 36 ; www.celje.si ; Foyer de Celje, Krekov trg 3 ; ⏲9h-17h lun-jeu, 9h-19h ven, 11h-19h sam-dim juin-août, horaires réduits le reste de l'année)

Poste (Krekov trg 9). Construite en 1898.

Depuis/vers Celje

BUS Des bus desservent fréquemment Mozirje (4,10 €, 50 minutes), Rogaška Slatina (4,10 €, 1 heure), ainsi que Rogatec et Zreče (3,60 €, 40 minutes). Comptez jusqu'à six bus en semaine et deux le week-end pour Ljubljana (7,20 €, 1 heure 30) et Maribor (6,70 €, 1 heure 30). Parmi les autres destinations au départ de Celje, citons Gornji Grad (5,60 €, 1 heure 30), Logarska Dolina (7,20 €, 2 heures) et Murska Sobota (11,10 €, 2 heures 45).

Pour des destinations locales telles que Šempeter (2,60 €, 20 minutes), Škofja Vas, Šentjur, Prebold et Žalec, rendez-vous aux **arrêts de bus** au sud de la gare ferroviaire, dans Ulica XIV Divizije.

TRAIN Celje est un carrefour ferroviaire intéressant. De Ljubljana (de 6,60 à 11,60 €, 1 heure 30), une bonne vingtaine de trains ordinaires et six trains express ICS desservent Celje quotidiennement.

Celje se trouve aussi sur la ligne qui relie Zidani Most (correspondances depuis/vers Ljubljana et Zagreb) à Maribor (de 5,50 à 9,90 €, 1 heure, 67 km, ttes les 30 minutes) et aux villes autrichiennes de Graz et Vienne.

Une ligne secondaire connecte Celje à Šempeter à raison de neuf trajets quotidiens dans les deux sens, du lundi au samedi. Une troisième ligne relie Celje à Zabok, en Croatie, via Rogaška Slatina (3,25 €, 50 minutes), Rogatec et Dobovec. Il y a jusqu'à sept trains dans les deux sens en semaine, contre seulement deux le week-end.

Comment circuler

Pour obtenir un taxi, composez le ☎544 22 00 ou le ☎031 464 646.

VAUT LE DÉTOUR

EKO MUZEJ

À mi-chemin entre Šempeter et Celje, ce **musée** (☎710 04 34 ; www.ekomuzej-hmelj.si ; Aškerčeva 9a, Žalec ; adulte/enfant 2,5/1 € ; ⏲lun/mer/ven 15h-19h, mar/jeu/sam 9h-13h) consacré au houblon et à la noble tradition du brassage – une spécialité de la région – mérite le détour. La période d'août à octobre est la meilleure pour visiter, avec pléthore d'activités de plein air et de démonstrations – récolte du houblon, élection de la miss locale et autres balades guidées. Sans oublier, naturellement, les dégustations de bière.

Šempeter

03 / 2 025 HABITANTS / 257 M D'ALTITUDE

À quelque 12 km à l'ouest de Celje, Šempeter abrite une **nécropole romaine** (Rimska Nekropola ; 700 20 56 ; www.td-sempeter.si ; Ob Rimski Nekropoli 2 ; adulte/enfant 4/3 € ; 10h-18h tlj mi-avr-sept, 10h-15h tlj début avr, 10h-16h sam-dim oct) reconstruite. Ce cimetière contient quatre tombes intactes et des dizaines de colonnes, de stèles et de fragments sculptés figurant des portraits, des créatures mythologiques et des scènes de la vie quotidienne. L'ensemble a été divisé en une vingtaine de secteurs reliés par des sentiers.

La plus belle sépulture est le **tombeau de la famille Ennius**, orné de bas-reliefs d'animaux et de la déesse Europa chevauchant un taureau, sur le panneau frontal. La plus grande de toutes est le **tombeau de Spectacius**, haut de 8 m, érigé en l'honneur d'un officiel romain, de son épouse et de leur fils (notez la scène d'enlèvement sur le bas-relief latéral). En comparaison, la **tombe de la famille Secundinus**, édifiée plus tard, vers l'an 250, semble indiquer que la puissance et la richesse romaines étaient déjà en recul dans la région à cette époque.

Vallée de la Haute Savinja

La magnifique vallée de la Haute Savinja (Zgornja Savinjska Dolina) est délimitée par des forêts, de vieilles églises, des fermes traditionnelles et de hauts sommets alpins. On y trouve des activités pour tous les goûts – randonnée, VTT, escalade, pêche, kayak et baignades dans la Savinja.

La vallée est exploitée pour son bois depuis le Moyen Âge. Des barges transportaient les rondins de Ljubno à Mozirje et Celje, et parfois jusqu'en Roumanie. Ce commerce fit la fortune de la vallée, comme le prouvent les nombreux bâtiments qui ont subsisté.

Le meilleur endroit pour faire du sport dans la région est le secteur de Logarska Dolina. La brochure gratuite *The Savinjska and Šaleška Valleys* (en anglais) vous sera fort utile si vous envisagez d'y passer quelque temps. Les amateurs de randonnée se procureront la carte PZS *Kamniško Savinjske Alpe* (échelle 1/50 000 ; 8,10 €). Pour les cyclistes, la *Kolesarska Karta Zgornja Savinjska Dolina* (Carte cyclotouristique de la vallée de la Haute Savinja) est en vente partout pour 3 €.

LOGARSKA DOLINA

03 / 95 HABITANTS / JUSQU'À 1 250 M D'ALTITUDE

La majeure partie de cette "vallée glaciaire", longue de 7,5 km pour seulement 500 m de large, fait partie d'un parc paysager de près de 2 431 ha inauguré en 1987. Cette "perle de la région alpine", qui compte plus de 40 sites naturels – grottes, sources, sommets, pics rocheux et autres cascades – ainsi qu'une flore caractéristique (le sabot de vénus, une orchidée) et une faune rare (aigles montagnards, faucons pèlerins), est une merveilleuse zone à explorer quelques jours durant. L'**office du tourisme** (051 626 380, 838 90 04 ; www.logarska-dolina.si ; Logarska Dolina 9 ; 9h-18h juil-août, 9h-15h avr-juin et sept) se trouve dans un petit kiosque en bois, en face du parking de l'Hotel Plesnik.

À voir et à faire

L'office du tourisme peut organiser toutes sortes d'activités – de l'alpinisme avec guide et de l'escalade (25 €/heure) au parapente (60 €). Il loue aussi des VTT (3/12 € par heure/jour). La vallée compte un **domaine skiable** (838 90 04 ; www.logarska-dolina.si ; forfait journée adulte/enfant 10/7 €) très sommaire, avec 1 km de pistes et 15 km de parcours de fond, desservis par deux remonte-pentes.

Parc paysager de Logarska Dolina PARC

Ce parc paysager (Krajinski Park Logarska Dolina) est ouvert toute l'année (6/4 € par voiture/moto d'avril à septembre et les week-ends d'octobre ; accès libre pour les piétons et cyclistes). Outre la route qui passe devant une chapelle et mène à travers bois jusqu'à la **cascade Rinka** (Slap Rinka), haute de 90 m et perchée à 1 100 m d'altitude, on dénombre quantité de sentiers et jusqu'à 20 autres cascades dans le secteur.

Le pied de la cascade Rinka est à 10 minutes de marche de l'endroit où la route de la vallée s'achève. L'ascension, sans grande difficulté mais parfois glissante, prend environ 20 minutes. Du sommet, on aperçoit trois pics à l'ouest qui dépassent les 2 250 m –Kranjska Rinka, Koroška Rinka et Štajerska Rinka. Jusqu'en 1918, ils formaient la triple frontière de la Carniole (Kranjska), de la Carinthie (Koroška) et de la Basse-Styrie (Štajerska). À l'office du tourisme, demandez la brochure *Trail around Logarska*, qui propose une traversée de la vallée de 7 km en deux heures environ.

En face du Dom Planincev, un sentier mène à la **cascade de Sušica** et à la **grotte**

de Klemenča, qui culminent toutes deux à quelque 1 200 m.

Matkov Kot VALLÉE
Autre belle vallée, quoique plus méconnue, Matkov Kot s'étend sur 6 km le long de Logarska Dolina et de la frontière avec l'Autriche. Pour y accéder, prenez la route vers l'ouest à la sortie de Logarska Dolina.

Où se loger et se restaurer

Hotel Plesnik HÔTEL €€€
(839 23 00 ; www.plesnik.si ; Logarska Dolina 10 ; s 89-96 €, d 144-154 € ; P@). Le Plesnik, au cœur de la vallée, constitue quasiment Logarska Dolina à lui tout seul : 30 chambres, piscine, sauna, un excellent restaurant (ouvert de 8h à 22h) et une délicieuse aire commune. Son annexe, le Vila Palenk (simples/doubles 79/126 €), avec 11 chambres au décor uniformément "alpin", accueille le trop-plein de visiteurs.

Ferme touristique Lenar SÉJOUR À LA FERME €
(838 90 06 ; Logarska Dolina 11 ; ch par personne 27-29 €, app pour 3 pers 60 € ; P). Cette ferme loue quatre chambres et deux appartements dans une charmante maison paysanne, à quelques kilomètres au sud de l'entrée de la vallée. Équitation disponible (15 €/heure).

Pension Na Razpotju PENSION €€
(839 16 50 ; www.logarska-narazpotju.si ; Logarska Dolina 14 ; s/d 50/80 € ; P@). La pension "Au carrefour", très confortable et en retrait de la route principale, compte 21 lits.

Dom Planincev CHALET MONTAGNARD €
(070 847 639, 584 70 06 ; www.domplanincev.si ; Logarska Dolina 15a ; 18 €/personne ; fin avr-oct ; P). Ce chalet montagnard en bois à la touche rustique et décontractée, à 2,5 km de Rinka, peut loger jusqu'à 32 personnes.

Planšarija Logarski Kot CHALET MONTAGNARD €
(041 210 017, 838 90 30 ; info@logarska.si ; 18 €/personne ; fin avr-oct ; P). Ce chalet géré localement, près des cascades, peut héberger une vingtaine de randonneurs.

Orlovo Gnezdo CAFÉ €
(Eyrie ; 031 269 785 ; 10h-18h). Ce modeste café-pub servant des en-cas se trouve dans la vallée elle-même, logé dans une haute tour en bois donnant sur les cascades et accessible par un escalier abrupt.

Comment s'y rendre et circuler

Logarska Dolina n'est pas bien desservie par les transports publics. En saison, un bus quotidien permet de rallier Celje (7,20 €, 2 heures) en semaine.

À L'OMBRE DES TILLEULS

Avec ses feuilles en forme de cœur, le majestueux tilleul, l'arbre national du pays, est devenu une sorte de symbole de la Slovénie et de l'hospitalité slovène.

Le tilleul *(lipa)* grandit lentement quelque 60 années durant avant de pousser brutalement, pour vivre ensuite jusqu'à un âge vénérable. On estime qu'un tilleul croît pendant 300 ans, se maintient pendant les trois siècles suivants et met encore 300 années à mourir.

Les Romains s'en servaient pour construire des boucliers. Plus tard, ce bois s'avérant facile à travailler, les artisans du Moyen Âge en usèrent pour sculpter des personnages religieux, valant au tilleul le titre de *sacrum lignum*, ou "bois sacré". Le thé à base de fleur de tilleul, qui contient des huiles aromatiques, est utilisé comme antidote contre la fièvre et la grippe depuis le XVIe siècle. Plus important encore, le tilleul a toujours été le centre névralgique des villages slovènes – lieu de réunion, d'arbitrage, de divertissement et, naturellement, de commérages. Cet arbre, qui ne devait jamais dépasser en taille la flèche de l'église, se dressait toujours au centre du village. C'est là que les anciens se réunissaient autour d'une table pour prendre les décisions importantes.

À dire vrai, le tilleul est si sacré pour les Slovènes que sa destruction est considérée comme un délit grave. Évoquant des actes barbares commis par les Italiens durant l'occupation du Primorska pendant l'entre-deux-guerres, un article de magazine soulignait avec emphase que "Kobarid avait dû avaler nombre de couleuvres... les fascistes ayant même abattu les tilleuls..."

Le plus vieux tilleul de Slovénie est le Najevska Lipa, à l'ombre du mont Peca, en Carinthie. Les responsables politiques slovènes s'y réunissent en juillet. Âgé de 800 ans, il devrait encore résister un bon siècle.

On peut louer des vélos (3/12 € par heure/jour) aussi bien à l'entrée du parc qu'à l'office du tourisme. Ce dernier propose également des vélos électriques (14 €/heure).

CARINTHIE (KOROŠKA)

Pour l'essentiel, la province de Carinthie se compose de trois vallées délimitées par le massif du Pohorje à l'est, le dernier sommet des Karavanke, le mont Peca, à l'ouest, et les collines de Kobansko au nord. La vallée de la Drave, qui s'étend d'est en ouest, comprend les villes de Dravograd, Muta et Vuzenica. Les vallées de la Mežica et de la Mislinja se déploient à partir de la Drave. La première, une région industrielle, compte des villes telles que Ravne, Prevalje et Črna na Koroškem. Slovenj Gradec constitue le centre névralgique de la seconde.

Si la Carinthie est si peu étendue, c'est que, lors du référendum réclamé par les alliés victorieux au lendemain de la Première Guerre mondiale, les Slovènes résidant de l'autre côté des Karavanke, le massif rocheux long de 120 km entre la Slovénie et l'Autriche, décidèrent de remettre leur avenir économique entre les mains de Vienne, tandis que la région minière de la vallée de la Mežica rejoignait la Slovénie. Le pays perdit ainsi 90 000 de ses citoyens (soit 7% de la population à l'époque) ainsi que les villes de Klagenfurt (Celovec) et de Villach (Beljak) au profit de l'Autriche.

Logiquement, les citoyens résidant au sud du massif montagneux n'ont jamais vraiment accepté les résultats de ce vote. Toutefois, la Carinthie continue d'occuper une place particulière dans le cœur et l'esprit de la majorité des Slovènes. C'est ici que se trouvait l'épicentre du duché de Carantanie (Karantanija), le premier État slave datant du VIIe siècle et ayant duré 300 ans, dont le mot "Carinthie" est dérivé.

Slovenj Gradec

☎02 / 8 340 HABITANTS / 410 M D'ALTITUDE

Si Slovenj Gradec n'est pas la "capitale" de la Carinthie – ce titre revient au centre industriel de Ravne na Koroškem, au nord-ouest – elle constitue assurément le cœur de la province en matière de culture et de loisirs. Un grand nombre de musées, de galeries et d'églises historiques jalonnent sa place principale, tandis que le massif du Pohorje, à l'est, offre quantité d'activités sportives.

L'axe principal de Slovenj Gradec est Glavni trg, une longue "place" colorée bordée de vieilles maisons et de magasins. La gare routière se trouve au n°15, Pohorska cesta, à environ 500 m au nord-est de l'office du tourisme. Slovenj Gradec n'est pas desservie par le train.

Histoire

L'histoire de Slovenj Gradec est intimement liée à celle de Stari Trg, un faubourg au sud-ouest de la vieille ville. Du Ier au IIIe siècle (même si aucune trace n'en est visible aujourd'hui), il abrita un village romain appelé Colatio, traversé par une importante voie romaine reliant Celeia (Celje) à Virunum (près de Klagenfurt, en Autriche). Au Moyen Âge, Slovenj Gradec était un carrefour commercial important, battant même sa propre monnaie. Plus tard, elle devint un grand pôle culturel et artistique, abritant nombre d'artisans et de corporations. Parmi les représentants éminents des Habsbourg installés à Slovenj Gradec au fil des siècles, on compte des membres de la famille Windisch-Grätz, qui ont inspiré le nom allemand de la ville (Windisch Graz).

À voir

Musée régional de Carinthie MUSÉE

(Koroški Pokrajinski Muzej ; ☎884 20 55 ; www.kpm.si/ ; Glavni trg 24 ; adulte/enfant/famille 2/1,50/5 € ; ⏲9h-18h mar-ven, 10h-13h et 14h-17h sam-dim). Ce musée (au 2e étage de l'ancien hôtel de ville) propose des expositions consacrées à l'histoire de Slovenj Gradec et de la Carinthie – frontons de ruches peints, maquettes de chambres d'hôpital en temps de guerre et d'écoles gérées par les partisans, etc. Son excellente collection archéologique, axée sur le village romain de Colatio, comprend aussi des bijoux et d'autres effets provenant d'un cimetière slave de Puščava, près de la Colline du château (Grajski Grič), à l'ouest.

Galerie des Beaux-Arts de Carinthie GALERIE

(Koroška Galerija Likovnih Umetnosti ; ☎882 21 31, 884 12 83 ; www.glu-sg.si ; tarif plein/étudiant et enfant/famille 2/1,50/5 € ; ⏲9h-18h mar-ven, 10h-13h et 14h-17h sam-dim). La collection permanente de cette galerie, au 1er étage de l'ancien hôtel de ville, recèle de l'art folklorique africain, des bronzes de Franc Berneker (1874-1932) et des tableaux naïfs signés Jože Tisnikar (1928-1998), l'un des artistes les

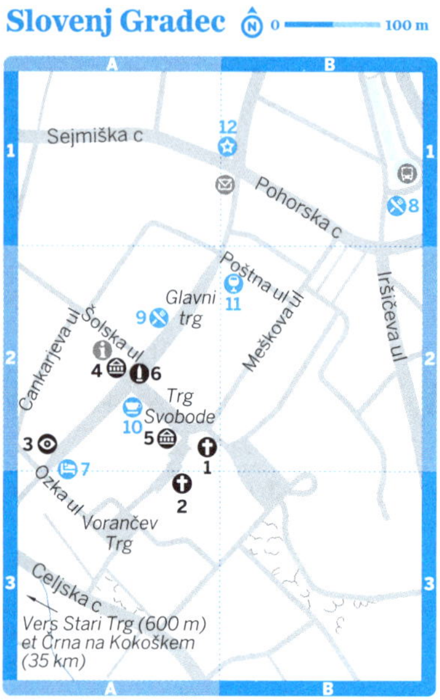

Slovenj Gradec

À voir

1 Église Sainte-Élisabeth A2
2 Église du Saint-Esprit A3
Ancien hôtel de ville .... (voir 4)
3 Maison natale de Hugo Wolf A2
4 Galerie des Beaux-Arts de Carinthie... A2
Musée régional de Carinthie....... (voir 4)
5 Musée Soklič A2
6 Cheval vénitien A2

Où se loger

7 Hotel Slovenj Gradec A2

Où se restaurer

8 Pizzerija Apachi B1
9 Šlaščičarna Šrimpf............................. A2

Où prendre un verre

10 Mestna Kavarna A2
11 Pod Velbom B2

Où sortir

12 Centre culturel
de Slovenj Gradec B1

plus intéressants et originaux de Slovénie. Son obsession pour les cadavres, les personnages déformés et les insectes démesurés se révèle aussi perturbante qu'amusante. À l'extérieur de l'hôtel de ville se dresse le **cheval vénitien**, une œuvre grandeur nature du sculpteur/designer contemporain Oskar Kogoj, sorte d'emblème de Slovenj Gradec.

Musée de Soklič MUSÉE

(Sokličev Muzej ; ☎884 15 05 ; Trg Svobode 5 ; ⌚sur rdv). Les pièces exposées dans ce musée, au 2e étage du presbytère, furent amassées par Jakob Soklič (1893-1972), un prêtre qui entreprit sa collecte dans les années 1930. Parmi les médiocres aquarelles et peintures à l'huile figurant des scènes pastorales et d'innombrables portraits du compositeur Hugo Wolf (né à proximité en 1860), on trouve des gobelets en verre de la voisine Glažuta (un important centre de fabrication de verre au XIXe siècle), des broderies locales, des objets sacrés et des meubles du XVIIIe siècle.

Église Sainte-Élisabeth ÉGLISE

(Cerkev Sv Elizabete ; Trg Svobode). Cette sombre église, construite en 1251, est le plus ancien édifice de la ville. À l'exception de la nef romane et de quelques fenêtres, presque tout ici est de style baroque, notamment l'autel en or massif et la chaire, ainsi que les retables signés de l'artiste local Franc Mihael Strauss (1647-1740) et de son fils Janez Andrej Strauss (1721-1782).

Église du Saint-Esprit ÉGLISE

(Cerkev Sv Duha ; Trg Svobode). Les murs intérieurs de l'église du Saint-Esprit (1494) sont couverts de fresques gothiques d'André de Otting. Les 27 panneaux sur le mur nord représentent la passion du Christ, tandis que le porche voûté arbore des scènes du Jugement dernier. Un judas permet de les voir (en partie) lorsque l'église est fermée.

Activités

Sentier alpin slovène RANDONNÉE

Le sentier alpin slovène traverse Stari Trg et le centre de Slovenj Gradec avant de se poursuivre jusqu'au Mala Kopa (1 524 m), où il croise le sentier européen E6. Au nord-ouest, à 1 102 m d'altitude, on trouve le **Koča pod Kremžarjevim Vrhom** (☎041 832 035, 884 48 83 ; ⌚mer-lun fin avr-sept, sam-dim oct-fin avr), un refuge de catégorie II proposant 48 couchages. L'**E6** remonte vers le nord et l'Autriche via Vuhred et Radlje ob Dravi, tandis que le sentier alpin slovène continue vers l'est en direction de Rogla et Maribor. À Velika Kopa, perchée à 1 377 m, on peut loger au **Grmovškov Dom pod Veliko Kopo** (☎041 601 832, 883 98 60 ; ⌚tte l'année), qui dispose de 68 lits. Si vous envisagez de pratiquer sérieusement la randonnée dans le Pohorje occidental, procurez-vous la carte GZS *Pohorje* (1/50 000 ; 8,50 €).

Kope SKI

(☎882 27 40 ; www.pohorje.org ; forfait journée tarif plein/enfant/étudiant et senior 26/18/23 €). Si l'on trouve trois pistes à distance raisonnable de Slovenj Gradec, la plus proche est Kope, dont les pentes dominent la vallée de la Mislinja, à l'extrémité ouest du massif du Pohorje. Son domaine skiable offre 8,5 km de descentes, 15 km de parcours de fond et huit remontées mécaniques, au Mala Kopa et au Velika Kopa. Pour rallier Kope, suivez la route de Velenje (n°4) sur 3 km vers le sud puis prenez vers l'est. Le domaine se trouve 13 km plus loin, à l'endroit où la route s'achève.

Où se loger et se restaurer

Hotel Aerodrom HÔTEL €€

(☎885 05 00 ; www.aerodrom-sg.si ; Mislinjska Dobrava 110 ; s/d 52/75 € ; P❄@☎). Certes, ce quatre-étoiles d'une douzaine de chambres n'est pas tout proche (à 6 km au sud-est de Slovenj Gradec), mais il surpasse allégrement tous les hébergements du secteur.

Camping Medeni Raj CAMPING €

(☎885 05 00 ; www.aerodrom-sg.si ; Mislinjska Dobrava 110 ; camping par personne 7 €, bungalows 40 € ; ⏲mi-mars-mi-oct). Le "doux paradis", un petit établissement chaleureux, propose des emplacements pour tentes et caravanes, ainsi que six bungalows disséminés parmi les pins de Turiška Vas, juste après l'Hotel Aerodrom, à Mislinjska Dobrava.

Hotel Slovenj Gradec HÔTEL €€

(☎883 98 50 ; www.vabo.si ; Glavni trg 43 ; s/d/tr 36/70/93 € ; P❄☎). Le seul hôtel de la ville : 68 chambres assez sinistres et des couloirs sombres interminables. L'ensemble a grand besoin d'un coup de pinceau.

Pizzerija Apachi PIZZERIA €

(☎883 17 84 ; Pohorska cesta 17b ; pizzas 4,50-6 € ; ⏲7h-23h lun-jeu, 7h-1h ven-sam, 12h-22h dim). Pizzeria à la thématique "cow-boys et Indiens", à côté de la gare routière.

Gostilna Murko SLOVÈNE €€

(☎883 81 03 ; Francetova cesta 24 ; repas à partir de 18 € ; ⏲8h-22h). Auberge 4-étoiles prisée des touristes autrichiens, à quelque 400 m au nord du centre et au bord de la rivière Mislinja.

Šlaščičarna Šrimpf CAFÉ €

(☎884 14 82 ; Glavni trg 14 ; ⏲8h30-20h lun-sam, 12h-20h dim). Ce pilier local draine les foules avec ses gâteaux fabuleux. Testez la *zagrebska* (1,70 €), généreux cocktail de crème anglaise, crème fraîche, chocolat et pâte feuilletée.

Où sortir et prendre un verre

Mestna Kavarna CAFÉ

(☎884 51 09 ; Trg Svobode 7 ; ⏲7h-22h30 lun-jeu, 6h30-1h ven, 8h-1h sam, 8h30-22h dim). Ce café à l'ancienne mais remis au goût du jour, à l'angle de Glavni trg, est l'adresse la plus confortable de la ville pour siroter un café, voire un breuvage plus corsé.

Pod Velbom PUB, CAFÉ

(☎041 654 843 ; Glavni trg 1 ; ⏲6h30-0h lun-jeu, 6h30-2h ven, 9h-2h sam, 16-0h dim). Le meilleur endroit pour rencontrer du monde, dans le centre de Slovenj Gradec ; accès par Poštna ulica.

Centre culturel de Slovenj Gradec CENTRE CULTUREL

(Kulturni Dom Slovenj Gradec ; ☎884 11 93 ; Francetova ulica 5). Des concerts de musique classique ont parfois lieu à l'église Sainte-Élisabeth ou dans ce centre culturel. Il renferme un petit cinéma qui projette des films entre 19h et 21h du vendredi au dimanche.

Renseignements

Mladinska Knjiga (☎881 22 83 ; Glavni trg 18 ; ⏲8h-18h30 lun-ven, 8h-12h sam). Propose des cartes et des guides de la région.

Nova Ljubljanska Banka (Glavni trg 30)

Office du tourisme de Slovenj Gradec (☎881 21 16 ; www.slovenjgradec.si ; Glavni trg 24 ; ⏲8h-16h lun-ven, 9h-12h sam-dim). Au rez-de-chaussée de l'ancien hôtel de ville.

Poste (Francetova cesta 1). À l'extrémité nord de Glavni trg.

Comment s'y rendre et circuler

Parmi les destinations desservies en bus depuis Slovenj Gradec, citons Celje (6 €, 1 heure 30), Gornji Grad (6,30 €, 1 heure 30, 57 km, 13h31 du lundi au samedi), Ljubljana (9,90 €, 2 heures, jusqu'à 3/jour) et Maribor (7,20 €, 2 heures, 2 à 3/jour).

Pour obtenir un taxi à Slovenj Gradec, composez le ☎041 645 901.

Prekmurje

Dans ce chapitre »

Le top des restaurants

» Gostilna Lovenjak (p. 205)
» Gostišče Oaza (p. 208)

Le top des hébergements

» Hotel Štrk (p. 205)

Pourquoi y aller

Le Prekmurje, ou Pomurje, est la région oubliée de la Slovénie – une vaste plaine agricole "au-delà de la rivière Mur" (comme son nom l'indique). Du fait de son isolement relatif jusque dans les années 1920, cette partie de la plaine de Pannonie a conservé sa musique traditionnelle, son folklore, son architecture et son dialecte.

Jusqu'à la fin de la Première Guerre mondiale, le territoire du Prekmurje faisait partie intégrante de la Couronne austro-hongroise ; il y a d'ailleurs toujours une petite minorité magyare. En de nombreux aspects, le Prekmurje se rapproche plus de la Hongrie que de la Slovénie : cigognes blanches, grandes fermes en chaume, importante population rom et *Prekmurski bograč*, sorte de goulasch à la hongroise agrémenté de champignons.

Pour les touristes, la province est un tremplin vers l'Autriche et la Hongrie, et un lieu relaxant où l'on vient "prendre les eaux" et se régaler d'une douceur locale, la *Prekmurska guibanica*.

Quand partir

Murska Sobota

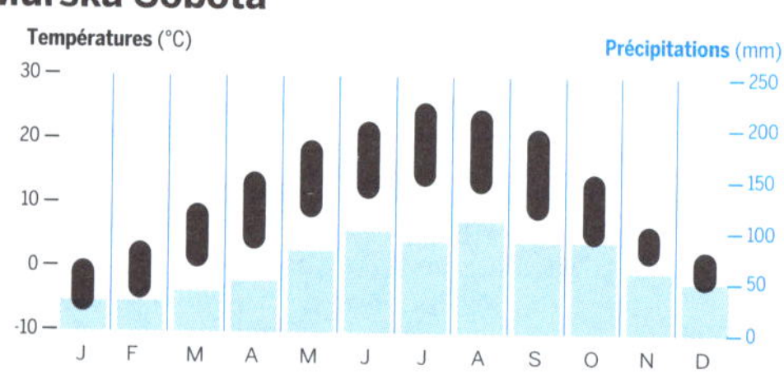

Mars-avr Les cigognes blanches regagnent leur nid après la migration.

Avr-mai La campagne revêt ses plus beaux atours une fois le printemps bien amorcé.

Sept-oct C'est le moment des récoltes, parfait pour découvrir les produits de cette terre agricole.

Murska Sobota et ses environs

02 / 11 614 HABITANTS / 189 M D'ALTITUDE

La ville la plus septentrionale de Slovénie, Murska Sobota, occupe une plaine plus plate qu'une *palačinka* – crêpe fourrée à la confiture ou aux noix et nappée de chocolat, très célèbre ici. En dehors d'un patrimoine architectural assez éclectique, mélange de néoclassique, de style Sécession et de réalisme socialiste, la ville ne présente pas grand attrait si ce n'est pour rayonner dans la plaine pannonienne alentour entre villages de potiers et stations thermales.

Histoire

Jusqu'à l'arrivée du chemin de fer en 1907, qui relia Murska Sobota à Šalovci, en Hongrie même, Murska Sobota ne fut guère qu'une cité marchande hongroise. Avec la formation du royaume des Serbes, des Croates et des Slovènes en 1918 et le transfert de territoire, Murska Sobota

À ne pas manquer

1. Le sublime mélange des graines de pavot, noix, pommes et fromage frais réunis dans une *prekmurska guibanica*
2. Les eaux de la **station thermale** (p. 207) de Radenci
3. Le dernier **moulin flottant** (p. 206) du Prekmurje sur la Mur, à Ižakovci, près de Veržej
4. Les superbes fresques du XIVe siècle de l'**église Saint-Martin** (p. 205), à Martjanci
5. L'arrivée massive des **cigognes** (p. 205) aux longues et maigres pattes

Murska Sobota

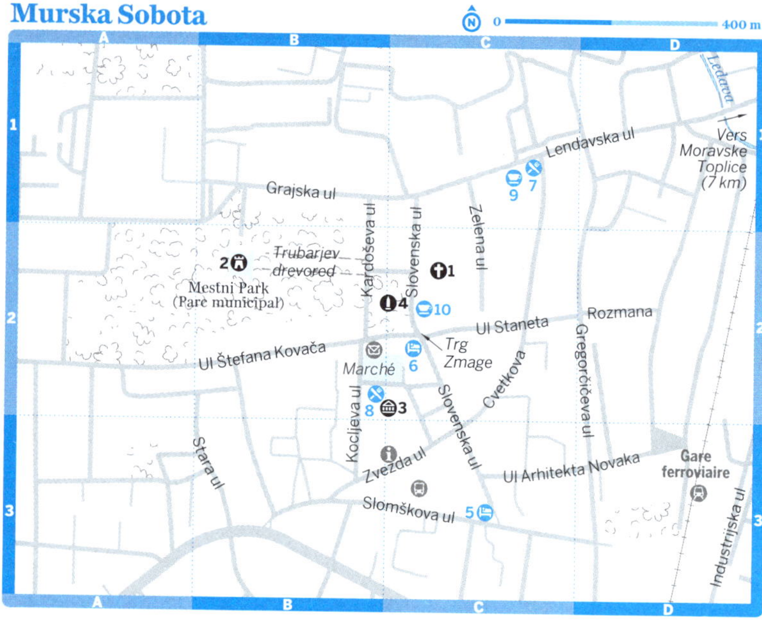

Murska Sobota

À voir

1 Église évangélique ... C2
2 Château de Murska Sobota ... B2
3 Galerie de Murska Sobota ... C2
Musée régional de Murska Sobota ... (voir 2)
4 Monument de la Victoire ... C2

Où se loger

5 Hotel Diana ... C3
6 Hotel Zvezda ... C2

Où se restaurer

7 Mini Restavracija Rajh ... C1
8 Okrepčevalnica Grill ... B2

Où prendre un verre

9 Bar Sukič ... C1
10 City ... C2

se retrouva plus ou moins au centre du Prekmurje et commença réellement à se développer.

À voir

Château de Murska Sobota CHÂTEAU
(Grad Murska Sobota). Cet immense manoir Renaissance du milieu du XVIe siècle abrite le **musée régional de Murska Sobota** (Pokrajinski Muzej Murska Sobota ; ☎527 17 06 ; www.pok-muzej-ms.si ; Trubarjev drevored 4 ; adulte/enfant 3/2 € ; 9h-17h mar-ven, 9h-13h sam-dim sept-juin, 10h-16h mar-ven, 9h-12h sam-dim juil-août), consacré à la vie le long de la Mur, de la préhistoire à nos jours.

Monument de la Victoire MONUMENT
Sur ce monument du parc municipal, partisans yougoslaves et soldats soviétiques sont honorés en libérateurs dans une facture conforme au réalisme socialiste. En face du parc, la présence de l'**église évangélique** néogothique (1910), principal siège luthérien de Slovénie, rappelle le rôle joué par la doctrine de Luther dans la région. Sa sobriété offre une bouffée d'air après les décors baroques sophistiqués de la plupart des églises catholiques.

Galerie de Murska Sobota GALERIE
(Galerija Murska Sobota ; ☎522 38 34 ; www.galerija-ms.si ; Kocljeva ulica 7 ; prix variable ;

⏲10h-18h mar-ven, 9h-12h sam sept-juin, 10h-16h mar-ven, 9h-12h sam juil-août). Avec sa collection permanente de 550 œuvres (principalement des sculptures) et ses expositions temporaires, c'est la meilleure galerie du Prekmurje.

Église paroissiale Saint-Martin ÉGLISE
À Martjanci, à 4 km au nord de Murska Sobota sur la route de Moravske Toplice, de magnifiques fresques du XIVe siècle couvrent voûtes et murs de cette petite église consacrée au père des pauvres, saint Martin, né en Pannonie. Remarquez les graffitis séculaires sur le mur est.

Où se loger

Pour planter votre tente, filez au plus près, à savoir 7 km au nord-est, au Camp Terme 3000 (p. 208) de Moravske Toplice.

Hotel Štrk HÔTEL €€
(☎525 21 58 ; www.gostilna-lovenjak.com ; Polana 40 ; s/d 46/76 € ; P❄@📶≋). Le complexe hôtelier de Lovenjakov Dvor (la cour de Lovenjak), à 4 km au nord-est de Murska Sobota, abrite, entre autres hébergements, cet établissement qui se démarque par le ton donné à chaque chambre. Des meubles provenant d'un château voisin pour la n°24, une vue sur un nid de cigognes pour la n°21 ou encore un bassin empli d'eau thermale de Moravske Toplice.

Hotel Diana HÔTEL €€
(☎514 12 00 ; www.hotel-diana.si ; Slovenska ulica 52 ; s/d 50/82 € ; P❄@≋). L'établissement phare de Murska Sobota s'est doté d'une piscine vitrée, d'un sauna, d'une salle de gym et d'une pizzeria honorable (pizzas 5-7 €). Chambres claires et fonctionnelles.

Terme Banovci CAMPING €
(☎513 14 00 ; www.terme-banovci.si ; camping 13 €/pers ; ⏲fin mars-oct ; P≋). Ce petit centre thermal proche de Veržej, à 13 km au sud de Murska Sobota, propose 130 emplacements, dont 59 réservés aux naturistes. Le prix inclut l'accès aux thermes et aux piscines.

Hotel Zvezda HÔTEL €€
(☎539 15 73 ; www.hotel-zvezda.si ; Trg Zmage 8 ; s/d 31/52 €). Cette sorte de caravansérail se résume à 36 chambres au-dessus d'un pub-restaurant du même nom. Mais le prix est correct.

Où se restaurer

♥ **Gostilna Lovenjak** SLOVÈNE €
(☎525 21 53 ; entrées 6,50-12,70 €, plats 7,50-16,10 € ; ⏲11h-22h lun-jeu, 11h-0h ven-sam, 11h-18h dim). Agréable *gostilna* servant des spécialités du Prekmurje comme le *Prekmurski bograč* (sorte de goulasch), le cochon de lait rôti servi avec des nouilles, et la diabolique *prekmurska guibanica*. Buffet dominical et musique live le week-end.

Gostilna Rajh SLOVÈNE €€
(☎543 90 98 ; Soboška ulica 32 ; repas à partir de 20 € ; ⏲10h30-22h mar-sam, 11h-16h dim). À Bakovci, village à 5 km au sud-ouest, cette *gostilna* propose une cuisine locale et une cave bien fournie en vins régionaux.

Okrepčevalnica Grill BALKANIQUE €
(☎524 18 50 ; Kocljeva ulica 5 ; plats à partir de 3,50 € ; ⏲6h-18h lun-ven, 6h30-13h sam). Installé dans le marché au sud de Trg Zmage, ce *bife*

LES CIGOGNES BLANCHES

La cigogne blanche (*Ciconia ciconia*), ou *beli štrk* en slovène, est l'emblème du Prekmurje. Le fait qu'un couple de cigognes vienne nicher sur un toit est considéré comme un honneur et un porte-bonheur. Arrivées au printemps, les cigognes séjournent en Slovénie durant les chauds mois d'été. Mi-août, elles repartent pour un voyage de 12 000 km au sud, jusqu'en Afrique subsaharienne, où elles passent l'hiver.

Elles élisent domicile sur les clochers, le sommet des toits ou des poteaux téléphoniques, édifiant des nids restaurés une année après l'autre et pouvant peser jusqu'à 500 kg. Leur régime alimentaire se compose de vers, de sauterelles, de grenouilles et de petits rongeurs, rapportés au nid pour les petits. Mais si la nourriture vient à manquer, il n'est pas rare que les jeunes soient contraints à "aller voir ailleurs".

Ces vingt dernières années, la population de cigognes (environ 250 couples reproducteurs) a augmenté en Slovénie. La cigogne blanche n'en reste pas moins une espèce vulnérable, du fait de la destruction, de l'assèchement ou de la régulation des prairies humides, ses terrains de chasse et de reproduction.

POTIERS ET MEUNIERS DU PREKMURJE

Au hasard des localités les moins fréquentées du Prekmurje, découvrez centres thermaux, ateliers de potiers et le seul moulin flottant témoin du passé meunier de la Mur.

De Murska Sobota, prenez la route n°232 vers le nord, puis à Martjanci, obliquez à l'est sur la n°442 en direction des thermes de **Moravske Toplice**. Quelques kilomètres plus à l'est, **Tešanovci** est connu pour sa *lončarstvo* (poterie).

Poursuivez dans la même direction sur 2,5 km jusqu'au village de **Bogojina**. Remodelée vers 1926 par Jože Plečnik, son **église paroissiale de l'Ascension** possède un surprenant décor intérieur, mélange de marbre noir, de cuivre, de bois et de terre cuite. Le plafond à poutres de chêne est orné de pichets et d'assiettes en céramique locale, tout comme l'autel.

Filovci, 2 km après Bogojina, est célèbre pour sa *črna keramika* (céramique noire) oxydée par la fumée du four à bois. Le **Keramika Bojnec** (☎041 330 987 ; www.bojnec.com ; Filovci 20 ; 2,50 €), à 200 m au sud-ouest de la route principale, montre les artisans à l'œuvre dans l'ancien four à céramique installé dans le *skanzen* (écomusée d'architecture rurale en plein air), de l'autre côté de la route.

Plus loin, Dobrovnik possède quelques *gostilne* correctes en bord de route. Rejoignez alors **Ižakovci** au sud-ouest, en passant par Beltinci, pour la visite de l'un des derniers moulins flottants sur la Mur, le **moulin de l'île de l'Amour** (Otok Ljubezni Mlin ; ☎02-541 35 80 ; www.beltinci.si ; Mladinska ulica 2 ; 2,50 € ; ⌚9h-18h avr-juin et sept-oct, 9h-20h juil-août), et de son petit musée. L'occasion de faire un tour sur la rivière avant de regagner Murska Sobota à 8 km au nord-ouest.

(snack-bar) pas cher sert du poisson et des grillades à la balkanique.

Mini Restavracija Rajh RESTAURANT €
(☎523 12 38 ; Cvetkova ulica 21 ; entrées 4-7 €, pizzas et pâtes 4,80-7,30 € ; ⌚10h-22h mar-ven, à partir de 11h30 sam, à partir de 16h dim). Ce soi-disant “mini-restaurant” à l'angle de Lendavska ulica est en fait une *špagetarija-picerija* haut de gamme.

Où prendre un verre

City CAFÉ
(Slovenska ulica 27 ; ⌚7h-21h lun-ven, 7h-13h sam-dim). Si le City est avant tout un café élégant, on y sert aussi des en-cas. Bien situé par rapport au musée régional de Murska Sobota.

Bar Sukič CAFÉ, BAR
(☎523 12 58 ; Lendavska ulica 14 ; ⌚5h30-22h lun-ven, 6h-15h sam). Café-bar convivial doté d'une grande terrasse ouverte sur la rue principale menant en ville.

Renseignements

Nova Ljubljanska Banka (Trg Zmage 7)

Office du tourisme de Murska Sobota (☎534 11 30 ; tic.sobota@siol.net ; Zvezda ulica 10 ; ⌚9h-19h lun-ven, 8h-13h sam). Au nord de la gare routière.

Poste (Trg Zmage 6)

SKB Banka (Kocljeva ulica 9)

Comment s'y rendre et circuler

BUS Des bus partent régulièrement pour Radenci (2,75 €, 20 minutes, 19 km), Maribor (6,30 €, 1 heure 15) et Moravske Toplice (1,80 €, 15 minutes). Sont également desservies Dobrovnik (2,70 €, 30 minutes, 18 km) et Ljubljana (16,80 €, 4 heures 15) via Maribor et Celje.

TRAIN Murska Sobota est reliée par le rail à Ljubljana (12-14 €, 4 heures), Maribor (6,80-8,50 €, 1 heure 45, 98 km) et Vienne (Autriche). De Murska Sobota, le train continue jusqu'à Budapest (Hongrie).

VÉLO Location chez **Freerider** (☎524 15 68 ; www.freerider-on.net ; Cvetkova ulica 2 ; vélo/VTT 3/5 €/heure, 10/18 €/jour ; ⌚10h-18h lun-ven, 10h-13h sam).

TAXI Réservations au ☎051 300 601

Radenci

☎02 / 2 200 HABITANTS / 208 M D'ALTITUDE

Radenci a gardé un petit côté villégiature des villes d'eaux du XIXᵉ siècle, du moins en certains endroits de ces célèbres bains, les Terme Radenci. Si les thermes constituent la principale activité, la plupart des Slovènes rattachent plutôt l'endroit à la Radenska Tri Srca, l'eau minérale “Trois cœurs de Radenci”, embouteillée ici et bue dans tous les cafés et restaurants du pays.

Activités

Thermes

Terme Radenci CENTRE THERMAL

(☎520 27 20 ; www.zdravilisce-radenci.si ; Zdraviliško naselje 12 ; bassins résident/non-résident gratuit/9,50 € la journée, sauna 3 heures/journée 13/17,50 € ; ⏲bassins 9h-21h dim-jeu, 9h-22h ven-sam, sauna 16h-21h lun-jeu, 14h-22h ven-sam, 14h-21h dim). Cet établissement fondé en 1882 a trois caractéristiques majeures : une eau de boisson riche en dioxyde de carbone ; une eau thermale (41°C) riche en minéraux ; et une boue sulfureuse du lac de Negova pour les soins thérapeutiques et esthétiques.

Aujourd'hui, des blocs ultramodernes dominent les quelques bâtiments Belle Époque restants et un grand parc boisé. Il y a 10 bassins de tailles diverses, dont de grandes piscines thermales en intérieur et en extérieur à 30-33°C. S'y ajoutent plusieurs saunas et le **Corrium Wellness Centre**.

Autres activités

Il est possible de louer des courts de tennis au sud-est du complexe hôtelier des Terme Radenci pour 6/10 €/heure en journée/soirée de mai à septembre (16 €/heure le reste de l'année). Raquettes (2 €) et balles sont disponibles à l'**école de tennis** (cours 25 €/heure ; ⏲9h-21h).

Le spa loue des **vélos** pour 2,50/5,50/8,50 € l'heure/les 3 heures/la journée. Pour visiter la région viticole environnante à vélo, roulez au sud-ouest le long de la *vinska cesta* (route des vins) sur 4 km jusqu'à Janžev Vrh et la vieille maison de vignoble de Janžev Hram. Le vin local le plus célèbre est le *zlata radgonska penina* (pétillant).

Où se loger

Des familles louent des chambres d'hôtes sur Panonska cesta, à l'ouest et au sud de l'entrée principale des thermes. Par ailleurs, le centre thermal abrite deux 4-étoiles voisins.

Hotel Izvir HÔTEL €€€

(☎520 27 20 ; Zdraviliško naselje 12 ; s 66-71 €, d 112-122 €). C'est le plus petit et le plus calme des hôtels de Radenci, avec un extérieur moderne et des chambres soignées.

Hotel Radin HÔTEL €€€

(☎520 27 22 ; Zdraviliško naselje 12 ; s 70-75 €, d 120-130 €). Confortable et bien agencé, le plus grand établissement de la ville fait un peu centre de conférences.

Où se restaurer et prendre un verre

Restavracija Park SLOVÈNE €€

(☎520 10 00 ; formule midi/soir 8,50/19 € ; ⏲10h-21h mar-dim). Au cœur du vaste parc boisé des Terme Radenci, ce restaurant sert des spécialités locales et offre un cadre agréable pour un repas en été.

Pub Kavarna Vikend PUB

(☎566 93 95 ; Panonska cesta 2 ; ⏲7h-23h lun-jeu, 7h-0h ven, 8h-0h sam, 9h-23h dim). Pub-café convivial doté d'une vaste terrasse au grand air, en face de la banque et de la poste et juste à côté de l'entrée principale des Terme Radenci.

Renseignements

Nova Ljubljanska Banka (Panonska cesta 7). Près de l'entrée principale des Terme Radenci.

Poste (Panonska cesta 5)

Depuis/vers Radenci

BUS La gare routière est en face de l'entrée principale des Terme Radenci. Il y a des bus quotidiens pour Gornja Radgona (1,80 €, 8 minutes, 1 bus/heure), Ljubljana (16 €, 4 heures, 2 bus/jour) via Maribor (5,60 €, 1 heure) et Celje (10,30 €, 2 heures 15), et une demi-douzaine de bus pour Murska Sobota (2,30 €, 15 minutes).

TAXI Réservations au ☎031 457 777 ou au ☎031 671 076.

Moravske Toplice

☎02 / 760 HABITANTS / 201 M D'ALTITUDE

Les thermes de Moravske Toplice, à 7 km au nord-est de Murska Sobota, offrent les eaux les plus chaudes de Slovénie : 72°C à la source, rafraîchies à une température corporelle de 38°C dans les nombreux bassins. C'est en cherchant de l'or noir qu'est apparue en 1960, lors d'un forage exploratoire, l'"eau noire", une eau opaque aux puissantes vertus antirhumatismales. Les jeunes Slovènes considèrent souvent la clientèle trop âgée pour eux et préfèrent le petit spa partiellement nudiste de Banovci, au sud-ouest. Mais Moravske Toplice est aussi un lieu de loisir et compte assez d'installations sportives pour que tout le monde y trouve son compte.

Activités

Terme 3000 CENTRE THERMAL

(☎512 22 00 ; www.terme3000.si ; Kranjčeva ulica 12 ; bassins et saunas résident/adulte non-résident/enfant gratuit/12,50/8 €, tarif réduit après 15h ; ⌚8h-21h mai-sept, 9h-21h oct-avr). Les Terme 3000 ne comptent pas moins de 26 bassins intérieurs et extérieurs d'eau thermale avec toboggans, "château d'eau" et même un spectacle son et lumière. L'eau thermale permet de soulager les rhumatismes et certains petits problèmes de peau. Vous trouverez également un parcours de golf, des courts de tennis, une salle de gym.

Terme Vivat CENTRE THERMAL
(☎538 21 29 ; www.vivat.si ; Ulica ob Igrišču 3 ; journée/après 15h adulte 10/3,50 €, enfant 6/5 € ; ⌚8h-20h lun-jeu, 8h-23h ven-sam, 8h-21h dim). Bassins intérieurs et extérieurs sont reliés par un chenal. Des saunas et un ambitieux centre de bien-être complètent l'offre.

Où se loger

L'office du tourisme pourra vous trouver des chambres chez l'habitant pour 17 €/personne et des appartements pour 2 personnes à 30-50 €, selon la durée du séjour.

Terme 3000 COMPLEXE HÔTELIER €€€
(☎512 22 00 ; www.terme3000.si). Un seul numéro de téléphone gère tous les hébergements dont les tarifs varient selon la saison. Ouvert toute l'année, le **Camp Terme 3000** (☎512 22 00 ; 16-17 €/pers) a une capacité de 800 places sur un terrain de 7 ha. L'accès à la piscine voisine est libre. Inspirées de l'habitat paysan traditionnel avec leurs murs blanchis à la chaux, les jolies **maisonnettes** (☎512 22 00 ; demi-pension s 52-66 €, d 102-110 € ; P@) du Prekmurska Vas (village d'appartements) abritent 78 chambres doubles au total. À l'**Hotel Termal** (☎512 22 00 ; demi-pension s 78-84 €, d 132-144 € ; P❄@), environ la moitié des 116 chambres ont un balcon, et toutes offrent un hébergement touristique de qualité. Le vaste **Hotel Livada Prestige** (☎512 22 00 ; demi-pension s 100-105 €, d 170-182 €, ste 115-290 € ; P❄@) réunit 122 chambres de catégorie cinq-étoiles, dont beaucoup ont des baignoires alimentées en eau thermale. Plusieurs bassins intérieurs et extérieurs complètent l'offre de ces deux établissements.

Où se restaurer

Gostilna Kuhar SLOVÈNE €€
(☎548 12 15 ; Kranjčeva 13 ; repas à partir de 15 € ; ⌚9h-23h mar-dim). En face de l'entrée principale des Terme 3000, voici une adresse commode pour goûter une bonne cuisine du Prekmurje. Chambres à louer.

Gostišče Oaza SLOVÈNE €€
(☎051 383 141 ; plats à partir de 11 € ; ⌚8h30-22h mar-jeu, 8h30-0h ven-sam, 10h-22h dim). Délectez-vous d'une cuisine locale savoureuse dans ce restaurant de Mljatinci donnant sur un minuscule lac. Au sud du village de potiers de Tešanovci, à 3 km au sud-est de Moravske Toplice.

Renseignements

Nova Ljubljanska Banka (Kranjčeva ulica ; ⌚8h-12h et 15h-17h lun-ven). À l'entrée des Terme 3000.

Office du tourisme de Moravske Toplice (☎538 15 20 ; www.moravske-toplice.com ; Kranjčeva ulica 3 ; ⌚8h-20h lun-ven, 7h-15h sam, 8h-14h dim juil-août, horaires réduits sept-juin). Sur la route principale au nord-ouest de l'entrée des Terme 3000.

Poste (Kranjčeva ulica 5 ; ⌚8h-9h30 et 10h-18h lun-ven, 8h-12h sam). Sur la route principale.

Comment s'y rendre et circuler

Chaque jour, jusqu'à 6 bus partent de Kranjčeva ulica en direction de Murska Sobota (1,80 €, 10 minutes, 7 km) et de Dobrovnik (2,70 €, 10 minutes, 19 km).

Location de vélos à l'office du tourisme pour 2/9 € l'heure/la journée.

Comprendre la Slovénie

Population au km²

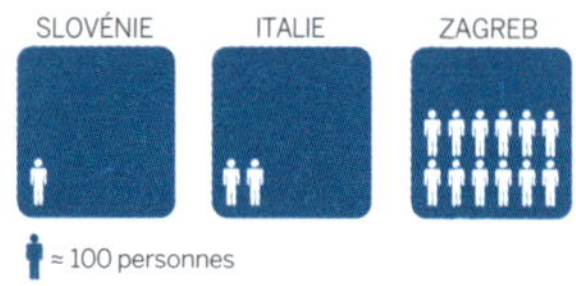

La Slovénie aujourd'hui

La Slovénie à l'heure de la crise

Peu habituée aux mauvaises nouvelles depuis 1991, la Slovénie n'a pourtant pas échappé à la crise qui frappe actuellement l'Europe. C'est comme si, 21 ans après son indépendance, elle était entrée dans l'âge adulte et s'était retrouvée face à une réalité finalement peu engageante. La Slovénie était pourtant la plus prospère des républiques de l'ancienne Yougoslavie ; représentant seulement 8% de la population, les Slovènes pouvaient produire jusqu'à 20% du PIB yougoslave et exportaient plus d'un quart des biens de l'ancienne république socialiste. En 2007, la Slovénie fut aussi le premier des anciens pays communistes d'Europe de l'Est à adopter l'euro. Aujourd'hui, elle se retrouve confrontée à l'éventualité d'un "scénario à la grecque" et craint la faillite. Les problèmes viennent principalement des banques (le gouvernement a déjà accordé 1% du PIB national à la plus importante, Nova Ljubljanska Banka), d'une insuffisance des investissements étrangers et d'une contraction de l'économie, qui a vu la croissance slovène passer d'un vertigineux 7% en 2007 à presque rien aujourd'hui.

- » Population : 2,05 millions d'habitants
- » Superficie : 20 273 km² (0,2% de la superficie européenne)
- » PIB : 35,8 milliards d'euros (2010)
- » PIB par habitant : 17 300 € (en 2010 ; 84% de la moyenne européenne)
- » Croissance : -2,2% (2012)
- » Inflation : 2,5%
- » Chômage : 12% (2012)

La relève de la garde

Le début de l'année 2013 a vu la résolution d'une des crises politiques les plus graves qu'ait connue la Slovénie. En février 2012, un nouveau gouvernement s'installa, résultat d'une coalition de cinq partis dirigée par le Premier ministre conservateur Janez Janša, du Parti démocratique slovène (SDS). Bête noire des dirigeants communistes dans les années 1980 alors qu'il était journaliste, Janša avait déjà été Premier ministre de 2004 à 2008. La politique d'austérité qu'il instaura en 2012 incluait une réduction des dépenses allant jusqu'à 10% et l'inscription du principe d'équilibre budgétaire dans la Constitution. Elle entraîna fin 2012 et début 2013 plusieurs manifestations fournies dans les rues

Pas d'impair !

- » Ne dites pas que la Slovénie fait partie de l'Europe de l'Est ou des Balkans, qui, pour les Slovènes, commencent à la frontière croate.
- » Les convives d'une même table se souhaitent toujours "*Dober tek* !" (Bon appétit !) avant de manger.
- » Le *špička* est un terme argotique désignant un verre de schnaps. Si l'on vous dit "*Pridite na kupico*", on vous invite à prendre "une petite goutte".

Emblèmes nationaux

- » **Kozolec** Ce séchoir à foin est devenu le symbole national.
- » **Potica** Véritable institution culinaire, ce gâteau roulé aux noix est servi à toutes les fêtes.
- » **Triglav** Le point culminant du pays (2 864 m).

Groupes ethniques
(% de la population)

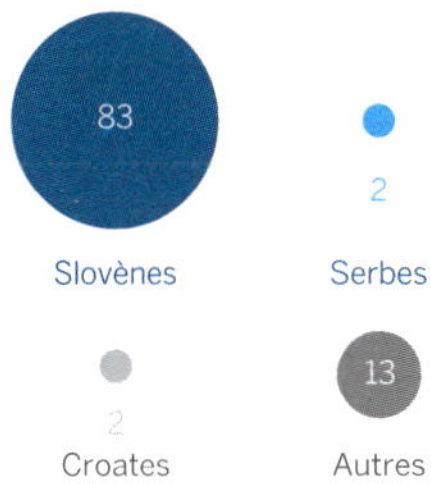

Sur 100 habitants de Slovénie

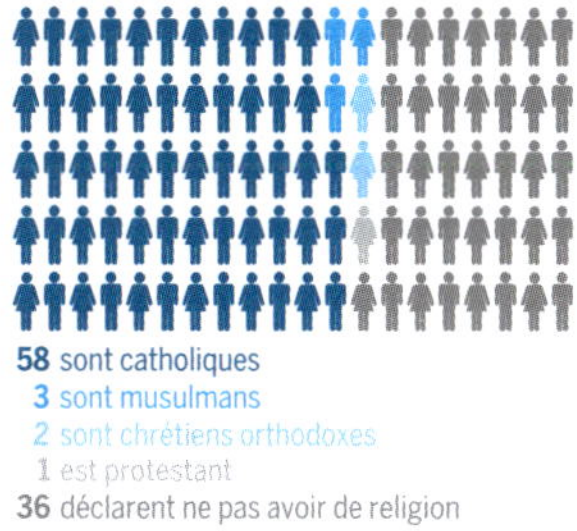

de Ljubljana et Maribor. Accusant le gouvernement, et Janša lui-même, de corruption, les manifestants réclamaient la démission du Premier ministre. Le gouvernement conservateur fut renversé fin février 2013. Janša démissionna, ce qui entraîna une grave crise politique, qui se solda mi-mars par la nomination d'Alenka Bratusek, première femme à accéder au poste de chef du gouvernement en Slovénie. De centre-gauche, tout comme Borut Pahor, le nouveau président de la République élu en décembre 2012 suite à une victoire écrasante contre l'ancien président, Danilo Türk, Alenka Bratusek a réussi à former un gouvernement de coalition avec son parti Slovénie positive et trois autres formations.

Touche pas à ma saucisse !

La Slovénie veille depuis toujours sur ses productions nationales. C'est par exemple le cas des chevaux lipizzans. Ces superbes équidés blancs sont élevés dans le monde entier, notamment en Autriche et en Hongrie, mais ils sont originaires du village slovène de Lipica (Lipizza en italien) et sont considérés comme des symboles nationaux. Un couple de lipizzans figure d'ailleurs au verso de la pièce slovène de 20 centimes d'euro.

Le pays est également en conflit avec la Croatie à propos du tracé de la frontière maritime internationale dans la baie de Piran, l'un des principaux accès à la mer de la Slovénie. Cette question qui a, par le passé, affecté la demande d'adhésion de la Croatie à l'Union européenne, est désormais soumise à un arbitrage international.

Et ce n'est pas la seule bataille qui oppose la Slovénie à ses voisins du sud. Il est un autre sujet très controversé : l'emblématique saucisse de Carniole (*kranjska klobasa*), pour laquelle la Slovénie cherche à obtenir une appellation d'origine protégée. Or, la Croatie, qui produit sa propre version de la saucisse en question, proteste. Un conflit qui pourrait se terminer en eau de boudin...

À lire

» **Agneau noir et faucon gris** (Rebecca West, L'Âge d'homme). Un grand livre sur la Yougoslavie de l'entre-deux-guerres.

» **Slovénie, l'Europe en miniature** (Sophie Massalovitch et Jean-Marie Boëlle, Thalia Édition). Belles photos et textes très clairs.

» **La Slovénie et l'Europe** (Antonia Bernard, L'Harmattan). Une analyse complète de la situation de la Slovénie au sein de l'Union Européenne.

À voir

» **Kruh in Mleko** (2001). Une famille dans une petite ville de Slovénie.

» **Rezervni Deli** (2003). Le trafic d'immigrés clandestins en Slovénie.

» **Petelinji Zajtrk** (2007). Une comédie douce-amère.

Histoire

La Slovénie est à la fois très ancienne et très jeune. En tant que *narod* (nation d'un peuple), ses origines remontent au moins à un millénaire et demi, mais en tant que *nacija* (nation-État), elle est une entité bien plus récente.

Comme ailleurs en Europe, les débuts de la Slovénie furent marqués à la fois par la migration massive d'un peuple nomade, les Celtes, et par la domination et l'influence civilisatrice de Rome. Puis arrivèrent les tribus slaves, qui s'unirent et furent autonomes pendant une courte période. À la fin du XIIIe siècle, les riches et puissants Habsbourg s'installèrent et ne quittèrent plus les lieux pendant plus de six siècles. La Slovénie jouissait toutefois d'une certaine autonomie au sein de l'État des Habsbourg, comme plus tard au sein de la République fédérative socialiste de Yougoslavie. Il faudra néanmoins attendre juin 1991 pour que la nation apparaisse en tant que république indépendante.

FLÛTE EN OS

La fouille d'une grotte de Divje Babe, près de Cerknica (Primorska), a permis d'exhumer en 1995 ce qui serait l'un des plus vieux instruments de musique au monde : un morceau d'os percé daté d'environ 45 000 ans qui pourrait être une flûte (voir aussi p. 112).

Les Romains

Habitée dès le paléolitique ancien, la région n'était pas vierge au IIe siècle av J.-C., lorsque les Romains y pénétrèrent. Agriculteurs et éleveurs de l'âge du bronze (2000-900 av. J.-C.) avaient colonisé les marais au sud de l'actuelle Ljubljana et autour du lac de Cerknica. Vers 700 av. J.-C., ils avaient été écrasés par des tribus illyriennes venues du Sud avec leurs outils et leurs armes en fer. Celles-ci furent elles-mêmes assujetties un siècle et demi plus tard par les tribus celtes venues du Nord qui rejoignirent les Balkans et instituèrent le royaume du Norique, premier "État" sur le territoire slovène.

En 181 av. J.-C., les Romains fondèrent la colonie d'Aquilée (Oglej en slovène) dans le golfe de Trieste afin de protéger l'Empire de ces invasions. Au cours du siècle suivant, ils annexèrent le Norique et avancèrent dans le reste de la Slovénie et de l'Istrie.

CHRONOLOGIE

2000-900 av. J.-C.
Des populations de l'âge du bronze s'établissent dans le bassin de Ljubljana. Elles occupent des palafittes en bordure de lac, pratiquent agriculture et élevage, et fabriquent une poterie rudimentaire.

400 av. J.-C.
Des tribus celtes continentales établissent un royaume appelé Norique sur le sol slovène, près de la ville actuelle de Celje, dans le centre de la Basse-Styrie.

Ier siècle
Les Romains pénètrent en Slovénie et le royaume de Norique devient une province de l'Empire. L'occupation romaine durera presque un demi-millénaire.

Petit à petit se développèrent autour des anciens camps militaires romains d'importantes colonies : Emona (Ljubljana), Celeia (Celje) et Poetovio (Ptuj).

Les premiers Slaves

Au milieu du Ve siècle, les Huns menés par Attila déferlèrent sur l'Italie via la Slovénie, attaquant au passage Poetovio, Celeia et Emona. Ils furent suivis par les Ostrogoths, puis par les Lombards, qui occupèrent une grande partie du territoire slovène. La dernière de ces "grandes invasions" fut celle des premiers Slaves historiques.

Venus du nord des Carpates, les ancêtres des Slovènes actuels quittèrent la plaine de Pannonie au VIe siècle et s'installèrent dans les vallées de la Save, de la Drave et de la Mur ainsi que dans les Alpes orientales. Sur leurs terres d'origine, les Slaves étaient un peuple pacifique vivant dans les forêts ou au bord de l'eau, qui élevait du bétail et pratiquait la culture sur brûlis. Superstitieux, ils voyaient des lutins et des fées (bienveillants ou maléfiques) partout et vénéraient de multiples dieux et déesses. Au sein du groupe social, il n'existait pas alors de distinction de classe, mais le groupe se donnait un chef – nommé *župan* (mot qui signifie aujourd'hui "maire") ou *vojvoda* (duc, voïvode) – en cas de grand danger. Les migrations, cependant, rendirent les Slaves plus belliqueux et agressifs.

Vestiges romains

- » La statue du citoyen d'Emona à Ljubljana
- » La nécropole romaine à Šempeter, près de Celje
- » Les sanctuaires mithriaques à l'extérieur de Ptuj

L'ART DES SITULES, BANDE DESSINÉE DU HALLSTATT

Hallstatt est le nom d'un village de la région autrichienne du Salzkammergut qui a donné son nom à la civilisation du premier âge du fer suite aux importantes trouvailles archéologiques qui y furent faites au XIXe siècle. Ce terme couvre en fait les cultures du bronze final et du premier âge du fer qui se sont développées en Europe centrale et occidentale d'environ 1200 à 450 av. J.-C.

De nombreuses régions de Slovénie,telles la Basse-Carniole et la Carniole-Blanche, ont alors été colonisées. La fouille de tumulus – plus d'une vingtaine rien qu'à Novo Mesto – a mis au jour des épées, des casques, des bijoux et des situles (du latin *situla*, seau). Destinés au transport du vin dans les banquets, ces récipients de bronze sont richement décorés de scènes de batailles, de chasse, de lutte ou de libation. Aux motifs géométriques, aux oiseaux et aux silhouettes arrangés par paires typiques du Hallstatt, le décor estampé des situles ajoute une organisation de l'espace déroulé en bandes superposées. La situle de Vače, exposée au Musée national slovène à Ljubljana, en est un exemple particulièrement beau.

Ve siècle

Vers 450, les Huns menés par Attila envahissent l'Italie via la Slovénie, assaillant en chemin les colonies romaines de Poetovio (Ptuj), Celeia (Celje) et Emona (Ljubljana).

MAJA HAUSMEISTER / GETTY IMAGES ©

VIe siècle

Les premières tribus slaves, les Sklavènes et les Antes, s'établissent dans les vallées de la Save, de la Drave et de la Mur, ainsi que dans les Alpes orientales.

Du duché au royaume

Au début du VIIe siècle, les Slaves s'unirent sous la direction du duc Valuk et s'allièrent avec le royaume des Francs. Cette union tribale slave devint le duché de Carantanie, premier État slave.

Le lac Balaton, en Hongrie, auquel les Slaves parvinrent au cours de leurs tribulations, tire son nom du mot slovène *blato* (boue).

En l'espace d'un siècle apparut une nouvelle classe de roturiers anoblis, les *kosezi*, qui élirent publiquement et couronnèrent le nouveau *knez* (grand-duc), institution unique dans l'Europe féodale du haut Moyen Âge.

En 748, l'intégration de la Carantanie au royaume carolingien en tant que duché vassal de Carinthie renforce la christianisation naissante. Au début du IXe siècle, l'autorité religieuse sur le territoire slovène était partagée entre les missions de Salzbourg et du patriarcat (ou évêché) d'Aquilée, aujourd'hui en Italie. Face à tout cela, les Slaves se révoltèrent mais les Francs ripostèrent en imposant désormais à la Carantanie le statut de marche de l'Empire carolingien et en plaçant à sa tête un margrave allemand. Dès lors le système féodal qui avait déjà commencé à s'implanter permit une véritable colonisation franque : les nobles slovènes furent dessaisis de leurs fiefs en faveur de comtes allemands, qui réduisirent les paysans locaux à la servitude. La noblesse allemande atteint ainsi le sommet de la hiérarchie féodale pour la première fois en terres slovènes. Un élément qui deviendra plus tard l'un des principaux obstacles au développement de la nation et de la culture slovènes.

L'intronisation populaire du grand-duc de Carantanie élu par les chefs de famille a perduré jusqu'au XIVe siècle. Ce procédé démocratique a retenu l'attention de bien des voyageurs de l'époque et a été décrit minutieusement par l'historien et théoricien politique français Jean Bodin, un contemporain de Montaigne, dans ses *Six Livres de la République* (1576).

À la faveur de l'effondrement total de l'État franc pendant la seconde moitié du IXe siècle, un prince carinthien, Kocelj, établit un éphémère "royaume" slovène indépendant (869-874) en Basse-Pannonie, région qui s'étendait au sud-est de la Basse-Styrie jusqu'à la Mur, la Drave et le Danube. Le roi saxon Othon Ier le Grand (912-973), fondateur du Saint Empire romain germanique, mettra fin à cette instabilité en battant les Magyars (Hongrois) en 955 et en partageant le territoire slovène entre les différentes marches du Saint-Empire, dont le duché de Carantanie, la plus importante.

L'ascendant allemand

Le Saint Empire restaura ainsi la Carinthie, en la divisant en une demi-douzaine de régions frontalières, les *krajina*, ou marches. Celles-ci deviendront les provinces slovènes qui resteront presque inchangées jusqu'à 1918 : Carniole (Kranjska), Carinthie (Koroška), Basse-Styrie (Štajerska), Goriška et Carniole-Blanche (Bela Krajina).

Une campagne de germanisation complète des territoires slovènes commença au Xe siècle. Les terres furent réparties entre la noblesse et les divers diocèses de l'Église, et l'aristocratie allemande y fut

VIIe siècle

Une confédération informelle de tribus slaves établit le duché de Carantanie, première entité politique slave au monde. Sa capitale est quelque part près de Celovec (actuelle Klagenfurt, en Autriche).

748

L'Empire carolingien des Francs incorpore la Carantanie en tant qu'État vassal nommé Carinthie et impose l'Église. La christianisation des Slovènes est en marche.

869-874

Le prince carinthien Kocelj fonde un éphémère premier État slovène en Basse-Pannonie, région qui s'étend au sud-est de la Basse-Styrie jusqu'à la Mur, la Drave et le Danube.

Fin du XIIIe siècle

Les premiers fiefs féodaux slovènes – Carniole, Gorizia, Istrie, Carinthie et Styrie – passent sous domination des Habsbourg. Ils y resteront jusqu'à la Seconde Guerre mondiale.

implantée. La population demeura essentiellement slovène, mais c'est largement grâce au travail éducatif et pastoral intensif du clergé que l'identité slovène fut préservée.

Entre le Xe et le XIIIe siècle furent bâtis la plupart des châteaux de la Slovénie et de nombreux monastères et couvents chrétiens importants, tels Stična et Kostanjevica. Les villes commencèrent également à se développer en tant que centres administratifs, commerciaux et sociaux à partir du XIe siècle.

La férocité des guerriers magyars se mesure à une invocation fréquente au Moyen Âge : "Sauvez-nous, ô Seigneur, des flèches des Hongrois."

Prémices de la domination habsbourgeoise

Au début du Moyen Âge, les Habsbourg n'étaient qu'une des nombreuses familles nobles allemandes se disputant l'hégémonie sur le sol slovène. Au fur et à mesure que les dynasties s'allièrent par des mariages puis s'éteignirent, les Habsbourg consolidèrent leur pouvoir. Entre la fin du XIIIe siècle et le début du XVIe siècle, presque toutes les terres habitées par les Slovènes passèrent entre leurs mains.

À cette époque, le territoire slovène couvrait près de 24 000 km², soit environ 15% de plus qu'actuellement. Villes et bourgs étaient plus nombreux à recevoir des chartes et des droits, l'ouverture de fonderies et de forges (par exemple à Kropa) et de mines (comme à Idrija) amorçait le développement économique du pays. Cela eut pour effet de réduire petit à petit les différences et à pousser les paysans réprimés à s'unir contre leurs seigneurs féodaux.

L'ouvrage *Hlapec Jernej in Njegova Pravica* (*Le Valet Barthélémy et son droit*, 1907) du poète slovène Ivan Cankar (1876-1918), qui raconte la relation inégale entre un domestique et son maître, est considéré comme une métaphore de la Slovénie sous les Habsbourg. Le site de la Bibliothèque russe et slave (http://bibliotheque-russe-et-slave.com) le propose en téléchargement gratuit.

Incursions, révoltes et Réforme

Sous la pression des premières attaques ottomanes dans le sud-est de l'Europe au début du XVe siècle, la révolte commença à gronder chez les paysans sans terre comme chez les laboureurs émancipés, contraints de se défendre eux-mêmes alors qu'ils continuaient à payer le tribut et à travailler pour leurs seigneurs. Des dizaines de révoltes paysannes éclatèrent alors en territoire slovène, atteignant leur apogée entre la fin du XVe siècle et le XVIe siècle. Avec la Réforme protestante, ces jacqueries sont considérées comme un moment décisif de l'éveil du sentiment national slovène.

Dans la plupart des soulèvements, les "syndicats" de paysans demandaient une réduction des paiements féodaux et l'élection démocratique des curés et pasteurs. Des châteaux furent occupés et démolis, des seigneurs exécutés, mais aucune de ces révoltes n'aboutit en tant que telle.

La Réforme protestante en Slovénie fut étroitement associée à la noblesse à partir de 1540. Elle était généralement méconnue de la population rurale, sauf de celle qui vivait et travaillait sur des terres

1408

Les Turcs ottomans commencent à assaillir le sud-est de l'Europe. Des attaques récurrentes deux siècles durant, qui les conduiront plusieurs fois aux portes de Vienne.

1478-1573

Les jacqueries se multiplient. Elles marquent, avec la Réforme protestante du milieu du XVIe siècle, un tournant dans l'éveil du sentiment national slovène.

1540-1585

Au nombre des premiers livres imprimés en slovène : le catéchisme publié par Primož Trubar, une traduction complète de la Bible par Jurij Dalmatin et une grammaire du slovène en latin.

XVIe siècle

La Contre-Réforme menée par les catholiques bat son plein en Slovénie. La germanisation systématique de la culture, de l'éducation et de l'administration slovènes commence sous les Habsbourg.

appartenant à l'Église. Les conséquences de ce grand mouvement de la Réforme ne doivent pourtant pas être sous-estimées. Il a donné à la Slovénie ses premiers livres en langue vernaculaire, qui ont officialisé la langue et permis d'affirmer la culture slovène.

Les réformes des Lumières et Napoléon

Parmi les réformes lancées par l'impératrice Marie-Thérèse (1740-1780) figuraient la mise en place d'une nouvelle administration provinciale, la construction de nouvelles routes et l'introduction de l'école élémentaire obligatoire en allemand et des établissements secondaires contrôlés par l'État. Son fils Joseph II (1765-1790) poussa les réformes plus loin, en abolissant le servage en 1782, en ouvrant la voie au développement de la bourgeoisie slovène, et en octroyant la liberté religieuse totale aux calvinistes, aux luthériens et aux juifs. Il rendit également l'éducation primaire en slovène obligatoire. À la suite de ces réformes, la production agricole augmenta, l'industrie manufacturière s'intensifia et les arts et lettres fleurirent en Slovénie.

Cependant, la révolution française de 1789 convainquit les Autrichiens que les réformes devaient être tuées dans l'œuf. Commença alors une période réactionnaire qui dura jusqu'au printemps des Peuples de 1848, néanmoins entrecoupée d'un bref interlude français qui eut de profondes conséquences sur la Slovénie et son avenir. Après sa victoire de Wagram sur les Autrichiens, Napoléon coupa l'Empire habsbourgeois de l'Adriatique par le traité de Vienne signé en 1809. Il créa pour cela six "Provinces illyriennes" à partir de régions slovènes et croates et fit de Ljubljana leur capitale.

Sur le court laps de temps qui va de 1809 à 1813, la France institua un certain nombre de réformes, notamment l'égalité devant la loi et l'usage du slovène dans les écoles primaires et secondaires ainsi que

L'HYMNE NATIONAL SLOVÈNE

La septième strophe du poème *Zdravljica* (*Toast*) de France Prešeren (1800-1849) forme les paroles de l'hymne national slovène :

Vivent tous les peuples du monde
Qui aspirent à voir le jour,
Où le soleil dansant sa ronde,
N'éclairera que de l'amour,
Où tout citoyen
sera libre enfin,
En paix avec tous ses voisins !

Traduction de Viktor Jesenik

1782

L'empereur germanique Joseph II abolit le servage, ouvrant la voie au développement de la bourgeoisie slovène, et octroie une liberté religieuse totale aux calvinistes, aux luthériens et aux juifs.

1809

Ljubljana devient la capitale des Provinces illyriennes (1809-1813), régions slovènes et croates annexées par Napoléon pour couper l'Empire des Habsbourg de tout accès à la mer Adriatique.

STEVE OUTRAM / GETTY IMAGES ©

» Banque coopérative, Ljubljana

1848

Le premier programme politique slovène, "Slovénie unifiée", réclame l'unification de toutes les régions slovènes historiques au sein d'une entité autonome à l'intérieur de l'Empire d'Autriche.

dans les administrations. Mais surtout, l'influence progressive de la Révolution française amena pour la première fois la question de l'éveil du sentiment national dans l'arène politique slovène.

Le nationalisme romantique et la Constitution de 1848

Une grande activité littéraire et culturelle caractérise la période du nationalisme romantique (1814-1848) désigné dans la Confédération germanique, dont faisait alors partie l'Empire d'Autriche, sous le nom de *Vormärz* (pré-mars) en référence aux révolutions qui éclatèrent dans de nombreux pays d'Europe centrale en mars 1848. La diffusion du premier programme politique slovène en fut le fruit majeur. Moult écrivains influents étaient publiés mais c'est le poète France Prešeren (1800-1849) qui dominait la scène. Sa poésie douce-amère, ses idées progressistes, ses demandes de liberté politique et son aspiration à l'unité de tous les Slovènes frappèrent l'imagination de la nation pour toujours.

En avril 1848, le premier programme politique slovène fut rendu public sous la bannière *Zedinjena Slovenija* (Slovénie unifiée). Les intellectuels slovènes qui l'avaient rédigé y revendiquaient l'unification de toutes les régions slovènes historiques au sein d'une entité autonome à l'intérieur de l'empire d'Autriche, l'usage du slovène dans toutes les écoles et les administrations, ainsi que la création d'une université locale. Tout cela aurait nécessité une réorganisation totale de l'Empire en fonction des ethnies. Leurs revendications, absolument pas indépendantistes à l'époque, restèrent donc lettre morte en dépit de leur loyauté envers l'Empire habsbourgeois, que la plupart des Slovènes considéraient comme le meilleur protecteur des petites nations, face aux visées territoriales des plus grandes, telles que l'Italie, l'Allemagne et la Serbie.

Seuls résultats tangibles pour les Slovènes dans la Constitution autrichienne de 1848 : les lois furent désormais publiées en slovène et le drapeau de la Carniole (donc de la Slovénie) fut composé de trois bandes horizontales blanc, bleu et rouge. Le programme Slovénie unifiée resta tout de même la base de toutes les revendications politiques slovènes jusqu'en 1918. Dès lors, clubs et cercles politico-culturels se créèrent sur tout le territoire. Des partis naquirent vers la fin du XIXe siècle et l'idée d'une union avec les autres Slaves jusqu'au sud fut avancée à partir des années 1860.

Le royaume des Serbes, Croates et Slovènes

À la suite de la défaite de l'Autriche-Hongrie dans la Première Guerre mondiale et de la dissolution en 1918 de la double monarchie formée en 1867, les Slovènes, les Croates et les Serbes s'unirent et proclamèrent

Josip Broz Tito (1892-1980) naquit à Kumrovec, en Croatie tout près la frontière de la Basse-Styrie, d'une mère slovène et d'un père croate.

Pour en savoir plus sur la Yougoslavie depuis sa libération en 1945 par les Partisans à sa disparition en 1991, lisez l'ouvrage de Catherine Lutard-Tavard, *La Yougoslavie de Tito écartelée : 1945-1991* (L'Harmattan, 2005).

1867
Une partie des Slovènes est intégrée au royaume de Hongrie aux termes du compromis de 1867 instituant la double monarchie d'Autriche-Hongrie.

1918
L'Autriche-Hongrie perd la Première Guerre mondiale et son régime politique s'effondre avec l'armistice du 11 novembre. Le royaume des Serbes, Croates et Slovènes (dominé par la Serbie) est créé.

1929
Le roi Alexandre Ier prend le pouvoir, abolit la Constitution et proclame le royaume de Yougoslavie. Il sera assassiné cinq ans plus tard à Marseille lors d'une visite officielle.

1937
Le Parti communiste de Slovénie (KPS) est formé sous la tutelle de Josip Broz Tito et du Parti communiste de Yougoslavie (KPJ).

le royaume indépendant des Serbes, Croates et Slovènes, qui avait pour souverain un Serbe, Pierre Ier. Les traités d'après-guerre ayant attribué de vastes territoires slovènes et croates à l'Italie (Primorska et Istrie), à l'Autriche (Carinthie) et à la Hongrie (une partie du Prekmurje), près d'un demi-million de Slovènes vivaient alors en dehors des frontières du pays.

Ce royaume était marqué par la domination serbe, la pression impérialiste de l'Italie et la notion d'unité yougoslave. La Slovénie n'était plus guère qu'une province dans ce royaume centraliste, mais elle jouissait de l'autonomie culturelle et linguistique et le progrès économique fut rapide.

Mais le nouveau royaume était loin d'être unifié et la révolte grondait contre la Serbie, en Croatie, en Macédoine et au Kosovo, donnant lieu à de nombreuses insurrections.

En 1929, le fils de Pierre Ier, Alexandre, régent puis roi à la mort de son père en 1921, abolit la Constitution et proclama le royaume de Yougoslavie, niant la diversité nationale. Assassiné cinq ans plus tard lors d'une visite officielle à Marseille dans un attentat fomenté par des oustachis croates et réalisé par un tueur macédonien, Alexandre Ier laissa pour héritier Pierre, un enfant de 11 ans. Le prince Paul fut alors nommé régent. Le climat politique changea en Slovénie lorsque le Parti clérical (conservateur) rejoignit le nouveau gouvernement central en 1935, rendant vides de sens ses revendications d'autonomie pour la Slovénie. Des groupes dissidents commencèrent à se rapprocher des mouvements ouvriers. En 1937, le Parti communiste de Slovénie (KPS) fut formé sous la tutelle de Josip Broz Tito (1892-1980) et du Parti communiste de Yougoslavie (KPJ).

Peu d'ouvrages en français sont consacrés à la Slovénie et à son histoire. Vous pouvez néanmoins vous procurer *Petite histoire de la Slovénie* d'Antonia Bernard (Institut d'études slaves, 1996) et le Que sais-je *Slovénie* co-écrit par Georges Castellan et Antonia Bernard (PUF, 1998).

Le film *La Vallée de la paix* de France Štiglic (1955) raconte l'histoire douce-amère de deux enfants, un garçon slovène et une fillette d'origine allemande, essayant de trouver un refuge pendant le tumulte de la Seconde Guerre mondiale.

La Seconde Guerre mondiale et le combat des Partisans

Neutre au début de la guerre, la Yougoslavie finit par adhérer au Pacte tripartite (signé en 1940 par l'Allemagne, l'Italie et le Japon). Le 27 mars 1941, l'armée organisa un coup d'État afin de protester contre ce ralliement et renversa la régence. Début avril 1941, l'armée allemande envahit et occupa le pays, qui capitula 15 jours après. La Slovénie fut alors partagée entre l'Allemagne (Basse-Styrie, Haute-Carniole et Carinthie), l'Italie (Ljubljana, Primorska, Carniole-Intérieure, Basse-Carniole et Carniole-Blanche) et la Hongrie (Prekmurje). En réaction, les communistes slovènes et d'autres groupes de gauche formèrent un Front de libération (Osvobodilne Fronte, OF) et le peuple prit les armes pour la première fois depuis les révoltes paysannes. L'OF, attaché aux principes d'une Slovénie unifiée au sein d'une République yougoslave, rejoignit l'armée

1945
La Slovénie est libérée par les Partisans. 12 000 Domobranci et civils anticommunistes sont exécutés. La Slovénie est incluse dans la République fédérative socialiste de Yougoslavie.

1948
La Yougoslavie, créée en novembre 1945, prend ses distances avec l'URSS, puis rompt tout lien. Exclu des marchés du bloc soviétique, Tito doit se tourner vers l'Ouest.

1956
Tito fonde avec le Premier ministre indien Jawaharlal Nehru, le président égyptien Gamal Abdel Nasser et le président indonésien Sukarno le mouvement des pays non alignés.

1980
Tito, qui jouait déjà un rôle moins direct dans la politique et le gouvernement, meurt à l'âge 87 ans. La République fédérale va se dissoudre au cours de la décennie suivante.

partisane du KPJ, qui reçut l'aide des Alliés et se révéla le mouvement de résistance le plus organisé – et le plus fructueux – de la Seconde Guerre mondiale.

Après la capitulation de l'Italie en 1943, la partie précédemment italienne de la Slovénie passa sous contrôle allemand. Opposées à l'OF, les milices de *domobranci* (défenseurs de la patrie) étaient actives dans la région de la Primorska et, pour empêcher les communistes de gagner du terrain politique dans les zones libérées, commencèrent à soutenir les Allemands. Malgré l'assistance de cette garde nationale slovène et le soutien des groupes fascistes en Croatie et en Serbie, les Allemands furent contraints de quitter Belgrade en 1944. La Slovénie ne fut pas totalement libérée avant mai 1945.

Durant les mois suivants, quelque 12 000 Domobranci et civils anticommunistes furent renvoyés en Slovénie des camps de réfugiés autrichiens par les Britanniques. La plupart furent exécutés par les Partisans dans les deux mois qui suivirent.

La division d'après-guerre et la Yougoslavie socialiste

Le statut des zones libérées bordant l'Adriatique, notamment de Trieste, fut la principale préoccupation d'après-guerre pour la Slovénie. En 1947, le traité de paix de Paris plaça Trieste et ses environs sous contrôle anglo-américain (la zone A) et les régions de Koper et de Buje (Istrie) dans la zone B rattachée à la Yougoslavie, fondée en novembre 1945. En 1954, la zone A (population italienne et slovène) devint la province italienne de Trieste. Koper et 47 km de côte revinrent à la Slovénie, tandis que la majeure partie de l'Istrie fut attribuée à la Croatie. En 1955, le traité du Belvédère rendit à l'Autriche ses frontières de 1938, y compris la majorité de la Carinthie.

En novembre 1943, après l'armistice italien de septembre, l'OF organisa une "assemblée populaire", sorte de Parlement provisoire – vite dominé par Tito – qui annonçait sa volonté de former une république fédérale. Peu après la guerre, le maréchal Tito prit des mesures pour consolider son pouvoir sous la bannière communiste. La domination serbe depuis Belgrade se poursuivit toutefois et, à certains égards, fut même plus centraliste que sous le royaume de Yougoslavie.

Désapprouvé par le Komintern qui dénonçait une déviation nationaliste dans les réformes adoptées, le maréchal dut prendre ses distances avec l'URSS dès 1948. C'est le début du "titisme". La Yougoslavie étant exclue des marchés du bloc soviétique, elle dut se tourner vers l'Ouest. La Yougoslavie introduisit certaines caractéristiques spécifiques, notamment l'autogestion des travailleurs. Des réformes économiques au milieu des années 1960 et un

Châteaux les mieux conservés de Slovénie

- » Château de Ljubljana
- » Château de Bled
- » Château de Ptuj
- » Château de Celje
- » Château de Predjama

1988

La condamnation de 3 journalistes et d'un officier pour divulgation de "secrets militaires" provoque des manifestations. Des partis politiques indépendants se créent.

1989

Les partis d'opposition publient la Déclaration de mai, en faveur d'un État souverain slovène fondé sur la démocratie et le respect des droits de l'homme.

1990

Les Slovènes votent majoritairement pour l'indépendance. En représailles, Belgrade vide les coffres de l'État de l'équivalent de 2 milliards de dollars.

Juin-juillet 1991

La Slovénie quitte la Fédération yougoslave. L'armée yougoslave tente de la reprendre mais se heurte à la résistance de la Défense territoriale. La guerre dure 10 jours, faisant 66 morts.

UN DRAPEAU SLOVÈNE RÉNOVÉ

La Slovénie a dû proposer un drapeau et un blason nationaux assez rapidement après l'indépendance et le résultat n'a pas plu à tout le monde. Certains citoyens trouvaient que le drapeau ressemblait à une bannière de football, d'autres se plaignaient que le blason était trop proche de ceux de pays voisins, tels que la Croatie.

Les couleurs du drapeau – blanc, bleu, rouge – ont été adoptées par les mouvements panslaves en 1848 et proviennent du drapeau de l'Empire russe. Le blason national en revanche est nouveau. Il représente une montagne à trois sommets : l'un d'entre eux est le Triglav, emblématique du pays. En dessous, deux lignes ondulées symbolisent la mer Adriatique et des rivières du pays, composantes essentielles de la Slovénie. Les trois étoiles à six branches sont celles des comtes de Celje, qui dominèrent la Slovénie au XIIe siècle et tinrent tête aux Habsbourg.

relâchement de l'autorité policière et des contrôles aux frontières permirent une plus grande prospérité et plus de liberté de mouvement, mais le Parti communiste yougoslave vit cette démocratisation comme une menace pour son pouvoir. Les "années de plomb" durèrent tout le long des années 1970, jusqu'à la mort de Tito en 1980.

Crise, renouveau et rupture

En 1987, le magazine *Nova Revija* (*La Nouvelle Revue*) basé à Ljubljana, publia un article exposant un nouveau programme national pour la Slovénie : pluralisme politique, démocratie, économie de marché et indépendance, éventuellement au sein d'une confédération yougoslave. Le secrétaire général de la Ligue des communistes de Slovénie, Milan Kučan, ne s'opposait pas à ces revendications et des partis d'opposition commencèrent à apparaître. Cependant, le chef *de facto* du gouvernement central de Belgrade, le dirigeant communiste serbe Slobodan Milošević, décida de faire pression sur la Slovénie.

En juin 1988, trois journalistes slovènes travaillant pour l'hebdomadaire *Mladina* (*La Jeunesse*) – dont l'actuel Premier ministre Janez Janša – et un officier subalterne de l'armée furent accusés par un tribunal militaire d'avoir pris connaissance de documents couverts par le secret militaires et condamnés à la prison. L'opinion publique se mobilisa dans tout le pays en manifestations massives.

À l'automne, le Parlement serbe supprima unilatéralement l'autonomie du Kosovo (où 80% de la population était d'origine albanaise) accordée par la Constitution de 1974. Les Slovènes furent choqués et craignirent de subir le même sort. Un rassemblement organisé conjointement par le gouvernement slovène et l'opposition à Ljubljana au début de la nouvelle année condamna cette action.

1992
Reconnue par la Communauté européenne, la Slovénie devient le 176e État membre de l'Onu. La candidature de la Serbie et du Monténégro est rejetée.

2004
La Slovénie intègre l'UE en même temps que neuf autres pays. Elle devient le premier pays en transition à passer du statut d'emprunteur à celui de partenaire donateur au sein de la Banque mondiale.

2007
La Slovénie est le premier des 10 nouveaux États de l'UE à adopter l'euro, sa troisième monnaie, (après le dinar yougoslave et le tolar), depuis l'indépendance.

2008
La Slovénie assume la présidence du Conseil de l'UE au premier semestre.

Au printemps 1989, les nouveaux partis d'opposition publièrent la Déclaration de mai, qui demandait un État souverain fondé sur la démocratie et le respect des droits de l'homme pour les Slovènes. En septembre, le Parlement slovène modifia la Constitution pour légaliser la gestion par la Slovénie de ses propres ressources et le commandement des forces armées en temps de paix. La Serbie annonça le projet d'organiser une "réunion de la vérité" à Ljubljana pour faire part de ses intentions. Lorsque la Slovénie l'interdit, la Serbie et toutes les autres républiques, à l'exception de la Croatie, annoncèrent un boycott économique du pays, qui réduisit de 25% ses exportations. En janvier 1990, les délégués slovènes quittèrent le congrès du Parti communiste yougoslave, sonnant le glas de ce dernier.

L'indépendance

En avril 1990, la Slovénie devint la première république yougoslave à organiser des élections libres. Demos, une coalition de sept partis d'opposition, remporta 55% des voix, et Kučan, chef du désormais Parti du renouveau démocrate, fut élu président. Le Parlement adopta une "déclaration de souveraineté de l'État de Slovénie". Dorénavant, les systèmes politique, économique et judiciaire du pays seraient régis par sa propre Constitution ; les lois fédérales ne s'appliqueraient que si elles n'entraient pas en contradiction avec celle-ci.

Le 23 décembre 1990, 88,5% de l'électorat slovène vota en faveur d'une république indépendante, qui entra en vigueur six mois après. La présidence de la Fédération yougoslave à Belgrade qualifia cette action de sécessionniste et anticonstitutionnelle. La Serbie prit le contrôle du système monétaire yougoslave et détourna presque toute la monnaie émise pour la Yougoslavie en 1991, soit l'équivalent de 2 milliards de dollars. Y voyant un signe avant-coureur, le gouvernement slovène se mit à stocker des armes et, le 25 juin 1991, la Slovénie se retira définitivement de la Fédération yougoslave. "Ces rêves d'un soir sont permis, déclara le président Kučan à une foule qui jubilait sur la place du Congrès à Ljubljana le lendemain soir. Demain est un nouveau jour."

Il ne croyait pas si bien dire. Le 27 juin, l'armée yougoslave entama sa marche sur la Slovénie, mais elle se heurta à la résistance de la Défense territoriale, de la police et de la population. En quelques jours, les unités de l'armée fédérale commencèrent à se désintégrer. Belgrade brandit la menace d'un bombardement aérien et la Slovénie fit face à la perspective d'une guerre totale.

L'intervention militaire fut quelque peu provoquée. Pour théâtraliser leur revendication d'indépendance et susciter le soutien de l'Occident, qui préférait voir la Yougoslavie continuer d'exister sous une forme ou

2010

Le Parlement slovène ratifie un accord d'arbitrage frontalier avec la Croatie, crucial pour la candidature de Zagreb à l'adhésion à l'UE.

JOHN ELK / GETTY IMAGES ©

» Bâtiment du Parlement slovène, Ljubljana

2011

Des élections législatives anticipées sont organisées en décembre. Le parti de centre gauche, Slovénie positive, bat les Sociaux-démocrates au pouvoir depuis 3 ans.

une autre, les dirigeants slovènes avaient d'abord tenté de prendre le contrôle des frontières. Belgrade ne s'était apparemment pas attendu à ce que la Slovénie résiste, croyant qu'une démonstration de force suffirait à la faire reculer.

Étant donné qu'aucune revendication territoriale et aucune question liée aux minorités n'étaient en jeu, le gouvernement yougoslave accepta le 7 juillet une trêve négociée sous l'égide de la Communauté européenne. Aux termes de l'accord de Brioni, la Slovénie suspendit son processus d'indépendance pendant trois mois, à condition d'obtenir la reconnaissance de la Communauté européenne à l'issue de cette période. La guerre n'avait duré que dix jours mais elle avait coûté la vie à 66 personnes.

Le chemin de l'Europe

Belgrade retira ses troupes le 25 octobre 1991, moins d'un mois après l'introduction par la Slovénie de sa propre monnaie, le tolar. Fin décembre, le pays se dota d'une nouvelle Constitution qui prévoyait un régime parlementaire bicaméral. Le chef de l'État, le président, est élu au suffrage universel direct pour une durée maximale de deux mandats de cinq ans. Milan Kučan tint ce rôle de l'indépendance à 2002, date à laquelle lui succéda Janez Drnovšek (1950-2008), ancien Premier ministre. Le diplomate Danilo Türk fut président de 2007 à 2012, puis l'ancien Premier ministre Borut Pahor prit sa place avec plus de 67% des voix. Le pouvoir exécutif est exercé par le Premier ministre et son gouvernement. Premier ministre de 2004 à 2008, Janez Janša, revenu au pouvoir en 2012, a dû céder la place en mars 2013 à un gouvernement de coalition dirigé par l'économiste Alenka Bratusek, première femme à la tête du gouvernement slovène (voir p. 211).

En mai 2004, la Slovénie devint membre de l'UE à part entière.

La Communauté européenne reconnut officiellement la Slovénie en janvier 1992, et celle-ci intégra les Nations unies quatre mois plus tard, devenant le 176e État membre. En mai 2004, la Slovénie rejoignit l'UE en tant que membre à part entière et, moins de trois années après, adopta l'euro comme monnaie nationale.

2012

Janez Janša redevient Premier ministre après avoir été trois ans et demi dans l'opposition. Son prédécesseur et opposant, Borut Pahor, bat le président sortant Danilo Türk.

2013

Après des manifestations massives contre l'austérité et la corruption des politiques, Alenka Bratusek, de Slovénie positive, forme un gouvernement de coalition.

La société slovène

Les Slovènes ont la réputation d'être réfléchis, travailleurs, fiables et honnêtes. Leurs racines slaves transparaissent même si leur spontanéité est un peu plus préméditée et qu'ils expriment leur passion de manière plus discrète que leurs voisins balkaniques. Tranquillement conservateurs, profondément confiants, tolérants et ouverts d'esprit, les Slovènes ont l'air heureux (même si la conjoncture économique actuelle aurait de quoi déprimer l'optimiste le plus acharné).

Les Slovènes sont doués pour les langues et tout le monde ou presque parle au moins un peu anglais, allemand et/ou italien. Le fait qu'il soit facile de se faire comprendre et qu'il n'y ait jamais vraiment "besoin" de parler slovène ne doit cependant pas vous empêcher d'apprendre quelques phrases de cette langue merveilleusement riche, qui compte pas moins d'une trentaine de dialectes et qui, outre le singulier et le pluriel, possède aussi le "duel", qui permet de compter les choses par paires. Tout effort de votre part pour parler la langue locale sera vivement récompensé. *Srečno*! (Bonne chance !)

Mode de vie

La population slovène se divise presque à parts égales entre citadins et campagnards. Cependant, dans ce pays où la plupart des résidents urbains gardent un contact avec la campagne (qu'il s'agisse d'une maison dans un village ou d'une *zidanica*, maison de campagne dans l'une des régions vinicoles) la distinction n'est pas si claire. Et avec l'apparition des grands centres commerciaux en périphérie des grandes villes et un supermarché Mercator dans quasiment chaque village, on peut dire que la ville s'installe de plus en plus à la campagne.

La plupart des Slovènes pensent que c'est dans la nature que réside l'âme du pays. Ils ne peuvent concevoir une vie qui ne serait pas liée

LES SLOVÈNES EN DEUX MOTS

Deux mots peuvent vous aider à comprendre les Slovènes et la *Sloventsvo* ("slovénitude"). Le premier est *priden*, adjectif qui se traduit à la fois par "travailleur" et "sage", "qui se comporte bien". La traductrice et auteure américaine Erica Johnson Debeljak, qui réside depuis longtemps en Slovénie, a écrit que *priden* "n'est pas loin de définir l'essence même de l'âme slovène". Vous bricolez ? Que c'est *priden* ! Vous attendez un deuxième enfant ? Que vous êtes *pridni* !

Le deuxième mot, *hrepenenje*, exprime un concept plus compliqué. D'après le dictionnaire, il signifie "aspiration" ou "envie", mais ce n'est qu'un sens partiel. En vérité, c'est l'envie de quelque chose d'apparemment inaccessible et le chagrin qui en découle. L'"*hrepenenje* est la propriété exclusive des dépossédés" a écrit Johnson Debeljak, invoquant "l'histoire nationale, tout en changements de frontières, en émigration, en aliénation et en impuissance". Le conte médiéval *Lepa Vida* peut être vu comme l'incarnation même de cette "aspiration mélancolique".

d'une manière ou d'une autre à la nature. Le week-end, nombreux sont ceux qui quittent la ville pour aller faire de la randonnée dans les collines, du ski de fond ou tout simplement pour jardiner (l'un des loisirs favoris des Slovènes).

Il n'est jamais difficile de rejoindre la campagne lorsque l'on se trouve en Slovénie. La forêt, parfois vierge, et les terres boisées couvrent 58% du territoire national, ce qui fait de la Slovénie le troisième pays le plus boisé d'Europe après la Finlande et la Suède. Et ce chiffre grimpe à 66% si l'on y inclut les terres en friche et les surfaces agricoles qui n'ont pas été utilisées depuis plus de 20 ans. Les terres agricoles ne représentent plus désormais qu'à peine plus d'un quart de la superficie totale du pays.

Les séjours à la ferme étant une forme d'hébergement très prisée en Slovénie, il est relativement facile de voir à quoi ressemble une maison locale. Ce que vous y verrez ne différera généralement pas beaucoup de ce que vous pourrez voir ailleurs en Europe centrale et occidentale, mais vous serez peut-être surpris par le petit nombre d'enfants. La nation enregistre en effet l'une des plus faibles croissances démographiques d'Europe et les femmes ont tendance à avoir leur premier enfant tardivement (la moyenne est de plus de 28 ans). La plupart des familles n'ont qu'un seul enfant et si elles en ont un deuxième, c'est généralement près de dix ans plus tard.

ACADÉMIE

L'écrivain français Charles Nodier (1780-1844), qui vécut et travailla à Ljubljana de 1811 à 1813 du temps des Provinces illyriennes, décrivit la Slovénie comme "une académie des arts et des sciences", en raison du don de la population pour les langues étrangères.

Population et multiculturalisme

À en croire le dernier recensement, un peu plus de 83% des deux millions d'habitants que compte le pays affirment descendre des Slaves du Sud, qui s'installèrent dans la Slovénie actuelle à partir du VIe siècle.

Représentant près de 17% de la population, ceux d'origine "autre" ou "inconnue" étaient (par ordre décroissant) serbes, croates, bosniens, albanais, ceux s'identifiant simplement comme "musulmans" et tous ceux ayant "perdu" leur nationalité après l'indépendance, de peur que la Slovénie refuse de leur accorder la citoyenneté. Le statut de ces nombreux *izbrisani* ("effacés") reste extrêmement controversé.

Les Italiens (0,1% de la population) et les Hongrois (0,3%) étant considérés comme des minorités nationales, leurs droits sont protégés par la Constitution et ils disposent pour chaque groupe d'un député spécial s'occupant de leurs intérêts au Parlement. D'après le recensement, le nombre de Roms, vivant principalement dans le Prekmurje, s'élèverait à 3 500 environ, mais les estimations officieuses doublent, voire triplent ce chiffre.

Près de 400 000 Slovènes vivent en dehors du pays, principalement aux États-Unis et au Canada. En outre, 50 000 autres Slovènes vivent en Italie, dans les régions de Gorizia (Gorica en slovène), d'Udine et de Trieste, 15 000 en Carinthie autrichienne (Kärnten en allemand, Koroška en slovène) et 5 000 dans le sud-ouest de la Hongrie.

Un Slovène sur trois pratique régulièrement une activité sportive : le pays compte 3 500 associations et clubs sportifs, pour un total de 400 000 membres (soit 20% de la population).

Sports

Dans son pays natal, le *smučanje* (ski) reste le roi des sports. Primož Peterka, vainqueur de la Coupe du monde de saut à ski à la fin des années 1990, et le skieur de l'extrême Davo Karničar, qui effectua la première descente ininterrompue de l'Everest à ski en 2000, sont de véritables héros nationaux. Plus récemment, Robert Kranjec a remporté le championnat du monde de vol à ski en 2012 et Filip Flisar a gagné la Coupe du monde de ski cross la même année. Deux femmes ont également fait briller le ski slovène sur la scène internationale. En 2006, Petra Majdič a été la première Slovène à gagner une course de ski de fond comptant pour la Coupe du monde (elle en a ensuite remporté une vingtaine d'autres). Lors des Jeux olympiques d'hiver de 2010 à Vancouver, elle a remporté la médaille de bronze en sprint

LA SLOVÉNIE AUX JEUX OLYMPIQUES

La Slovénie affiche un palmarès olympique étonnant pour un si petit pays. Aux Jeux de 2008, à Pékin, l'équipe de Slovénie a remporté la médaille d'or au lancer de marteau homme, deux médailles d'argent (200 m nage libre femme et navigation sur voilier Laser Radial) et deux médailles de bronze en judo féminin mi-lourds et en tir à la carabine à 50 m. Lors des Jeux de Londres de 2012, la Slovénie a remporté l'or en judo féminin mi-lourds, l'argent en lancer de marteau homme et deux médailles de bronze, en tir à 50 m et en aviron double-scull.

individuel après avoir chuté et s'être cassé plusieurs côtes, suscitant l'admiration de ses compatriotes. Tina Maze, quant à elle, a remporté deux médailles d'argent à Vancouver et est la championne du monde actuelle de slalom géant.

Il n'y a pas si longtemps, la Slovénie faisait partie des rares pays d'Europe où le *nogomet* (football) n'était pas une passion nationale. Toutefois, l'intérêt pour ce sport s'est accru suite à la performance de l'équipe nationale lors du Championnat d'Europe de 2000. Lors du match de qualification pour la Coupe du monde de 2010, la Slovénie a battu la Russie 1-0 à domicile et l'équipe nationale a fait ses valises pour l'Afrique du Sud pour sa deuxième apparition à la Coupe du monde depuis son indépendance. Là-bas, la Slovénie a gagné le match d'ouverture contre l'Algérie 1-0, a fait égalité 2-2 contre les États-Unis, mais a perdu 1-0 contre l'Angleterre avant d'être éliminée.

Il y a 10 équipes en première division (Prva Liga), avec le NK Maribor, l'Olimpija Ljubljana et le NK Domžale régulièrement aux premières places du classement.

En général le *kosarka* (basket-ball) est le sport d'équipe le plus populaire et l'équipe de l'Union Olimpija y règne en maître ; la Slovénie accueillera le prestigieux championnat d'Europe, l'EuroBasket, en septembre 2013. L'*odbojka* (volley-ball) et le *hokej na ledu* (hockey sur glace) sont également prisés, surtout depuis qu'Anže Kopitar a aidé les Los Angeles Kings de l'US National Hockey League à remporter leur première Stanley Cup.

Pour les dernières nouvelles de l'Union Olimpija et du basket-ball en Slovénie, consultez le site Web de l'Eurobasket (www.eurobasket.com/Slovenia/basketball.asp).

Religion

Si le protestantisme s'est fortement implanté en Slovénie durant le XVIe siècle, 58% des Slovènes se considèrent catholiques, d'après les informations du dernier recensement. L'archevêque de Ljubljana, également primat de Slovénie, est Anton Stres.

Les autres principales communautés religieuses sont les musulmans (2,5%), les orthodoxes (2,3%) et les protestants (1%). La plupart des protestants appartiennent à l'Église évangélique (luthérienne) basée à Murska Sobota, dans le Prekmurje. La première mosquée de Slovénie a finalement obtenu le feu vert pour sa construction, après des décennies de négociations, et verra le jour dans le quartier de Bežigrad, au nord de Ljubljana.

Depuis leur bannissement du territoire au XVe siècle, les Juifs n'ont joué qu'un rôle très mineur en Slovénie. En 2003, la petite communauté juive de Slovénie a reçu une Torah pour la synagogue nouvellement équipée de Ljubljana, la première ouverte depuis la Seconde Guerre mondiale. Le grand rabbin de Slovénie est actuellement basé à Trieste.

Arts et culture

En Slovénie, les arts se sont véritablement épanouis de la fin du XIXe siècle à 1918. Cette période, faisant suite au nationalisme romantique (1814-1848) qui avait surtout permis l'essor de la littérature slovène, est généralement désignée sous le terme de *slovenska Moderna*. Elle a vu se développer de manière spectaculaire la peinture, la musique et l'architecture.

Littérature

Du Moyen Âge à l'époque moderne

Comme celle de nombreuses cultures, la littérature slovène est fortement influencée par l'histoire de la nation qui l'a vue naître.

Le plus vieux document trouvé en slovène, les *Feuillets de Freising* (*Brižinski Spomeniki*), a été écrit aux alentours de 970. Il contient un sermon sur le péché et la pénitence, ainsi que des instructions pour la confession générale. La poésie orale, comme la célèbre légende *Lepa Vida (La Belle Vida),* fut florissante pendant tout le Moyen Âge. Mais c'est à l'époque de la Réforme qu'apparut le premier livre en slovène, un catéchisme publié par Primož Trubar en 1550. Presque toutes les autres publications jusqu'à la fin du XVIIIe siècle étaient en latin ou en allemand, y compris *L'Honneur du duché de Carniole* (1689),

FRANCE PREŠEREN : UN POÈTE POUR LA NATION

Le poète le plus aimé de Slovénie naquit à Vrba, près de Bled, en 1800. Il passa la majeure partie de sa vie active à travailler comme clerc dans un cabinet juridique à Ljubljana. Lorsqu'il ouvrit enfin son propre cabinet d'avocat à Kranj en 1846, c'était déjà un homme malade et abattu. Il mourut trois ans après.

Bien que Prešeren n'ait publié qu'un seul volume de poésie de son vivant (*Poezije*, 1848), il laisse derrière lui une vaste œuvre parue dans des revues littéraires. Ses vers établirent de nouveaux critères pour la poésie slovène à une époque où l'allemand était la *lingua franca* littéraire, et ses poèmes lyriques tels que le chef-d'œuvre *Sonetni Venec* (Couronne de sonnets, 1834) figurent parmi les œuvres en slovène les plus sensibles et originales. Dans ses poèmes plus tardifs, comme l'épique *Krst pri Savici* (Baptême au bord de la Savica, 1836), il exprime une conscience nationale, qu'il tente d'insuffler à ses compatriotes.

La vie de Prešeren fut faite de douleur et de déception. La mort soudaine de son meilleur ami et mentor, l'historien littéraire Matija Čop, en 1835 et son amour non réciproque pour l'héritière Julija Primic le conduisirent au bord du suicide, mais c'est à cette époque qu'il produisit ses meilleurs poèmes.

Prešeren fut le premier à montrer tout le potentiel littéraire de la langue slovène, et son œuvre – poèmes lyriques, épopées, satire, poésie narrative – inspire les Slovènes chez eux et à l'étranger depuis des générations.

Aucune de ses œuvres n'a été traduite en français.

une encyclopédie ambitieuse de la Slovénie rédigée par Janez Vajkard Valvasor (1641-1693), d'où proviennent la plupart des connaissances sur l'histoire, la géographie, la culture et les traditions slovènes avant le XVIIe siècle.

L'époque des Lumières donna à la Slovénie ses premiers dramaturge (Anton Tomaž Linhart), poète (Valentin Vodnik) et grammairien moderne (Jernej Kopitar). C'est pendant la période du "nationalisme romantique" que la littérature slovène gagna son plus grand poète de tous les temps : France Prešeren. Dans la seconde moitié du XIXe siècle, Fran Levstik (1831-1887) porta l'écriture et l'interprétation des contes populaires oraux à de nouveaux sommets avec ses légendes racontant les exploits du truculent héros Martin Krpan, mais c'est Josip Jurčič (1844-1881) qui publia le premier roman slovène, *Deseti Brat* (Le Dixième Frère), en 1866.

La Slovénie est le troisième plus petit marché littéraire d'Europe (500 à 800 exemplaires vendus représentent un succès). Mais dans toute l'UE, seuls les Danois empruntent plus d'ouvrages en bibliothèque que les Slovènes, dont la moyenne annuelle s'élève à 10 livres par habitant.

Littérature contemporaine

Le début du XXe siècle est dominé par deux hommes, qui ont introduit à eux seuls le modernisme dans la littérature slovène : le poète Oton Župančič (1878-1949) et le romancier et dramaturge Ivan Cankar (1876-1918). Ce dernier est surnommé "le maître de la prose slovène" et des œuvres telles que son *Hlapec Jernej in Njegova Pravica* (*Le valet Barthélémy et son droit*, 1907) ont influencé toute une génération de jeunes écrivains.

La littérature slovène précédant et suivant la Seconde Guerre mondiale est influencée par le réalisme socialiste et la lutte des Partisans ; les romans de Lovro Kuhar-Prežihov Voranc (1893-1950) en sont de parfaits exemples. Depuis, la Slovénie tend à suivre les courants européens occidentaux : expressionnisme tardif, symbolisme (poèmes d'Edvard Kocbek, 1904-1981) et existentialisme (romans de Vitomil Zupan, 1914-1987, et pièces de théâtre de Gregor Strniša, 1930-1987).

Les principales figures du postmodernisme slovène depuis 1980 sont le romancier Drago Jančar (né en 1948) et le poète Tomaž Šalamun (né en 1941). Parmi les jeunes talents à suivre aujourd'hui, on peut citer des auteurs traitant de questions très sensibles comme le racisme et les relations avec les anciennes républiques yougoslaves. L'action du premier roman d'Andrej E Skubic (né en 1967), *Fužinski Bluz* (non traduit, 2004) se déroule le jour du premier match de football entre la Slovénie indépendante et la Yougoslavie. Goran Vojnovič (né en 1980) a écrit une satire intitulée *Čefurji Raus!* (Dehors, les culs-terreux !, non traduit, 2009), qui fait référence aux immigrés issus des autres anciennes républiques yougoslaves vivant en Slovénie.

Peu de romans slovènes ont été traduits en français. Vous pouvez néanmoins lire *La Ballade de la trompette et du nuage* de Ciril Kosmac (Le Serpent à plumes, 2000), un roman historique et psychologique à la structure complexe.

MUSIQUE FOLKLORIQUE

La *Ljudska glasba* (musique folklorique) s'est développée indépendamment des autres formes de musique au fil des siècles. Les instruments traditionnels sont la *frajtonarica* (accordéon à touches), le *cymbalum* (instrument à cordes frappées), la *bisernica* (luth), la *zvegla* (flûte en bois), l'*okarina* (flûte en terre cuite), la *šurle* (double flûte istrienne), le *trstenke* (pipeau), la guimbarde, la *lončeni bajs* (basse en terre cuite), le *berdo* (contrebasse) et le *brač* (guitare à huit cordes).

Les concerts de musique folklorique sont des événements locaux. Ils sont très populaires en Basse-Carniole et surtout en Carniole-Blanche. Le genre a connu un renouveau ces dernières années. Écoutez les groupes Katice et Katalena, qui font de la musique slovène traditionnelle revisitée, et Terra Folk, groupe de world music par excellence.

Musique

Comme ailleurs en Europe centrale et orientale, la musique – notamment classique – occupe une place prépondérante en Slovénie. Il existe un réseau d'écoles de musique au niveau secondaire dans tout le pays, et les concerts et récitals ont beaucoup de succès dans les villes.

Parmi les compositeurs classiques actuels dont la renommée dépasse les frontières figurent Primož Ramovš (1921-1999), Marjan Kozina (1907-1966), Lojze Lebič (né en 1934) et l'ultramoderniste Vinko Globokar, qui est né en France en 1934. Aldo Kumar (né en 1954) a été récompensé pour ses musiques de théâtre et de films ; Milko Lazar (né en 1965) est l'un des plus intéressants compositeurs-interprètes de ces dernières années. Les amateurs d'opéra ne manqueront pas d'aller écouter Marjana Lipovšek (née en 1946) et Bernarda Fink (née en Argentine en 1955), les plus grandes mezzo-sopranos du pays.

La musique populaire prend de multiples formes, de la chanson slovène (Vita Mavrič) au jazz en passant par la musique folklorique et la polka, dont le meilleur exemple est l'Avsenik Brothers Ensemble. Cependant, c'est la musique punk qui, entre la fin des années 1970 et le début des années 1980, propulse la Slovénie sur la scène mondiale. Les groupes les plus célèbres sont Pankrti, Borghesia et surtout Laibach, qui évoluera plutôt vers la musique industrielle, tendance dadaïste ; ils ont été imités dans toute l'Europe de l'Est. Le groupe de rock le plus populaire aujourd'hui en Slovénie reste Siddharta, formé en 1995.

Le leader du célèbre groupe de musique industrielle Laibach, Tomaž Hostnik, a mis fin à ses jours en 1982 en se pendant à un *kozolec* (séchoir à foin traditionnel).

Architecture

La Slovénie compte de nombreux exemples d'architecture romane, notamment l'abbaye de Stična (Basse-Carniole) les églises de Muta et de Dravograd (Carinthie) et le château de Podsreda (Basse-Styrie).

La majeure partie de l'architecture gothique slovène est tardive ; le séisme de 1511 a détruit beaucoup d'édifices bâtis avant (même si la loggia et le palais prétorien de style gothique vénitien à Koper datent d'un siècle avant). L'architecture Renaissance se limite principalement à des bâtiments publics (hôtels de ville à Škofja Loka et Kranj, château de Brdo en Basse-Styrie).

Le baroque italien des XVIIe et XVIIIe siècles abonde en Slovénie, particulièrement à Ljubljana (église des Ursulines, cathédrale). Le classicisme prévaut dans l'architecture de la capitale pendant la première moitié du XIXe siècle ; l'édifice Kazina, sur la place du Congrès, en est un bon exemple.

Au début du XXe siècle, les architectes de la Sécession viennoise (ou Art nouveau) Maks Fabiani (1865-1962) et Ivan Vurnik (1884-1971) commencent à changer l'aspect de Ljubljana (parc Miklošičev, monument à Prešeren, Banque coopérative sur Miklošičeva cesta) après le séisme dévastateur de 1895. Mais aucun architecte n'a eu un impact aussi grand sur sa ville ou sa nation que Jože Plečnik (p. 42), dont l'œuvre est difficilement définissable.

L'architecture d'après-guerre est surtout représentée par Edvard Ravnikar (1907-1993) qui décida d'appliquer les idées de Plečnik et celles de Le Corbusier. C'est lui qui a conçu la place de la République de Ljubljana, qui détonne véritablement dans la belle capitale. Cependant, parmi les architectes les plus intéressants travaillant aujourd'hui, on peut citer l'équipe de Rok Oman et Špela Videčnik, OFIS Architects. Ce cabinet primé a dessiné l'extraordinaire extension du Musée municipal de Ljubljana (2004), le stade de football de Maribor (2009), et a participé à la construction du Centre culturel des technologies spatiales européennes (KSEVT) à Vitanje en 2012.

La description par Valvasor du système hydrographique du lac de Cerknica lui a valu d'intégrer, en 1688, la Royal Society de Londres, l'institution scientifique la plus prestigieuse du monde à l'époque.

Plusieurs ouvrages ont été consacrés à l'extraordinaire architecte Jože Plečnik, mais il est très difficile de se les procurer. Le livre de Peter Crečič, *Plečnik, une lecture des formes* (Mardaga, 1995) est l'un des plus intéressants.

SLAVOJ ŽIŽEK : PHILOSOPHE

Le Slovène le plus connu actuellement est l'auteur d'une soixantaine d'œuvres philosophiques et a fait des apparitions dans plusieurs films documentaires et expérimentaux, dont le récent *The Pervert's Guide to Ideology.*

Qu'est-ce que ça fait d'être le Slovène le plus célèbre hors de Slovénie ? La célébrité... Quelle ironie ! Ce n'est pas vrai aux États-Unis. Là-bas, c'est plutôt la star du hockey sur glace Anže Kopitar ou la femme de Donald Trump, qui a germanisé son nom de Melanija Knavs en Melania Knauss. Peut-être a-t-elle pensé que cela sonnait mieux d'être autrichienne. Vous savez, *La Mélodie du bonheur*, les valses de Vienne, *Le Beau Danube bleu*...

Et votre place en Slovénie ? D'accord, je suis slovène – quoi que cela veuille dire. Nous sommes réputés être une nation de poètes, modestes et bons. Mais, sous son mauvais jour, la Slovénie est avare, très catholique, autoritaire et mesquine. Un exemple : une fée apparaît à un fermier slovène et lui dit qu'il peut avoir ce qu'il veut mais que son voisin aura le double ; il répond : "D'accord, prenez l'un de mes yeux."

Alors, parlez-nous du sens de la vie. Un philosophe sait qu'il est plus important de poser la bonne question que de donner la bonne réponse. Ma première mission est de chambouler les lieux communs. Et de vous faire comprendre dans quel pétrin vous vous trouvez.

Vous avez pas mal de succès auprès des jeunes. Comment l'expliquez-vous ? Peut-être sont-ils las de la culture libérale postmoderne et savent-ils que le changement est en marche. Prenez le mouvement Occupy Wall St. Ou peut-être qu'ils trouvent que je suis un bon philosophe de stand-up et qu'ils apprécient mes références à la culture populaire. Tout le monde ne pense pas qu'être surnommé "le Borat de la philosophie" est une critique.

Donc rien à voir avec "l'affaire" Lady Gaga* ? Un canular diffusé par mes ennemis et repris par les médias. Vous m'imaginez débattre des problèmes de l'écriture féministe avec Lady Gaga ? Mais je reçois encore des courriels de jeunes gens qui me demandent de la leur présenter. J'imagine leur répondre que mon amie Lady G a demandé qu'ils envoient un extrait de leurs écrits et une photo d'eux nus. J'adore l'idée d'être le médiateur d'un désordre, pour semer le trouble puis simplement disparaître.

Quand vous n'êtes pas à Ljubljana, où peut-on vous trouver ? Dans les grottes de Škocjan. J'ai lu que Dante avait pris cet endroit comme modèle pour sa description de l'enfer.

Propos recueillis par Steve Fallon

* En juin 2011, le *New York Post* avait publié un article affirmant que le philosophe et la chanteuse avaient déjeuné ensemble et discuté féminisme. Il s'agissait en fait d'un canular monté par le groupe anarchiste Deterritorial Support Grouppppp.

Peinture et sculpture

Les arts visuels jouent un rôle important dans la vie de nombreux Slovènes ; la nation compte près de 40 musées et galeries d'art permanents, et des centaines d'espaces d'exposition temporaires.

Le pays compte de très belles peintures et sculptures gothiques, notamment l'autel sculpté de l'église de la Vierge Marie à Ptujska Gora, les fresques de l'église Saint-Jean-Baptiste à Bohinj, et la peinture murale représentant une *Danse macabre* dans l'église de la Sainte-Trinité à Hrastovlje. Les peintres majeurs de cette époque sont Janez Ljubljanski (Jean de Ljubljana), qui a décoré l'église de l'Assomption à Muljava ; Jernej de Loka, qui a travaillé principalement autour de Škofja Loka ; et Johannes Aquila, auteur des fresques de la magnifique église de Martjanci.

Les amateurs de sculpture baroque apprécieront la colonne de la peste de Jožef Straub (1712-1756) à Maribor, l'autel doré dans l'église de l'Annonciation à Crngrob ou le travail de Francesco Robba (1698-1757) à Ljubljana (fontaine des rivières de Carniole à la Galerie nationale). Fortunat Bergant (1721-1769), qui a peint le Chemin de croix de l'abbaye de Stična, était un maître de la peinture baroque.

Parmi les principaux peintres du XIXe siècle, citons les impressionnistes Rihard Jakopič (1869-1943), Matija Jama (1972-1947), Ivan Grohar (1867-1911) et Matej Sternen (1870-1949), qui exposèrent ensemble à Ljubljana en 1900. Au XXe siècle, l'école expressionniste de Božidar Jakac (1899-1989) et les frères France et Tone Kralj (1895-1960 et 1900-1975) cédèrent la place aux sculpteurs Alojzij Gangl (1859-1935), Franc Berneker (1874-1932), Jakob Savinšek (1922-1961) et Lojze Dolinar (1893-1970). Après la Seconde Guerre mondiale émergent de grands artistes, tels que Janez Bernik (né en 1933), Rudi Španzel (né en 1948) et Jože Tisnikar (1928-1998).

Peu de gens savent que l'inventeur du cliché sur plaque de verre est un Slovène. En effet, c'est Janez Puhar (Johann Pucher, 1814-1864) qui, avant Abel Niépce de Saint-Victor, neveu de Nicéphore Niépce, a mis au point cette technique.

À partir des années 1980, la peinture et la sculpture postmodernes sont dominées par le collectif d'artistes Irwin, qui fait partie du groupe artistique multimédias Neue Slowenische Kunst (NSK). Quelques personnalités notables d'aujourd'hui : l'artiste Tadej Pogačar (né en 1960), la sculptrice Marjetica Potrč (née en 1953) et les vidéastes Marko Peljhan (né en 1969) et Marina Gržinič (née en 1958).

Cinéma

Même si la Slovénie n'a jamais été à la pointe du cinéma, comme d'autres anciennes républiques yougoslaves, elle a quand même produit des films primés tels que *Kekec* (1951) de Jože Gale et *Dolina Miru* (*La Vallée de la paix,* 1955) de France Štiglic.

Ce qu'on appelle maintenant le "Printemps du film slovène", à la fin des années 1990, était incarné par deux films : *Ekspres, Ekspres* (*Express, Express,* 1997) d'Igor Šterk, film et farce "de chemin de fer" primé, et *Autsajder* (*Outsider,* 1997) d'Andrej Košak, qui évoque l'amour entre une Slovène et un "étranger" bosniaque.

Quelques autres succès qui ont suivi : *Kruh in Mleko* (*Pain et lait,* 2001), l'histoire tragique d'une famille à problèmes dans une petite ville, réalisé par Jan Cvitkovič ; *Sladke Sanje* (*Doux Rêves,* 2001) de Sašo Podgoršek, un récit initiatique qui se déroule dans la Yougoslavie des années 1970 ; et *Rezerni Deli* (*Pièces détachées,* 2003) de Damjan Kozole, qui évoque le trafic d'immigrés clandestins de la Croatie à l'Italie via la Slovénie par un couple de marginaux aigris. Œuvres plus récentes (et plus légères), la tragi-comédie *Odgrobadogroba* (*Gravehopping,* 2006) de Jan Cvitkovič, nommée aux Oscars, suit un orateur funèbre professionnel ; *Petelinji Zajtrk* (*Petit-Déjeuner de coq,* 2007), est une comédie sentimentale de Marko Naberšnik qui se passe à Gornja Radgona, à la frontière autrichienne dans le nord-est de la Slovénie ; et *Stanje Šoka* (*État de choc,* 2012) d'Andrej Košak raconte le voyage dans le temps d'un "ouvrier modèle" yougoslave qui se réveille en Slovénie indépendante.

Le site Web du Fonds cinématographique slovène (www.film-sklad.si) renseigne sur les films et les tournages en Slovénie.

La cuisine slovène

Pour un si petit pays, la Slovénie possède une cuisine incroyablement riche et variée, avec pas moins d'une vingtaine de styles régionaux différents, du Prekmurje dans le nord-est du pays à l'Istrie slovène au sud-ouest. Toutefois, encore récemment, à l'exception de quelques spécialités nationales comme les *žlikrofi* (raviolis) d'Idrija et la *jota* (potée) d'Istria ou du Karst, ou quelques desserts très riches comme la *guibanica* du Prekmurje et la *kremna rezina* de Bled, il était impossible de profiter des différentes gastronomies régionales dans les restaurants. Mais tout cela est en train de changer. Aujourd'hui, la Slovénie revendique (et souvent réinvente) son héritage culinaire. Si vous en avez la possibilité, ne manquez pas de déguster ces merveilles dans une vraie maison slovène.

En règle générale, la cuisine slovène est simple, assez roborative et riche en viande. Elle est aussi très fortement influencée par la cuisine de ses voisins. L'Autriche lui a ainsi prêté la saucisse *(klobasa),* le strudel *(zavitek)* aux fruits, aux noix et/ou au fromage blanc *(skuta)* et l'escalope viennoise *(dunajski zrezek).* Les *žlikrofi* (raviolis), les *njoki* (gnocchis) et la *rižota* (risotto) sont évidemment d'origine italienne, tandis que le *golaž* (goulasch), le *paprikaš* (ragoût de bœuf ou de poulet épicé) et les *palačinke* (crêpes fines à la confiture ou aux noix surmontées de chocolat) viennent de Hongrie. Enfin, la Croatie et les autres pays des Balkans sont également représentés, notamment avec des grillades comme les *čevapčiči* (boulettes de bœuf ou de porc épicées) et les *pljeskavice* (galettes de viande hachée).

Le site officiel de l'office du tourisme de Slovénie propose en téléchargement une brochure très complète sur la gastronomie slovène, photos à l'appui (www.slovenia.info/fr ; rubrique Expériences – Gastronomie et vin).

À table

Dans l'ensemble, les Slovènes ne sont pas très adeptes du petit-déjeuner *(zajtrk),* préférant souvent prendre un café rapide à la maison ou sur le chemin du travail. En revanche, beaucoup prennent une collation *(malica)* vers 10h30. Le déjeuner *(kosilo)* est traditionnellement le principal repas de la journée à la campagne. Il est pris à midi si la *malica* a été sautée, mais il peut être pris beaucoup plus tard (parfois en plein milieu de l'après-midi). Le dîner *(večerja),* qui tient en fait plus du souper, est moins copieux lorsqu'il est pris à la maison et se compose souvent seulement de quelques tranches de viande, de fromage et de salade.

The Food and Cooking of Slovenia, de Janez Bogataj (en anglais, non traduit, Anness Publishing), est un ouvrage instructif et richement illustré qui divise la Slovénie en une vingtaine de régions culinaires –de Haloze et de la Carinthie à la Soča et au Karst.

Établissements

Les restaurants peuvent prendre plusieurs noms en Slovénie et les différences ne sont pas toujours claires. La *restavracija* est un restaurant classique, dans lequel on s'assoit avant d'être servi par un serveur. Il y a aussi des serveurs dans une *gostilna,* ou *gostišče,* mais c'est un établissement qui ressemble plus à une auberge, avec une décoration rustique et proposant généralement des plats traditionnels slovènes. Une *samopostrežna restavracija* est un self-service. La *okrepčevalnica* et le *bife* sont des établissements de restauration rapide qui servent des viandes grillées et des saucisses. Une *krčma* peut servir des en-cas, mais

LE TOP DES RESTAURANTS SLOVÈNES

Non contents de servir des spécialités locales et régionales, les six restaurants suivants mettent un point d'honneur à utiliser uniquement des ingrédients d'origine locale. Ils suivent en cela le mouvement Slow Food et la mode du locavore qui est en train de s'emparer de tout le pays. Et le résultat est souvent impressionnant.

Gostilna Lectar (p. 76). Pouvant prétendre sans peine au titre de meilleur restaurant de Haute-Carniole, le "pain d'épices", à Radovlje, propose une cuisine slovène revisitée dans un cadre fermier plein de cachet.

Gostilna na Gradu (p. 56). Pains, fromages et viandes d'origine slovène utilisés dans des recettes ancestrales au château de Ljubljana.

Gostilna Repnik (p. 73). Parmi les spécialités de ce restaurant installé à proximité de Kamnik : soupes, pâtés, mais aussi des plats plus originaux, notamment à base de lapin.

Hiša Franko (p. 106). Superbes menus dégustation à Kobarid, qui font la part belle aux ingrédients d'origine locale et de saison.

Strud'l (p. 91). Réinterprétation moderne de la cuisine paysanne traditionnelle à Bohinska Bistrica, près du lac de Bohinj.

Topli Val (p. 106). Parmi nos adresses préférées, la "vague chaude" de Kobarid propose de superbes plats à base de poissons et fruits de mer de l'Adriatique. Belle carte des vins.

il s'agit avant tout d'un endroit où prendre un verre. Une *slaščičarna* vend des friandises et des glaces, tandis qu'une *kavarna* propose café et viennoiseries. Une *mlečna restavracija* (bar à lait) vend des yaourts et autres produits laitiers, ainsi que des *krofi* (beignets à la confiture).

Presque tous les "vrais" restaurants de Slovénie ont une carte présentant les plats traduits en anglais, italien, allemand et, parfois, en français et en russe. Notez la différence entre les *pripravljene jedi* (plats déjà préparés) ou *gotova jedila* (repas) tels qu'un goulasch ou un ragoût, qui sont juste réchauffés, et les *jedi po naročilu* (plats préparés à la commande). Les listes de *danes priporočamo* ou *nudimo* (recommandations ou suggestions du jour) sont souvent uniquement en slovène. Beaucoup de restaurants et d'auberges proposent un *dnevno kosilo* (menu) bon marché.

À moins de s'y rendre pour un repas d'affaires ou pour une sortie le soir, les Slovènes mangent rarement dans les restaurants du centre-ville. Le week-end, la plupart préfèrent aller à 5 ou 10 km de la ville pour rejoindre une *gostilna* ou *gostišče*, dont ils apprécient la cuisine maison et les vins locaux à prix abordables.

La célèbre *bučno olje* (huile de pépins de courge) de Basse-Styrie est excellente dans les salades, mais elle peut également être servie sur de la glace saupoudrée de graines de courge ou de noix concassées.

Spécialités

Pain

Le pain (*kruh*) slovène est généralement excellent, notamment le pain complet (*kmečki temni kruh*). Il serait dommage de ne pas goûter aux pains tressés fabriqués vers Noël, qui ne sont pas sans rappeler la 'hallah juive, ou le "pain marbré" (*pisan kruh*), confectionné avec trois types de pâtes de farines différentes (généralement du sarrasin, du blé et du maïs), pétries ensemble avant la cuisson.

Soupes

Les repas slovènes commencent souvent par une *juha* (soupe), notamment en hiver. Il y en aurait des centaines de variétés différentes. En entrée, il s'agit souvent d'un bouillon de bœuf ou de poulet accompagné de vermicelles (*kokošja juha* ou *goveja juha z rezanci*).

On trouve également d'autres variétés plus épaisses, comme la *jesprenj* (soupe d'orge), la *jota*, potage très épais à base de haricots, de choucroute ou de navets, voire de pommes de terre et de porc fumé ou de saucisse, ou encore l'*obara*, ragoût souvent à base de poulet ou de veau.

Viande et poisson

Pour la plupart des Slovènes, un repas est incomplet s'il ne comprend pas de *meso* (viande). Le cochon est roi dans tout le pays et la *svinjina* (viande de porc) domine les tables, mais la *teletina* (viande de veau), la *govedina* (bœuf) et, en saison, la *divjačina* (gibier), telle que le *srna* (chevreuil) et le *fazan* (faisan) sont aussi prisés. Même le *konj* (cheval) trouve sa place sur la table slovène. Le *piščanec* (poulet) n'est pas aussi répandu que le *puran* (dinde) dans les assiettes et la *gos* (oie), la *jagnjetina* (agneau) et la *koza* (chèvre) sont rares.

Le pays produit d'excellentes charcuteries, notamment le *pršut*, jambon sec du Karst finement tranché, cousin du prosciutto italien, et la *divjačinska salama* (salami de gibier), prisé en Haute-Carniole. Les Slovènes sont aussi de gros mangeurs de *riba* (poisson) et de *morski sadež* (crustacés), même loin de la côte. La *postrv* (truite) est souvent délicieuse, en particulier lorsqu'elle vient de la Soča.

C'est le vent glacé du nord-est, la *burja*, qui donne au jambon (*pršut*) du Karst son goût si particulier lors du séchage.

Gruaux

Nombre de plats slovènes sont servis avec du *žganci*, bouillie à base d'orge, de maïs ou, plus fréquemment, d'*ajda* (sarrasin). Ainsi, l'*ajdovi žganci z ocvirki* est une sorte de kacha de sarrasin épaisse dans laquelle est ajouté de l'*ocvirki* (morceaux de couenne de porc rissolés).

Desserts

La cuisine slovène ne manque pas de desserts à haute teneur calorique. Véritable institution nationale, la *potica* est une sorte de roulé aux noix (on en trouve aussi souvent des versions salées) que l'on mange au dessert ou à l'heure du thé. La *prekmurska gibanica*, de la province la plus orientale de Slovénie, est une pâtisserie assez lourde à base de graines de pavot, de noix, de pommes et/ou de raisins, de fromage frais, le tout surmonté de crème. La *blejska kremna rezina* est une tranche de crème à la vanille couronnée de crème fouettée, entre deux couches de pâte feuilletée.

Pourquoi manger de l'oie le 11 novembre, jour de la Saint-Martin ? D'après la légende, le saint homme se serait caché parmi des oies afin de ne pas être nommé évêque, mais il aurait été trahi par leur caquètement.

En-cas

L'en-cas le plus prisé en Slovénie est une importation des Balkans baptisée *burek* (pâtisserie à base de pâte filo, parfois fourrée de viande, mais le plus souvent farcie de fromage ou même de pomme), cousine du *börek* turc. Nourrissante et bon marché, on la trouve en vente sur des étals extérieurs ou dans des kiosques spécialisés. Parmi les autres *malice* (en-cas) à déguster sur le pouce, citons les *čevapčiči*, les *pljeskavice* (galettes de viande hachée), les *ražnjiči* (brochettes) et la pizza (qui apparaît parfois sous son orthographe slovène : *pica*).

FAITES VOYAGER VOS PAPILLES

S'il y a bien une chose que les Slovènes semblent être les seuls au monde à manger, c'est le *polh* (loir), petit rongeur nocturne, qui n'est pas sans rappeler l'écureuil. Il peut atteindre 30 cm de long et est connu pour dormir durant plusieurs mois de l'année. Mais à moins de vous trouver en Carniole-Intérieure durant la saison de chasse au loir, fin septembre, et d'y avoir des amis, il est peu probable que vous puissiez y goûter.

Végétariens et végétaliens

La Slovénie n'est pas un paradis pour végétariens, mais vous trouverez quelques restaurants spécialisés à Ljubljana et vous n'aurez pas de mal à trouver des plats sans viande ailleurs. Les *štruklji,* raviolis au fromage, souvent parfumés à la ciboulette ou à l'estragon, sont très répandus, de même que le *gobova rižota* (risotto aux champignons) ou l'*ocvrti sir* (fromage frit). Les Slovènes adorent la *solata* (salade) –une particularité assez peu slave– et vous en trouverez donc partout, même dans une *gostilna* de campagne. En saison (fin de l'été, automne), le pays tout entier se repaît de *jurčki* (cèpes) en soupes, en salades ou grillés.

En été et en automne, la cueillette des champignons devient presque un sport national dans les collines et les forêts slovènes.

Vin

On fabrique du vin (*vino*) en Slovénie depuis l'arrivée des Celtes, au Ve siècle av. J.-C. Et il faut avouer que nombre des cépages produits en Slovénie sont de très haute qualité. Sachez toutefois que les vins bon marché, dit "ouverts" (*odprto vino*), vendus au décilitre dans les bars et restaurants sont rarement autre chose que de la piquette. Pour des informations plus détaillées, contactez l'**Association slovène du vin** (Vinska Družba Slovenije ; ☎01-244 18 00 ; www.vinskadruzba.si ; Kongresni trg 14).

Comme partout, les Slovènes boivent habituellement du vin à l'occasion des repas ou lorsqu'ils sont entre amis. En été, il n'est pas rare de voir le vin, rouge ou blanc, mélangé à de l'eau minérale (*brizganec* ou *špricar*).

Le site en français e-slovenie.com propose d'excellentes recettes slovènes, ainsi que des articles consacrés à la gastronomie du pays (www.e-slovenie.com/category/fr/cuisine.

Régions viticoles

La Slovénie possède trois grandes régions viticoles. Le Podravje (littéralement "sur la Drave"), avec les terroirs du Prekmurje et de la Štajerska Slovenija, s'étend du nord-est de la Basse-Styrie jusque dans le Prekmurje et produit des blancs, dont le *laški rizling* (welschriesling) et le *renski rizling* (un vrai riesling allemand), le *beli pinot* (pinot blanc), le *traminec* (gewurztraminer) et le *šipon* (furmint).

La région du Posavje ("sur la Save") va de l'est de la Basse-Styrie et traverse la Save pour rejoindre la Basse-Carniole et la Carniole-Blanche. Elle comprend les terroirs viticoles de Bizeljsko-Sremič, de Basse-Carniole et de Carniole-Blanche. Elle produit aussi bien des blancs que des rouges, mais son vin le plus célèbre, le *cviček*, est un rouge léger et sec (presque rosé) typiquement slovène, avec un faible degré d'alcool (8,5 à 10%). Parmi les rouges, citons le *metliška črnina* (metlika noir) et parmi les blancs, le très doux *rumeni muškat* (muscat jaune).

La région viticole de la Primorska, qui comprend les terroirs de la Slovenska Istra (Istrie slovène), du Kras (Karst), de la Vipavska Dolina (vallée de Vipava) et de la célèbre Goriška Brda, est la plus grosse région productrice du pays. Elle excelle dans les rouges, le plus célèbre étant le *teran*, produit dans la région du Karst à partir de raisin *refošk* (refosco) slovène. La région produit également d'autres vins, dont le *malvazija*, un blanc doré, léger et sec, de l'Istrie slovène , ainsi que des merlots rouges, notamment ceux de la vallée de la Vipava et de Goriška Brda.

C'est à Maribor que se trouve la plus ancienne vigne du monde. Elle fut plantée il y a plus de quatre siècles et produit encore.

La plupart des terroirs viticoles proposent une *vinska cesta* (route des vins) ou deux, à suivre en voiture ou à vélo. Bon nombre sont recensés sur le site Web de l'office du tourisme de Slovénie (www.slovenia.info, en français). En chemin, il est bien sûr possible de s'arrêter dans un *klet* (cave) proposant des dégustations ou dans une *vinoteka* en ville.

Savoir lire l'étiquette

Sur une étiquette de vin slovène, le premier mot indique l'origine géographique du vin tandis que le deuxième informe sur le cépage : *vipavski merlot, mariborski traminec* etc. Certains vins ne doivent leur nom qu'à leur origine (Jeruzalemčan, Bizeljčan ou Haložan).

FÊTES CULINAIRES EN TOUTES SAISONS

Comme partout dans le monde, les fêtes et les dates importantes sont célébrées en Slovénie par la préparation de plats spéciaux. Si les *krofi* (beignets à la confiture) marquent les carnavals précédant le carême, la période de Pâques est quant à elle marquée par les œufs décorés et le jambon aux herbes ou le *pršut* d'Istrie aux olives noires. Enfin, un Noël slovène ne saurait être complet sans *potica* (roulé aux noix).

S'il ne s'agit pas d'une fête publique, la Saint-Martin (11 novembre) n'en est pas moins importante, car c'est la fête des vignerons, jour où le *mošt* (moût) est censé se transformer en vin. Dans les familles, on dîne traditionnellement d'une dinde, avec du *mlinci* (galette de pain sèche), et de chou rouge, le tout accompagné, bien sûr, de vin nouveau.

Si le choix de fruits et de légumes est très limité au cœur de l'hiver, c'est une avalanche qui apparaît dès le printemps : asperges sauvages (Istrie) et *ledenka* (laitue iceberg) cultivées à Trnovo, près de Ljubljana, fraises (Janče) et cerises (Goriška Brda), fruits à noyau, pommes (Kozjansko), noix, noisettes... Et n'oublions pas les champignons, dont la cueillette constitue un véritable sport national.

Les fêtes organisées pour marquer l'arrivée d'un fruit, légume, vin ou même d'un poisson sont des événements marquants du calendrier slovène et il serait vraiment dommage de ne pas y assister si vous vous trouvez dans les environs. Voici quelques exemples :

Mars

Fête du Salami de Sevnica (Sevniška Salamijada ; www.obcina-sevnica.si ; Sevnica)

Avril

Fête de la Nature et du Vin (www.klet-brda.com/en/goriska-brda-region/events ; Medana)

Mai

Fête du Vin rebula et de l'Huile d'olive (Praznik Rebule in Oljčnega Olja ; www.klet-brda.com/en/goriska-brda-region/events ; Višnjevik)

Printemps du vin (Vinska Vigred ; www.metlika-turizem.si ; Metlika)

Juin

Fête de la Cerise (Praznik Češenj ; www.klet-brda.com/en/goriska-brda-region/events ; Dobrovo)

Fête du Vin cviček (Cviičkarija ; ☎+386 41 615 295 ; Čatež)

Juillet

Fête de la Polenta (Praznik Polente ; www.praznik-polente.si ; Šempas)

Août

Fête des Pêcheurs (Ribiški Praznik ; www.izola.info ; Izola)

Fête des Pêches (Praznik Breskev ; www.novagorica-turizem.com ; Prvačina)

Fête du Vin teran et du Pršut (Praznik Terana in Pršuta ; www.praznikteranainprsuta.si ; Dutovlje)

Septembre

Fête du Potiron (Bučarija ; www.td-smartno.si ; Šmartno ob Paki)

Journées de la prune (Češpovi Dnevi ; www.slivje.si ; Slivje)

Octobre

Fête de la Pomme de Kozjansko (Prazni Kozjanskega Jabolka ; www.kozjanski-park.si ; Podsreada)

Novembre

Fête de Prevalje (Moštna Gavna ; www.ravne.si ; Prevalje)

LE MARIAGE PARFAIT

La plupart des gens savent que le *pršut* et les olives noires s'accompagnent merveilleusement d'un verre de teran, mais on connaît moins la merveilleuse synergie qui s'opère entre ces mets et d'autres vins du Karst (le *rebula* rouge et même le *malvazija* blanc). Avec des plats de viande plus lourds et/ou épicés, tels que le goulasch ou le salami, essayez le *cviček*. Le *malvazija*, un blanc doré de la côte, accompagne bien le poisson, tout comme le *laški rizling*. Et avec les plats sucrés tels que le strudel ou la *potica*, rien de tel qu'un verre de *rumeni muškat* vendanges tardives.

L'appellation d'origine contrôlée (AOC) slovène est la *zaščiteno geografsko poreklo* (ZGP). Elle garantit la provenance du vin et impose trois critères de qualité. Environ 9% de la production est qualifiée de *vrhunsko vino* (vin de qualité supérieure), 54% est *kakovostno vino* (vin de qualité) et 27% *deželno vino* (vin régional). Les 10% restant bénéficient d'une *priznano tradicionalno poimenovanje* (appellation traditionnelle reconnue), comme le *cviček*, le *teran*, le *metliška črnina*, le *belokranjec* et le *bizeljčan*. Les vins peuvent être rouges, blancs ou rosés et secs, demi-secs, demi-doux ou doux. Toute bouteille vendue plus de 6 € en magasin est une bonne bouteille de vin slovène. Comptez 10 € pour une très bonne bouteille et de 15 à 20 € pour le haut du panier.

Le site officiel de l'office du tourisme slovène propose une rubrique très détaillée et très complète sur le vin slovène, les régions viticoles et l'histoire de la viticulture en Slovénie (www.slovenia.info/fr/, rubrique Expériences – Gastronomie et vin).

Le *zlata radgonska penina*, de Gornja Radgona, en Styrie slovène, est un excellent vin pétillant mêlant chardonnay et pinot blanc, produit selon la méthode classique. Le *kraška penina*, un *teran* pétillant, est unique en son genre. Le *rumeni muškat*, de Carniole-Blanche et d'Istrie slovène, est un vendanges tardives doux, idéal pour le dessert.

Bière

La bière, *pivo*, est très prisée en Slovénie, notamment auprès des jeunes. Le *hmelj* (houblon) de Basse-Styrie, qui pousse dans la vallée de la Savinja, est employé par les brasseurs locaux, et aussi très recherché par les brasseurs du monde entier. Il aurait des arômes citronnés.

Le marché de la bière en Slovénie se partage entre deux brasseries, qui appartiennent à la brasserie Laško, située dans la ville du même nom, au sud de Celje. Laško produit les deux marques les plus prisées du pays : Laško Zlatorog et Union (brassée à Ljubljana). Il s'agit dans les deux cas de pilsners classiques, blondes légères. Des deux, la Zlatorog est la plus en vogue et a la réputation d'être la bière des jeunes actifs et des branchés. Union est considérée comme la bière des ouvriers.

Laško produit aussi une bière brune (*temno pivo*), la Laško Dark, disponible à la pression. Union produit un panaché populaire, faible en alcool (2,5%), le Radler, aromatisé à l'orange, au citron ou au pamplemousse et disponible en canettes et en bouteilles. Un autre cocktail à la bière, le Bandidos, inclut d'autres alcools, dont de la tequila.

Dans une *pivnica* (bar), la *točeno pivo* (bière pression) se commande en *veliko pivo* ("grande bière", 50 cl) ou *malo pivo* ("petite bière", 30 cl).

Alcools forts

Le *žganje* est une eau-de-vie distillée à partir de différents fruits. Les variétés les plus répandues sont la *slivovka* (aux prunes), le *češnjevec* (aux cerises), le *sadjevec* (aux fruits divers) et le *brinjevec* (au genièvre). L'une des plus appréciées est le *medeno žganje* (ou *medica*), un alcool de fruits aromatisé au miel (une sorte d'hydromel). L'un des plus rares (sinon le meilleur) est le *pleterska hruška*, un alcool de poire (également baptisé *viljamovka*) fabriqué par les chartreux du monastère de Pleterje, près de Kostanjevica na Krki, en Basse-Carniole.

Slovénie pratique

Carnet pratique

Alimentation

La cuisine slovène est savoureuse et très variée. Pour plus d'informations sur la cuisine et le vin en Slovénie, voir *La cuisine slovène* (p. 231).

Ambassades et consulats

Ambassades et consulats slovènes à l'étranger

Belgique (☎2-213 63 27 ; www.bruselj.veleposlanistvo.si ; rue du Commerce, 44, 1000 Bruxelles). Consulat (☎32 1 527 15 53 ; Baron Eduard Empainlaan 65, 2800 Mechelen)

Canada (☎1 613 565 57 81 ; http://ottawa.embassy.si ; 150 Metcalfe Street Suite 2200 Ottawa, Ontario K2P 1P1). Consulat Toronto (☎1 416 201 8307 ; 747 Browns Line, 2e ét. Etobicoke, Ontario, M8W 3V7) New Brunswick (☎1 506 383 1246 ; 53 Emerald Road Irishtown, New Brunswick) Vancouver (☎970-8907 ; 601 West Broadway, Suite 400 Vancouver, B.C)

France (☎01 44 96 50 71 ; http://pariz.veleposlanistvo.si ; 23 rue Bois-le-Vent, 75116 Paris). Consulat (☎04 77 22 26 54 4 ; Arcades de l'Hôtel de Ville, 42000 Saint-Etienne)

Suisse (☎41 31 310 90 00 ; http://bern.embassy.si ; Schwanengasse 9/II 3011 Bern) Consulat (Löwenstrasse 54, 8001 Zürich)

Ambassade et consulats en Slovénie

Ambassade d'Autriche (☎01-479 07 00 ; Prešernova cesta 23, Ljubljana ; ⌚8h-12h lun-jeu, 8-10h ven). Entrée par Veselova ulica.

Ambassade de Belgique (☎1 200 60 10 ; www.diplomatie.be/ljubljana ; Trg republike 3/IX, Ljubljana)

Consulat du Canada (☎01-252 44 44 ; 12e ét., Trg Republike 3, Ljubljana ; ⌚9h-12h lun-ven). L'ambassade du Canada pour la Slovénie est à Budapest, en Hongrie.

Ambassade de Croatie (☎01-425 62 20 ; Gruberjevo nabrežje 6, Ljubljana ; ⌚9h-13h lun-ven). Consulat (☎02-234 66 86 ; Trg Svobode 3, Maribor ; ⌚10h-13h lun-ven)

Ambassade de France (☎01-479 04 00 ; Barjanska cesta 1, Ljubljana ; ⌚8h30-12h30 lun-ven)

Ambassade de Hongrie (☎01-512 18 82 ; Ulica Konrada Babnika 5, Ljubljana ; ⌚8h-17h lun-ven)

Ambassade d'Italie (☎01-426 21 94 ; Snežniška ulica 8, Ljubljana ; ⌚9-11h lun-ven). Consulat (☎05-627 37 49 ; Belvedere 2, Koper ; ⌚9-11h lun-ven)

Ambassade de Suisse (☎1 200 86 40 ; www.eda.admin.ch/ljubljana ; Trg republike 3/VI, Ljubljana)

Argent

» La Slovénie est membre de la zone euro.

» La pièce de 1 € slovène représente le réformateur protestant et traducteur Primož Trubar (1508-1586) et porte l'inscription latine *Stati Inu Obstati* (Exister et persévérer). Le verso de la pièce de 2 € présente le poète France Prešeren (1800-1849) et un vers de son poème *Zdravljica*' ("je lève mon verre"), qui fait partie de l'hymne national slovène.

» Sur les trois plus petites pièces (1, 2 et 5 centimes d'euros) sont représentés une cigogne, la pierre des princes, symbole des

TARIFS DES RESTAURANTS

Les prix suivants correspondent à un menu de deux plats, pris sur place, avec boisson, pour une personne.

€ < 15 €

€€ 16-30 €

€€€ > 31 €

Le midi, nombre de restaurants proposent un menu de deux, voire trois plats d'un excellent rapport qualité/prix.

princes de Carinthie, et *Le Semeur* du peintre Ivan Grohar (1867-1911). La pièce de 10 centimes représente un projet de Parlement de l'architecte Jože Plečnik (1872-1957) qui ne vit jamais le jour, avec les mots *"Katedrala Svobode"* (cathédrale de liberté). La pièce de 20 centimes figure quant à elle deux chevaux lipizzans. Enfin, la pièce de 50 centimes représente le mont Triglav, la constellation du Cancer (sous laquelle est née la Slovénie indépendante) et les mots *"Oj Triglav moj dom"* ("Ô Triglav, ma demeure").

Distributeurs automatiques

Baptisés *bančni avtomat*, les distributeurs automatiques (DAB) sont omniprésents en Slovénie. Une carte Visa/Electron/Plus ou MasterCard/Maestro/Cirrus vous permettra de retirer de l'argent n'importe où. Les distributeurs des banques Abanka et SKB Banka sont liés aux deux réseaux, mais ceux de certaines banques plus petites ne sont liés qu'à un seul des deux.

Cartes de crédit

Les cartes de crédit Visa, MasterCard/Eurocard et American Express sont très largement acceptées dans les hôtels, restaurants, magasins, agences de location, stations-service et agences de voyages. La carte Diner's Club est également acceptée, mais moins fréquemment.

Les détenteurs de carte Visa peuvent obtenir des avances en liquide auprès de n'importe quelle banque Abanka. Il en va de même pour les détenteurs de carte Eurocard/MasterCard auprès des banques Nova Ljubljanska Banka ou SKB Banka. Les clients American Express peuvent obtenir des avances en liquide auprès du bureau principal d'**Atlas Express** (☎01-430 77 20 ; Slovenska cesta 56 ; ⏲8h-17h lun-ven) à Ljubljana, mais le montant est généralement limité à 600 € en chèques de voyage pour les détenteurs de carte Green, 1 200 € pour les détenteurs de carte Gold et 3 600 € pour les détenteurs de carte Platinum. Les clients American Express qui voudraient signaler la perte ou le vol d'une carte ou de chèques de voyage doivent appeler Atlas Express ou le ☎01-568 0300. Ils pourront vous remplacer votre carte (si vous connaissez son numéro) et vous rembourser les chèques de voyage perdus ou volés.

Si vous avez un problème avec votre carte Visa, appelez le **Centre A Banka Visa** (☎01-471 81 00), à Ljubljana. Les détenteurs de cartes Eurocard et MasterCard doivent quant à eux appeler la **Nova Ljubljanska Banka** (☎476 39 00 ; www.nlb.si ; Trg Republike 2 ; ⏲8h-18h lun-ven) ou la **SKB Banka** (☎01-433 21 32). **Diners Club** (☎01-589 61 33) est basé à Bežigrad, dans la banlieue nord de Ljubljana.

Change

Vous pourrez facilement changer du liquide et des chèques de voyage dans les banques, les bureaux de poste, les agences de voyages et les bureaux de change privés. Cherchez les mots *menjalnica* ou *devizna blagajna* pour trouver le bon guichet. La plupart des banques prélèvent une *provizija* (commission) de 1% sur les chèques de voyage, mais généralement rien sur le liquide. Les offices du tourisme, les agences de voyages et les bureaux de change prélèvent généralement 3%. Certains hôtels prélèvent une commission pouvant aller jusqu'à 5%.

Taxes et remboursements

La TVA (*davek na dodano vrednost* ou DDV en slovène) s'applique aux achats de la plupart des biens et services au taux standard de 20% (par exemple sur les boissons alcoolisées, l'essence, etc.) ou au taux réduit de 8,5% (par exemple sur l'hébergement, l'alimentation, les livres, les entrées des musées, etc.). Elle est généralement incluse dans le prix, mais pas toujours.

Les visiteurs extérieurs à l'Union européenne peuvent obtenir un remboursement de la TVA sur la totalité de leurs achats d'un montant d'environ 65 € (à l'exception du tabac et de l'alcool), si ces derniers apparaissent sur un ou plusieurs tickets émis le même jour par un même vendeur/magasin et s'ils sortent ces biens de l'Union européenne dans les 90 jours. Afin d'obtenir ce remboursement, il est nécessaire que le vendeur ait correctement rempli un formulaire de remboursement ou un chèque Global Refund que vous ferez tamponner à la douane. Vous pourrez ensuite obtenir votre remboursement (moins une petite somme correspondant aux frais de traitement) auprès du bureau adéquat, à moins qu'il ne soit directement déposé sur votre compte en banque. Pour plus de renseignements et pour connaître l'emplacement exact des bureaux de remboursement, contactez **Global Refund** (☎01-513 22 60 ; www.globalrefund.com ; Goriška ulica 17), à Ljubljana.

Pourboire

Lorsque le service n'est pas inclus, ce qui arrive parfois, il est coutumier d'ajouter 10% au total. Pour les taxis, il est habituel d'arrondir la somme.

Assurances

Il est conseillé de souscrire à une police d'assurance qui vous couvrira en cas de vol, de perte de vos affaires ou de problème médical. Les frais de santé en Slovénie des ressortissants de pays de l'Union européenne sont généralement couverts grâce à des arrangements réciproques avec la sécurité sociale de leur pays.

Certaines assurances ne couvrent pas les "activités dangereuses", parmi lesquelles la moto ou même la randonnée peuvent entrer en compte. Faites attention aux détails.

Vous pouvez contracter une assurance qui réglera directement les hôpitaux et les médecins, vous évitant ainsi d'avancer des sommes qui ne vous seront remboursées qu'à votre retour. Dans ce cas, conservez avec vous tous les documents nécessaires. Certaines polices demandent à leurs assurés d'appeler (en PCV) un centre situé dans leur pays d'origine afin d'évaluer immédiatement la situation. Vérifiez que votre assurance couvre bien les ambulances et le rapatriement d'urgence.

Payer son billet d'avion par carte de crédit donne souvent droit à une assurance voyage limitée, vous permettant au moins de réclamer le remboursement du voyage si la compagnie ne fournit pas la prestation demandée. Demandez à votre société de carte de crédit ce que couvre l'assurance.

Blanchisserie

Les laveries sont peu nombreuses et très éloignées les unes des autres. Pour laver et sécher votre linge vous-même, le plus simple est d'aller dans les auberges de jeunesse, les dortoirs universitaires et les campings. Ljubljana compte quelques blanchisseries qui pourront laver votre linge assez rapidement ; le service de blanchisserie des hôtels est plus onéreux.

Cartes de réduction

Camping Card International

La **Camping Card International** (CCI ; www.campingcardinternational.com, en français) est disponible gratuitement auprès des automobiles clubs locaux, des fédérations de camping et parfois sur place, au camping choisi. Elle inclut une assurance responsabilité civile et nombre de campings en Slovénie proposent des réductions de 5 à 10% à ses détenteurs. Pour une liste complète, consultez le **Caravaning Club Slovenije** (CCS ; www.ccs-si.com).

Carte HI

Aucune auberge de jeunesse slovène n'impose à ses clients d'être détenteur d'une carte Hostelling International (HI) ou membre d'une association liée, mais elles offrent néanmoins parfois des réductions à ces derniers. **Hostelling International Slovenia** (Popotniško Združenje Slovenije ; ☎02-234 21 37 ; www.youth-hostel.si, en français ; Gosposvetska cesta 84), à Maribor, vend différentes cartes HI selon l'âge du détenteur : jusqu'à 15 ans (5,50 €), de 16 à 29 ans (7,50 €) et plus de 30 ans (9,20 €).

Étudiants, jeunes et enseignants

La **carte internationale d'étudiant** (ISIC ; www.isic.fr ; 10 €) permet aux étudiants de profiter de nombreuses réductions sur certaines formes de transports ainsi que sur l'entrée aux musées et à d'autres sites. Si vous avez moins de 26 ans, mais que vous n'êtes pas étudiant, vous pouvez demander une carte ISIC IYTC (International Youth Travel Card ; 10 €) ou la carte Euro<26 (17 €) émise par l'European Youth Card Association (EYCA), qui offrent toutes deux les mêmes réductions que la carte d'étudiant. Les enseignants peuvent quant à eux obtenir la carte internationale d'enseignant (ITIC ; 12 €).

Cours de langue

L'endroit le plus célèbre et le plus prestigieux pour apprendre le slovène est le **Centre pour le slovène comme deuxième langue/langue étrangère** (Center za Slovenščino kot Drugi/Tuji Jezik ; carte p. 44 ; ☎01-241 86 47 ; www.centerslo.net ; Kongresni trg 12) de l'université de Ljubljana. Plusieurs cours sont disponibles, dont des cours d'été de deux à quatre semaines en juillet, avec 30 et 80 heures de cours, respectivement

CONSEILS AUX VOYAGEURS

La plupart des gouvernements possèdent des sites Internet qui recensent les dangers possibles et les régions à éviter. Consultez notamment les sites suivants :

Ministère des Affaires étrangères français (www.diplomatie.gouv.fr)

Ministère des Affaires étrangères de Belgique (http://diplomatie.belgium.be)

Ministère des Affaires étrangères du Canada (www.voyage.gc.ca)

Département fédéral des Affaires étrangères suisse (www.eda.admin.ch/eda/fr)

EN PRATIQUE

- Poids et mesures : système métrique.
- Électricité : prises européennes standards à deux fiches rondes (220 V, 50 Hz).
- Vous pourrez vous tenir informé grâce aux journaux et magazines suivants : le **Slovenia Times** (www.sloveniatimes.com), un bimensuel en anglais souvent distribué gratuitement, **Sinfo** (www.ukom.gov.si), mensuel gratuit publié par le gouvernement, traitant de politique, d'environnement, de culture, d'économie et de sport, et le **Slovenian Business Report** (www.sbr.si), un trimestriel au prix de 12 €, mais souvent disponible gratuitement dans les hôtels haut de gamme. En français, connectez-vous au site du **Courrier des Balkans** (http://balkans.courriers.info) qui possède une rubrique très riche sur l'actualité slovène.
- **Radio Slovenja International** (www.rtvslo.si/rsi), la branche internationale de la radio d'État, émet sur 100 FM en slovène, en anglais et en allemand.

à 270 et 580 €, ainsi qu'un cours intensif de 12 semaines (220 heures ; 1 300 €). Les prix n'incluent pas l'hébergement, ni les repas. Le centre assure aussi des leçons gratuites d'introduction au slovène (1 heure 30) pour les touristes, le mercredi à 17h de mai à septembre, au **Centre d'information touristique de Slovénie** (☎306 45 76 ; www.slovenia.info, en français ; Krekov trg 10 ; ⏲8h-21h juin-sept, 8h-19h oct-mai) à Ljubljana.

Plusieurs écoles privées proposent des cours de slovène à Ljubljana, dont le **Centre d'enseignement Miklošič** (carte p. 38 ; ☎01-230 76 02 ; Miklošičeva cesta 26), avec des cours de 30/85 heures à partir de 240/590 € et la **Maison internationale Mint Ljubljana** (carte p. 38 ; ☎01-300 43 00 ; www.mint.si ; 1er ét., Kersnikova ulica 1), avec des cours de 51/63 heures à partir de 277/333 €. Le prix des cours individuels démarre à 33 €/heure.

Désagréments et dangers

La Slovénie n'est pas un pays violent ni dangereux. Selon la police, 90% des crimes enregistrés concernent des vols. Prenez donc les précautions de base. Faites attention à votre sac à main et à votre portefeuille dans les zones très fréquentées, comme les gares, et ne laissez pas vos affaires sans surveillance à la plage ou dans un refuge lors d'une randonnée. Fermez votre voiture, garez-vous dans des zones bien éclairées et ne laissez rien en vue. Les vols de vélos sont en augmentation. Pensez à toujours bien attacher le vôtre.

Il est interdit d'acheter de l'alcool dans un magasin sans licence ou dans un bar si ce n'est pas pour consommer sur place entre 21h et 7h. Vous pouvez en revanche boire autant que vous voulez au bar et au restaurant.

Douane

La vente de produits hors taxes a été supprimée dans l'Union européenne en 1999 et la Slovénie, en tant que pays membre, s'y est conformée. Vous ne pouvez donc pas acheter des produits détaxés en Autriche, en Italie ou en Hongrie et les emporter en Slovénie. Cependant, vous pouvez encore entrer en Slovénie avec des produits détaxés achetés dans des pays extérieurs à l'UE. Les voyageurs sont autorisés à entrer dans l'UE avec : 200 cigarettes, 50 cigares, 100 cigarillos ou 250 g de tabac ; 2 litres de vin et 1 litre d'alcool fort ; 50 g de parfum et 250 ml d'eau de toilette. La valeur totale des articles cités ne doit pas dépasser 175/90 € pour les voyageurs de plus/moins de 15 ans.

Électricité

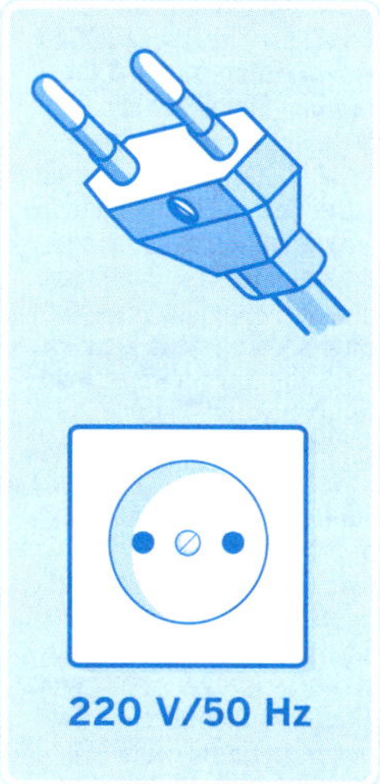

Enfants

Voyager avec des enfants en Slovénie pose très peu de problèmes : ils ont droit à des réductions dans les transports publics, ainsi que dans les musées et diverses attractions. Les magasins comme DM (grande enseigne allemande de parapharmacie et de cosmétiques qui possède une cinquantaine de boutiques dans le pays) vendent tous les produits de base pour les enfants, et l'attitude des Slovènes envers les petits est dans l'ensemble très enthousiaste. En dehors des hôtels haut de gamme, il est toutefois quasiment impossible de trouver une baby-sitter.

Toutes les agences de location de voitures en Slovénie louent des sièges-auto pour enfants à 35 € environ (obligatoires jusqu'à l'âge de 12 ans). Pensez toutefois à les réserver. De même, pensez à réserver les chaises hautes et les lits parapluie : il n'est pas rare d'en trouver dans les hôtels et restaurants, mais ils sont souvent en nombre restreint.

Lors de vos visites, ne prévoyez pas un programme trop chargé. Le **Musée ethnographique slovène** (Slovenski Etnografski Muzej ; carte p. 38 ; ☎300 87 45 ; www.etno-muzej.si, en français ; Metelkova ulica 2 ; tarif plein/étudiant et senior 4,50/2,50 €, gratuit le dernier dim du mois ; ⏲10h-18h mar-dim), à Ljubljana, propose d'excellentes expositions, interactives et colorées, pour les enfants, à équilibrer avec un après-midi au **zoo de Ljubljana** (Živalski Vrt Ljubljana ; www.zoo-ljubljana.si ; Večna pot 70 ; adulte/enfant 7/5 € ; ⏲9h-19h mai-août, 9h-18h avr et sept, 9h-17h mars et oct, 9h-16h nov-fév), sur la colline de Rožnik ou à l'immense parc aquatique **Atlantis** (☎585 21 00 ; www.atlantis-vodnomesto.si ; BTC City, Šmartinska cesta 152 ; forfait journée adulte/enfant lun-ven 14,60/12,30 €, sam et dim 16,70/14,50 € ; ⏲9h-21h lun-jeu, 9h-22h ven-dim), dans le centre commercial BTC. Faites participer les enfants à la préparation de la journée ; ils seront plus intéressés une fois sur place s'ils vous ont aidé à décider où aller.

Le guide Lonely Planet *Voyager avec ses enfants* s'avérera souvent utile.

Formalités et visas

Les ressortissants de l'Union européenne, du Canada et de la Suisse n'ont pas besoin de visa pour entrer en Slovénie et doivent simplement présenter leur carte d'identité ou leur passeport lors de leur arrivée. Il est conseillé de porter en permanence une pièce d'identité sur vous.

Si vous restez plus de 90 jours en Slovénie, vous devrez demander un certificat de résidence (voir le site du ministère slovène des Affaires étrangères www.mzz.gov.si/en pour plus d'informations).

Handicapés

Vous trouverez dans tout le pays des téléphones publics avec amplificateur, des passages pour piétons avec avertisseur sonore, des indications en braille sur les plans de bus, des ascenseurs à certains passages souterrains, des trottoirs accessibles aux fauteuils roulants, des rampes d'accès aux bâtiments publics et des espaces réservés dans de nombreux parkings. De plus en plus d'hôtels possèdent au moins une chambre conçue spécialement pour leurs clients handicapés (salle de bains assez grande pour un fauteuil roulant, baignoire avec porte d'accès, barre d'appui à côté des toilettes, etc.).

L'**Association des paraplégiques de Slovénie** (Zveza Paraplegikov Republike Slovenije ; ☎01-432 71 38 ; www.zveza-paraplegikov.si ; Štihova ulica 14) à Ljubljana s'occupe des intérêts et des besoins particuliers des paraplégiques et tétraplégiques en Slovénie. Elle a publié un guide pour ses membres, mais il est disponible uniquement en slovène (leur site en anglais est cependant assez complet). L'**Association slovène des étudiants handicapés** (Društvo Študentov Invalidov Slovenije ; ☎01-565 33 51 ; www.dsis-drustvo.si ; Kardeljeva ploščad 5), à Ljubljana, est très active. Certaines villes publient une brochure très utile indiquant l'accessibilité en fauteuil roulant de leurs divers sites et curiosités. Renseignez-vous auprès de l'office du tourisme concerné.

L'**APF** (Association des paralysés de France, 17 bd Auguste-Blanqui, 75013 Paris, ☎01 40 78 69 00, www.apf.asso.fr) peut vous fournir d'utiles informations sur les voyages accessibles. Deux sites Internet dédiés aux personnes handicapées comportent une rubrique consacrée au voyage et constituent une bonne source d'information. Il s'agit de **Yanous** (www.yanous.com) et de **Handicap** (www.handicap.fr).

Hébergement

Des campings aux auberges de jeunesse, en passant par les refuges de montagne, les *gostišče* (maisons d'hôtes), les séjours à la ferme, les châteaux transformés en hôtels de Basse-Carniole et de Basse-Styrie et les hôtels cinq étoiles de Ljubljana, le choix est vaste et vous ne devriez pas avoir de mal à trouver un hébergement convenant à votre budget, sauf peut-être à la saison haute (juillet et août) sur la côte, à Bled ou Bohinj, ou encore à Ljubljana.

Quasiment toutes les municipalités imposent une taxe de séjour comprise entre 0,50 et 1 € par personne et par nuit. Pour les séjours de moins de trois nuits, nombre de pensions et quasiment toutes les chambres chez l'habitant facturent de 30% à 50% de plus, même si ce pourcentage baisse généralement la deuxième nuit.

TARIFS DES HÉBERGEMENTS

Les prix suivants correspondent à une chambre double avec toilettes et salle de bains/douche attenante (taxe de séjour et petit-déjeuner inclus).

€ < 50 €

€€ 51-100 €

€€€ > 100 €

Camping

Il y a des *kamp* (camping) pratiquement partout. Certains louent également des bungalows bon marché. L'office du tourisme slovène édite une brochure intitulée *Camping in Slovenia* (non traduite).

Les tarifs des campings s'entendent généralement par personne. Les prix varient en fonction de l'emplacement et de la saison, mais vous pouvez compter entre 5 et 17,50 €/pers (les enfants paient généralement de 20 à 50% du tarif plein). La plupart des campings officiels proposent des réductions de 5 à 10% aux détenteurs de la Camping Card International (CCI).

Presque tous les sites ferment de mi-octobre à mi-avril. Le camping sauvage est illégal en Slovénie.

Séjours à la ferme

Des centaines de fermes en activité proposent un hébergement payant, que ce soit en chambre privée dans la ferme même ou dans des bâtiments indépendants de type chalets. Nombre de fermes offrent également des activités sportives en extérieur et vous proposent de participer aux travaux de la ferme si cela vous dit.

Comptez environ 15 € par personne pour une chambre avec salle de bains commune et petit-déjeuner (à partir de 20 € en demi-pension) en basse saison (de septembre à mi-décembre et de mi-janvier à juin), mais cette somme s'élève à la saison haute (juillet et août) à un minimum de 17 € par personne (25 € en demi-pension). Des appartements pour groupes jusqu'à 8 personnes sont également disponibles. Il n'y a pas de séjour minimum, mais il faut généralement payer 30% de plus si l'on reste moins de trois nuits.

Pour plus de renseignements, contactez l'**Association des fermes touristiques de Slovénie** (Združenje Turističnih Kmetij Slovenije ; ☎041 435 528, 03-425 55 11 ; www.farmtourism.si, en français ; Trnoveljska cesta 1) ou consultez la brochure *La Campagne accueillante* de l'office du tourisme slovène, qui recense pas moins de 300 fermes proposant un hébergement.

Auberges de jeunesse et dortoirs étudiants

La Slovénie abrite un nombre croissant d'excellentes auberges de jeunesse, dont la très en vogue **Celica** (carte p. 38 ; ☎230 97 00 ; www.hostelcelica.com ; Metelkova ulica 8 ; dort 17-21 €, dort 19-25 €, ch s/d/tr 53/60/70 € ; P@wifi) à Ljubljana, la **MCC** (carte p. 192 ; ☎490 87 42 ; www.hostel-celje.com ; Mariborksa cesta 2 ; s/d 29/36 €, dort 18 € ; wifi) à Celje, la **Situla** (carte p. 152 ; ☎394 20 00 ; www.situla.si ; Dilančeva ulica 1 ; dort 13,50-19 €, d 35-60 €, s/tr/qua 25/57/76 € ; P@wifi) à Novo Mesto et **Pekarna** (☎059 180 880 ; www.mkc-hostelpekarna.si ; Ob železnici 16 ; dort/s/d 17/21/42 € ; wifi) à Maribor. Dans tout le pays, vous trouverez des *dijaški dom* (dortoirs de lycées) ou des *študentski dom* (résidences universitaires) qui accueillent les visiteurs en juillet et en août. Sauf mention contraire, les salles de bains sont communes dans les auberges de jeunesse. Une nuit en auberge de jeunesse coûte généralement de 15 à 26 € ; les prix sont au plus haut en juillet-août et à Noël.

Une trentaine d'auberges de jeunesse slovènes sont affiliées ou enregistrées auprès de l'organisme **Hostelling International Slovenia** (Popotniško Združenje Slovenije ; ☎02-234 21 37 ; www.youth-hostel.si, en français ; Gosposvetska cesta 84), à Maribor. Il n'est pas nécessaire de détenir la carte de Hostelling International (HI) pour dormir dans les auberges de jeunesse slovènes, mais cela permet parfois d'avoir une réduction ou une exemption de la taxe de séjour.

Hôtels

Comme partout, les tarifs des hôtels slovènes varient selon les saisons, la saison haute étant en juillet-août et les mi-saisons en septembre-octobre et mai-juin. Dans les stations de ski telles que Kranjska Gora et le Pohorje de Maribor, la saison haute va de décembre à mars. À Ljubljana, les prix sont généralement constants tout au long de l'année, mais les week-ends sont souvent moins chers dans les hôtels de catégorie supérieure. Sur la côte, beaucoup d'hôtels ferment en hiver.

Refuges de montagne

Les refuges de montagne slovènes sont classés par catégories. La catégorie I correspond aux refuges installés à plus de 1 000 m et à plus d'une heure des transports motorisés. Un refuge de catégorie II est à moins d'une heure des transports motorisés. La catégorie III correspond aux refuges accessibles directement en voiture ou en téléphérique.

Un lit pour la nuit coûte de 18 à 27 € dans un refuge de catégorie I, en fonction du nombre de lits dans la pièce, et de 12 à 20 € dans un refuge de catégorie II. Les refuges de catégorie III sont autorisés à fixer leurs propres prix, mais ils sont généralement moins chers que ceux de catégorie I. Pour plus d'informations, voir aussi l'encadré p. 26.

Pensions et auberges

En Slovénie, les pensions peuvent porter plusieurs noms. Une *penzion* est, bien entendu, une pension, mais on l'appelle plus fréquemment *gostišča* (auberge) – qui est en fait un restaurant rustique avec *prenočišča* (hébergement). Ces établissements sont plus onéreux que les auberges de jeunesse, mais moins chers que les hôtels et pourraient être votre seule option dans les petites villes et les villages. En règle générale, une *gostilna* sert uniquement à boire et à manger, mais certaines proposent également des chambres. La différence entre *gostilna* et *gostišča* n'est pas toujours très claire, même pour les Slovènes.

Chambres chez l'habitant et appartements

Vous pourrez trouver des chambres chez l'habitant et des appartements en passant par les offices du tourisme et les agences de voyages de la plupart des villes. La brochure de l'office du tourisme slovène *Tarifs des hébergements privés* (www.slovenia.info, rubrique Hébergement, en français) donne l'emplacement avec photos de la maison, ainsi que les tarifs.

Il n'est toutefois pas nécessaire de passer par une agence ou un office du tourisme : toute habitation portant un panneau "Sobe" ou "'Zimmer frei" signifie qu'une chambre est disponible. Selon la saison, vous pourrez même économiser un peu d'argent en vous adressant directement au propriétaire.

En Slovénie, les chambres et appartements affiliés sont classés de une à quatre étoiles. Les prix varient énormément selon la ville et la saison, mais il faut généralement compter de 15 à 30 € pour une simple et de 25 à 40 € pour une double.

Le prix indiqué correspond habituellement à un séjour minimum de trois nuits. Si vous restez moins longtemps, il vous faudra payer un supplément de 30 à 50% la première nuit et de 20 à 30% la seconde. Le prix n'inclut jamais le petit-déjeuner (à partir de 4 à 6 € lorsqu'il y en a) ni la taxe de séjour.

Plusieurs agences et offices du tourisme proposent aussi des appartements pouvant accueillir jusqu'à six personnes. Un appartement pour 2/4 personnes peut ainsi revenir à seulement 35/50 €.

Heure locale

La Slovénie se trouve dans le fuseau horaire d'Europe centrale. L'heure d'hiver est à GMT plus 1 heure et l'heure d'été à GMT plus 2 heures. Les horloges sont avancées d'une heure le dernier dimanche de mars et reculées du même temps le dernier dimanche d'octobre.

Homosexualité

La loi slovène protège les droits des homosexuels en interdisant notamment toute discrimination à l'embauche sur un critère de préférence sexuelle et en autorisant la présence d'homosexuels dans l'armée. Ces dernières années, une campagne très visible contre l'homophobie a été mise en place dans tout le pays, mais, en dehors de Ljubljana, les homosexuels sont particulièrement discrets et il n'existe pas de scène homo à proprement parler.

Le **Roza Klub** (Klub K4 ; carte p. 38 ; ☎438 02 61 ; www.klubk4.org ; Kersnikova ulica 4 ; ⌚22h-6h dim sept-juin), à Ljubljana, est constitué par les branches gay et lesbienne du **ŠKUC** (www.skuc.org), Študentski Kulturni Center (Centre culturel étudiant), mais il n'est plus orienté spécifiquement vers les étudiants. C'est lui qui organise la **Ljubljana Pride parade** (www.ljubljanapride.org), fin juin, ainsi que le **Festival du film gay et lesbien** (www.ljudmila.org/siqrd/fglf) fin novembre/début décembre. La branche masculine, **Magnus** (skucmagnus@hotmail.com), s'occupe de prévention du SIDA et de communication. C'est également elle qui anime le Kulturni Center Q (Centre culturel Q) à **Metelkova Mesto** (Ville de Metelkova ; carte p. 38 ; www.metelkova.org ; Masarykova cesta 24) de Ljubljana, qui comprend le Klub Tiffany pour les hommes et le Klub Monokel pour les femmes. Les lesbiennes peuvent contacter **LL** (www.ljudmila.org/lesbo), affilié au ŠKUC et également basé à Ljubljana.

Le site Web du **Slovenian Queer Resources Directory** (www.ljudmila.org/siqrd) est très riche en informations, sérieuses ou moins sérieuses, mais il est rédigé uniquement en slovène. **Out in Slovenia** (www.outinslovenija.com), premier groupe de sport et de loisirs slovène pour les homosexuels, est à visiter pour tout savoir sur les sorties et activités proposées. Le mensuel **Narobe** (www.narobe.si) est uniquement rédigé en slovène, mais vous devriez néanmoins pouvoir vous repérer dans les listings.

Ce n'est pas un numéro d'assistance à proprement parler, mais en cas de besoin, vous pouvez contacter **Mavrična Svetovalnica** (Conseil Arc-en-ciel ; ☎031 258 685 ; ⌚18h-20h lun, mer et ven).

Horaires d'ouverture

» Les *delovni čas* (heures d'ouverture) sont généralement affichées sur la porte. *Odprto* signifie "ouvert" et *zaprto* "fermé".

» Les épiceries et les supermarchés ouvrent de 8h à 19h en semaine et de 8h à 13h le samedi. En hiver, ils peuvent fermer une heure plus tôt. Certains supermarchés Mercator sont ouverts le dimanche matin.

» Les horaires des restaurants varient énormément, mais la plupart sont ouverts tous les jours de 10h ou 11h à 22h ou 23h. Les bars ont également des horaires variables, mais ils sont habituellement ouverts de 11h à minuit du dimanche au jeudi et jusqu'à 1h ou 2h les vendredis et samedis.

» Les banques sont généralement ouvertes en semaine de 8h ou 8h30 à 17h (souvent avec une pause-déjeuner de 12h30 à 14h) et (rarement) de 8h à 12h ou 13h le samedi.

» Dans toutes les villes, la poste principale est ouverte de 8h à 18h ou 19h en semaine et de 8h à 12h ou 13h le samedi.

» Les musées sont ouverts de 10h à 18h du mardi au dimanche. Les horaires peuvent être réduits l'hiver (parfois uniquement le week-end) en dehors des grandes villes.

Internet (accès)

Presque tous les hôtels et auberges de jeunesse du pays disposent désormais d'un accès à Internet, qu'il s'agisse d'un ordinateur en libre accès (gratuit ou payant) et/ou d'un accès Wi-Fi. La plupart des offices du tourisme du pays offrent également un accès gratuit (ou très bon marché), nombre de bibliothèques disposent de terminaux en libre accès et la plupart des grandes villes possèdent au moins un cybercafé (souvent avec quelques ordinateurs seulement), lorsqu'ils n'offrent pas directement le Wi-Fi gratuit sur les places de la ville.

Si vous souhaitez pouvoir vous connecter n'importe où, vous pouvez équiper votre portable d'un modem USB Paket Mobi moyennant 15 €, avec des frais de connexion mensuels à partir de 29 €.

Jours fériés

La Slovénie célèbre 14 *prazniki* (jours fériés) chaque année. Si l'un d'eux tombe un dimanche, le lundi suivant est férié.

» **Nouvel An** 1er et 2 janvier

» **Prešeren Day** (Fête de la Culture slovène) 8 février

» **Pâques et lundi de Pâques** mars/avril

» **Fête de la Libération** 27 avril

» **Fête du Travail** 1er et 2 mai

» **Fête nationale** 25 juin

» **Assomption** 15 août

» **Fête de la Réforme** 31 octobre

» **Toussaint** 1er novembre

» **Noël** 25 décembre

» **Fête de l'Indépendance** 26 décembre

Ce n'est pas un jour férié, mais la Saint-Martin (11 novembre), fête des Vignerons, n'en revêt pas moins une importance nationale.

Le soir du 11 mars, jour de la Saint-Grégoire, les enfants de certains villages de Haute-Carniole (Železniki est le plus célèbre) mettent à l'eau des centaines de petits bateaux portant des bougies.

ADRESSES ET NOMS DE LIEUX

Les rues des villes slovènes sont bien indiquées, mais la numérotation peut parfois être déconcertante, les numéros pairs et impairs étant parfois situés du même côté de la rue.

Dans les villages et les petites villes, les rues n'ont généralement pas de nom et les maisons portent juste un numéro. Ainsi "Ribčev Laz 13" correspond à la maison n°13 du village de Ribčev Laz, sur le lac de Bohinj. Les villages slovènes étant souvent constitués d'une seule route, le long de laquelle sont rassemblées les maisons, il est difficile de se tromper.

Les Slovènes utilisent fréquemment le possessif (génitif) dans les noms de rues. Ainsi, une rue baptisée en l'honneur du poète Ivan Cankar s'appellera Cankarjeva ulica et une place honorant France Prešeren se nommera Prešernov trg. De même, lorsque les noms sont transformés en adjectifs, ils sont parfois difficiles à reconnaître. Par exemple, le "lac de Bled" s'appelle "Blejsko Jezero". Une rue menant à un château *(grad)* s'appelle généralement Grajska ulica. Une rue allant dans la direction de Trieste (Trst) s'appelle Tržaška cesta. Si elle va vers Klagenfurt (Celovec), ce sera Celovska cesta et vers Vienne (Dunaj), ce sera Dunajska cesta. Les mots "*pri*"', "*pod*" et "'*na*" dans les noms de lieux signifient respectivement "au", "sous" et "sur".

Le dimanche des Rameaux (le dimanche avant Pâques), les fidèles transportent un arrangement complexe de branches, copeaux et rubans baptisé *butara* afin de le faire bénir à l'église. Elles finissent en décorations pour la maison ou sont placées sur les tombes des proches.

De nombreuses villes célèbrent le solstice d'été (Kresna Noč ; 23 juin) par un grand feu de joie. On dresse aussi des mâts enrubannés. Une *žegnanje* est une fête organisée en l'honneur du saint patron d'une église. Il y en a, bien entendu, beaucoup le 15 août, pour célébrer l'assomption de la Vierge Marie.

Offices du tourisme

Installé à Ljubljana, l'**office du tourisme slovène** (Slovenska Turistična Organizacija | STO ; ☎01-589 18 40 ; www.slovenia.info,en français ; Dunajska cesta 156) est la grande institution slovène en charge du tourisme et publie à ce titre des brochures et livrets en français particulièrement intéressants. Son site est une véritable mine d'informations

À Ljubljana, les visiteurs pourront s'adresser au **Centre d'information touristique de Slovénie** (☎306 45 76 ; www.slovenia.info,en français ; Krekov trg 10 ; ⏲8h-21h juin-sept, 8h-19h oct-mai). Ce dernier supervise à travers le pays une soixantaine d'offices du tourisme et de bureaux baptisés "centres d'information touristique". Il existe également des offices du tourisme indépendants, gérés par les localités, dans d'autres villes. S'il s'avérait toutefois que l'endroit que vous visitez n'en possède pas, vous pourrez trouver de l'aide dans une grande agence de voyages (comme Kompas) ou auprès du personnel de l'hôtel ou du musée.

Le meilleur bureau de Slovénie pour obtenir de l'aide en direct est le **Centre d'information touristique de Ljubljana** (☎306 12 15 ; www.visitljubljana.si, en français ; Adamič-Lundrovo nabrežje 2 ; ⏲8h-21h juin-sept, 8h-19h oct-mai), géré par l'office du tourisme de Ljubljana (Zavod za Turizem Ljubljana). Le personnel sait tout sur la capitale et presque tout sur le reste du pays. Un autre bureau est installé à la gare ferroviaire.

Problèmes juridiques

Les personnes qui enfreignent les lois slovènes, même sans le savoir, s'exposent à une expulsion, une arrestation ou une incarcération.

Les peines infligées pour possession, utilisation ou trafic de drogues illégales en Slovénie sont strictes et les contrevenants s'exposent à de lourdes amendes et même à de la prison. L'alcoolémie au volant, limitée à 0,05 %, est sévèrement contrôlée, en particulier sur autoroute.

La majorité sexuelle (aussi bien hétérosexuelle qu'homosexuelle) est fixée à 15 ans.

Poste

La poste slovène (Pošta Slovenije), reconnaissable à son logo jaune vif, offre un vaste choix de services – de la vente de timbres et de cartes téléphoniques aux photocopies et au change de devises. Les *znamke* (timbres) sont également vendus dans les kiosques à journaux.

Tarifs

Une lettre à destination de la Slovénie coûte de 0,20 € à 0,30 € jusqu'à 20 g selon le format, 0,41 € jusqu'à 50 g et 0,48 € jusqu'à 100g. Le tarif pour une carte postale est de 0,26 €. Pour l'international, le tarif est de 0,45 € jusqu'à 20 g, 0,92 € jusqu'à 100 g et 0,35 € pour une carte postale.

Envoyer et recevoir du courrier

» Cherchez le panneau "Pisma - Paketi" si vous avez une *pismo* (lettre) ou un *paket* (colis) à envoyer.

» Le service de *poštno ležeče* (poste restante) se trouve à la poste principale de chaque ville. Dans la capitale, adressez votre courrier à Glavni Pošta, Slovenska cesta 32, 1101 Ljubljana, où il sera gardé 30 jours.

Téléphone

Les téléphones publics fonctionnent avec une *telefonska kartica* ou *telekartica* (carte de téléphone) disponible dans les bureaux de poste et dans certains kiosques. Les cartes téléphoniques coûtent 2,70/4/7,50/14,60 € pour 25/50/100/300 *impulzov* (unités). Un appel local de 3 minutes coûte 0,09 € en heures pleines (7h à 19h en semaine) et 0,07 € en heures creuses.

Un appel de 3 minutes de la Slovénie vers l'Autriche, la Croatie, l'Italie ou la Hongrie vous coûtera 0,37 €. Comptez 0,42 € vers la majeure partie de

NUMÉROS UTILES

Renseignements nationaux (☎1188)

Renseignements internationaux (☎1180)

Opérateur international/PCV (☎115)

Horloge parlante (en slovène) (☎195)

l'Europe occidentale et le Canada. Les tarifs sont 20% moins chers sur la plupart des appels, tous les jours entre 19h et 7h. Les cabines téléphoniques slovènes n'affichent pas leur numéro lors des appels, ce qui fait qu'il est impossible pour votre correspondant de vous rappeler.

Pour appeler la Slovénie depuis l'étranger, composez le code d'accès international ☎00, le ☎386 (l'indicatif de la Slovénie), l'indicatif régional (en enlevant le premier zéro) puis le numéro. Il y a six indicatifs régionaux en Slovénie (☎01 à ☎05 et ☎07). Pour appeler l'étranger depuis la Slovénie, composez le ☎00 suivi de l'indicatif du pays appelé, ☎33 pour la France, ☎32 pour la Belgique, ☎41 pour la Suisse et ☎1 pour le Canada, l'indicatif régional en retirant le zéro le cas échéant, puis le numéro. Les numéros commençant par ☎80 sont gratuits.

Téléphones portables

Plus de 95% du pays sont couverts. Les numéros de portable commencent par ☎030 et ☎040 (SiMobil), ☎031, ☎041, ☎051 et ☎071 (Mobitel), et ☎070 (Tušmobil).

La Slovénie utilise le système GSM 900, qui est compatible avec le reste de l'Europe, mais pas avec le système américain GSM 1900. Des cartes SIM avec 5 € de crédit sont disponibles moyennant 15 € auprès de **SiMobil** (www.simobil.si), **Mobitel** (www.mobitel.si) et **Tušmobil** (www.tusmobil.si). Des cartes à créditer sont disponibles dans les bureaux de poste, les kiosques à journaux et les stations-service.

Les trois opérateurs possèdent des bureaux dans toute la Slovénie, y compris à Ljubljana :

Mobitel Centre (Mobitelov Center ; ☎01-472 24 76 ; www.mobitel.si ; Trg Ajdovščina 1 ; ⏲8h-20h lun-ven, 8h-13h sam) Trubarjeva cesta (☎031 357 555 ; Trubarjeva cesta 40 ; ⏲9h-19h lun-ven)

Simobil (Halo Centre ; ☎01-430 01 77 ; www.simobil.si ; Slovenska cesta 47 ; ⏲8h-19h lun-ven) Čopova cesta (☎01-426 71 02 ; Čopova cesta 4 ; ⏲8h-19h lun-ven, 9h-13h sam)

Tušmobil (☎01-600 6000 ; www.tusmobil.si ; Bratislavska cesta 9 ; ⏲9h-21h lun-ven, 8h-21h sam, 9h-15h dim). Dans le centre commercial BTC.

Voyager en solo

Femmes seules

Pour les femmes seules, la Slovénie ne diffère pas de la plupart des autres pays d'Europe occidentale. Si vous savez gérer les rares situations inconfortables qui peuvent éventuellement se présenter, il ne devrait pas y avoir de problème.

En cas d'urgence, vous pouvez appeler la **police** (☎113) à tout moment ou la **ligne SOS** (☎080 11 55 ; www.drustvo-sos.si ; ⏲12h-22h lun-ven, 6h-22h sam et dim).

Transports

DEPUIS/VERS LA SLOVÉNIE

Entrer en Slovénie

Les ressortissants de l'Union européenne, du Canada et de la Suisse n'ont pas besoin de visa pour entrer en Slovénie et doivent simplement présenter leur carte d'identité ou leur passeport lors de leur arrivée. Nous vous conseillons de porter en permanence une pièce d'identité sur vous.

Voie aérienne

Aéroports et compagnies

L'**aéroport Jože Pučnik** (LJU/Aerodrom Ljubljana ; ☎04-206 19 81 ; www.lju-airport.si ; Zgornji Brnik 130a, Brnik), à Brnik, à 27 km au nord de la capitale, est le seul aéroport international du pays. Dans la zone des arrivées, vous trouverez un guichet de l'**office du tourisme de Slovénie** (⏲11h-23h lun, mer et ven, 10h-22h mar et jeu, 10h30-22h30 sam, 12h30-0h30 dim), un téléphone permettant de réserver des hôtels et un DAB. Il y a plusieurs loueurs de voitures, dont Atet, Avis, Budget, Europcar et Hertz, en face du terminal.

Depuis sa base à Brnik, la compagnie nationale slovène **Adria Airways** (JP ; ☎01-369 10 10, 080 13 00 ; www.adria.si, en français) dessert quelque 20 destinations européennes par des vols réguliers (ci-contre) et assure des connexions pratiques vers les capitales de l'ex-Yougoslavie.

Parmi les autres compagnies proposant des vols réguliers depuis/vers Ljubljana, notons :

Air France (AF ; ☎01-244 34 47 ; www.airfrance.com). Vols quotidiens pour Paris (CDG).

ČSA Czech Airlines (OK ; ☎04-206 17 50 ; www.czechairlines.com). Vols pour Prague.

EasyJet (EZY ; ☎04-206 16 77 ; www.easyjet.com). Vols low cost quotidiens pour Londres Stansted.

Finnair (AY ; ☎à Helsinki 358-9-818 888 ; www.finnair.com). Vols pour Helsinki.

Lufthansa (LH ; ☎01-434 72 46 ; www.lufthansa.com ; Gosposvetska cesta 6). Vols communs avec Adria.

JAT Airways (JU ; ☎01-231 43 40 ; www.jat.com). Vols quotidiens pour Belgrade.

Montenegro Airlines (YM ; ☎04-259 42 52 ; www.montenegroairlines.com). Vols bihebdomadaires pour Podgorica.

Turkish Airlines (TK ; ☎04-206 16 80 ; www.turkishairlines.com). Vols pour Istanbul.

DEPUIS LA FRANCE

Air France relie Paris à Ljubljana par vol direct trois fois par jour, de même qu'**Adria** (un vol direct par jour, mais plusieurs vols avec une escale). Comptez de 250 à 350 € environ pour un aller-retour et 1 heure 45 de vol. Air France ne propose pas de liaison directe depuis la province, mais vous trouverez facilement des vols au départ de Lyon, Bordeaux ou Marseille avec une seule escale.

Voici quelques compagnies et leur numéro :

Air France (☎36 54 ; www.airfrance.fr)

Adria Airways (☎depuis la

AVERTISSEMENT

Les informations contenues dans ce chapitre sont particulièrement susceptibles de changements. Vérifiez directement auprès de la compagnie aérienne ou de l'agence de voyages les modalités d'utilisation de votre billet d'avion. N'hésitez pas à comparer les prestations. Les détails fournis ici doivent être considérés à titre indicatif et ne remplacent en rien une recherche personnelle attentive.

VOYAGES ET CHANGEMENTS CLIMATIQUES

Tous les moyens de transport fonctionnant à l'énergie fossile génèrent du CO_2 – la principale cause du changement climatique induit par l'homme. L'industrie du voyage est aujourd'hui dépendante des avions. Si ceux-ci ne consomment pas nécessairement plus de carburant par kilomètre et par personne que la plupart des voitures, ils parcourent en revanche des distances bien plus grandes et relâchent quantité de particules et de gaz à effet de serre dans les couches supérieures de l'atmosphère. De nombreux sites Internet utilisent des "compteurs de carbone" permettant aux voyageurs de compenser le niveau des gaz à effet de serre dont ils sont responsables par une contribution financière à des projets respectueux de l'environnement. Lonely Planet "compense" les émissions de tout son personnel et de ses auteurs.

Slovénie 01-369 10 10, 080 13 00 ; www.adria.si)

Lufthansa (☎0 892 231 690 ; www.lufthansa.com)

Austrian Airlines (☎0 810 110 115 ; www.austrian.com)

Si vous voulez passer par une agence de voyages, voici une courte liste :

Les Connaisseurs du voyage (☎01 53 95 27 00 ; www.connaisseursvoyage.fr ; 10 rue Beaugrenelle, 75015 Paris)

Nouvelles Frontières (☎0 825 000 747 ; www.nouvelles-frontieres.fr)

Voyages SNCF (☎36 35 ; www.voyages-sncf.com)

Voyageurs du monde (www.vdm.com ; 55 rue Sainte-Anne, 75002 Paris).

Pour les jeunes et les étudiants :

Isic Voyages (☎01 40 49 01 01 ; www.isic.fr ; 2 rue de Cicé, 75006 Paris)

DEPUIS LA BELGIQUE

Ljubljana est desservie par vols directs depuis Bruxelles, plusieurs fois par jour, par la compagnie nationale slovène, **Adria** et par **Brussels Airlines** (comptez environ 1 heure 50 de vol et 200 € pour un aller-retour en saison estivale).

Adria Airways (☎2 720 79 55 ; www.adria.si)

SN Brussels Airlines (☎0902 51 600 ; www.brusselsairlines.com)

Quelques agences de voyages :

Airstop (☎070 23 31 88 ; www.airstop.be ; coordonnées des agences sur le site Web)

Connections (www.connections.be ; coordonnées des agences sur le site Web). Le spécialiste belge du voyage pour les jeunes et les étudiants.

Gigatours – Voyages Éole (www.voyageseole.be ; coordonnées des agences sur le site Web)

DEPUIS LA SUISSE

Adria et **Swiss International Air Lines** assurent plusieurs fois par jour des vols directs pour Ljubljana au départ de Zurich. Les tarifs démarrent à 98 € et le vol dure 1 heure 15. Il n'y a pas de vol direct pour Ljubljana au départ de Genève.

Adria Airways (☎44 212 63 93 ; www.adria.si)

Swiss International Air Lines (☎0848 700 700 ; www.swiss.com)

Vous pouvez aussi vous renseigner auprès de l'agence de voyages suivante :

STA Travel (☎058 450 49 49 ; www.statravel.ch)

DEPUIS LE CANADA

Les vols les moins chers au départ de Montréal ou de Toronto comportent obligatoirement deux escales (Londres et Helsinki par exemple avec Finnair). Renseignez-vous auprès des principales compagnies aériennes européennes. Comptez 950 € au moins et 16 heures 30 de trajet.

Air Canada (☎1 888 247 2262 ; www.aircanada.ca)

Air France (☎1 800 667 2747 ; www.airfrance.com)

British Airways (☎1 800-AIRWAYS ; www.ba.com)

KLM (☎1 866 434 0321 ; www.klm.com)

Finnair (☎358 600 140 140 ; www.finnair.com)

Outre les sites de réservation en ligne comme **Orbitz** (www.orbitz.com), **Travelocity** (www.travelocity.ca) ou Airlineticketsdirect.com (www.airlineticketsdirect.com), vous pouvez aussi vous renseigner auprès

AGENCES EN LIGNE

Vous pouvez réserver votre vol via une agence en ligne ou vous renseigner auprès d'un comparateur de vols :

- » www.anyway.com
- » www.ebookers.fr
- » www.illicotravel.com
- » www.sprice.fr
- » www.opodo.fr

de l'agence de voyages suivante :

Travel Cuts – Voyages Campus (☎1 800 667 2887 ; www.travelcuts.com ; coordonnées des agences sur le site Web) L'agence de voyages nationale des étudiants canadiens.

Voie terrestre

Les infrastructures routières et ferroviaires ne manquent pas entre la Slovénie et ses quatre voisins – Italie, Autriche, Hongrie et Balkans. Les villes étrangères sont parfois désignées en slovène dans les horaires de bus et de trains.

Bus

Les départs et arrivées de la plupart des bus internationaux se font à la **gare routière de Ljubljana** (Avtobusna Postaja Ljubljana ; ☎234 46 00 ; www.ap-ljubljana.si ; Trg Osvobodilne Fronte 4 ; ⏲5h30-22h30 dim-ven, 5h-22h sam).

FRANCE, BELGIQUE, SUISSE

Eurolines (☎www.eurolines.com ; coordonnées des agences en France, Belgique et Suisse sur le site) assure une liaison pour Ljubljana au départ de Montpellier (147 € pour les plus de 26 ans), via Marseille, Nice et l'Italie.

Il y a également une ligne Eurolines au départ de Bruxelles (208 € pour les plus de 26 ans) pour la capitale slovène via Liège et Gand.

Il n'y a pas de ligne Eurolines au départ de la Suisse pour la Slovénie.

CROATIE, BOSNIE-HERZÉGOVINE ET SERBIE

Koper, Piran et Portorož sont les points d'entrée en bus depuis l'Istrie croate et des localités plus au sud. Un bus part de Koper le lundi et le vendredi à 10h10 pour Rijeka (12,50 €, 2 heures) et il y a des bus à 7h30 en semaine et à 14h tous les jours pour Pula (16,50 €, 2 heures 30) via Poreč, Umag et Rovinj.

Depuis Ljubljana, comptez au moins deux départs par jour pour Belgrade, en Serbie (de 38,70 à 40,70 €, 8 heures). Des bus partent quotidiennement de Ljubljana pour Rijeka (de 16,70 à 25,70 €, 2 heures 30) et Split (43,20, 10 heures), en Croatie, où vous pourrez prendre une correspondance pour Dubrovnik (20,40 €, 4 heures 30). Il y a également des bus quotidiens pour Sarajevo (de 44,70 à 48,70 €, de 9 heures 30 à 12 heures) en Bosnie-Herzégovine et Banja Luka (27,20 €, 5 heures 30), capitale de la République serbe de Bosnie.

ITALIE

Du lundi au samedi, des bus relient Koper à Trieste (3 €, 1 heure) en longeant la côte via Ankaran et Muggia. Toute l'année, des bus directs font le trajet entre Ljubljana et Trieste (11,60 €, 2 heures 30). Chaque jour, à 5h10 et 8h15, un bus part de Ljubljana pour Mestre (25 €, 4 heures), près de Venise.

Toutes les heures, des bus relient les gares ferroviaires de Gorizia (Italie) à Nova Gorica (1 €, 25 minutes), de l'autre côté de la frontière.

ALLEMAGNE ET AUTRICHE

D'Allemagne, **Deutsche Touring** (www.eurolines.de) fait partir quotidiennement un bus de nuit reliant Francfort à Ljubljana (aller simple/aller-retour tarif plein 90/139 €, moins de 26 ans et étudiant 81/125 €, 11 heures 30), via Stuttgart, Ulm et Munich. Un bus quitte Ljubljana en direction du nord le jeudi, le vendredi et le samedi.

Chaque jour, un bus de nuit part de Maribor et traverse l'Autriche pour rejoindre Munich, Stuttgart et Francfort (95 €, 14 heures).

HONGRIE

La ville hongroise de Rédics n'est qu'à 7 km au nord de Lendava, dans le nord-est de la Slovénie, accessible depuis Murska Sobota (3,60 €, 30 minutes, 29 km). Chaque jour, deux bus relient Murska Sobota et Ljubljana (16 €, 4 heures). Des trains partent de Rédics pour Zalaegerszeg (795 Ft, 1 heure 15), où il y a des correspondances pour Budapest.

Train

Les **chemins de fer slovènes** (Slovenske Železnice, SŽ ; ☎01-291 33 32 ; www.slo-zeleznice.si) assurent la liaison avec le réseau ferroviaire européen via l'Autriche (Villach, Salzbourg, Graz, Vienne), l'Allemagne (Munich, Francfort), la République tchèque (Prague), la Croatie (Zagreb, Rijeka), la Hongrie (Budapest), l'Italie (Venise), la Suisse (Zurich) et la Serbie (Belgrade).

Entre autres trains directs internationaux, ceux d'EuroCity (EC) relient Ljubljana à Vienne, Salzbourg et Munich. InterCity (IC) propose des liaisons entre Maribor et Vienne et Graz, et Ljubljana et Villach, Zagreb et Belgrade. Les trains express effectuant les trajets Zurich-Belgrade, Vienne-Zagreb, Munich-Zagreb et Munich-Rijeka passent par Ljubljana. La ligne EuroNight (EN) Budapest-Venise passe par Ljubljana et Zagreb.

La réservation des places (3,50 €), obligatoire uniquement dans les trains depuis et vers l'Italie, est comprise dans le prix du billet. Les trains de nuit sont équipés de wagons-lits et de couchettes.

RÉDUCTIONS ET FORFAITS

Les billets internationaux sur les chemins de fer slovènes en tarif plein sont valables 2 mois. Certains billets achetés en tarif réduit sont valables 1 mois, alors que

DISTANCES ROUTIÈRES (KM)

	Bled	Bovec	Celje	Černomelj	Koper	Kranj	Kranjska Gora	Ljubljana	Maribor	Murska Sobota	Nova Gorica	Novo Mesto	Postojna	Ptuj
Bovec	83													
Celje	131	207												
Černomelj	147	223	130											
Koper	156	161	185	193										
Kranj	27	102	105	123	131									
Kranjska Gora	39	45	161	178	186	58								
Ljubljana	59	134	76	93	107	33	89							
Maribor	181	257	54	198	234	156	212	126						
Murska Sobota	245	320	118	266	298	219	275	189	64					
Nova Gorica	156	72	185	193	90	131	168	107	236	299				
Novo Mesto	127	202	95	32	171	101	157	69	151	246	173			
Postojna	102	131	131	139	59	77	133	53	182	245	60	118		
Ptuj	184	260	58	179	237	159	215	129	29	64	238	148	183	
Slovenj Gradec	164	188	50	191	217	138	185	108	71	135	218	146	163	75

d'autres ne sont valables que pour le jour et le train indiqués. Les enfants de 6 et 12 ans bénéficient de billets à moitié prix.

Le Global Pass d'**InterRail** (www.interrail.eu, en français) couvre 30 pays européens et est destiné aux citoyens européens (ou résidents dans l'UE depuis au moins 6 mois). Un Pass donne droit à 5 jours de voyage en 1re/2e classe sur une période de 10 jours (289/219 €), 10 jours de voyage sur une période de 22 jours (429/315 €), 22 jours de voyage consécutifs (549/409 €), ou 1 mois de voyage (709/525 €). Réductions pour les moins de 26 ans.

InterRail propose désormais un "One Country Pass" valable uniquement pour des trajets réalisés dans un seul pays (27 pays au choix, dont la Slovénie).

Vous pouvez également opter pour un billet **Eurail Selectpass** (www.eurailnet.com) valable pour la Slovénie et la Croatie et qui vous permettra de bénéficier de plusieurs réductions (sur certaines croisières, certains monuments, certains trains, etc).

CROATIE, BOSNIE-HERZÉGOVINE ET SERBIE

Depuis la Croatie, il y a 7 trains/jour pour Ljubljana depuis Zagreb via Zidani Most (12,20 €, 2 heures, 141 km), 2 trains/jour depuis Rijeka (12,60 €, 2 heures, 135 km) via Postojna, et 5 trains/jour depuis Split (47,80 €, de 8 à 12 heures, 456 km), avec un changement à Zagreb. Il y a 5 trains/jour depuis Belgrade, en Serbie (44,20 €, de 9 à 10 heures, 569 km), via Zagreb. Enfin, 2 trains partent chaque jour de Sarajevo, en Bosnie-Herzégovine (43,20 €, 12 heures, 670 km), avec un changement à Zagreb.

ITALIE

La ligne EN 441 *Venezia* relie Ljubljana à Venise (4 heures) et, bien que le tarif normal en aller simple soit de 25 €, il existe des billets Smart Price à 15 € pour certains trains. Attention : au moment de la rédaction de ce guide, cette connexion était interrompue. Renseignez-vous avant votre départ. Une autre possibilité est d'aller d'abord à Nova Gorica (8 €, 3 heures), de marcher jusqu'à Gorizia, et de prendre un train italien pour Venise (environ 8 €).

ALLEMAGNE ET AUTRICHE

Il y a 3 trains directs par jour entre Ljubljana et Munich (72,40 €, 6 heures) via Villach et Salzbourg, dont un allant jusqu'à Francfort (144,40 €, 10 heures). Un train part également de Salzbourg (19 €, 4 heures) pour Ljubljana, et un autre de Villach (18,20 €, 2 heures).

Pour rejoindre Vienne (61,80 €, 6 heures) depuis Ljubljana, prenez la ligne directe EC *Emona*, ou l'un des 5 autres trains avec changement à Maribor. Pour Graz (31,40 €, 3 heures), il faut changer à Maribor.

Si les tarifs pour Vienne et Graz depuis Ljubljana et Maribor sont élevés, des billets SparSchiene à 19 € (valables pour un voyage aller en 2e classe) sont accessibles pour certains trains et horaires. De même, si vous allez à Prague via Salzbourg, un billet *Praga Spezial* ne coûte que 29 €, mais il n'y en a que quelques-uns par train.

HONGRIE
L'EN *Venezia* relie Ljubljana à Budapest (49,80 €, 9 heures) via Zagreb. L'IC *Citadella* passe par Ptuj et Hodoš. Il existe des billets *Budapest Spezial* à 29/39 € aller simple/aller-retour pour certains trains et horaires.

FRANCE
Vous pouvez rallier Ljubljana au départ de Paris en prenant un TGV Lyria pour Zurich au départ de Paris-Est à 16h20, puis en faisant un seul changement pour arriver à Ljubljana le lendemain matin à 8h10. Comptez 210 € environ et 16 heures de voyage. La réservation peut se faire via la **SNCF** (☎3635 ; www.voyages-sncf.com).

BELGIQUE
De Bruxelles, il vous faudra changer deux fois (à Francfort et à Munich) pour gagner Ljubljana. Comptez 15 heures 30 environ.
SNCB (☎+32 (0)70 79 79 79 ; www.b-europe.com).

SUISSE
Le train de nuit MV414/415 permet de rejoindre directement Zurich (89,60 €, 14 heures 30) depuis Ljubljana via Schwarzach-St Veit ; les formules *SparSchiene* (29 €) et *SparNight* (avec couchette 39 €) sont très intéressantes.

Voiture et moto

La Slovénie fait partie de l'espace Schengen. Il n'y a donc plus aucun contrôle aux postes-frontières pour les citoyens de l'UE ou de Suisse. Attention cependant si vous êtes ressortissant canadien. La Slovénie compte en effet quelque 150 postes frontaliers, mais tous ne sont pas ouverts aux citoyens des "États tiers" (hors espace Schengen). Sur les cartes et atlas, ceux signalés par un cercle et une ligne sont les postes internationaux et ceux avec juste un cercle sont les postes locaux.

DEPUIS LA FRANCE
Ljubljana est à 1 256 km de Paris. Pour rejoindre la capitale slovène, l'itinéraire le plus rapide consiste à passer par Strasbourg et l'Allemagne (Karlsruhe, Stuttgart, Munich). Comptez 11 heures 30 de trajet, sans les arrêts.

DEPUIS LA BELGIQUE
Bruxelles est à 1 192 km de Ljubljana. Le plus rapide (environ 11 heures) est de passer également par l'Allemagne.

DEPUIS LA SUISSE
Depuis Genève ou Lausanne, il ne vous faudra que 7 heures 30 environ pour parcourir les 808 km qui vous séparent de la capitale slovène, en passant cette fois par la France, le tunnel du Mont-Blanc et le nord de l'Italie.

Voie maritime

Le **Prince of Venice** (☎05-617 80 00 ; www.kompas-online.net) est un catamaran rapide de 39,6 m qui assure des croisières d'une journée entre Izola et Piran et Venise d'avril à octobre. Il part d'Izola à 8h (de Piran à 7h30) et arrive à Venise à 11h ; le retour est à 17h pour une arrivée à Izola/Piran à 20h. Les horaires varient selon la saison, mais de manière générale, il y a des départs le samedi de mi-avril à octobre, avec entre 7 et 15 trajets par semaine de mai à septembre. Les voyages depuis/vers Piran, moins fréquents, ont lieu de fin juin à mi-septembre. Un billet adulte aller-retour coûte 50-65 € (moitié prix pour les enfants de 3 à 14 ans) selon la saison et le jour, et comprend une visite de Venise. Il existe différentes formules pour les familles. Un aller simple adulte coûte de 35 à 45 €. **Kompas** (www.kompas.si) et diverses autres agences de voyages de la côte vendent des billets.

De fin mai à fin septembre, **Venezia Lines** (☎en Italie 039 41 272 2646 ; www.venezialines.com) propose un service similaire depuis Piran certains mercredis, jeudis et samedis, avec un départ à 8h30 et un retour à 19h30. Les billets, à partir de 46/89 € aller simple/aller-retour pour un adulte (moitié prix pour les enfants entre 3 et 13 ans), sont en vente dans plusieurs agences de voyages de Piran et Portorož, dont **Maona Tourist Agency** (www.maona.si).

Un troisième navire, le **Dora** (☎05-674 71 60 ; www.topline.si), catamaran de 42 m de long, part de Piran pour Venise à 8h le samedi de début mai à fin septembre, avec un retour à 17h. Le billet adulte est à 65 € et à moitié prix pour les enfants de 3 à 13 ans.

Des bateaux **Trieste Lines** (www.triestelines.it ; aller simple/aller-retour 8,50/15,70 €) relient Portorož et Trieste 1 à 4 fois par jour de mai à septembre. Achat des billets (aller simple/aller-retour 7,10/13,10 €) à **Atlas Express** (☎674 67 72 ; atlas.portoroz@siol.net ; Obala 55 ; ⏲9h-16h lun-ven, 10h-13h sam) à Portorož ou à l'**office du tourisme** (☎673 44 40, 673 02 20 ; www.portoroz.si ; Tartinijev trg 2 ; ⏲9h-20h été, 9h-17h hiver) à Piran.

VOYAGES ORGANISÉS

Voyageurs du Monde (☎01 42 86 16 00 ; www.voyageursdumonde.fr). Séjours à Ljubljana, trois circuits ("Slovénie historique et champêtre", "Des Alpes à l'Adriatique" et "Montagnes et terroirs de Slovénie", à partir de 900 €).

Slovénie Tours (☎01 46 67 39 10 ; www.slovenietours.com ; 5 place Charras, 92400 Courbevoie). Combiné "Route des vins slovènes" d'une semaine.

Objectif nature (☎01 53 44 74 30 ; www.objectif-nature.com ; 63 rue de Lyon, 75012 Paris). Safari naturaliste, à la découverte des ours de Slovénie (8 jours, 1 640 € sans les vols).

Agences spécialisées dans les circuits culturels avec guides conférenciers :

Intermèdes (☎01 45 61 90 90 ; 60, rue la Boétie, 75008 Paris ; www.intermedes.com). Trois circuits culturels dont une croisière dans l'Adriatique.

Voyages Fleur de Lys/ Dupuis (☎514-939-9999 ; 1259, rue Berri, 6e ét., Montréal, Québec H2L 4C7 ; www.voyagesfleurdelys.com). Circuit culturel sur la côte adriatique (16 jours, à partir de 4 840 $CAD).

Agences spécialisées dans les voyages d'aventures et sportifs :

Allibert Trekking (☎04 76 45 50 50 ; agences en Belgique et en Suisse, coordonnées sur le site ; www.allibert-trekking.com). De nombreuses randonnées dans les Alpes juliennes et le Triglav.

Itinérair'Alsace (☎03 88 29 56 62 ; 84 rue du Général-Leclerc, 67540 Otswald ; www.itinerairalsace.com). Kayak et canyoning sur la Soča (550 € pour une semaine).

Terres d'Aventure (☎0825 700 825 ; agences dans toute la France et en Belgique, coordonnées sur le site ; www.terdav.com). Un circuit de 8 jours dans les Alpes slovènes, avec deux nuits en refuge (790 €).

Zig-Zag Randonnées (☎01 42 85 13 93 ; 54 rue de Dunkerque, 75009 Paris ; www.zigzag-randonnees.com). Randonnée dans le parc national du Triglav (8 jours, 1050 €).

COMMENT CIRCULER

Avion

Il n'y a pas de vols intérieurs réguliers en Slovénie, mais **Aviotaxi** (☎041 636 420, 04-236 34 60 ; www.adria.si), une branche d'Adria Airways, propose des vols en Piper Turbo Arrow 4 places à la demande vers les aéroports et aérodromes du pays. À titre d'exemple, un aller-retour pour 3 passagers depuis l'aéroport de Brnik coûte 95 € pour Bled, 134 € pour Bled et Bohinj, 172 € pour Slovenj Gradec et 369 € pour Portorož ou Maribor.

Bus

Vous pouvez acheter votre billet à l'*avtobusna postaja* (gare routière) ou auprès du chauffeur en montant. À Ljubljana, réservez votre place (1,20/3,70 € trajet national/international) un jour à l'avance si vous voyagez un vendredi, ou vers des destinations à la montagne ou sur la côte pendant des jours fériés. Il y a beaucoup moins de bus le dimanche et les jours fériés (et dans une moindre mesure le samedi).

Plusieurs compagnies desservent le pays, à des tarifs similaires : 3,10/5,60/9,20/16,80 € pour 25/50/100/200 km de trajet.

Certains gares routières disposent d'une *garderoba* (consigne) à 2 €/heure, mais les horaires d'ouverture étant souvent réduits, mieux vaut laisser vos bagages dans les gares ferroviaires, généralement voisines et ouvertes plus tard. Comptez 1,25 € de supplément si vous devez mettre votre sac en soute.

Tous les horaires et destinations sont affichés dans les gares routières ou sur un mur ou un pilier à l'extérieur.

SAVOIR LIRE LES HORAIRES DE BUS

D Du lundi au vendredi

D+ Du lundi au samedi

N Dimanche

NP Dimanches et jours fériés

So Samedi

SoNe Samedi et dimanche

SoNP Samedi, dimanche et jours fériés

Š Du lundi au vendredi en période scolaire

ŠP Du lundi au vendredi pendant les vacances scolaires

V Tous les jours

Si vous ne trouvez pas votre destination ou ne comprenez pas les horaires, demandez de l'aide aux *blagajna vozovnice* (guichets d'information ou de vente de billets, généralement les mêmes). *Odhodi* signifie "départs" et *prihodi* signifie "arrivées".

En stop

Le stop est une pratique courante chez les jeunes Slovènes et fonctionne généralement bien – sauf le vendredi après-midi, au début des vacances scolaires et le dimanche, quand les familles remplissent les voitures. Les auto-stoppeurs se postent souvent aux arrêts de bus ; sinon, utilisez les routes d'accès aux autoroutes ou tout autre espace ne gênant pas la circulation.

N'oubliez pas que vous prenez toujours un risque en faisant du stop, quel que soit le pays. Nous vous le déconseillons donc. En effet, si le risque est faible, il ne doit pas être négligé.

Si vous optez pour le stop, essayez de voyager à deux et d'informer quelqu'un de votre itinéraire. Le stop est particulièrement déconseillé pour les femmes seules (mieux vaut être accompagnée d'un homme).

Train

Les **chemins de fer slovènes** (Slovenske Železnice, SŽ ; ☎01-291 33 32 ; www.slo-zeleznice.si) comptent 1 228 km de rails, dont environ 40% sont électrifiés. En gros, prévoyez d'aller environ de 60 à 65 km/heure, sauf à bord des trains express ICS, qui foncent entre Ljubljana et Maribor (13,60 €, 1 heure 45) à une vitesse moyenne de 90 km/heure. En été, un train ICS relie Koper à Maribor (23,80 €, 4 heures) via Ljubljana (13,60 €, 2 heures).

» Les provinces sont desservies par les *reguionalni vlaki* (trains régionaux) et les *primestni vlaki* (trains de banlieue), mais les plus rapides sont les trains InterCity (IC).

» Les trains dont le numéro est accompagné d'un "R" sont ouverts à la réservation. Si le "R" est encadré, la réservation est obligatoire.

» Achetez votre billet avant le départ à la *železniška postaja* (gare ferroviaire) ; vous devrez payer 2,50 € de plus si vous l'achetez à bord. En cas d'absence de billet ou de billet non valide, vous encourez une amende de 40 €.

» Un *povratna vozovnica* (billet aller-retour) coûte le double d'un *enosmerna vozovnica* (aller simple). La 1re classe coûte 50% plus cher que la 2e classe.

» En Slovénie, le train coûte environ 35% moins cher que le bus. Il faut compter environ 6 € pour un trajet de 100 km en 2e classe.

» Les gares ferroviaires de Celje, Divača, Koper, Ljubljana, Maribor, Nova Gorica, Postojna et Sežana sont équipées de consignes. Comptez de 2 à 8 €/jour en fonction de la taille du casier.

Horaires de trains

Les départs et arrivées sont annoncés au haut-parleur ou sur un tableau électronique et sont toujours disponibles sur un support imprimé quelque part dans la gare. Les termes *Odhod* ou *Odhodi Vlakov* désignent les départs et *Prihod* ou *Prihodi Vlakov* les arrivées. Autres mots utiles : *čas* (heure), *peron* (quai), *sedež* (siège), *smer* (direction) et *tir* (rail).

Les horaires et les tarifs des **chemins de fer slovènes** (Slovenske Železnice, SŽ ; ☎01-291 33 32 ; www.slo-zeleznice.si) sont consultables sur Internet. Vous pouvez également acheter les horaires en version papier complète (*Vozni Red Slovenske Železnice* ; 4,20 €) ou abrégée (1 €).

Réductions et forfaits

Une réduction de 30% s'applique sur les billets aller-retour du week-end et les trains ICS.

Réseau ferroviaire national

SYMBOLES DES HORAIRES DE TRAINS

- ⊗ Lun-ven (sauf jours fériés)
- ⚒ Lun-sam (sauf jours fériés)
- ⊗ Lun-sam et jours fériés
- Ⓥ Sam-dim
- Ⓥ Sam-dim et jours fériés
- Ⓟ Dim et jours fériés
- 7 Pas de train le dim
- † Jours fériés

Les chemins de fer slovènes vendent l'InterRail Slovénie Pass d'**InterRail** (www.interrail.eu, en français), valable pour les voyages en train en Slovénie uniquement et accessible aux ressortissants de l'UE (excepté ceux de Slovénie). Ce forfait, qui comprend les trajets en trains ICS, permet de voyager 3/4/6/8 jours dans une période d'un mois pour 80/98/131/154 € ; moins de 25 ans 53/64/86/100 €.

Vélo

Le vélo est très répandu en Slovénie. Il est possible de transporter des vélos dans les compartiments à bagages des trains IC et régionaux (2,80 €), ainsi que dans les grands bus. La circulation à vélo est autorisée sur toutes les routes, sauf les autoroutes. Les grandes villes sont équipées de pistes cyclables et de feux de signalisation dédiés.

Les loueurs de vélos se concentrent généralement dans les secteurs les plus touristiques comme Ljubljana, Bled, Bovec et Piran, mais plusieurs magasins et réparateurs de cycles font aussi de la location. Comptez à partir de 1/5 € par heure/jour ; certains établissements demandent des espèces ou une pièce d'identité en caution.

Voiture et moto

Association automobile

L'Automobile Club national est l'**AMZS** (Avto-Moto Zveza Slovenije ; ☎530 53 00 ; www.amzs.si ; Dunajska cesta 128), basée à Ljubljana. Appelez le ☎19 87 pour bénéficier d'une assistance routière d'urgence n'importe où dans le pays. Tout accident doit être immédiatement déclaré à la police au ☎113.

Permis de conduire

Les permis de conduire étrangers sont valables un an à partir de la date d'entrée en Slovénie. Si vous n'avez pas de permis de conduire européen, procurez-vous un permis de conduire international (PCI) auprès de l'association automobile de votre pays avant de partir.

Carburant

Les stations-service sont généralement ouvertes de 7h à 20h du lundi au samedi ; il y a également des stations ouvertes 24h/24 en périphérie des grandes villes.

Le prix du *bencin* (essence) correspond aux tarifs pratiqués dans le reste de l'Europe continentale : environ 1,50 €/litre d'Eurosuper 95 et 1,40 €/litre de diesel.

Location

En louant une voiture, vous aurez accès à des hôtels excentrés moins chers et à des hébergements dans des fermes et des villages. Les prix sont variables dans les différentes chaînes internationales comme Avis, Budget, Europcar et Hertz ; comptez à partir de 40/210 € la journée/la semaine avec kilométrage illimité, assurance-collision sans franchise, protection contre le vol, assurance individuelle contre les accidents, et taxes. Certaines agences plus petites ont des tarifs plus compétitifs ; il est toujours plus intéressant de réserver par Internet.

Assurance

L'assurance responsabilité civile est obligatoire en Slovénie. Si vous entrez en Slovénie avec votre propre véhicule et qu'il est immatriculé dans un pays de l'UE, vous êtes couvert. Les autres conducteurs devront acheter une **carte verte** (www.cobx.org, en français) pour la Slovénie à la frontière.

Stationnement

Le stationnement est payant dans la plupart des centres-villes slovènes. Des tickets (à partir de 0,30 €/heure) sont en vente aux horodateurs (qui ne rendent pas la monnaie). À Ljubljana, les parkings souterrains coûtent de 1,50 à 1,70 € la première heure et de 0,50 à 1,50 € par heure supplémentaire, selon le moment de la journée.

État des routes et péages

Dans l'ensemble, les routes slovènes sont en excellent état. La conduite dans les Alpes juliennes est parfois épique, avec une déclivité pouvant atteindre 18% au col de Korensko menant en Autriche, et une succession de 49 virages en épingle à cheveux sur la route du col du Vršič reliant la Haute-Carniole au Primorska.

Beaucoup de routes de montagne sont fermées en hiver, certaines jusqu'au début du printemps. Si les autoroutes et les nationales sont bien indiquées, ce n'est pas toujours le cas des routes secondaires et tertiaires ; munissez-vous d'une bonne carte ou d'un GPS (disponibles chez les loueurs de voitures).

Deux grands axes autoroutiers – un reliant Maribor à la côte (via l'impressionnant pont routier de Črni Kal) et un reliant le tunnel des Karavanke (Autriche) à Zagreb (Croatie) – se croisent sur le périphérique de Ljubljana, avec une partie de Postojna à Nova Gorica. Les autoroutes sont numérotées de A1 à A10.

Les grandes routes internationales sont désignées par un "E" suivi de deux chiffres. Les plus importantes d'entre elles sont la E70 vers Zagreb via Novo Mesto, la E61 vers Villach via Jesenice et le tunnel des Karavanke (Karawanken en allemand), la E57 de Celje à Graz via Maribor, et la E59 de Graz à Zagreb via Maribor. Les routes nationales sont désignées par un seul chiffre. Les routes secondaires et tertiaires sont désignées par trois chiffres.

Le parc automobile slovène étant important, la circulation est très dense, en particulier en été et les vendredis après-midi, lorsque des villes entières migrent à la campagne.

Les péages sur les autoroutes ont été remplacés par une *vinjeta* (ticket de péage) à apposer sur son pare-brise. Elle coûte 15/30/95 € pour une semaine/un mois/un an pour les voitures et 7,50/25/47,50 € pour les motos et est en vente dans les stations-service, les bureaux de poste et certains kiosques à journaux et offices du tourisme. Si vous louez une voiture, la vignette y sera déjà apposée ; en cas de manquement, l'amende peut aller jusqu'à 300 €.

Code de la route

Les Slovènes roulent à droite. Pour les voitures et les motos, la vitesse est limitée à 50 km/heure dans les villes et les villages, 90 km/heure sur routes secondaires et tertiaires, 100 km/heure sur nationales et 130 km/heure sur autoroutes.

La ceinture de sécurité est obligatoire en voiture, ainsi que le casque à moto. Les automobilistes doivent allumer leurs phares en permanence – et non uniquement la nuit. Le taux d'alcoolémie autorisé pour les conducteurs est de 0,05%.

Langue

POUR ALLER PLUS LOIN

Pour mieux communiquer sur place, le guide de conversation *Central Europe Phrasebook* (en anglais) constitue une excellente introduction au slovène.

Le slovène appartient à la famille des langues slaves du Sud, comme le croate et le serbe (même s'il est plus proche des dialectes du nord-ouest et du littoral de la Croatie). C'est la langue officielle de la Slovénie et de deux importantes minorités en Italie et en Autriche. Il compte une cinquantaine de dialectes qui rendent parfois la communication difficile d'une région à l'autre. Le slovène standard est composé essentiellement de dialectes du centre du pays (Haute-Carniole et Basse-Carniole). La plupart des adultes parlent au moins une langue étrangère (le plus souvent l'anglais, l'allemand ou l'italien).

Le slovène possède trois genres (masculin, féminin, neutre), trois nombres (singulier, duel, pluriel) et six cas (nominatif, génitif, datif, accusatif, locatif et instrumental). Le duel est une forme grammaticale spécifique qui indique que des éléments vont par deux.

Le slovène s'écrit en alphabet latin et utilise les signes diacritiques š, ž et č. En revanche, les lettres q, w, x et y n'existent pas dans l'alphabet slovène.

Si vous utilisez notre guide de prononciation, vous devriez vous faire comprendre sans problème. Notez que les r sont roulés, que le h en fin de mot est aspiré, comme en espagnol (nous l'avons indiqué par "kh") et que l'apostrophe (') indique que le son est légèrement "mouillé". Les syllabes accentuées sont indiquées en italique.

Les marqueurs (m/f) et (pol/inf) indiquent respectivement les formes masculine et féminine, polie et informelle.

CONVERSATION

Bonjour.	*Dober dan.*	do ber dane
Au revoir.	*Na svidenje.*	na *svi*·den·yé
Excusez-moi.	*Dovolite.*	do·vo·*li*·tè
Pardon.	*Oprostite.*	op·ros·*ti*·tè
S'il vous plaît.	*Prosim.*	*pro*·sim
Merci.	*Hvala.*	*hva*·la
De rien.	*Prosim lepo.*	pro sim lé·*po*
Oui.	*Da.*	da
Non.	*Ne.*	nè

Comment vous appelez-vous/t'appelles-tu ?
Kako vam/ti je ime? (pol/inf) — ka·*ko* vam/ti yè i·*mè*

Je m'appelle...
Ime mi je ... — i·*mè* mi yè ...

Parlez-vous français ?
Ali govorite francosko? — *a*·li go·vo·*ri*·tè franco·sko

Je ne comprends pas.
Ne razumem. — nè ra·*zou*·mèm

HÉBERGEMENT

auberge de jeunesse	*mladinski hotel*	mla·*din*·ski ho·*tèl*
camping	*kamp*	kamp
chambre d'hôtes	*gostišče*	gos·*tish*·tchè
hôtel	*hotel*	ho·*tèl*
Avez-vous une chambre... ?	*Ali imate ... sobo?*	a·li i·*ma*·tè ... *so*·bo
bon marché	*poceni*	po·*tsè*·ni
double	*dvoposteljno*	dvo·*pos*·tèl'·no
simple	*enoposteljno*	è·no·*pos*·tèl'·no

Mots interrogatifs

Comment ?	*Kako?*	ka·*ko*
Combien ?	*Koliko?*	ko·*li*·ko
Quoi ?	*Kaj?*	kaï
Quand ?	*Kdaj?*	gdaï
Où ?	*Kje?*	kyè
Lequel/ laquelle ?	*Kateri/ Katera?* (m/f)	ka·*tè*·ri/ ka·*tè*·ra
Qui ?	*Kdo?*	gdo
Pourquoi ?	*Zakaj?*	za·*kaï*

Quel est le prix par... ?	*Koliko stane na ...?*	*ko*·li·ko *sta*·nè na ...
nuit	*noč*	notch
personne	*osebo*	o·*sè*·bo

Je voudrais une place en dortoir.
Rad/Rada bi delil/ delila spalnico. (m/f) — rad/*ra*·da bi *dè*·lil/ dè·*li*·la *spal*·ni·tso

Le petit-déjeuner est-il inclus ?
Ali je zajtrk vključen? — a·li yè *zaï*·teuhrk *vklyou*·tchèn

Puis-je voir la chambre ?
Lahko vidim sobo? — lah·*ko vi*·dim *so*·bo

DIRECTIONS

Où se trouve le... ?
Kje je ...? — kyè yè ...

C'est à quelle adresse ?
Na katerem naslovu je? — na ka·*tè*·rèm nas·*lo*·vou yè

Pouvez-vous me montrer (sur la carte) ?
Mi lahko pokažete (na zemljevidu)? — mi lah·*ko* po·*ka*·jè·tè (na zèm·lyè·*vi*·dou)

Comment puis-je me rendre à... ?
Kako pridem do ...? — ka·*ko pri*·dèm do ...

C'est près/loin ?
Ali je blizu/daleč? — a·li yè *bli*·zou/*da*·lètch

(Allez) tout droit.
(Pojdite) Naravnost naprej. — (poï·*di*·tè) na·*rav*·nost na·*prèuil*

Tournez à gauche/droite au ...	*Obrnite levo/desno pri ...*	o·*beuhr*·ni·tè *lè*·vo/*dès*·no pri ...
coin de la rue	*vogalu*	vo·*ga*·lou
feu	*semaforju*	sè·ma·*for*·you

derrière	*za/zadaj*	za/*za*·dai
devant	*spredaj*	*sprè*·daï
en face	*nasproti*	nas·*pro*·ti
ici	*tu*	tou
là-bas	*tam*	tam
loin (de)	*daleč (od)*	*da*·lètch (od)
près (de)	*blizu (do)*	*bli*·zou (do)

ALIMENTATION ET BOISSONS

Quelle est la spécialité de la maison ?
Kaj je domača specialiteta? — kai yè do·*ma*·tcha spè·tsi·a·li·*tè*·ta

Que recommandez-vous ?
Kaj priporočate? — kaïi pri·po·*ro*·tcha·tè

Avez-vous des plats végétariens ?
Ali imate vegetarijansko hrano? — a·li i·*ma*·tè vè·guè·ta·ri·*yan*·sko *hra*·no

Je prendrai...	*Jaz bom ...*	yaz bom ...
Santé !	*Na zdravje!*	na *zdrav*·yè

J'aimerais..., s'il vous plaît.	*Želim ..., prosim.*	jè·*lim* ... *pro*·sim
l'addition	*račun*	ra·*tchoun*
la carte	*jedilni list*	yè·*dil*·ni list

petit-déjeuner	*zajtrk*	*zaï*·teuhrk
déjeuner	*kosilo*	ko·*si*·lo
dîner	*večerja*	vè·*tchèr*·ya

Mots utiles

assiette	*krožnik*	*kroj*·nik
avec	*z*	zeuh
bouteille	*steklenica*	stèk·lè·*ni*·tsa
carte	*jedilni list*	yè·*dil*·ni list
carte des vins	*vinska karta*	*vin*·ska *kar*·ta
chaud	*topel*	*to*·pèl
couteau	*nož*	noj
cuillère	*žlica*	*jli*·tsa
déjeuner	*kosilo*	ko·*si*·lo
dîner	*večerja*	vè·*tchèr*·ya
épicerie	*delikatesa*	dè·li·ka·*tè*·sa
fourchette	*vilica*	*vi*·li·tsa
froid	*hladen*	*hla*·dèn
marché	*tržnica*	*teuhrj*·ni·tsa
nourriture	*hrana*	*hra*·na
petit-déjeuner	*zajtrk*	*zaï*·teuhrk
restaurant	*restavracija*	rès·tav·*ra*·tsi·ya
sans	*brez*	brèss
verre	*kozarec*	ko·*za*·rèts

Viande et poisson

agneau	*jagnjetina*	yag·*nyè*·ti·na
bœuf	*govedina*	go·*vè*·di·na
calmar	*lignji*	*lig*·nyi
clams	*školjke*	*shkol'*·kè
crevettes	*škampi*	*shkam*·pi
jambon	*šunka/ pršut*	*shoun*·ka/ peuhr·*shout*
morue	*oslič*	*os*·litch
poisson	*riba*	*ri*·ba
porc	*svinjina*	svi·*nyi*·na

poulet	*piščanec*	pish·tcha·nèts
truite	*postrv*	pos·teuhrv
veau	*teletina*	tè·lè·ti·na
volaille	*perutnina*	pè·rout·ni·na

Fruits et légumes

abricot	*marelica*	ma·rè·li·tsa
ananas	*ananas*	a·na·nas
carottes	*korenje*	ko·rè·nyè
cerises	*češnje/ višnje*	tchèsh·nyè/ vish·nyè
chou-fleur	*cvetača/ karfijola*	tsvè·ta·cha/ kar·fi·yo·la
épinards	*špinača*	shpi·na·tcha
fraises	*jagode*	ya go dè
framboises	*maline*	ma·li·nè
haricots	*fižol*	fi·joh
noisettes	*lešniki*	lèsh·ni·ki
noix	*orehi*	o·rè·hi
orange	*pomaranča*	po·ma·ran·tcha
pêche	*breskev*	brès·kèv
poire	*hruška*	hroush·ka
pois	*grah*	grakh
pomme	*jabolko*	ya·bol·ko
pomme de terre	*krompir*	krom·pir
potiron	*bučke*	boutch·kè
prune	*češplja*	tchèsh·plya
raisin	*grozdje*	groz·dyè

Autres

beurre	*maslo*	mas·lo
fromage	*sir*	sir
œuf	*jajca*	yaï·tsa
pain	*kruh*	kroukh
pâtes	*testenine*	tès·tè·ni·nè
poivre	*poper*	po·pèr
riz	*riž*	rij
salade	*solata*	so·la·ta
sel	*sol*	sol
soupe	*juha*	you·ha
sucre	*sladkor*	slad·kor

Boissons

alcool de prune	*slivovka*	sli·vov·ka
bière (blonde)	*svetlo pivo*	svèt·lo pi·vo
bière (brune)	*temno pivo*	tèm·no pi·vo
café	*kava*	ka·va
eau	*voda*	vo·da
jus	*sok*	sok
lait	*mleko*	mlè·ko
limonade	*limonada*	li·mo·na·da
thé	*čaj*	tchai
vin blanc	*belo vino*	bè·lo vi·no
vin pétillant	*peneče vino*	pè·nè·tchè vi·no
vin rouge	*črno vino*	tcheur·no vi·no

URGENCES

Au secours !	*Na pomoč!*	na po·motch
Allez-vous-en !	*Pojdite stran!*	poï·di·tè stran
Appelez… !	*Pokličite …!*	pok·li·tchi·tè …
un médecin	*zdravnika*	zdrav·ni·ka
la police	*policijo*	po·li·tsi·yo

Je suis perdu.
Izgubil/ Izgubila sem se. (m/f) — iz·gou·bil/ iz·gou·bi·la sèm sè

Je suis malade.
Bolan/Bolna sem. (m/f) — bo·lan/bol·na sèm

J'ai mal là.
Tukaj boli. — tou·kaï bo·li

Je suis allergique à...
Alergičen/ Alergična sem na ... (m/f) — a·lèr·gui·tchèn/ a·lèr·guitch·na sèm na ...

Où sont les toilettes ?
Kje je stranišče? — kyè yè stra·nish·tchè

ACHATS ET SERVICES

Où se trouve la/le... ?	*Kje je ...?*	kyè yè ...
banque	*banka*	ban·ka
marché	*tržnica*	teuhrj·ni·tsa
office du tourisme	*turistični ura*	tou·ris·titchni·ou·rad
poste	*pošta*	posh·ta

Je voudrais passer un appel.
Rad/Rada bi telefoniral/ telefonirala. (m/f) — rad/ra·da bi tè·lè·fon·ni·ral/ tè·lè·fon·ni·ra·la

Panneaux

Informacije	Information
Izhod	Sortie
Moški	Hommes
Odprto	Ouvert
Prepovedano	Interdit
Stranišče	Toilettes
Vhod	Entrée
Zaprto	Fermé
Ženske	Femmes

Chiffres et nombres

1	*en*	èn
2	*dva*	dva
3	*trije*	tri·yè
4	*štirje*	shti·ryè
5	*pet*	pèt
6	*šest*	shèst
7	*sedem*	sè·dèm
8	*osem*	o·sèm
9	*devet*	dè·vèt
10	*deset*	dè·sèt
20	*dvajset*	dvai·sèt
30	*trideset*	tri·dè·sèt
40	*štirideset*	shti·ri·dè·sèt
50	*petdeset*	pèt·dè·sèt
60	*šestdeset*	shèst·dè·sèt
70	*sedemdeset*	sè·dèm·dè·sèt
80	*osemdeset*	o·sèm·dè·sèt
90	*devetdeset*	dè·vèt·dè·sèt
100	*sto*	sto

Où puis-je avoir accès à Internet ?
Kje lahko dobim internet povezavo? — kyè lah·ko do·bim in·tèr·nèt po·vè·za·vo

Je voudrais acheter...
Rad/Rada bi kupil/kupila ... (m/f) — rad/ra·da bi kou·pil/kou·pi·la ...

Je regarde seulement.
Samo gledam. — sa·mo glè·dam

Je peux le regarder ?
Ali lahko pogledam? — a·li lah·ko po·glè·dam

Combien cela coûte-t-il ?
Koliko stane? — ko·li·ko sta·nè

C'est trop cher.
Predrago je. — prè·dra·go yè

HEURE ET DATE

Quelle heure est-il ?
Koliko je ura? — ko·li·ko yè ou·ra

Il est (une) heure.
Ura je (ena). — ou·ra yè (è·na)

sept heures et demie
pol osem — pol o·sèm
(littéralement 'la moitié de huit heures')

le matin	*zjutraj*	zyout·raï
le soir	*zvečer*	zvè·tchèr
hier	*včeraj*	vtchè·raï
aujourd'hui	*danes*	da·nès
demain	*jutri*	you·tri

lundi	*ponedeljek*	po·nè·dè·lyèk
mardi	*torek*	to·rèk
mercredi	*sreda*	srè·da
jeudi	*četrtek*	tchè·teuhrt·tèk
vendredi	*petek*	pè·tèk
samedi	*sobota*	so·bo·ta
dimanche	*nedelja*	nè·dè·lya

janvier	*januar*	ya·nou·ar
février	*februar*	fè·brou·ar
mars	*marec*	ma·rèts
avril	*april*	a·pril
mai	*maj*	maï
juin	*junij*	you·niy
juillet	*julij*	you·liy
août	*avgust*	av·goust
septembre	*september*	sèp·tèm·bèr
octobre	*oktober*	ok·to·bèr
novembre	*november*	no·vèm·bèr
décembre	*december*	dè·tsèm·bèr

TRANSPORTS

Quand part le... ?	*Kdaj odpelje ...?*	gdaï od·pè·lyè ...
avion	*letala*	lè ta la
bateau	*ladja*	la·dya
bus	*avtobus*	av·to·bous
ferry	*trajekt*	tra·yèkt
train	*vlak*	vlak

Un billet... pour (Koper), s'il vous plaît.	*... vozovnico do (Kopra), prosim.*	... vo·zov·ni·tso do (ko·pra) pro·sim
aller simple	*Enosmerno*	è·no·smèr·no
aller-retour	*Povratno*	pov·rat·no

1re/2e classe	*prvi/drugi razred*	peuhr·vi/drou·gi raz·rèd
gare routière	*avtobusno postajališče*	av·to·bous·no po·sta·ya·lish·tchè
premier/dernier	*prvi/zadnji*	peuhr·vi/zad·nyi
guichet	*prodaja vozovnic*	pro·da·ya vo·zov·nits
gare ferroviaire	*železniška postaja*	jè·lèz·nish·ka pos·ta·ya

Je veux aller à...
Želim iti ... — jè·lim i·ti ...

Combien de temps dure le trajet ?
Koliko traja potovanje? — ko·li·ko tra·ya po·to·va·nyè

Y a-t-il un changement ?
Ali moram presesti? — a·li mo·ram prè·sès·ti

Pouvez-vous me dire comment me rendre à... ?

Mi lahko poveste kdaj pridemo ...?	mi lah·*ko* po·*vès*·tè gdaï *pri*·dè·mo ...

Arrêtez-vous là, s'il vous plaît.

Ustavite tukaj, prosim.	ous·*ta*·vi·tè *tou*·kaï *pro*·sim

Je voudrais louer un/une...	*Rad/Rada bi najel/ najela ...* (m/f)	rad/*ra*·da bi na·*yèl*/ na·*yè*·la ...
moto	*motorno kolo*	mo·*tor*·no ko·*lo*
vélo	*kolo*	ko·*lo*
voiture	*avto*	*av*·to

Où puis-je trouver une station-service ?

Kje je bencinska črpalka?	kyè yè bèn·*tsin*·ska *tcheuhr*·pal·ka

J'ai besoin d'un mécanicien.

Potrebujem mehanika.	po·trè·*bou*·yèm mè·*ha*·ni·ka

CORRESPONDANCES DES TOPONYMES

Dans cette région du monde, les villes ont changé plusieurs fois d'Empire et donc de noms. Voici une petite liste pour vous aider à vous y retrouver. Le nom slovène est indiqué en gras et la langue de sa variante est indiquée entre parenthèses : (C) croate, (T) tchèque, (F) français, (A) allemand, (H) hongrois, (I) italien, (P) polonais.

Beljak – Villach (A)
Benetke – Venise (F), Venezia (I)
Bizeljsko – Wisell (A)
Bohinj – Wochain (A)
Brežice – Rhain (A)
Budimpešta – Budapest (H, F)
Čedad – Cividale (I)
Celovec – Klagenfurt (A)
Celje – Cilli (A)
Cerknica – Cirkniz (A)
Črnomelj – Tschernembl (A)
Dolenjska – Basse-Carniole (F)
Dunaj – Vienne (F), Wien (A)
Gorenjska – Haute-Carniole (F)
Gorica – Gorizia (I)
Gradec – Graz (A)
Gradež – Grado (I)
Idrija – Ydria (A)
Istra – Istrie (F)
Izola – Isola (I)
Jadran, Jadransko Morje – mer Adriatique (F)
Kamnik – Stein (A)
Kobarid – Caporetto (I)
Koper – Capodistria (I)
Koroška – Carinthie (F), Kärnten (A)
Kostanjevica – Landstrass (A)
Kranj – Krainburg (A)
Kranjska – Carniole (F), Krain (A)
Kras – Karst (F)
Kropa – Cropp (A)
Krnski Grad – Karnburg (A)
Lendava – Lendva (H)
Lipnica – Leibnitz (A)
Ljubljana – Laibach (A), Liubliana (I)
Metlika – Möttling (A)
Milje – Muggia (I)
Murska Sobota – Muraszombat (H)
Notranjska – Carniole-Intérieure (F)
Nova Gorica – Gorizia (I), Görz (A)
Otočec – Wördl (A)
Oglej – Aquileia (I)
Piran – Pirano (I)
Pleterje – Pletariach (A)
Pliberk – Bleiburg (A)
Portorož – Portorose (I)
Postojna – Adelsberg (A)
Praga – Prague (F), Praha (T)
Ptuj – Pettau (A)
Radgona – Bad Radkersburg (A)
Radovljica – Ratmansdorf (A)
Reka – Rijeka (C), Fiume (I)
Ribnica – Reiffniz (A)
Rim – Rome (F), Roma (I)
Rogaška Slatina – Rohitsch-Sauerbrunn (A)
Rosalnice – Rosendorf (A)
Seča – Sezza (I)
Sečovlje – Sicciole (I)
Škocjan – San Canziano (I)
Sredozemsko Morje – mer Méditerranée (F)
Štajerska – Styrie (F), Steiermark (A)
Soča – Isonzo (I)
Stična – Sittich (A)
Strunjan – Strugnano (I)
Trbiž – Tarvisio (I)
Trst – Trieste (I, F)
Tržaški Zaliv – Golfe de Trieste (F), Golfo di Trieste (I)
Tržič – Monfalcone (I)
Varšava – Varsovie (F), Warszawa (P)
Videm – Udine (I)
Vinica – Weinitz (A)
Železna Kapla – Eisenkappel (A)

GLOSSAIRE

(m) indique le genre masculin, (f) le genre féminin et (n) le neutre

AMZS - Avto-Moto Zveza Slovenije (Association automobile de Slovénie)

bife - snack-bar/bar à boissons
breg - berge
burja - bora (vent froid de nord-est venant de l'Adriatique)

c - abréviation de cesta
čaj - thé
cerkev - église
cesta - route

DDV - davek na dodano vrednost (taxe sur la valeur ajoutée, ou TVA)
delovni čas - heures d'ouverture
dijaški dom - dortoir universitaire, auberge de jeunesse
dolina - vallée
dom - maison ; refuge de montagne
Domobranci - milice anticommuniste durant la Seconde Guerre mondiale
drevored - avenue
dvorana - salle

fijaker - calèche

gaj - bosquet
gledališče - théâtre
gora - montagne
gostilna - restaurant de type auberge
gostišča - auberge proposant des chambres
gozd - forêt, bois
grad - château
greben - crête
GZS - Geodetski Zavod Slovenije (Institut géodésique de Slovénie)

Hallstatt - civilisation celte du premier âge du fer (800-500 BC)
hiša - maison
hrib - colline

izvir - source (d'un cours d'eau)

jama - grotte
jezero - lac

Karst - région calcaire de rivières souterraines et de grottes au sud-ouest du pays
kavarna - café
klet – cave, cellier
knjigarna - librairie
knjižnica - bibliothèque
koča - refuge ou maison de montagne
kosilo - déjeuner
kot - vallée glaciaire ; coin, angle
kotlina - bassin
kozolec - séchoir à grains typiquement slovène
kras - karst
krčma - bar (servant parfois des en-cas)

lekarna - pharmacie
LPP - Ljubljanski Potniški Promet (réseau des bus de Ljubljana)

mali (m) **mala** (f) **malo** (n) - petit/petite
malica - en-cas du matin
menjalnica - bureau de change privé
mesto - ville
morje - mer
moški - hommes (toilettes)
most - pont
muzej - musée

na - allumé
nabrežje - berge, quai
narod - peuple, nation
naselje - colonie, construction
nasip - digue
novi (m) **nova** (f) **novo** (n) - nouveau

občina - division administrative ; ville ou municipalité
odprto - ouvert
okrepčevalnica - snack bar
Osvobodilne Fronte (OF) - Front de Libération antifasciste durant la Seconde Guerre mondiale
otok - île

pivnica - bar, brasserie
pivo - bière
planina - montagne
planota - plateau
pletna - sorte de gondole
pod - sous
polje - dépression calcaire devenue zone cultivable
pot - sentier
potok - ruisseau
potrditev - entrer/confirmer (sur les DAB)
prazniki - fêtes, par extension jours fériés
prehod - passage, traversée
prekop - canal
prenočišče - hébergement
pri - près de, à proximité de
PZS - Planinska Zveza Slovenije (Association alpine de Slovénie)

reka - cours d'eau
restavracija - restaurant
rob - escarpement, arête

samopostrežna restavracija - self-service
samostan - monastère
skanzen - écomusée à ciel ouvert
slaščičarna - confiserie (magasin)
smučanje - ski
STO - Slovenska Turistična Organizacija (Office du tourisme slovène)
sobe - chambres
soteska - ravin, gorge
sprehajališče - promenade
stari (m) **stara** (f) **staro** (n) - vieux/vieille
stena - mur, falaise
steza - sentier

stolp - tour
štruklji - raviolis
Sv - St (abréviation de "saint")
SŽ - Slovenske Železnice (Chemins de fer slovènes)

terme - "spa" en italien ; fréquemment utilisé en Slovénie
TNP - Triglavski Narodni Park (parc national du Triglav)
toplarji - grenier à foin double, emblématique de la Slovénie
toplice - spa
trg – place

ul - abréviation de ulica
ulica - rue

vas - village
večerja - dîner, souper
veliki (m) **velika** (f) **veliko** (n) - grand/grande
vila - villa
vinoteka - bar à vin
vinska cesta - route des vins
vinska klet - cave à vins
vrata - porte, portail
vrh - sommet, pic
vrt - jardin, parc

zaprto - fermé
zdravilišče - spa
zdravstveni dom - centre médical, clinique
žegnanje - fête patronale dans une église ou une chapelle
ženske - femmes (toilettes)
žičnica - téléphérique
zidanica - maison installée dans l'une des régions viticoles

En coulisses

VOS RÉACTIONS ?

Vos commentaires nous sont très précieux et nous permettent d'améliorer constamment nos guides. Notre équipe lit toutes vos lettres avec la plus grande attention. Nous ne pouvons pas répondre individuellement à tous ceux qui nous écrivent, mais vos commentaires sont transmis aux auteurs concernés. Tous les lecteurs qui prennent la peine de nous communiquer des informations sont remerciés dans l'édition suivante, et ceux qui nous fournissent les renseignements les plus utiles se voient offrir un guide.

Pour nous faire part de vos réactions, prendre connaissance de notre catalogue et vous abonner à notre newsletter, consultez notre site Internet : **www.lonelyplanet.fr**

Nous reprenons parfois des extraits de notre courrier pour les publier dans nos produits, guides ou sites web. Si vous ne souhaitez pas que vos commentaires soient repris ou que votre nom apparaisse, merci de nous le préciser. Notre politique en matière de confidentialité est disponible sur notre site Internet.

UN MOT DES AUTEURS

Mark Baker

Je voudrais remercier l'équipe très serviable de l'office du tourisme slovène, notamment Ana Vugrin à Ljubljana et Alenka Hribar à Kamnik, ainsi que Simona Berden de l'office municipal de Ljubljana et Domen Kalajzic de celui de Bled. Merci également à mes coauteurs Steve Fallon et Paul Clammer d'avoir permis que cette édition soit si agréable à réaliser.

Paul Clammer

En Slovénie, merci à Simon Zagoricnik de Lucija, Matic Leskosek de Bovec et Klemen Sagadin de Celje. Anton Plankar a été d'une grande aide à la gare routière de Ljubljana, de même que Katja Batagelj à Postojna. Merci également à Verica Leskovar de l'office du tourisme de Ljubljana. Un immense merci à mes coauteurs Mark Baker et Steve Fallon pour leurs suggestions et leur décontraction au travail. Enfin, tous mes remerciements et mon amour à Helena, Megan et Tabitha pour m'avoir fourni un toit sous lequel écrire ce projet.

Steve Fallon

Un grand *najlepša hvala* à Petra Čuk de Vila Bled, Domen Kalajžič à Bled, ainsi qu'à Petra Stušek et Verica Leskovar de l'office du tourisme de Ljubljana. Dušan Brejc, de l'Association slovène du vin m'a beaucoup aidé à m'y retrouver dans les différents cépages. Et comme toujours, je dédie mon travail à mon compagnon, Michael Rothschild.

LES AUTEURS LONELY PLANET

Lonely Planet réalise ses guides en toute indépendance et n'accepte aucune publicité. Tous les établissements et prestataires mentionnés dans l'ouvrage le sont sur la foi du seul jugement des auteurs, qui ne bénéficient d'aucune rétribution ou de réduction de prix en échange de leurs commentaires.

Sillonnant le pays en profondeur, les auteurs de Lonely Planet savent sortir des sentiers battus sans omettre les lieux incontournables. Ils visitent en personne des milliers d'hôtels, restaurants, bars, café, monuments et musées, dont ils s'appliquent à faire un compte-rendu précis.

À PROPOS DE CET OUVRAGE

Ce guide est l'adaptation française de la 7e édition en anglais du guide Lonely Planet *Slovenia* coécrit par Mark Baker, Paul Clammer et Steve Fallon. Les deux éditions précédentes avaient été écrites par Steve Fallon. Ce guide était une commande du bureau londonien de Lonely Planet.

Traduction Virginie Bordeaux, Yann Champion, Cécile Duteil, Pierre-Yves Raoult

Direction éditoriale Didier Férat

Adaptation française Marie Barriet-Savev

Responsable prépresse Jean-Noël Doan

Maquette Denis Montagner

Cartographie Cartes originales de Anthony Phelan, Diana von Holdt et Samantha Tyson adaptées en français par Caroline Sahanouk

Couverture Adaptée par Annabelle Henry pour la version française

Remerciements à Agnès Mauxion-Poujol pour ses nombreuses recherches, son implication et son précieux travail sur le texte, à Dolorès Mora pour sa rigueur et sa minutie et à Claire Chevanche pour son travail de référencement. Un immense merci à Émilie Fachon pour sa relecture et son apport inestimable. Enfin, merci à Dominique Spaety ; sans oublier Darren O'Connell, Chris Love, Craig Kilburn, Carol Jackson, Sally Darmody et Jacqui Saunders du bureau australien ; Clare Mercer, Tracey Kislingbury, Joe Revill et Luan Angel du bureau londonien.

REMERCIEMENTS

Carte du climat adaptée de Peel MC, Finlayson BL & McMahon TA (2007) "Updated World Map of the Köppen-Geiger Climate Classification", Hydrology and Earth System Sciences, 11, 1633-1644.

Photographie de couverture : lac de Bled, Haute-Carniole, Guy Edwardes/Getty Images.

index

Références des cartes **en gras**
Références des photos en bleu

E

F

G

H

I

J

K

INDEX DES ENCADRÉS

Arts, culture et société

Environnement

Gastronomie

Histoire et patrimoine

Pratique

Visites : sites, quartiers et régions

Comment utiliser ce guide

Ces symboles vous aideront à identifier les différentes rubriques :

- À voir
- Activités
- Cours
- Circuits organisés
- Fêtes et festivals
- Où se loger
- Où se restaurer
- Où prendre un verre
- Où sortir
- Achats
- Renseignements/transports

Ces symboles vous donneront des informations essentielles au sein de chaque rubrique :

- Numéro de téléphone
- Horaires d'ouverture
- Parking
- Non-fumeurs
- Climatisation
- Accès Internet
- s Chambre simple
- f Chambre familiale
- Wi-Fi
- Piscine
- Végétarien
- Familles bienvenues
- Animaux acceptés
- dort Dortoir
- d Chambre double
- app Appartement
- Bus
- Ferry
- Métro
- Tramway
- Train
- ch Chambre
- tr Chambre triple
- ste Suite

Les adresses sont présentées par ordre de préférence de l'auteur.

Les pictos pour se repérer

- Les coups de cœur de l'auteur
- GRATUIT Des sites libre d'accès
- Les adresses écoresponsables

Nos auteurs ont sélectionné ces adresses pour leur engagement dans le développement durable – par leur soutien envers des communautés ou des producteurs locaux, leur fonctionnement écologique ou leur investissement dans des projets de protection de l'environnement.

Légende des cartes

À voir
- Centre d'intérêt
- Château
- Église/cathédrale
- Monument
- Musée/galerie
- Mosquée
- Plage
- Ruines
- Synagogue
- Temple bouddhiste
- Temple hindou
- Vignoble
- Zoo

Activités
- Plongée/snorkeling
- Canoë/kayak
- Ski
- Surf
- Piscine/baignade
- Randonnée
- Planche à voile
- Autres activités

Se loger
- Hébergement
- Camping

Se restaurer
- Restauration

Prendre un verre
- Bar
- Café

Sortir
- Spectacle

Achats
- Magasin

Renseignements
- Poste
- Point d'information

Transports
- Aéroport/aérodrome
- Poste frontière
- Bus
- Téléphérique/funiculaire
- Piste cyclable
- Ferry
- Métro
- Monorail
- Parking
- S-Bahn
- Taxi
- Train/rail
- Tramway
- Tube
- U-Bahn
- Autre moyen de transport

Routes
- Autoroute à péage
- Autoroute
- Nationale
- Départementale
- Cantonale
- Chemin
- Route non goudronnée
- Rue piétonne
- Escalier
- Tunnel
- Passerelle
- Promenade à pied
- Promenade à pied (variante)
- Sentier

Limites et frontières
- Pays
- Province/État
- Contestée
- Région/banlieue
- Parc maritime
- Falaise/escarpement
- Rempart

Population
- Capitale (pays)
- Capitale (État/province)
- Grande ville
- Petite ville/village

Géographie
- Refuge/gîte
- Phare
- Point de vue
- Montagne/volcan
- Oasis
- Parc
- Col
- Aire de pique-nique
- Cascade

Hydrographie
- Rivière
- Rivière intermittente
- Marais/mangrove
- Récif
- Canal
- Eau
- Lac asséché/salé/intermittent
- Glacier

Topographie
- Plage/désert
- Cimetière (chrétien)
- Cimetière (autre religion)
- Parc/forêt
- Terrain de sport
- Site (édifice)
- Site incontournable (édifice)

LES GUIDES LONELY PLANET

Une vieille voiture déglinguée, quelques dollars en poche et le goût de l'aventure, c'est tout ce dont Tony et Maureen Wheeler eurent besoin pour réaliser, en 1972, le voyage d'une vie : rallier l'Australie par voie terrestre via l'Europe et l'Asie. De retour après un périple harassant de plusieurs mois, et forts de cette expérience formatrice, ils rédigèrent sur un coin de table leur premier guide, *Across Asia on the Cheap*, qui se vendit à 1 500 exemplaires en l'espace d'une semaine. Ainsi naquit Lonely Planet, qui possède aujourd'hui des bureaux à Melbourne, Londres et Oakland, et emploie plus de 600 personnes. Nous partageons l'opinion de Tony, pour qui un bon guide doit à la fois informer, éduquer et distraire.

NOS AUTEURS

Mark Baker

Auteur coordinateur, Préparer son voyage, Ljubljana, Haute-Carniole Installé de façon permanente à Prague, Mark vit et travaille en Europe centrale depuis plus de 20 ans. Il a d'abord officié en tant que journaliste pour le groupe The Economist puis pour Bloomberg News et Radio Free Europe/Radio Liberty. Ses visites fréquentes en Slovénie ont fait de lui un grand fan de Piran, du lac de Bohinj et de Ljubljana... entre autres ! Outre ce guide, Marc a coécrit pour Lonely Planet les guides *Prague*, *Roumanie* et *Pologne*.

Vous pourrez en savoir plus sur Marc sur :
lonelyplanet.com/members/markbaker

Paul Clammer

Littoral et Carniole-Intérieure, Basse-Carniole et Carniole-Blanche, Basse-Styrie et Carinthie, Prekmurje, Carnet pratique, Transports Paul Clammer a contribué à plus de 25 guides Lonely Planet et a travaillé comme guide dans de nombreux pays, de la Turquie au Maroc. Dans une vie précédente, il paraît même qu'il était expert en biologie moléculaire. Sa première expérience de la Slovénie eut lieu lors d'un hiver glacial, qu'il passa en grande partie à boire du chocolat chaud dans les cafés de Ljubljana et à arpenter la surface glacée du lac de Bled. C'était bien, mais il était tout de même heureux de découvrir le pays en été. Vous pouvez suivre son actualité sur paulclammer.com ou sur Twitter : @paulclammer.

Plus d'informations sur Paul sur :
lonelyplanet.com/members/paulclammer

Steve Fallon

Comprendre la Slovénie Steve voyage en Slovénie depuis le début des années 1990, époque à laquelle personne ne s'intéressait à cette région hormis les Slovènes eux-mêmes. Qu'importe, ce fut son petit jardin secret durant plus de 10 ans. Bien qu'*on še govori slovensko kot jamski človek* (il parle encore slovène comme un homme des cavernes), Steve se considère comme slovène de cœur et il y retourne aussi souvent que possible, afin d'admirer les Alpes juliennes sous le soleil et de faire des provisions de *bučno olje* (huile de graines de courge).

Slovénie
1re édition
Traduit et adapté de l'ouvrage *Slovenia, 7th edition, May 2013*

Dépôt légal Juin 2013
ISBN 978-2-81613-359-2

Imprimé par IME (Imprimerie Moderne de l'Est), Baume-les-Dames, France

En Voyage Éditions | un département place des éditeurs